EL MUNDO DE LOS NEGOCIOS

Nuevo curso económicomercantil

* Nouvelle édition : septembre 1985

* Première édition : novembre 1978
* Seconde édition : janvier 1980

© Copyright par LANGUES et AFFAIRES, PARIS
Tous droits de reproduction et de traduction même partielles
réservés pour tous pays, y compris l'U.R.S.S.

Michel TORRES BALFAGON
Licencié es-Lettres
Diplômé de l'Ecole Supérieure d'Interprètes
et de Traducteurs de l'Université de Paris

EL MUNDO DE LOS NEGOCIOS

Nuevo curso económicomercantil

Cours d'espagnol économique et commercial
rédigé et réalisé par LANGUES et AFFAIRES
sous la direction de P.Y. GARSON et J. TOURNIER
en collaboration avec
L. GARCIA VITORIA et J. BERTHET, Professeurs d'espagnol

*Cours complété par quatre cassettes enregistrées
reproduisant le texte des leçons*

LANGUES & AFFAIRES
35 rue Collange 92303 Paris-Levallois Cédex
Téléphone : (1) 42.70.81.88 — 42.70.73.63

INTRODUCTION

Jusqu'à présent, ceux qui abordaient un programme d'étude en espagnol économique et commercial devaient, le plus souvent, avoir recours à de nombreux documents (articles de presse, polycopiés, grammaires, lexiques ou dictionnaires spécialisés...), afin de disposer d'un matériel de travail adapté et actuel.

Se référer à plusieurs ouvrages, et de plus, faire un choix des chapîtres qui répondent au programme que l'on suit, présente un inconvénient certain pour le professeur et les étudiants. Ils sont cependant très souvent obligés de procéder ainsi car, dans le domaine de l'espagnol commercial, il n'existe que peu d'ouvrages suffisamment complets et répondant aux programmes des différents examens qui comportent des épreuves d'espagnol économique et commercial.

C'est pourquoi LANGUES & AFFAIRES a jugé utile de publier **El Mundo de los Negocios.**

A QUI S'ADRESSE CETTE METHODE ?

Cette méthode s'adresse aux personnes qui possèdent déjà une bonne pratique usuelle. Elle poursuit plusieurs objectifs:
— offrir un cours spécialement élaboré pour permettre un travail autonome et progressif à ceux qui souhaitent, à titre personnel, se perfectionner dans ce domaine directement utile.
— proposer un manuel moderne et complet aux enseignants et aux étudiants des écoles Supérieures de Commerce, des établissements et Universités qui ont à leur programme l'étude de cette langue sous son aspect pratique.
— assurer la préparation aux examens d'espagnol pratique : diplôme de la Chambre Officielle de Commerce d'Espagne; Brevets de Technicien Supérieur (Traducteur Commercial, Secrétariat, Commerce International, etc.); diplômes des Ecoles Supérieures de Commerce, des Universités...
— enfin, apporter aux services concernés des entreprises de nombreuses informations sur les processus économiques et commerciaux, et leur proposer un ouvrage de référence et un véritable outil de travail pour la bonne exécution des échanges devant être réalisés en langue espagnole.

En étudiant les trois grands axes du manuel : ECONOMIE – ORGANISATION ET PRATIQUES COMMERCIALES – CORRESPONDANCE, chacun est assuré d'acquérir la formation spécialisée exigée par les entreprises qui traitent avec les pays de langue espagnole.

L'importance des textes des leçons, les divisions pédagogiques très nettes, l'examen sérieux des règles de grammaire et l'accès à des extraits de presse récents, confèrent à cette méthode une qualité essentielle : large facilité d'emploi par des groupes de niveaux différents, mais aussi utilisation pratique pour les personnes qui veulent travailler seules.

ARTICULATION DE LA METHODE

Cette méthode se compose de :
– un manuel d'enseignement et de référence,
– un livre du maître, groupant les corrigés-modèles des exercices du manuel et augmenté d'une série de devoirs complémentaires sans corrigés,
– un lexique des termes économiques et commerciaux,
– une série d'enregistrements sur cassettes (près de 4 heures d'écoute) qui reproduisent l'essentiel des textes.

Chaque leçon du manuel propose : un texte de base – une liste du vocabulaire spécifique au thème abordé – des notes et remarques sur les expressions particulières – un examen des difficultés grammaticales du texte – une série d'exercices d'application se rapportant aux acquisitions de la leçon : exercices grammaticaux, thèmes d'imitation, versions et cas d'entreprises à traiter.

– Enfin, l'ouvrage de base propose de très nombreuses lectures d'actualité souvent extraites de la presse espagnole.

Sur ce dernier point, la conception de cette méthode présente une grande originalité. Elle permet de confronter des textes élaborés pour l'enseignement de la langue et la formation aux techniques commerciales, et des textes «journalistiques» qui reflètent la langue «quotidienne». Cette initiative est intéressante car elle propose une approche à la fois pédagogique et documentaire.

PLAN DU MANUEL DE BASE

Première partie : L'économie

Ce premier livre est consacré à l'économie. Il reprend tout le vocabulaire de base nécessaire à ceux qui possèdent une maîtrise usuelle de la langue. Il apporte en outre un large vocabulaire économique et technique qui sert d'introduction à l'étude de la langue et des pratiques commerciales et de solides connaissances sur l'agriculture, l'industrie, les sources d'énergie, les moyens de communication, etc. (cf. table des matières).

De plus, chaque leçon de ce livre comporte l'examen des difficultés grammaticales rencontrées dans le texte de base, ainsi qu'un rappel général des règles correspondantes.

Deuxième partie : Le commerce

Ce second livre apporte tout le vocabulaire, locutions et expressions spécifiques à la réalisation des différentes opérations commerciales. Y sont développées de nombreuses informations sur les organismes, les documents à utiliser, les moyens de paiement, les circuits commerciaux, les modalités d'exécution des contrats et tous les problèmes que peuvent soulever les transactions commerciales. L'entreprise avec ses différents services, les documents qu'elle utilise, les intermédiaires du commerce, les circuits commerciaux, les moyens de paiement, les banques, les assurances, la bourse, les transports, la douane, etc. sont étudiés d'une façon claire et précise. Enfin, chaque leçon est complétée par des notes grammaticales quand les auteurs les ont jugées nécessaires.

Troisième partie : La correspondance commerciale

Les différentes sortes de lettres concernant les opérations commerciales sont étudiées et illustrées par de nombreux exemples pratiques. En se reportant à la table des matières, on constatera que toutes les opérations et tous les problèmes que peuvent soulever les transactions commerciales sont traités : lettres publicitaires, demandes de documentation, commandes, exécution des ordres, expéditions, facturation, correspondance relative à la comptabilité, litiges, etc.

Dans les trois parties, des séries d'exercices sont groupées en fin de leçon : thèmes grammaticaux, thèmes d'imitation, versions, cas d'entreprises à traiter.

INTERET DES CASSETTES POUR L'ETUDE DU COURS

Toute méthode moderne d'enseignement des langues étrangères ne peut se concevoir sans support audio-visuel. Les cassettes apportent une aide considérable sur plusieurs plans ; elles permettent :
1 – d'acquérir immédiatement une bonne prononciation des mots nouveaux, condition sine qua non pour «comprendre» et se «faire comprendre».
2 – de se familiariser rapidement avec le vocabulaire souvent ardu du domaine commercial.
3 – de faciliter l'assimilation et la mémorisation des éléments étudiés.

Les quatre cassettes qui complètent ce cours reproduisent les textes des leçons.

RECOMMANDATION IMPORTANTE

Les difficultés spécifiques à l'espagnol s'accroîssent encore lorsqu'on aborde la langue spécialisée ; nous vous recommandons donc vivement, si vous en avez la possibilité, de suivre cette méthode sous le contrôle d'un enseignant.

Si vous ne pouvez le faire, nous vous signalons que LANGUES & AFFAIRES n'est pas seulement une maison d'édition, mais surtout un organisme de formation qui dispense depuis près de 40 ans des enseignements à distance de tous niveaux (et surtout spécialisés) en anglais, allemand, espagnol, italien, russe, grec et français pour étrangers.

Vous pouvez donc demander à bénéficier de notre assistance pédagogique. Vous étudierez alors cette méthode sous un double contrôle :

— Un professeur qui vous suivra jusqu'à la fin de votre étude, corrigera et annotera vos devoirs, vous conseillera, vous guidera et vous secondera dans vos efforts. Vous pourrez faire appel à lui chaque fois que vous le désirerez pour lui demander les explications et les renseignements de contenu dont vous aurez besoin.

— Une Direction Pédagogique qui, placée sous la responsabilité du Directeur de l'Enseignement, encadrera votre travail et vous apportera tout renseignement d'organisation, de bibliographie, documentation, examens, etc.

Si vous souhaitez bénéficier de cette assistance pédagogique, il vous suffit d'en demander les conditions à :
LANGUES & AFFAIRES, Service 1614, 35 rue Collange, 92303 PARIS-LEVALLOIS, tél.: (1) 42 70 81 88 ou 42 70 73 63.

Nous vous précisons que notre Département ENSEIGNEMENT A DISTANCE assure la préparation complète au diplôme de la Chambre Officielle de Commerce d'Espagne et à l'examen du Brevet de Technicien Supérieur Traducteur Commercial Espagnol, ainsi qu'aux épreuves d'espagnol de tous les autres examens.

A NOTER :

Les enseignements de LANGUES & AFFAIRES sont organisés sous le contrôle pédagogique de l'Education Nationale.

En outre, pour les salariés, les frais de formation peuvent être pris en charge par l'entreprise (loi du 16 Juillet 1971 sur la Formation Professionnelle Continue).

PRIMERA PARTE

LA ECONOMIA ESPAÑOLA

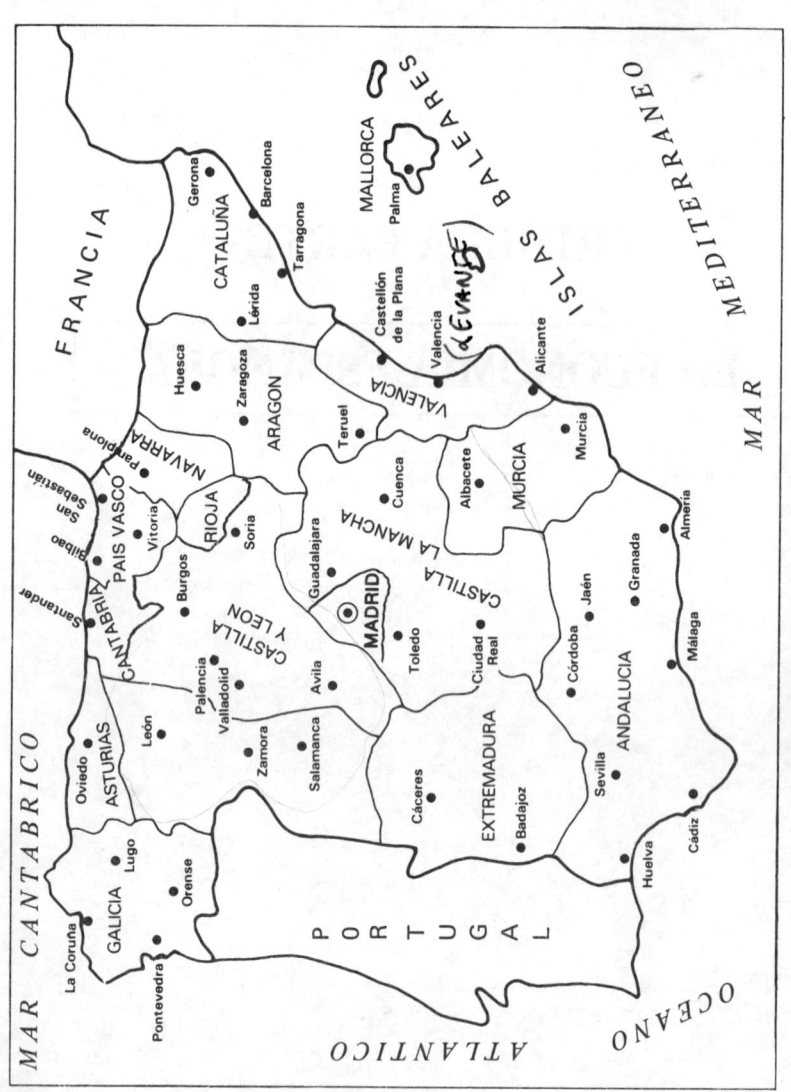

Introducción
NOCIONES ELEMENTALES DE ECONOMIA

PRODUCTO INTERIOR BRUTO – PRODUCTO NACIONAL BRUTO
BALANZA DE PAGOS

1 – PRODUCTO INTERIOR BRUTO (P.I.B.).

Es el conjunto de las mercancías y de los servicios producidos por la economía de una nación generalmente en el período de un año. Se excluyen los productos intermediarios o semielaborados y sólo se tienen en cuenta las mercancías destinadas al consumo, o los bienes de equipo, ya que el valor de los productos intermediarios está incluido en el precio final de las mercancías.

Se llama dicho producto **bruto** porque no se deduce el valor de las inversiones en bienes de equipo.

Asimismo, se dice producto **interior** porque no se incluyen las inversiones efectuadas en el extranjero, sino el valor de las mercancías y de los servicios producidos en el propio país.

Finalmente, muy a menudo se denomina **producto interior bruto a precios de mercado** porque se tienen también en cuenta los impuestos indirectos y las subvenciones.

Se dice **producto interior bruto a precios de factores** cuando se deducen los impuestos y se añaden las subvenciones.

2 – PRODUCTO NACIONAL BRUTO (P.N.B.).

Se trata entonces del **producto interior bruto** añadiendo las rentas de las inversiones efectuadas en el extranjero.

Se puede resumir lo anteriormente dicho por esta fórmula:

Producto nacional
+ Impuestos indirectos

= **Producto nacional neto**
+ Amortizaciones

= **Producto nacional bruto**

El **producto nacional bruto** sirve para indicar la situación económica de una nación. Se suelen dar la cifras en dólares por habitante (**renta per cápital**). A continuación encontrarán Vds. los P.N.B. de las principales naciones europeas para el año 82 :

    ESPAÑA   : 5.400
    GRAN BRETAÑA : 9.600
    FRANCIA   : 11.600
    ALEMANIA   : 12.300

3 – BALANZA COMERCIAL

Consiste en la cuenta del débito y del crédito representados por las **importaciones y exportaciones** de un país. Pocos son los países que en el mundo tienen una balanza comercial equilibrada , resulta más bien deficitaria. La situación de dicha balanza se expresa generalmente por la **tasa de cobertura** que, en caso de equilibrio, sería del cien por cien. La tasa de cobertura para España, en 1984, fue de un 80 por ciento.

4 – BALANZA DE INVISIBLES

También llamada de **servicios**. Consiste en la cuenta de los ingresos y desembolsos correspondientes a servicios tales como : banca, turismo, transportes, inversiones y amortizaciones.

5 – BALANZA DE PAGOS

Es el término general que se da a la **balanza comercial** y a la **balanza de invisibles** presentadas conjuntamente.

VOCABULARIO

la balanza comercial	la balance commerciale
la balanza de invisibles	la balance des invisibles
la balanza de pagos	la balance des paiements
la balanza de servicios	la balance des services
los bienes de equipo	les biens d'équipement
el consumo	la consommation
el conjunto	l'ensemble
conjuntamente	ensemble, conjointement
un desembolso	une dépense, un débours
un ingreso	un revenu
una inversión	un investissement
los impuestos indirectos	les impôts indirects
el producto interior bruto (P.I.B.)	le produit intérieur brut
P.I.B. a precios de factores	P.I.B. aux prix des facteurs
P.I.B. a precios de mercado	P.I.B. aux prix du marché
el producto nacional bruto (P.N.B.)	le produit national brut

los productos semielaborados	*les produits semi-usinés*
la renta per cápita	*le revenu par habitant*
una subvención	*une subvention*
la tasa de cobertura	*le taux de couverture*

LECTURA

RENTA PER CAPITA

Yo esto de la renta "per cápita" no los acabo de ver claro por más que le doy a la "cápita".

Al parecer, los españoles tenemos actualmente una renta per cápita de 5 400 dólares anuales es decir, que si el dólar está a 180 pesetas, vamos a suponer, serían 972.000 ptas.

Voy a ver si consigo explicar lo que quiero decir y rebátame el lector, si estoy equivocado, pues insisto en que sobre este asunto tengo un gran lío. En mi casa, además de mi cápita, existen la cápita de mi mujer, las tres cápitas de mis tres hijos y la cápita de mi suegra, en total seis cápitas, que, a razón de 972.000 por cada, arrojarían un total de 5.832.000 ptas.

Pero yo les doy mi palabra de honor de que mis ingresos son sensiblemente inferiores a esa cifra, no digo de qué orden para no provocar la risa, el caso es que son muy inferiores.

Y mi pregunta es la siguiente : Si yo y mi familia tenemos derecho a un millón y pico de pesetas anuales y, sin embargo, nos tenemos que contentar con una cantidad mucho menor, la diferencia ¿quién se la lleva? ¿Es una sola persona? ¿Son dos? ¿Son varias?

Porque, vamos, si es una sola persona tiene que ser una persona muy aprovechada ; mira que quedarse con mi dinero..., se necesita desfachatez. Si son dos o varias, la cosa resulta menos grave, aunque tampoco está bien, porque lo de cada uno es lo de cada uno. Yo no me quedo con nada de nadie, ¿por qué se tienen ellos que quedar con lo mío?

Sepan esas personas — una o varias, las que sean — que yo no les doy mi conformidad para que se queden con mi dinero y que al menos debieran de tener la nobleza de darse a conocer para ver si hablando, hablando, llegábamos a algún acuerdo. Tampoco iba yo a ser demasiado inflexible después de tanto tiempo de dejarme despojar.

O esto está claro, o yo no entiendo en absoluto lo que es la renta per cápita.

VIVAS
(La Codorniz)

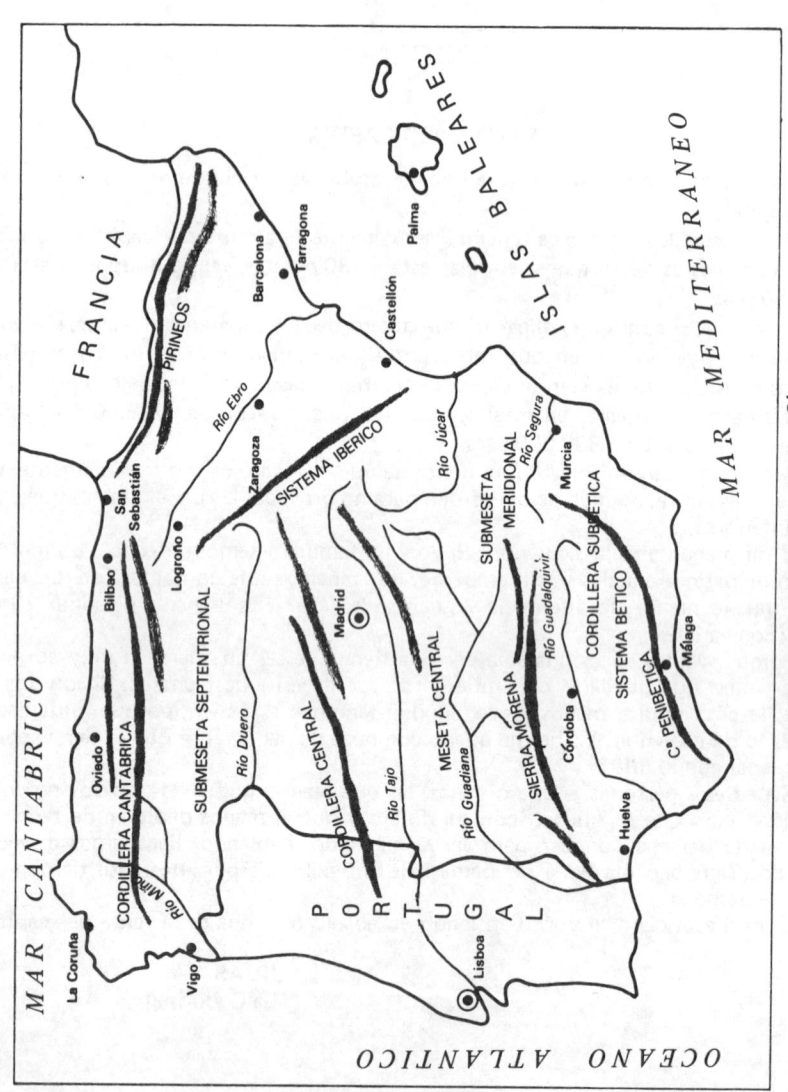

Lección primera
LAS CONDICIONES GEOGRAFICAS DE LA ECONOMIA

SITUACION GEOGRAFICA – RELIEVE – HIDROGRAFIA – CLIMA

1 – SITUACION GEOGRAFICA

Situada al Sudoeste de Europa, la Península Ibérica se presenta bajo forma de un bloque compacto casi cuadrado. Está rodeada al Norte por el Mar Cantábrico, al Oeste por el Océano Atlántico, y por el Mar Mediterráneo al Este. Se encuentra separada del continente africano por el Estrecho de Gibraltar.

De la Península, España no cubre más que las 4/5 partes, con una superficie de 503 034 km2 incluyendo las Islas Baleares y Canarias, la parte occidental estando ocupada por Portugal. Tiene una población de 38 millones de habitantes, lo que representa una densidad de 75 habitantes/km2, cifra poco elevada y con mucho inferior a la de los otros países de Europa, (Italia tiene tres veces más).

Desde 1983, España está dividida en 17 regiones llamadas Comunidades autónomas, disponiendo cada una de las cuales de un órgano gubernamental y de un parlamento regional. En total España consta actualmente de 50 provincias (47 en la Península y 3 en las islas), 523 partidos judiciales, 9 260 términos municipales, 12 distritos universitarios, 9 regiones militares y 9 arzobispados.

2 – RELIEVE

Se vuelve a encontrar esta forma compacta en el relieve de la Península que se presenta como un zócalo de altitud bastante elevada y ligeramente inclinado hacia el Atlántico. Basta con echar una mirada a un mapa físico de España para tener una idea concreta de la orientación del sistema montañoso formado por las diferentes sierras y cordilleras que cruzan la totalidad de la Península, formando pliegues más o menos paralelos.

Empezando por el Norte, encontramos sucesivamente :

- la Cordillera Cantábrica con los Picos de Europa que prolonga la Cordillera Pirenaica.
- la Cordillera Central formada por las Sierras de Gata, de Gredos y de Guadarrama,
- la Cordillera Ibérica, al Nordeste de la Central,
- la Sierra Morena, prolongada por la Sierra de Alcaraz,
- el sistema Bético y Penibético, al Sur de la Península, con el Mulhacén (3 478 m), pico más elevado de España.

Entre los pliegues de este sistema de cordilleras se sitúa una serie de mesetas elevadas (Submeseta Septentrional, Meseta Central, Submeseta Meridional). Existen también profundas zonas de depresiones en las cuales fluyen los ríos.

3 – HIDROGRAFIA

Siguiendo la misma orientación que las cordilleras, la mayoría de los ríos de la Península vienen a desembocar a la costa Atlántica. Son, desde el Norte hasta el Sur :

- el **Duero** que nace en la Sierra de la Demanda, riega Castilla la Vieja y León pasando por las ciudades de Soria, Valladolid y Zamora.
- el **Tajo** que baja de la Sierra de Albarracín (provincia de Teruel) y cava una profunda zanja, como lo dice su nombre, por Castilla la Vieja y Extremadura, atravesando la ciudad de Toledo y yendo a desembocar a Lisboa.
- el **Guadiana**, cuya cuenca se extiende entre los Montes de Toledo y la Sierra Morena, nace en la provincia de Ciudad Real y pasa por la ciudad de Badajoz en Extremadura.
- el **Guadalquivir**, famoso río de Andalucía, cuyo nombre significa en árabe el río grande, nace en la provincia de Jaén y atraviesa la ciudad califal de Córdoba, y Sevilla. Tiene por principal afluente el Genil.

En la vertiente del Mediterráneo, cabe nombrar :

- el **Ebro** que nace en Reinosa (provincia de Santander) y dio su nombre a la Peninsula Ibérica. Riega las provincias de Navarra y Aragón pasando por Logroño y Zaragoza para desembocar en Amposta formando un amplio delta.
- el **Turia** nace en la Sierra de Albarracín y atraviesa las ciudades de Teruel y de Valencia.
- el **Júcar** pasa por la ciudad de Cuenca.
- el **Segura** riega la hermosa vega de Murcia.

Por regla general, los ríos de la fachada mediterránea, de caudal irregular, no se pueden aprovechar para la navegación. Sirven, más bien, para regar las zonas que atraviesan formando fértiles vegas (Murcia), o amplias cuencas entre las montañas (Cuenca del Ebro). Aparte del sistema de riego, los ríos españoles han permitido establecer un sistema hidráulico satisfactorio para la producción de energía eléctrica.

4 — CLIMA

Debido a su situación geográfica, tres tipos climáticos predominan en España :
- Continental : en la mayoría de la Península y más concretamente en la Meseta central, valle del Ebro y Norte de Andalucía. Dicho clima se caracteriza por inviernos fríos y secos (Burgos, Avila y Soria son las ciudades más frías de España con un promedio de temperaturas invernales de 15 bajo cero) y veranos cálidos con escasas lluvias.
- Marítimo atlántico : en las provincias de Galicia, Asturias, Santander y País Vasco que disfrutan de inviernos templados y veranos frescos con abundantes precipitaciones (2 m en Finisterre).
- Marítimo mediterráneo : en Cataluña y Levante (provincias de Valencia y Alicante) con inviernos moderados y veranos cálidos y pocas lluvias.

5 — CONCLUSION

A pesar de su aspecto compacto y uniforme, España goza de una gran variedad climática y morfológica. Aislada del resto de Europa, representa, sin embargo, una zona transitoria entre el continente europeo y africano. Además, se encuentra situada en una encrucijada, ya que también tiene acceso al continente americano y asiático gracias a sus puertos ubicados en sus dos fachadas marítimas.

VOCABULARIO

un afluente	un affluent
amplio	vaste, large
un arzobispado	un archevêché
un bloque	un bloc
el caudal	le débit, le courant
cálido	chaud
un continente	un continent
una cordillera	une cordillère
una cuenca	un bassin
un distrito universitario	une région académique
escaso	faible
una encrucijada	un carrefour
un estrecho	un détroit
una fachada	une façade
un mapa físico	une carte physique
una mayoría	une majorité
una meseta	un plateau
un partido judicial	un arrondissement
una península	une péninsule

un pliegue	*un pli*
una población	*une population*
un promedio	*une moyenne*
un sistema hidráulico	*un système hydraulique*
una superficie	*une surface*
sin embargo	*cependant*
templado	*tempéré*
un término municipal	*une commune*
un valle	*une vallée*
una vega	*une plaine fertile*
una vertiente	*un versant*
una zanja	*une tranchée*
un zócalo	*un socle*

VERBOS Y EXPRESIONES

atravesar (atraviesa)	*traverser*
cruzar	*traverser*
cabe nombrar	*il convient de nommer*
cavar una zanja	*creuser une tranchée*
desembocar	*se jeter*
disfrutar de un clima cálido	*bénéficier d'un climat chaud*
echar una mirada (una ojeada, un vistazo)	*jeter un coup d'oeil*
fluir (fluye)	*couler*
incluir (incluye)	*inclure*
regar (riega)	*arroser*
rodear	*entourer*
ubicar	*situer*

OBSERVACIONES

503 034 km2 se pronuncia : quinientos tres mil treinta y cuatro kilómetros cuadrados
las 4/5 partes, los 4/5 : las cuatro quintas partes, los cuatro quintos
3.478 m : tres mil cuatrocientos setenta y ocho metros
523 partidos judiciales : quinientos veintitrés
9.260 términos : nueve mil doscientos sesenta.

PREGUNTAS

1 — ¿Cuál es la situación geográfica de España ? ¿Cuál es su superficie ? ¿Cuántos habitantes tiene ? ¿Cuál es su densidad demográfica ? ¿Cómo está dividida administrativamente ? ¿Cuántos partidos judiciales hay ?

2 — ¿Cuál es el aspecto físico de España ? ¿Cuáles son las cordilleras que forman el sistema montañoso ? ¿Cómo se presenta el relieve ?

3 — ¿Cuáles son los ríos más importantes de España ? ¿Cuáles son los ríos que pasan por las ciudades siguientes : Zaragoza, Zamora, Badajoz, Valladolid, Ciudad Real, Soria, Lisboa, Córdoba, Valencia, Sevilla, Amposta, Murcia, Teruel, Cuenca ? ¿Cuáles son las características de los ríos de la costa Atlántica ?, ¿de la costa Mediterránea ?

4 — ¿Cuáles son los tipos climáticos de España ? ¿De qué clase de clima gozan las ciudades de Avila, Soria, Barcelona, Murcia, Zaragoza, Burgos, Pontevedra, Alicante, Sevilla, Santander, Madrid, Vigo, Tarragona, Santiago de Compostela ?

GRAMMAIRE

ETUDE DU VERBE ETRE

1 — LE VERBE **SER** : ce verbe exprime par excellence l'existence d'un *fait, d'une chose ou d'une personne.*

Ce verbe se trouvera toujours employé devant un *nom, un pronom, un nombre ou un infinitif.*

Exemples : Avila y Soria **son** las ciudades más frías de España.
Fueron (ellos) los que compraron la tienda.
Somos 35 millones de habitantes en España.
Lo importante **es conocer** bien la geografía.

2 — LE VERBE **ESTAR** : à ce verbe est liée l'idée de *situation* dans le *temps* ou dans *l'espace.*

Estar s'emploiera donc avec des adverbes ou des compléments circonstanciels de temps ou de lieu.

Exemples : Nuestro representante **está en Valencia.**
Ahora, los pequeños coches **están de moda.**
Estamos de acuerdo con las condiciones del contrato.

En raison de leur *facteur temporel*, le verbe *estar* s'emploiera avec des expressions du genre :
estar de viaje, de moda, de broma, en contra de algo, a favor de algo, a punto de hacer algo, de vacaciones, de huelga, de turno, de guardia, con ganas, con fiebre, con sueño, de aprendiz, de

pasante, sin comer, sin empezar, etc.

Pour la même raison, *estar* s'emploiera comme auxiliaire de la forme progressive : **estar comiendo, durmiendo, trabajando, etc.**

EXERCICE GRAMMATICAL

Traduire les phrases suivantes :

1) L'Ebre est le fleuve le plus long d'Espagne.
2) Nous nous sommes chamaillés car nous n'étions pas d'accord.
3) C'était lui, j'en étais sûr.
4) Il fut content quand il fut directeur général.
5) Nous sommes en hiver et il est trop tard pour lancer cette gamme.
6) Ils ne seront pas chez eux, ils sont en vacances.
7) Aujourd'hui, nous sommes le 14 avril, c'est l'anniversaire de ma femme.
8) Nous sommes dix secrétaires à travailler dans ce bureau.
9) Notre magasin est à cent mètres de la Plaza de España.
10) La direction de l'usine est contre l'application des horaires souples.

TRADUCCION INVERSA

Située au sud-ouest de l'Europe, l'Espagne occupe les quatre cinquièmes de la péninsule ibérique dont le pourtour est peu découpé dans l'ensemble. La proximité de l'Afrique, de laquelle elle n'est séparée que par le Détroit de Gibraltar long de quatorze kilomètres, en fait une région intermédiaire entre ce continent et l'Europe, à laquelle elle est rattachée par un isthme de 450 km de long, formé par la chaîne des Pyrénées. Cette position d'intermédiaire se trouve renforcée par le fait que l'Espagne est située entre deux mers aussi différentes que la Méditerranée et l'Atlantique qui lui permettent d'accéder à deux mondes d'aspects opposés : l'Orient et l'Occident. Ainsi, l'Espagne est un carrefour de races et de civilisations ; l'histoire l'a prouvé à maintes reprises.

LECTURA

LA COSTA DE LA MUERTE

Es una denominación algo dramática, pero justificada, esta de la *Costa de la Muerte*. Al menos para los hombres del mar, que lo conocen a fondo y siguen sin fiarse un pelo. Los de tierra, de oídas.

La zona es la más occidental de toda Galicia, la que más de punta se mete en el Atlántico; termina por el Sur en Finisterre, con lo que ya está dicho todo.

Es interminable el historial de los naufragios presenciados por los altivos acantilados de esta costa, de los restos recogidos por sus largas playas solitarias. Avelino Lago, viejo buzo conocedor de estos fondos como la palma de su mano, hizo antes de morirse una lista de 120 barcos atrapados en estos bajíos en el espacio de cien años, de 1870 a 1970. De algunos, como el *Bonito*, pesquero desaparecido una noche de temporal en 1959, nunca ha vuelto a saberse nada, ni del barco ni de sus doce tripulantes. Además, todos los años hay ahogados en un punto u otro de este mar bravío; como que la Federación de Salvamento y Socorrismo de La Coruña propuso el cierre de algunas de estas playas si no se controlaban eficazmente.

Pero si su mar es la Costa de la Muerte, su tierra forma la comarca de Bergantiños, nombre que por sí solo nos devuelve ya a lo bucólico y placentero, y con toda justicia. Granero de Galicia le llaman algunos, por sus maizales y sus trigales, a los que hay que añadir los pinares y eucaliptales para dar una somera idea de su paisaje. Cuidándose como en cualquier otro lugar de las insensateces y de las imprudencias veraniegas, todo contribuye en Bergantiños —por lo menos vista la vida desde tierra, e incluso adentrándose un poco en el mar— a la des-dramatización de cuanto va implícito en el mismo nombre de su costa.

La imagen que uno guarda de este trozo lejano del litoral gallego es la de una larga sucesión de extensas playas, todas ellas casi desiertas, de arenas blancas y con las aguas más transparentes y por lo tanto más heladas de todas nuestras costas, en las que uno puede tumbarse, meterse desnudo, como un punto insignificante perdido en el tiempo, olvidado, con la gente del mar en el mar y la de tierra en la tierra sin que los veas ni te vean, y la Guardia Civil ocupada en reclutar voluntarios para apagar el misterioso y habitual incendio del monte, cuya blanca humareda apenas divisas a lo lejos por mucho que comprimas los ojos, bastante tienes con aliviar tu propio fuego y purificarte en el baño más tonificante y salvaje que finalmente te has merecido y te das.

Es un recuerdo, y también una añoranza, y no tiene por qué ser necesariamente un espejismo, aún cuando muchas de las gentes que otros años se apiñaban en las playas hoy degradadas por la maldita marea negra, que quedan mucho más arriba, así como aquellos viajeros que empiecen a dárselas de conocedores, inauguren la manía de ir a poblar éstas, cosa a la que por nada del mundo quisiera contribuir esta crónica.

Con todo, será necesario hacer algunas precisiones. Entrando en Galicia por el aeropuerto de Santiago, la vía más directa hacia Bergantiños y la Costa de la Muerte será la carretera a Santa Comba y Bayo, para elegir desde este punto la estrategia de penetración. De Bayo, a unos diez kilómetros de la costa, es bien conocida como especialidad la ternera, pero está cobrando fama y auge desbordantes una industria no identificada hasta ahora con el nombre de ningún pueblo: la industria del servicio de bodas, que llena a diario sus calles y establecimientos con el espectáculo surrealista y barroco del blanco tul y del vino agrio, constantemente repetido y siempre igual.

Pero la entrada clásica tiene que ser por el Norte, partiendo de La Coruña hacia Carballo, la pujante capital de la comarca, aunque el esplendor del wolfram quede ya lejano. Ahora, lo pintoresco será encontrar aquí, en Carballo, el más ortodoxo pub inglés, montado por el matrimonio de emigrantes recién llegado, y en el que jamás falta una sola, cualquiera, la más rara de las mil marcas de whisky que puedan existir. Y no son estas botellas restos del naufragio, en las costas próximas, de ningún barco inglés. Otras, en otras ocasiones y en otros lugares cercanos, sí lo fueron. Pero eso forma parte de la leyenda negra de esta costa. Se asegura que en tiempos pasados, habitantes de estas costas constituidos en piratas colocaban falsos faros — encendiendo fuego entre los cuernos de una vaca — y así engañaban y hacían embarrancar a los navíos para saquearlos.

(Cuadernos para el Diálogo)

VOCABULARIO

siguen sin fiarse un pelo	*et s'en méfient toujours comme de la peste*
de oídas	*par ouï-dire*
los acantilados	*les falaises*
un buzo	*un scaphandrier*
los bajíos	*les hauts-fonds*
el temporal	*la tempête*
los tripulantes, la tripulación	*l'équipage*
los ahogados	*les noyés*
las insensateces	*les imprudences*
adentrarse en el mar	*aller au large*
por mucho que comprimas los ojos	*en ayant beau cligner des yeux*
una añoranza	*une nostalgie*
un espejismo	*un mirage*
a dárselas de conocedores	*à faire les connaisseurs*
a diario	*quotidiennement*
embarrancar	*échouer*
saquear	*piller*

Lección segunda
LA AGRICULTURA ESPAÑOLA

1 – LAS DIFERENTES REGIONES AGRICOLAS

2 – LA PRODUCCION AGRICOLA ESPAÑOLA

CEREALES – PRODUCCION HORTICOLA – FRUTAS – AGRIOS – LA VID Y EL OLIVO

Considerada como un país tradicionalmente agrícola hasta mediados del siglo XX, España, hoy día, no saca del sector agrícola más que la sexta parte del producto interior bruto. Sin embargo, este sector representa la tercera parte de sus exportaciones y ocupa también la tercera parte de su población activa. Desgraciadamente, más de la mitad de las tierras cultivables están sin cultivar.

1 – LAS DIFERENTES REGIONES AGRICOLAS

A las zonas climáticas que acabamos de estudiar corresponden tres tipos de regiones agrícolas :

1) **La España Húmeda,** con Galicia, Asturias y las Provincias Vascongadas que ocupan la parte Noroeste del país, cuyo paisaje se parece bastante al de Bretaña y Normandía en Francia. Es una zona de ricos pastos y verdes praderas donde se encuentra mucho ganado vacuno y se cultivan los cereales, y los frutales como el manzano con el cual se hace la sidra.

2) **Las Tierras de Secano** – Aparte de la región privilegiada del Cantábrico, en la mayor parte de España son tierras secas (Meseta central y submesetas) donde se cosechan los cereales y en particular el trigo en la *Tierra de Campos*, en León, en

TRILLA DEL TRIGO EN PINA DE EBRO (ZARAGOZA). En las eras de la Meseta, las trilladoras mecánicas efectúan la trilla del trigo y han sustituido al antiguo procedimiento para separar la paja del grano, que luego se mete en los costales. Actualmente, la producción triguera española es excedentaria.

la Mancha y en las dos Castillas. El rendimiento por hectárea es particularmente bajo (10 quintales), debido a la poca utilización de abonos y fertilizantes y al bajo grado de mecanización.

3) **Las Tierras de Regadío,** permiten lujuriantes huertas y vergeles que contrastan radicalmente con el resto de las tierras de la Península. Se hallan dichas tierras en la fachada mediterránea que agrupa las provincias de Cataluña, Levante y Andalucía. La humedad del mar y el agua de los ríos permiten tener una gran variedad de cultivos, desde el clásico trigo hasta el arroz, sin olvidar el olivo, el viñedo, y las innumerables clases de frutales típicos del clima mediterráneo tales como : los agrios, los dátiles, los higos, las granadas, etc.

A pesar de una larga tradición en la técnica del riego que fue traída a España por los romanos y los árabes, hemos de lamentar la proporción muy reducida de las tierras regadas. En 1976, sóla el 3,7 por 100 del total de las tierras cultivables estaba regado contra un 9,6 por 100 para Italia.

2 — LA PRODUCCION AGRICOLA ESPAÑOLA

— CEREALES

Trigo : Ya hemos señalado el bajo rendimiento del suelo español en cuanto a la producción triguera. Efectivamente, dicha producción alcanzó, en 1983, la cifra de 4 330 millones de kilogramos lo cual significa una notable disminución con relación a los años 65—69, cuya cosecha ascendía a más de 5.000 millones de kilogramos. Es de notar este mismo fenómeno de regresión en cuanto al maíz y al centeno, ya que ambos han experimentado una baja de un 20 por 100 con respecto a las cosechas del principio de los años 70. Se ha de atribuir este descenso de la producción al hecho de que la demanda interior va también disminuyendo conforme aumenta el nivel de vida y que, por ser de un precio demasiado elevado, el trigo español no es competitivo en el mercado europeo y, por lo tanto, no se exporta.

Cebada, centeno, avena y maíz tienen una producción inferior a la del trigo y se cultivan sobre todo como pienso y alimentos compuestos para el ganado y la cría de las aves de corral.

Producción arrocera : si el trigo ha perdido mucha importancia en el transcurso de estos últimos años, cabe poner de manifiesto que el arroz ha ido conociendo un éxito creciente. Se cultiva preferentemente en los deltas de los ríos del litoral mediterráneo (Cataluña, Levante, más concretamente en la Albúfera de Valencia) y también en las vegas del Segura (región de Murcia) y del Guadalquivir. Alcanzó la producción de arroz para el año 1984 cerca de dos millones de kilogramos. Desgraciadamente, los precios del arroz en el mercado mundial son poco elevados y la calidad del arroz español no goza de buena fama para la exportación.

PRODUCCION HORTICOLA

Se trata aquí de la producción de las legumbres frescas u hortalizas que, como lo deja entender el nombre, se cultivan en las huertas de los valles de los principales ríos. Las regiones más famosas para esta clase de cultivo son : la Rioja y el valle del Ebro, el alto valle del Duero y del Tajo, Andalucía (valle del Guadalquivir), Cataluña y Levante con las huertas de Valencia, Gandía, Murcia y Alicante. Estos valles forman verdaderos oasis en el paisaje seco y árido de las mesetas y allí se

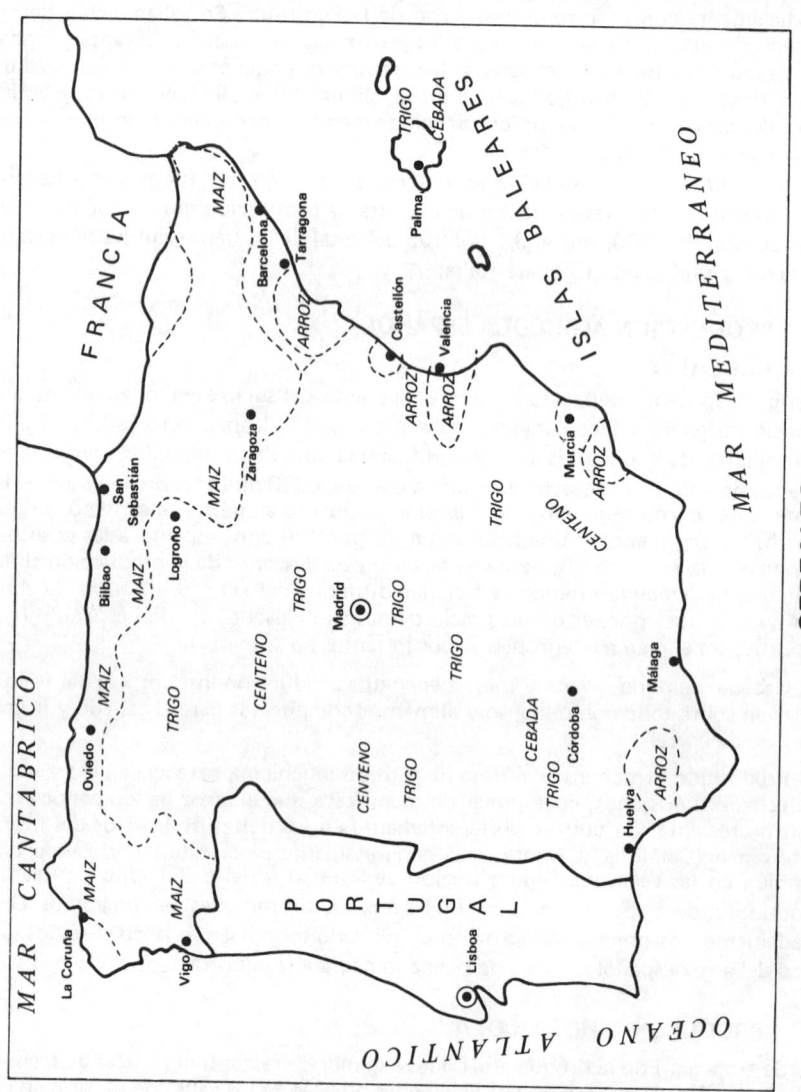

cultivan una gran variedad de especies : coles, espárragos, lechugas, sandías, melones, tomates, pimientos, alcachofas, coliflores, ajos, cebollas, judías verdes, alubias, guisantes, etc. ; de las cuales se hacen conservas que sirven para satisfacer tanto el consumo interior como el mercado extenso de la exportación.

Debido a la demanda creciente, este sector está en constante aumento y, en cierto modo, compensa el déficit originado por el descenso de los cereales.

FRUTAS

También, la producción frutera española se caracteriza por una gran variedad de especies que se encuentran en las tierras privilegiadas, metódicamente regadas, haciendo de España el vergel de Europa. Esta producción ha incrementado muchísimo cuantitativa y cualitativamente debido a la elevación del nivel de vida y a la correspondiente demanda en los mercados interiores y exteriores. Se efectúan las exportaciones a los diferentes países europeos, ya sea bajo forma de fruta fresca o bien de fruta en latas, lo cual da lugar a una industria conservera muy desarrollada para la producción de frutas en almíbar, especialmente albaricoques y melocotones. Destacan para esta clase de productos las regiones de la Rioja (alto valle del Ebro) y del Levante donde se cosechan manzanas, peras, albaricoques, cerezas y guindas, melocotones, ciruelas, almendras y avellanas. Dicha producción va aumentando sin cesar desde hace un par de decenios y, actualmente, ha alcanzado más de mil millones de kilogramos para las manzanas y cerca de la mitad para los melocotones.

– AGRIOS

Se entiende por este vocablo las frutas cítricas, es decir, las naranjas, los limones y sus derivados tales como las mandarinas y los pomelos o toronjas. Productos de exportación por excelencia, las naranjas han beneficiado desde hace algunos años de nuevas técnicas importadas de Estados Unidos gracias a las cuales se han podido conseguir varias cosechas al año creando nuevas especies (Valencia late : Valencia tardía), con un rendimiento de un 14 % comparado con un 1,5 % para el cultivo del trigo.

La producción de cítricos españoles va progresando regularmente. Se produjeron en 1984 cerca de 19 millones de quintales de naranja dulce, 10 millones de mandarinas y 5 millones de limones. De todos los cítricos, las mandarinas son los que más se exportan llegando a alcanzar éstas un volumen de 620.900 toneladas para la campaña 1984.
Sin embargo, parece ser que desde hace unos años el mercado de los cítricos está estancado con motivo de la oferta demasiado abundante en este sector provocada por la llegada al mercado de nuevos países productores tales como Argelia, Marruecos, Túnez, e Israel.

– LA VID Y EL OLIVO

Cultivos tradicionales de los países mediterráneos, se encuentran estos dos tipos de cultivos asociados en casi todas partes de la Península. Sin embargo, podemos destacar zonas de mayor importancia que se sitúan en el fondo de los valles o que se cultivan en terrazas en las faldas de las montañas. Así por ejemplo, es muy famosa la producción vinícola del valle del Ebro (Rioja, Cariñena, Somontano). Importancia especial reviste la vid en las regiones mediterráneas, en Cataluña con los viñedos del Panadés, del Priorato ; en Castilla la Nueva (Valdepeñas), en Andalucía en los

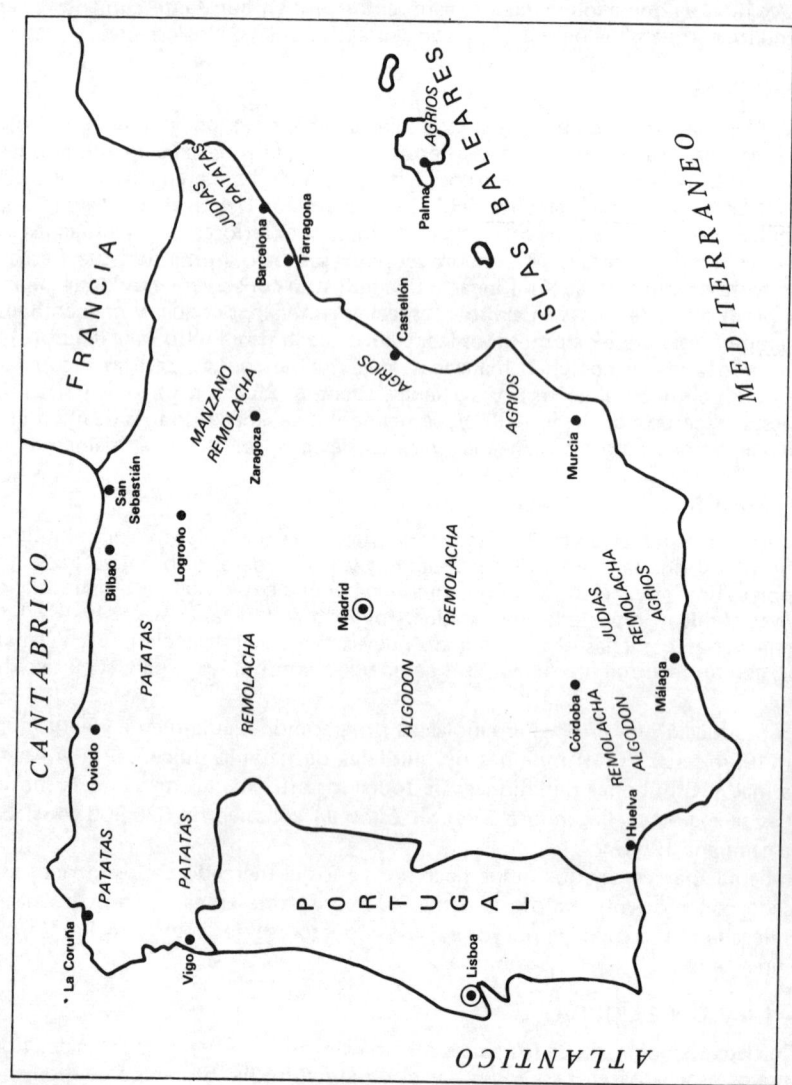

FRUTALES, HORTALIZAS Y OTROS CULTIVOS

valles del Guadiana y del Guadalquivir (Manzanilla, Montilla) y los vinos de Jerez, de fama mundial, que se suelen exportar a los países anglosajones con la denominación de «Sherry».

La política actual en el sector vitivinícola tiene como objetivo fundamental la incentivación de la calidad y la desestimulación de los excedentes con el fin de competir con los otros países vinícolas de la Comunidad. Según los recientes acuerdos firmados en Bruselas, se ha fijado el techo de 27,5 millones de hectólitros, con la obligación de transformar el excedente en alcohol.

El olivo, planta muy adecuada también al clima y al suelo peninsulares, se encuentra en casi toda la Península salvo la submeseta Norte debido a su escasa resistencia al frío y a la humedad. Ocupa sobre todo las depresiones del Ebro y del Guadalquivir, submeseta Sur, Cataluña meridional, Levante, Baleares. Su cultivo está sujeto a grandes variaciones como lo indican las cifras siguientes : más de 6 millones de quintales en 1982, sólo 3 millones en 1983.

El olivar y la producción de aceite plantean un doble problema de acondicionamiento y de ampliación de la clientela. Así por ejemplo, las aceitunas verdes se destinan esencialmente a los Estados Unidos donde se efectúa el envasado, dándoles de este modo el medio de influir en los precios al nivel mundial. De la misma forma, el aceite se exporta a Italia que lo refina y lo vuelve a vender a Estados Unidos con un importante beneficio.

VOCABULARIO

el abastecimiento	l'approvisionnement
el aceite	l'huile
la aceituna	l'olive
los agrios	les agrumes
el ajo	l'ail
el albaricoque	l'abricot
el almacenamiento	l'emmagasinage, le stockage
la almendra	l'amande
el almíbar	le sirop (pour conserver les fruits)
la alubia	le haricot
la ampliación	l'agrandissement
el arroz	le riz
el aumento	l'augmentation
la avellana	la noisette
las aves de corral	les volailles
la avena	l'avoine
la baja	la baisse
la carne	la viande
la cebada	l'orge
la cebolla	l'oignon

el centeno	le seigle
el cereal	la céréale
la cereza	la cerise
la ciruela	la prune
los cítricos	les citriques
la col	le chou
la coliflor	le chou-fleur
la competencia	la concurrence
competitivo	concurrentiel
el condicionamiento	le conditionnement
el consumo	la consommation
la cornisa	la corniche
la cosecha	la récolte
creciente	croissant
el crecimiento	l'accroissement
la cría	l'élevage
el cultivo	la culture
el dátil	la datte
el decenio	la décennie
el descenso	la baisse
desgraciadamente	malheureusement
la elevación	l'augmentation
el envase, el envasado	l'emballage, le conditionnement
el espárrago	l'asperge
europeo	européen
el éxito	la réussite
extremeño	d'Estrémadure
los frutales	les arbres fruitiers
la fruta	le fruit
el grado	le degré
la granada	la grenade
la guinda	la griotte
el guisante	le petit pois
la harina	la farine
el higo	la figue
las hortalizas	les légumes
hortícola	horticole
la huerta	la plaine fertile, le jardin
las judías verdes	les haricots verts
las judías secas	les haricots secs
la lata, de lata	la boîte de conserve, en conserve
la lechuga	la laitue (voire la romaine)

la lenteja	*la lentille*
la naranja	*l'orange*
el nivel de vida	*le niveau de vie*
el oasis	*l'oasis*
la oferta	*l'offre*
el olivo, el olivar	*l'olive, l'oliveraie*
los pastos, los pastoreos	*les pâturages*
los piensos compuestos	*les aliments composés*
la población	*la population*
el pomelo	*le pamplemousse*
el producto alimenticio	*le produit alimentaire*
el rendimiento	*le rendement*
el riego, el regadío	*l'irrigation*
la sandía	*la pastèque*
la sidra	*le cidre*
las tierras de regadío	*les terres irriguées*
las tierras de secano	*les terres non irriguées*
el tomate	*la tomate*
la toronja	*le pamplemousse*
el trigo	*le blé*
el vergel	*le verger*
la vid	*la vigne (plante)*
la viña	*la vigne (vignoble)*
el viñedo	*le vignoble*

VERBOS Y EXPRESIONES

Abastecer a alguien con algo	*approvisionner quelqu'un en quelque chose*
Abastecer algo a alguien	*fournir quelque chose à quelqu'un*
Ascender a	*s'élever à*
alcanzar	*atteindre*
aumentar en un 10 por ciento	*augmenter de 10 %*
dedicarse a	*se consacrer à*
estancar, estancado	*être stationnaire*
experimentar una baja	*subir une baisse*
incrementar en un 5 por ciento	*augmenter de 5 %*
originado por	*provoqué par*
preferentemente	*de préférence*
desgraciadamente, desafortunadamente	*malheureusement*

debido a, con motivo de *en raison de*
con relación a, en cuanto a *en ce qui concerne*

OBSERVACIONES

En español, los nombres de nacionalidad no llevan mayúscula : los árabes, los romanos, los españoles, los franceses, etc. Tampoco lleva mayúscula el adjetivo de nacionalidad : la arquitectura árabe, los templos romanos, la economía española, la cultura francesa, etc. Sólo los nombres de países llevan mayúscula : Arabia, España, Francia, etc.

Kilómetro, lleva acento mientras **kilogramo** y **kilovatio** no.

No tienen que confundir **cultivo** con **cultura**. Se trata de **cultivos** en la agricultura, y **cultura** cuando se habla de educación.

oasis, palabra masculina en español, es invariable : los hermosos **oasis** del desierto.

PREGUNTAS

1 — ¿Cuáles son las principales regiones agrícolas de España ? ¿Cuáles son sus características ? ¿ A qué provincias corresponden ?

2 — ¿Cuáles son los cereales que se cultivan en España ? ¿A cuánto se eleva la producción de trigo ? ¿Cuál es el rendimiento por hectárea ? ¿Cuáles son los problemas que conoce actualmente la producción triguera ? ¿Dónde se cultiva preferentemente ? ¿Dónde se cultiva el arroz ? ¿A cuánto asciende la producción arrocera ?

3 — ¿Cuáles son las regiones productoras de fruta ? ¿Qué clase de fruta se encuentra ? ¿Qué representa este sector en la economía del país ? ¿Cuáles son las frutas que se exportan al extranjero ? ¿Qué se entiende por frutas cítricas ? ¿Con qué problemas de mercado se enfrenta este sector ?

4 — ¿Dónde se cultiva la vid ? ¿Cuáles son los viñedos más famosos de España ? ¿A cuánto asciende la producción vinícola ? ¿Cuáles son las regiones donde se cultiva el olivo ? ¿Cuántas toneladas de olivas se producen en España anualmente ? ¿Saca muchos beneficios España de la producción de aceite ?

5 — ¿Cuáles son los diferentes tipos de ganado que se encuentran en España ? ¿Cuáles son los rasgos más significativos de dicho sector ? ¿Cuáles son los tipos que más se han desarrollado últimamente ? ¿Por qué motivo ? ¿Cuál es el porvenir del sector ganadero en España ?

GRAMMAIRE

ETUDE DU VERBE ETRE (suite)

EMPLOI DU VERBE ETRE AVEC UN ADJECTIF

1 – LE VERBE SER : ce verbe s'emploie avec un adjectif qualificatif lorsqu'il s'agit de définir le *caractère permanent d'un fait, d'une chose ou d'une personne.*

Exemples : Soy español. Ella es simpática.
Este asunto es muy importante.
Una buena secretaria ha de ser inteligente y obediente.

2 – LE VERBE ESTAR : ce verbe s'emploie avec un adjectif qualificatif s'il s'agit d'évoquer un *état consécutif* à une action.

Exemples : La secretaria está enferma.
La oficina estaba llena de papeles.
El director está satisfecho de la marcha del negocio.

3 – REMARQUE : Ces deux verbes expriment deux aspects différents de l'action :

– Ser évoque *l'aspect habituel* d'un fait.

– Estar évoque *l'aspect occasionnel* d'un fait.

Ainsi, le même adjectif peut être employé soit avec ser soit avec estar, mais le sens de la phrase sera complètement différent.

Exemples : Ser bueno : *être bon, généreux*

Estar bueno : *être en bonne santé (après une maladie)*

Ser malo : *être méchant*
Estar malo : *être malade*

Ser listo : *être intelligent*
Estar listo : *être prêt*

Ser salado : *être vif, éveillé*
Estar salado : *être salé*

Ser abierto : *être ouvert (aux idées)*
Estar abierto : *être ouvert (le magasin)*

Ser moreno : *être brun (cheveux)*
Estar moreno : *être bronzé.*

EXERCICE GRAMMATICAL

Traduire les phrases suivantes :

1) Monsieur Garcia est fondé de pouvoir de la Banque de Bilbao.
2) Le poste qu'elle occupe dans cette entreprise est très important.
3) Tout le monde était d'accord. Le secteur était en pleine expansion.
4) La salle du premier était assez obscure.
5) Nous sommes certains que les vendeuses seront contentes de cette décision.
6) Quand nous sommes arrivés, la porte était fermée. Il était 8 h 30.
7) Le travail était pénible et l'ouvrier était malade.
8) Les marchandises seront prêtes à être expédiées le mois prochain.
9) C'est une personne très aimable qui se charge de l'accueil de la clientèle.
10) Lors de la panne de courant, tout l'atelier était plongé dans l'obscurité.

TRADUCCION INVERSA

Parmi les arbres fruitiers producteurs de fruits frais, il convient de citer les agrumes qui sont cultivés tout spécialement dans les terres irriguées des provinces de Valence, de Murcie et d'Andalousie car ils demandent un climat tempéré suffisamment arrosé. L'orange vient en tout premier lieu avec une production de près de 220 millions de tonnes qui permet d'assurer une source de revenus importante dans le commerce extérieur.

La production de fruits secs n'est pas à négliger en raison de son rôle important dans le domaine des exportations. Plus de 100 000 tonnes d'amandes sont récoltées chaque année en Espagne, notamment en Catalogne, aux Baléares et dans le bassin de l'Ebre. De nombreux noisetiers sont également cultivés dans ces mêmes régions. Les raisins secs sont aussi très appréciés sur les marchés extérieurs où ceux de Malaga connaissent une grande renommée.

Vocabulaire complémentaire :

raisins secs : **pasas**

TRADUCCION DIRECTA

Lectura . Autoabastecimiento nacional frente a dependencia, página 35.
Traducir la última parte del texto : "Hacia una política de autoabastecimiento nacional", p 36.

LECTURA

AUTOABASTECIMIENTO NACIONAL FRENTE A DEPENDENCIA

Al finalizar la guerra civil española, la situación del campo era deprimente. Muchos campesinos, más por motivos geográficos que ideológicos, se vieron envueltos en la contienda en la parte nacional y lucharon contra los obreros y contra la República afincada en las zonas industriales. Con todo, y pese a que buena parte del campesinado apoyó por unos u otros motivos el Alzamiento, es sabido que la segunda República y su Reforma Agraria, de tantas maneras frenada, hicieron llegar al campo fundadas esperanzas de solución para sus problemas.

La situación prebélica de Europa en 1939 y la segunda guerra mundial obligaron al nuevo régimen español a una política autárquica, de obsesión por autoabastecerse de trigo, fundamentalmente.

Desde que se creó en 1937, el SNT (Servicio Nacional del Trigo) adquiría teóricamente cereales-pienso (cebada, maíz, avena, centeno y sorgo). Pero los precios de sostenimiento ofrecidos siempre estuvieron por debajo de los más inseguros precios de mercado, por lo que se tendió a sembrar trigo, mejor pagado. De aquí arranca nuestro déficit en cereales-pienso que dio origen a masivas importaciones de carne.

Esta situación llevó a fuertes excedentes trigueros y es el precio que el Régimen pagó a cambio del apoyo dado por parte de las clases más favorecidas del campo español al Alzamiento.

Ya en la década de los 60, la situación tuvo que variar. Se creó un precio de garantía para los cereales-pienso y en la campaña de 1967-68 se elevaron sus precios al tiempo que se congelaban los del trigo.

A partir de entonces, la producción triguera decrece y comienza el ascenso de la producción de cebada y maíz. Pero ya era demasiado tarde y en 1973, aunque la producción de cebada y maíz se había duplicado, el consumo se había cuadruplicado. Dieron comienzo las importaciones masivas: en 1973, por valor de 10 000 millones de pesetas, y en 1975, sólo las importaciones de maíz costaron 24 000 millones.

Hoy nos encontramos con que la producción nacional de maíz no cubre más que el 30 por ciento del consumo español aparente. En este contexto se producen fenómenos tan significativos como la valiente protesta de los agricultores aragoneses — **guerra del maíz** — con su maíz sin vender ante la inexistencia de un precio mínimo de garantía rentable, que sacan los tractores e invaden las carreteras, o el escandaloso fraude del maíz americano, importado masivamente y en malas condiciones, que a pesar de todo se sigue recibiendo.

Todo esto cuando el INI reconoce que a finales de 1975 existían en España 750 000 parados y cuando oficialmente se reconoce que las importaciones de productos agrícolas han supuesto 70 000 millones de pesetas, que de ser evitadas podrían proporcionar 150 000 puestos de trabajo.

DEPENDEMOS DE USA

Los animales para carne (especialmente los rumiantes) consumen en forma de pienso un 80 por 100 de cereal (generalmente por un 60 por 100 de maíz y un 40 por 100 de cebada), un 18-20 por 100 de mezcla proteínica: harina, girasol, soja, etc., y un 3 por 100 de sal y minerales con vitaminas.

Si, como ocurre, de maíz únicamente producimos el 30 por 100 de lo que necesitamos y de soja apenas nada, resulta que nuestra ganadería depende para su alimentación en más del 75 por 100 de las importaciones.

De maíz importamos de Estados Unidos más del 60 por 100 del total importado. El mercado mundial de la soja lo domina el mismo país. Así pues, nuestra ganadería depende en gran parte, como otros sectores más conocidos, también de USA.

HACIA UNA POLITICA DE AUTOABASTECIMIENTO NACIONAL

Cuando proponemos como solución al déficit de cereales-pienso una política de autoabastecimiento nacional, no nos referimos a volver a la autarquía de nuestra posguerra.

Hoy, autoabastecimiento encierra un contenido distinto. Es una medida de política económica para no tener que depender de los monopolios internacionales cuando nuestras propias producciones no encuentran salida ni estímulo por falta de unos precios aceptables, rentables.

Autoabastecimiento en cereales-pienso significa producir nosotros todo lo que necesitamos y no tener que importar nada o casi nada. Para ello harían falta en un principio las siguientes medidas :

— Que existan unos precios mínimos de garantía rentables para todos los cereales-pienso. Ello estimularía la producción interior.

— Que se eliminen las importaciones masivas de maíz y se venda a precio de garantía todo lo producido en el país. Se aliviaría el déficit de nuestra Balanza de Pagos.

— Control de precios y calidades para los piensos de los monopolios industriales. Encarecen excesivamente la alimentación del ganado en busca de unos beneficios desorbitados.

— Que se promueva la plantación de maíces híbridos, bien seleccionados, y de sorgo, sustituyendo a la soja de la que somos deficitarios.

Una política de autoabastecimiento que solucione definitivamente los problemas, en concreto, nuestro déficit de cereales-pienso, necesita un marco político diferente. Para empezar, un marco de libertades democráticas en el que nuestros campesinos puedan construir su propio sindicato y hacer oír su voz e influir decisivamente en todo lo que concierne al campo. Si no partimos de aquí no puede ni hablarse de soluciones definitivas.

(Cuadernos para el Diálogo)

VOCABULARIO

aliviar el déficit	*réduire le déficit*
afincado	*retranché*
el campesinado	*la paysannerie*
los precios de sostenimiento	*les prix de soutien*
la situación prebélica	*la situation d'avant-guerre*
el I.N.I. (Instituto Nacional de Industria)	*Office National de l'Industrie*
los rumiantes	*les ruminants*
beneficios desorbitados	*bénéfices exorbitants*

Lección tercera
LA AGRICULTURA ESPAÑOLA (2a parte)

1 — LAS PLANTAS INDUSTRIALES

— **El Algodón** : planta típicamente industrial, el algodón necesita para crecer un clima cálido con dos estaciones : húmeda y seca, la primera con precipitaciones abundantes para el crecimiento de la propia planta, y la segunda que permite la apertura de las cápsulas que contienen la fibra algodonosa. En algunos lugares de escasas lluvias, se suple la falta de agua por medio de regadíos artificiales. Los suelos deben ser ricos y profundos, precisando dicha planta mucho abono por ser cultivo agotador. En España, se encuentran extensos campos de algodón precisamente en la Andalucía occidental, y en algunos regadíos valencianos, murcianos, penibéticos y extremeños.

Por los minuciosos cuidados que exige, necesita el algodón una mano de obra numerosa y atenta, ya que es preciso hacer la recolección a mano cuando se abren en diferentes tiempos las cápusulas. La cosecha luego se empaca en balas, de un peso aproximado a 250 kg. En 1984, se produjeron en España cerca de 200 000 toneladas de algodón.

— **La Remolacha Azucarera** : Es planta menos delicada que el algodón ya que necesita menos calor y hasta resiste los fríos y las heladas. Su cultivo intensivo precisa varias y delicadas labores que exigen abundante y barata mano de obra para la siembra, limpia, escarda y recolección. Al recogerse, deja el suelo limpio y mullido y, de esta manera, sirve para luego sembrar trigo, ya que estos dos cultivos son complementarios. Este cultivo se encuentra particularmente en las zonas fértiles como la

SECADEROS DE PIMIENTOS EN TOTANA (MURCIA). Esta pequeña población de la provincia de Murcia es famosa por su producción de pimientos. Se secan los mismos al sol en vastos cañizos, lo cual les permite conservar todas sus vitaminas sin recurrir a un procedimiento industrial.

OLIVOS EN CAZORLA (JAEN). Paisaje típico de Andalucía donde se cultivan inmensas extensiones plantadas de olivos. El monocultivo de las provincias del sur explica en cierto modo el desempleo endémico que afecta a las tierras de latifundios.

depresión del valle del Ebro, los regadíos de la Meseta y de Andalucía, y su producción (cinco millones de toneladas) la sitúa a la cabeza de las plantas industriales.

El rendimiento por hectárea es inferior al de la caña, sin embargo, su cultivo es económico por la rotación de las cosechas, empleo de mano de obra durante el invierno y utilización de los residuos de la fabricación para alimentar el ganado. Las centrales azucareras, de elevado coste, están situadas en plena zona productora. La cosecha debe seguidamente tratarse en la fábrica para evitar pérdida de su contenido sacarino.

— **La Caña Azucarera** : Planta exclusivamente tropical, su cultivo queda reducido a las Canarias y a algunas zonas costeras de la Andalucía mediterránea. Aunque inferior a la remolacha, su producción (400 000 toneladas) no se ha de menospreciar.

2 — EL GANADO

La ganadería presenta un carácter cada vez más importante en el abastecimiento nacional de los productos alimenticios. La producción ganadera española ha experimentado un importante crecimiento que ha permitido alcanzar unos niveles de autoabastecimiento en carne y leche próximos al 95 y 97 % respectivamente. Sin embargo, hemos de constatar que este desarrollo se hizo en gran parte a costa de un elevado consumo de piensos compuestos, lo que desafortunadamente tuvo por consecuencia el incremento del volumen de importaciones en este ámbito, aumentando el déficit de la balanza comercial.

Progresan regularmente el ganado bovino y porcino para satisfacer la demanda cada vez más elevada del mercado interior, mientras que disminuyen considerablemente el ganado ovino, caprino, caballar, mular y asnal con motivo de la mecanización de las operaciones agrícolas para los tres últimos casos.

También es de notar que los importantes incrementos previstos en el consumo per cápita y el crecimiento de la población reducen de forma peligrosa los niveles alcanzados y, por lo tanto, agravan el estado de dependencia del sector agropecuario para la importación de cereales, piensos compuestos, soja, harinas, etc., del mercado exterior.

El Gobierno ha expresado su intención de llevar a cabo un plan de fomento del cultivo del maíz y un programa de apoyo a la ganadería extensiva, desarrollando las razas autoctonas que tienen mayor capacidad para el aprovechamiento de los recursos naturales. El objetivo a lograr es reducir las cuantiosas importaciones de cereales-pienso, que proceden de los Estados Unidos principalmente.

3 — LA PESCA

En este sector, el desarrollo ha sido muy espectacular, de tal modo que, actualmente, España se encuentra a la cabeza de todos los países europeos en cuanto al volumen de capturas que ha duplicado en el período de diez años. Cabe decir, que España ha sido siempre una gran consumidora de pescado, lo cual tiene la ventaja de compensar la carne, cuya calidad suele ser bastante mala, para proporcionar las proteínas animales suficientes.

La flota pesquera española ocupa actualmente el cuarto puesto mundial detras de la URSS, Japón, y Estados Unidos con 502.000 TRB a pesar de una notable disminución de su capacidad desde 1979 (565.000 TRB).

El nuevo ordenamiento pesquero y la consiguiente extensión de las aguas jurisdiccionales a 200 millas ha perjudicado considerablemente a países como Japón y España mientras beneficiaba a otros que vieron incrementar sus flotas pesqueras disponiendo de nuevos caladeros. Dichas disposiciones han hecho que una parte importante de la flota pesquera española haya pasado a abanderarse en otros países, utilizando la forma de empresas conjuntas.

El desenvolvimiento de nuestra balanza comercial pesquera resulta desfavorable desde 1978. De ser anteriormente un país tradicionalmente exportador de pescado, hemos pasado a convertirnos en un país fuertemente importador (53.402 millones de ptas. de importaciones contra 29.588 millones de exportaciones en 1983).

Nuestra flota se caracteriza por su rápido envejecimiento ya que, salvo alguna excepción, en 1976 se cerró la linea de financiación del Crédito oficial para la construcción de pesqueros. El Real Decreto de 21 de diciembre de 1983 sobre construcción modernización y reconversión de la flota pesquera ahora posibilita la construcción de nuevos buques.

Duramente afectado por la decisión de extender las aguas territoriales a 200 millas, el número de tripulantes del sector pesquero español va disminuyendo desde 1976 - año en el que ascendía a 113.241 - pasando a 106.584 a finales de 1983.

Los puertos que más destacan en este sector son los de la costa del Cantábrico y de Galicia : Santander, Vigo, La Coruña ; y de Andalucia : Algeciras y Cádiz. Se encuentran en estas costas todas clases de peces : atún, merluza, pescadilla, salmonete, boquerón, sardina, sin olvidar los famosos mariscos.

Los ministros reunidos en Bruselas adoptaron un acuerdo sobre la progresiva reducción de la flota pesquera del Cantábrico para conservar 300 barcos activos (lista básica), la mitad de los cuales están autorizados a pescar simultáneamente (lista periódica). De estos 150 barcos, 15 no están autorizados a pescar merluza. El acuerdo también prevé una cláusula de renovación de la mitad de la flota, lo cual significa que de cada dos barcos desguazados, sólo se autoriza la construcción de uno nuevo para permitir la reducción progresiva de la flota pesquera sin entorpecer su modernización.

VOCABULARIO

un abono	*un engrais*
agropecuario	*relatif à l'agriculture et à l'élevage*
el algodón	*le coton*
el ámbito	*le domaine*
anticuado	*périmé*
la apertura	*l'ouverture*
el aprovechamiento	*l'utilisation*

un (barco) arrastrero	*un chalutier*
atento	*attentif*
el atún	*le thon*
el autoabastecimiento	*l'auto-approvisionnement*
una bala de algodón	*une balle de coton*
el boquerón	*l'anchois*
un buque pesquero	*un bateau de pêche*
una captura	*une prise*
el consumo per cápita	*la consommation par habitant*
el contenido	*le contenu*
el coste	*le coût*
las costumbres alimenticias	*les habitudes alimentaires*
desguazar	*envoyer à la casse*
una demanda	*une demande*
un desfase	*un décalage*
la desforestación	*le déboisement*
la escarda	*le sarclage*
las estaciones	*les saisons*
la ganadería	*l'élevage*
el ganado	*le bétail*
bovino	*bovin*
caprino	*des chèvres*
caballar (o equino)	*des chevaux*
ovino (o lanar)	*ovin*
porcino	*porcin*
vacuno	*des vaches*
las heladas	*les gelées*
la labor	*le travail*
la limpia	*le désherbage*
el matorral	*le maquis*
los mariscos	*les fruits de mer*
la merluza	*le colin*
mullido	*meuble*
la pescadilla	*le merlan*
un producto alimenticio	*un produit alimentaire*
la recolección	*la récolte*
los recursos hidráulicos	*les ressources hydrauliques*
la red distribuidora	*le réseau de distribution*
la remolacha azucarera	*la betterave sucrière*
la roturación	*le défrichage*
sacarino	*sucré*
el salmonete	*le rouget grondin*

la sardina   *la sardine*
la siembra   *les semailles*
el tamaño   *la taille*
la ventaja   *l'avantage*

VERBOS Y EXPRESIONES

botar un barco   *lancer un bateau*
empacar   *mettre en paquets*
escardar   *sarcler*
menospreciar   *sous estimer*
radicar en   *reposer sur*
recoger   *cueillir, récolter*
suplir   *pallier*
sembrar (siembra)   *semer*
a la cabeza de   *en tête de*
a costa de   *au détriment de*

OBSERVACIONES

Segundo se escribe con una **g**, mientras que **secundario** se escribe con una **c**.

la apertura de la cápsula : **apertura** con una **p**, cuando se trata de la acción de abrir ; **abertura** con una **b** se usa para designar un hueco.

En español los nombres de los países o de las regiones generalmente no llevan el artículo : Andalucía, España, Francia, etc... Sin embargo estos nombres llevarán artículo si están acompañados de un adjetivo o de un complemento : la Andalucía occidental, la España medieval, la Francia de Luís XIV.

No se ha de confundir **calidad** con **cualidad**. Así, hablaremos de la **calidad** de un producto, de un artículo de buena (o mala) **calidad**, o de primera **calidad**. Cualidad es lo contrario de **defecto**.

T.R.B. : toneladas de registro bruto : *tonnes de jauge brute*.

Se habla de **peces** cuando están en el mar, y de **pescados** cuando precisamente están pescados a bordo del barco o en la pescadería.

Sería preciso que la Administración acelerara el aprovechamiento de los recursos hidráulicos. Noten la concordancia de los tiempos : sería preciso (condicional) acompañado del imperfecto del subjuntivo (que acelerara, sin acento sobre la **a** final).

PREGUNTAS

1 — ¿ Cuáles son las condiciones climáticas requeridas para el cultivo del algodón ? ¿Dónde se encuentra ? ¿Cómo se cultiva y se cosecha ? ¿Cuál fue la producción algodonera en España para 1984 ?

2 — ¿Cuáles son los requisitos climáticos para el cultivo de la remolacha azucarera ? ¿Dónde se cultiva ? ¿Es de buen rendimiento dicha planta industrial ? ¿Dónde se

cultiva la caña azucarera en España ? ¿A cuánto ascendió la producción azucarera española en 1984 ?

3 — ¿Cuáles son los diferentes tipos de ganado que se crían en España ? ¿Cómo se presenta la situación de la ganadería actualmente ? ¿Cuál ha sido la evolución de este sector ? ¿Con qué problemas se enfrenta ? ¿Cuáles son las soluciones enfocadas ?

4 — ¿Dónde se sitúa España con el sector pesquero en la economía europea ? ¿Cuáles fueron las causas que contribuyeron al desarrollo del sector ? ¿Cuál es la importancia de la flota pesquera española ? ¿Cuáles son los puertos que más se dedican a este sector ? ¿Qué clases de pescados se encuentran ? ¿Por qué no tiene éxito el pescado congelado en España ? ¿Cuáles fueron los resultados de la política de modernización de la flota pesquera ?

GRAMMAIRE

LE VERBE ETRE (suite)

EMPLOI DU VERBE ETRE AVEC UN PARTICIPE PASSE

1 — **LE VERBE SER** : Ce verbe s'emploie devant un *participe passé* si l'on considère l'action dans son *déroulement*. Ainsi, **ser** sera l'auxiliaire par excellence de la forme passive.

Exemples : La casa **fue** destruida por la tempestad.
Las máquinas **son** desmontadas por los especialistas.
Este problema **ha sido** resuelto por nuestro banquero.

2 — **LE VERBE ESTAR** : Ce verbe employé avec un *participe passé* exprime le *résultat de l'action*.

Exemples : La casa **está** destruida.
Las máquinas **están** desmontadas.
El problema **está** resuelto.

Dans ces phrases, l'action est maintenant terminée. Estar sera donc l'auxiliaire utilisé pour exprimer une *constatation* :

La casa **estaba** terminada.
El pasaporte **está** caducado, hay que renovarlo.
La tienda **estaba** cerrada.

3 — **REMARQUE** : Selon le sens de la phrase, il convient de traduire l'auxiliaire du verbe par **ser** ou par **estar**. Les phrases exprimant des généralités seront traduites à l'aide de l'auxiliaire **ser**, les cas précis par **estar**.

Exemple : La correspondance est classée de plusieurs façons.
La correspondencia **es** clasificada de varias formas.

Mais vous direz, en parlant d'un cas précis et en considérant l'aspect final de l'action : La correspondencia **está** clasificada.

A cette tournure :

La correspondencia **es** clasificada de varias formas.
Las mercancías **son** embaladas en el departamento de expediciones,

l'espagnol préfère employer la forme active pronominale :

Se clasifica la correspondencia de varias formas.
Se embalan las mercancías en el departamento de expediciones.

Ces phrases peuvent d'ailleurs être traduites par la forme impersonnelle en français :

On classe la correspondance de plusieurs façons.
On emballe les marchandises au service des expéditions.

EXERCICE GRAMMATICAL

Traduire les phrases suivantes :

1) La Péninsule Ibérique est traversée par la Cordillère Centrale.
2) La réunion du conseil d'administration était terminée à 18 h.
3) Toute la correspondance commerciale doit être tapée à la machine.
4) Le courrier reçu est classé et conservé dans les archives.
5) Ces machines sont fabriquées en Allemagne.
6) Les alliages sont traités dans des fours spéciaux.
7) Les grandes villes d'Espagne sont divisées en secteurs postaux.
8) Les portes sont fermées dès que les ouvriers sont au travail.
9) Ces articles ont été vendus par nos voyageurs de commerce.
10) Les moutons de Castille sont élevés pour leur laine.
11) Le courrier est généralement posté à 19 heures.
12) L'Espagne est divisée en 50 provinces.

TRADUCCION INVERSA

La pêche en mer est une importante ressource économique de l'Espagne qui, grâce à l'étendue et à la variété de ses côtes, occupe une place de choix dans ce secteur. La zone la plus importante est celle du Littoral Cantabrique qui, pour ce qui est du volume et de la qualité du poisson frais débarqué dans ses ports, représente plus de la moitié de l'ensemble du pays. La côte atlantique méridionale revêt une importance toute particulière car elle fournit à elle seule le quart des ressources nationales. Par contre, la côte méditerranéenne, en dépit d'une étendue supérieure, est loin de compléter le quart restant puisque sa production est, en volume, à peu près identique à celle des Canaries.

TRADUCCION DIRECTA

Lectura : Construcción naval : un futuro posible, página 45.
Traducir los dos últimos párrafos del texto : "Sin embargo ... en la década de los 70", p 45-46.

LECTURA

CONSTRUCCION NAVAL : UN FUTURO POSIBLE

La agitación social en la industria naval ocupa el primer plano de la información relegando a un segundo término el alcance real de los problemas que la afectan, y olvidando el análisis sereno de las vías de solución. La difusión alcanzada por concepciones muy pesimistas originadas en dificultades indudablemente existentes, ha llevado a actuaciones con connotaciones abandonistas, y ha dificultado la aparición de la energía humana y empresarial necesaria para restablecer en la construcción naval el dinamismo y la eficacia requeridas para abordar la crisis.

Dos ideas han sido particularmente negativas : la de una supuesta desaparición de la demanda de construcción naval, y aquélla según la cual una nueva división internacional del trabajo debe desplazar a España de este sector industrial. Ninguna de las dos puede constituir una base de partida para decisiones sobre el futuro del sector naval español.

La contratación anual media de buques, a nivel mundial y para el periodo 1977-1983, ha sido de 13,4 millones de toneladas de registro bruto compensado (TRBC), es decir, el 34 por ciento menos que los 20,2 millones de TRBC que se obtuvieron como promedio en los años brillantes de 1969 a 1976. Reducción importante que justifica un ajuste de la capacidad de producción, pero que, al mismo tiempo, permite una actividad industrial suficiente, máxime si se tiene en cuenta que los buques son el producto característico de la construcción naval, pero no el único, pues debe añadirse la construcción de plataformas *off-shore*, artefactos flotantes, estructuras metálicas, etc. Una actuación decidida en este campo hubiese permitido alcanzar en mejores condiciones la reactivación de la demanda de buques que, según estimaciones de la Association of West European Shipbuilders, puede situarse para el periodo 1989-1993 en 18,2 millones de TRBC.

La brutal caída que ha experimentado la demanda interna española en los años 1982-1984, no debe hacer olvidar que el carácter básicamente exportador de la industria naval debiera haber servido de colchón amortiguador de la reducción de la actividad tal como lo ha hecho en otras industrias. Esta situación puede corregirse modificando los actuales criterios extremadamente restrictivos del crédito naval, que son el origen de un profundo efecto disuasorio sobre la demanda interna de buques.

Sin embargo, la clave para el futuro de la industria naval en España se encuentra en el análisis de la pretendida nueva división internacional del trabajo en construcción naval. Se arguye que los países de alto nivel salarial, entre los que se incluye a España sin motivos suficientes, deben abandonar esta industria en favor de los nuevos países industrializados, con niveles salariales muy bajos. La realidad es bien distinta. El coste del factor trabajo viene determinado no sólo por la remuneración de dicho factor, sino también por la productividad de la industria. Los salarios más elevados suponen una dificultad a la hora de alcanzar niveles competitivos, pero se puede superar esta circunstancia cuando la productividad de la industria es la adecuada. Así se explica que países con salarios más altos que los españoles, como Japón, Alemania, Holanda, Dinamarca y Finlandia hayan incrementado o mantenido su participación en el mercado de construcción de buques, o que astilleros como el sueco Kockums esté obteniendo beneficios. Al mismo tiempo, España ha dejado caer su participación en dicho mercado, llegando a reducirse en 1983 a la cuarta parte de la que logró alcanzar en la década de los 70.

(Actualidad Económica)

Lección cuarta
CARACTERISTICAS Y PROBLEMAS DE LA AGRICULTURA ESPAÑOLA

MECANIZACION – FERTILIZANTES – INVERSIONES – PROPIEDAD
MANO DE OBRA

Se caracteriza la agricultura española por cinco factores esenciales que son : un grado de mecanización poco elevado, un empleo insuficiente de abonos y fertilizantes, una carencia crónica de inversiones, una profunda desigualdad en el reparto de las tierras, y una mano de obra poco cualificada.

1 – MECANIZACION Y EQUIPO AGRICOLA

Hasta 1959, la motorización fue muy lenta en implantarse en España, que contaba entonces con menos de 50 000 tractores y menos de 4 000 cosechadoras. Desde 1965, el número de tractores había triplicado y el de las cosechadoras cuadruplicado. En 1964, se contaba con 145 hectáreas labradas por tractor, contra 45 en Italia y 24 en Francia. En 1971, faltaban aún en España 250 000 tractores para alcanzar el nivel europeo. En la actualidad, el parque de maquinaria agrícola se eleva a 400 000 tractores, 155 000 motocultores, 40 000 cosechadoras, y unos 210 000 motores agrícolas. El progresivo descenso de la población activa agraria de los últimos años, así como la necesidad de modernizar la agricultura junto a la elevación de los salarios agrícolas han acelerado el proceso de mecanización del campo cuyo nivel aún sigue siendo inferior al de los demás países europeos.

2 – ABONOS Y FERTILIZANTES

Resulta sumamente insuficiente la utilización de abonos y fertilizantes en España. Sólo los cultivos subvencionados por el Gobierno se hacen a partir de fertilizantes para los cuales el Estado o los bancos consienten préstamos. No obstante, las cantidades aplicadas por hectárea son insuficientes y se ha notado un sensible aumento desde el año 1960 para los abonos nitrogenados únicamente. De 1964 a 1976, duplicó el volumen de abonos nitrogenados que de 374 000 toneladas pasó a 747 000 toneladas. Para los fertilizantes fosfatados y potásicos no fue tan importante el in-

FÁBRICA DE ABONOS NITROGENADOS EN PUERTOLLANO (CIUDAD REAL). A pesar de la poca utilización de abonos en España, he aquí una de las mayores plantas de este tipo que forma parte de un amplio complejo petroquímico.

cremento y en 1983 se situaba el consumo de estas dos clases de fertilizantes en 470 000 y 280 000 toneladas respectivamente. Sin embargo, desde hace un par de años, se nota una sensible disminución en el empleo de los abonos tanto nitrogenados como fosfatados. Se puede explicar este descenso por el aumento de los precios de las materias primas utilizadas en la producción de los mismos, así como la elevación de los costes de transformación y comercialización.

Con el fin de paliar las posibles incidencias que en el producto final agrario tendrían los precios de dichos fertilizantes, el Gobierno decidió dejar de subvencionar los abonos nitrogenados. A 15 kg de fosfatos por hectárea en España correspondían 22 en Grecia, 24 en Italia y 48 en Francia.

3 — CARENCIA DE INVERSIONES

La insuficiencia de inversión de capital en la agricultura es patente con relación a los demás sectores. Sólo una parte muy reducida de las inversiones privadas va dirigida al sector agropecuario. Esta descapitalización de la agricultura hace que, de todos los sectores, es el que más rezagado se ha quedado. En 1964, las inversiones sólo representaron el 11 por ciento del producto neto agrícola. Por tanto, el Gobierno ha tratado de subsanar esta laguna dedicando más de la tercera parte de sus inversiones a este sector, pero sus esfuerzos resultan muy costosos y poco rentables, ya que van dirigidos únicamente a la extensión de la superficie de las tierras regadas, tarea llevada a cabo por el Instituto de Colonización, y si los resultados obtenidos son muy espectaculares, carecen totalmente de eficacia si tenemos en cuenta los medios y la cantidad de dinero invertido a este efecto.

Se ha llevado a cabo esta política de inversiones gubernamentales por medio del Banco Hipotecario, del Banco de Crédito Agrícola y del Instituto Nacional de Colonización sin mucha coordinación entre ellos. Los bajos tipos de interés de los créditos públicos, en realidad, no benefician más que a una minoría a causa de una insuficiente divulgación en los medios rurales y de las dificultades encontradas por los que no son propietarios para obtener dichos créditos.

La determinación oficial de los precios de los productos agrícolas, muy por encima de las cotizaciones mundiales, equivale a instituir verdaderas primas para ciertos cultivos tales como el trigo, el arroz y el algodón y tiene por efecto debilitar estos sectores.

4 — DESIGUALDAD EN EL REPARTO DE LA PROPIEDAD

Es sumamente revelador el hecho de que menos del 2 por ciento de los propietarios poseen las dos terceras partes de las tierras, cifra muy superior a la de Italia donde las propiedades de más de 50 ha. representan el 41,5 por ciento del conjunto, o a la de Francia donde la proporción es de un 30 por ciento. Domina sobre todo el latifundio en el Sur, donde las cuatro provincias de Badajoz, Córdoba, Sevilla y Jaén representan el 55 por ciento de las contribuciones territoriales pagadas por los propietarios.

El mayor problema planteado por los latifundios consiste en una explotación insuficiente del suelo, lo que tiene por consecuencia el desempleo y motiva importantes problemas sociales.

Por el contrario, al Norte del Tajo se encuentra un sinnúmero de pequeñas propiedades (minifundio) y el problema entonces es mas técnico que social, ya que dificulta la explotación mecánica de las tierras.

5 — MANO DE OBRA

A finales de 1984, se estimaba la población agrícola activa en 3 millones de personas, o sea el 25,7 por ciento del total de la población activa interior. Es todavía una proporción muy elevada y sólo es superada en Europa por Portugal y Grecia. Sin embargo, hemos de admitir que esto representa una importante disminución, ya que esta cifra era de un 47,5 por ciento en 1950 y un 39,7 por ciento en 1960. Según el censo de 1960, la población activa agrícola constaba de un 42,9 por ciento de jornaleros y un 5,2 por ciento solamente de agricultores que empleaban una mano de obra asalariada. El resto de la población agrícola estaba representado por la propia familia de los agricultores que aún constituían una mano de obra más barata. En 1965, la comisión de la enseñanza para el segundo Plan de Desarrollo estimaba en un 65,06 por ciento la proporción de los niños en edad escolar empleados para los trabajos del campo en Ecija (provincia de Sevilla).

La escasa explotación de las tierras, particularmente de los latifundios, ocasiona un paro latente que afecta en primer lugar a las personas de más edad. El predominio del monocultivo (trigo, olivas) tiene por consecuencia un paro estacional que viene a añadirse al desempleo y hace del invierno una temporada de miseria y de hambre para las capas sociales menos favorecidas. Esto explica, en una gran proporción, el fenómeno de la emigración de esta mano de obra hacia las grandes ciudades y luego hacia el extranjero en los años 60.

VOCABULARIO

el abono	*l'engrais*
abonar la tierra	*fumer la terre*
asalariado	*salarié*
barato	*bon marché*
la capa	*la couche*
carecer de eficacia	*manquer d'efficacité*
la carencia	*le manque, la carence*
consentir préstamos	*accorder des prêts*
el conjunto	*l'ensemble*
las cosechadoras	*les moissonneuses*
constar de	*compter, se composer de*
el censo	*le recensement, les chiffres*
el coste	*le coût*
costoso	*coûteux*
cuadruplicar	*quadrupler*
debilitar	*affaiblir*

el descenso	la baisse, la réduction
el desempleo	le sous-emploi
la descapitalización	le manque de capitaux
la desigualdad	l'inégalité
dificultar	rendre difficile
disminuir, la disminución	diminuer, la diminution
duplicar	doubler
la eficacia	l'efficacité
equivaler	équivaloir, correspondre
la enseñanza	l'enseignement
escaso	faible
estimar en	estimer à, évaluer à
los fertilizantes	les engrais, les fertilisants
los fosfatos, productos fosfatados	les phosphates, produits phosphatés
una hectárea	un hectare
la insuficiencia	le manque, l'insuffisance
invertir, inversión	investir, l'investissement
un jornalero	un journalier, un ouvrier agricole payé à la journée
labrar	labourer
el latifundio	la grande propriété
llevar a cabo una tarea	mener à bien une tâche
la maquinaria agrícola	les machines agricoles
la mano de obra	la main d'œuvre
las materias primas	les matières premières
los medios rurales	les milieux ruraux
el monocultivo	la monoculture
motivar	motiver, expliquer
la minoría	la minorité
el minifundio	la petite propriété
el nitrógeno, nitrogenados	l'azote, azotés
ocasionar	entraîner
paliar	pallier
patente	évident, spectaculaire
plantear un problema	poser un problème
la potasa, potásico	la potasse, à base de potasse
el predominio	la prédominance
la prima	la prime
el paro	le chômage
repartir, el reparto	distribuer, la distribution
rezagado	distancé, resté en arrière

un sinnúmero	*un grand nombre*
subvencionar	*subventionner*
sumamente	*extrêmement*
superar	*dépasser, améliorer*
subsanar una laguna	*combler une lacune*
un tipo de interés	*un taux d'intérêt*
una temporada	*une saison*
triplicar	*tripler*

EXPRESIONES

a pesar de	*malgré*
en el transcurso de	*au cours de*
cabe poner de manifiesto	*il convient de souligner*
es de notar	*il faut noter*
conviene señalar	*il convient de signaler*
más concretamente	*plus précisément*
conforme aumenta el nivel de vida	*au fur et à mesure que le niveau de vie augmente*
bajo forma de	*sous forme de*
ya sea... o bien	*soit... soit*
debido a	*en raison de*
con motivo de	*à cause de*
a costa de	*au détriment de*
sin embargo	*cependant*
no obstante	*toutefois*

OBSERVACIONES

Muy a menudo, el español prefiere emplear después de un nombre un adjetivo en vez de un complemento con el partitivo *de*.

Ejemplo : la producción **triguera**, en vez de : la producción de trigo ; las regiones **arroceras** : las regiones productoras de arroz.

Con referencia al francés, *un port de pêche* se traducirá por : un puerto **pesquero**.

des zones de climats : las zonas **climáticas**
les produits de base : los productos **básicos**
les ressources d'énergie : los recursos **energéticos**
les industries de la conserve : las industrias **conserveras**.

Les fruits : **la fruta**. Se dice **las frutas** cuando uno quiere insistir en las diferentes variedades de las mismas. **Frutos** se empleará con preferencia en un sentido figurado : cosechar los **frutos** de un trabajo asiduo, o en un sentido general : los **frutos** del árbol (comestibles o no).

PREGUNTAS

1 — ¿Qué grado de mecanización tiene la agricultura española ? ¿Cuántos tractores hay actualmente ? ¿Cuántas cosechadoras ? ¿Es rápido el proceso de mecanización ?

2 — ¿Se utilizan muchos abonos en España ? ¿Cuáles son los cultivos que necesitan fertilizantes ? ¿Qué ha intentado el Gobierno para desarrollar el uso de los abonos ?

3 — ¿Beneficia de muchas inversiones el sector agrícola ? ¿Cuál es la importancia de las mismas en este sector ? ¿Cuál ha sido la política del Estado en los diez últimos años ? ¿Cuáles son los bancos que han participado en las inversiones ? ¿Cuál ha sido el resultado de esta política ?

4 — ¿Cómo están repartidas las tierras en España ? ¿Qué son los latifundios ? ¿Dónde se encuentran ? ¿Cuáles son los inconvenientes del latifundio ? ¿Del minifundio ?

5 — ¿Qué proporción de mano de obra hay en la agricultura ? ¿Por qué está esta proporción tan elevada ? ¿Hay mucho paro en la agricultura actualmente ? ¿Cuáles son las causas del desempleo ?

GRAMMAIRE

LE VERBE ETRE (suite)

EMPLOI DES SEMI-AUXILIAIRES

Souvent, pour donner plus de précision à la phrase, à la place des verbes **ser** ou **estar** employés avec des participes passés ou présents, l'espagnol préfère utiliser des semi-auxiliaires tels que : **ir, seguir, llevar, andar, quedar, resultar,** etc...

Ir exprime l'idée de *progression constante et régulière*.

Exemple : Su situación **fue mejorando** poco a poco.
Sa situation s'est améliorée peu à peu.

Seguir exprime l'idée de *continuité*.

Exemple : **Sigue** tan **apurado** como antes.
Financièrement, il est toujours aussi gêné qu'avant.

Llevar exprime l'idée de *progression...* à partir d'un *moment donné*.

Exemple : **Lleva viviendo** tres años en Madrid.
Il vit depuis trois ans à Madrid.

Andar exprime l'idée de *progression...* dans *plusieurs directions* à la fois.

Exemple : **Anduvo buscando** el puesto de la lotería por toda la feria.
Il a cherché le stand de la loterie dans toute la foire.

Quedar exprime l'idée d'une *action définitivement fixée.*

Exemple : El cuarto **quedó dividido** en dos habitaciones.
La pièce a été divisée en deux chambres.

Resultar exprime *l'aspect définitif, consécutif à une action.*

Exemple : **Resultó herido** en un accidente de coche.
Il a été blessé dans un accident de voiture.

EXERCICE GRAMMATICAL

Traduire les phrases suivantes :

1) Elle est enchantée du poste qui lui a été offert.
2) La camionnette a heurté un mur, le chauffeur est gravement blessé.
3) Deux jours après le hold-up, il a été arrêté.
4) La secrétaire de direction était toujours habillée de façon très mode.
5) La ville fut complètement détruite par le tremblement de terre.
6) Elle est toujours d'une santé un peu délicate.
7) Il est entendu que nous n'effectuerons pas les placements habituels.
8) Les représentants des groupes syndicaux ont été d'accord sur l'objet de la grève.
9) Il travaille toujours dans le même cabinet juridique.
10) A la suite de la dévaluation, le prix des matières premières est devenu exorbitant.
11) Il pratique les langues depuis de très nombreuses années.
12) Nous nous étions mis d'accord pour commencer les travaux la semaine prochaine.

TRADUCCION INVERSA

L'agriculture espagnole se trouve confrontée à de nombreux problèmes dont l'un des plus anciens et des plus graves est certainement l'inégalité de la répartition des terres. Les deux tiers des terres cultivables appartiennent en effet à une toute petite minorité de propriétaires qui possèdent d'énormes propriétés. Ce système de la grande propriété est particulièrement en vigueur dans le sud de l'Espagne, en Andalousie et en Estrémadure. Ces propriétés, la plupart du temps, ne sont pas cultivées et servent à l'élevage des taureaux de courses, ce qui, en plus de diminuer la faible rentabilité du sol espagnol à l'hectare, provoque un chômage considérable dans les provinces du sud.

Ceci explique l'exode rural ainsi que les mouvements migratoires d'une main d'œuvre non qualifiée vers les centres urbains des régions industrielles de l'Espagne, voire des autres pays d'Europe.

LECTURA

JORNALEROS

UN MILLON DE VOTOS SIN AMO

En los últimos años, ha sido una constante que alrededor de ciertas fechas, en algunos campos de Andalucía, tengamos noticias de convulsiones sociales. El marco de Jerez (El Cuervo, Lebrija, Jerez, Trebujena, Sanlúcar, Puerto de Santa María, etcétera) ha sido la zona de esas convulsiones, que se han concretado en huelgas generales de los obreros del campo, los jornaleros. Pero año a año el conflicto se ha ido extendiendo geográfica y temporalmente. Ya no se producen huelgas sólo en el marco de Jerez ni en el tiempo de la recogida de la vid o de la aceituna ; muchos pueblos de las provincias de Sevilla, Cádiz, Huelva, Córdoba o Málaga se han incorporado al movimiento. Y no sólo hay tensión social en determinados meses del año; los meses de paro o del cultivo del tabaco, la escarda o los cereales también sirven para manifestar el descontento y la creciente rebeldía de los jornaleros.

Con un poco de perspectiva histórica no debía extrañar esta creciente ola de descontento y de huelgas que progresan en el campo andaluz. Con el paréntesis de los últimos treinta y ocho años, la historia del campo andaluz es la historia de sus agitaciones y de sus rebeldías. El excelente libro de Díez del Corral **Historias de las agitaciones campesinas andaluzas**, explica el origen de estas convulsiones sociales políticas, perfectamente incardinadas en el tiempo. El recientemente fallecido Pascual Carrión, en su ya clásico libro, **Los latifundios en España**, explica el carácter social de los movimientos andaluces : ... **aquel movimiento era independiente de** todos los elementos políticos y se basó en el malestar de las poblaciones rurales y la miseria e ignorancia de la gente del campo, atribuidas a la aglomeración de la propiedad en pocas manos y a la tiranía ejercida por los grandes propietarios sobre los colonos y braceros.

El jornalero andaluz forma, según ellos mismos, parte de la clase obrera, una parte muy significativa y muy oprimida. Según las cifras del Instituto Nacional de Estadística, en Andalucía hay alrededor de quinientos mil jornaleros, **aunque sabemos que en realidad hay más, ya que hay mucha juventud que no está dada de alta y muchas mujeres.** El entorno real de jornaleros tiene sus límites entre los quinientos y los setecientos mil jornaleros, **un 35 por 100 de la población activa andaluza.** Como en la primera parte del siglo entre las organizaciones sindicales que les agrupan está la Federación de la Tierra de la Unión General de Trabajadores y la Confederación Nacional del Trabajo, pero tanto una como otra han perdido por el momento su carácter predominante. Este último se reparte entre las Comisiones Obreras del Campo y, sobre todo, en el Sindicato de Obreros del Campo, nacido de las anteriores comisiones de jornaleros. El Sindicato de Obreros del Campo (SOC) es una organización sindical específica de y para los jornaleros. Vamos a detenernos durante el informe especialmente en este sindicato, por lo que tiene de original, de nuevo y, sobre todo, por su hegemonía en el movimiento de los jornaleros. Su nacimiento viene dado por el convencimiento de los hombres encuadrados en las comisiones de jornaleros — clandestinas y que sólo aglutinaban a la vanguardia de éstos — del fracaso de trasplantar la experiencia del movimiento obrero urbano al campo. Paco Casero, secretario del SOC de Marchena, **uno de los que pusieron en marcha todo esto,** uno de los líderes del movimiento, nos lo explica ; Casero es un hombre que conserva mucho del ascetismo y de la mística de las comunas anarquistas andaluzas de primeros de siglo ; es un hombre que ni fuma ni bebe y, si es preciso, duerme en un sillón toda la noche. Impresiona saber que un hombre al que al parecer va a presentar algún partido como independiente en las listas electorales, **muchas veces sólo hace una comida al día por falta de medios económicos o para ahorrar.** Sin embargo, no hay mucho en él de anarquista ; más bien es un hombre sistemático y con fama de **duro** entre sus compañeros. **Lo que decide, lo hace,** nos dijeron. **Los obreros urbanos** — nos explica Casero — **se encuentran concentrados y conviven dentro de los mismos locales ; también tienen un más elevado grado de instrucción y de conciencia. Sin embargo, en el campo los obreros están diseminados, una vez en un tajo, otras veces en otro, y la mitad del año parados. Esto da lugar a unas condiciones de aislamiento, de dispersión, que llevan más al individualismo, al anarquismo. Por ello, en el campo se necesitan unas organizaciones que inciten más a la unidad, que sean más permanentes.** Así nació el SOC, que tiene más de diez mil afiliados concentrados en unos noventa pueblos.

LATIFUNDIO Y PARO. LOS EXTREMOS

Para conocer cuál es la vida del jornalero hay que arrancar de las condiciones de miseria y de paro en que se halla y del entorno latifundista en que se mueve. La situación de la propiedad en Andalucía permite afirmar que esta es una zona latifundista. Por ejemplo, en Málaga o Granada, el 41 por 100 de la riqueza total pertenece a grandes propietarios ; en Sevilla, los grandes propietarios son el 5 por 100 del total y reúnen el 72 por 100 de la riqueza ; o en Cádiz, donde un 3 por 100 de terratenientes poseen el 67 por 100 de la riqueza total.

Como correspondencia a esta distribución de la propiedad, al jornalero no le queda más que la miseria y el paro. ¿Qué alternativas ve viables para cambiar su situación ? Unas medidas inmediatas que sirvan de parche paliativos de la situación, y como medida definitiva **una reforma agraria**. El fantasma, el mito de la reforma agraria siempre aplazada, siempre pendiente, es una obsesión de los jornaleros. Oír repetir continuamente a cada persona con quien hablábamos, mayor o joven, hombre o mujer, reforma agraria, reforma agraria..., nos hacía pensar en el tópico que siempre se dice sin saber o sin pensar qué significa, en el siempre me dices lo mismo de la zarzuela, en el cuento de la buena pipa. Sin embargo, hay un concepto que los jornaleros tienen bien asimilado y que es la filosofía final de **su** reforma agraria : **la tierra para quien la trabaja.**

(Cuadernos para el Diálogo)

VOCABULARIO

aplazar	*repousser, reporter*
una huelga	*une grève*
una ola de descontento	*une vague de mécontentement*
un parche	*une rustine, une solution*
pendiente	*en souffrance, provisoire*
un tópico	*un cliché, un lieu commun*
una zarzuela	*une opérette*
el cuento de la buena pipa	*une histoire qui n'en finit jamais*
dar de alta	*juger apte, être en condition*
un tajo, una tarea	*une tâche*

REFINERIA EN LA CORUÑA. Esta refinería forma parte de una red compleja que se extiende en todo el litoral de la Península. Se encuentran dichas refinerías ubicadas a proximidad de puertos importantes para la importación del petróleo procedente de Oriente Medio o de Venezuela.

Lección quinta
LAS INDUSTRIAS EXTRACTIVAS

CARBON – HIERRO – PLOMO – COBRE

Desde los tiempos más remotos, siempre fue considerada España un país minero. Efectivamente, gracias a su relieve y a las condiciones geólogicas de la Península, España tiene muchas riquezas minerales de todas clases (cinabrio, volframio, blenda, casiterita, etc.) pero su producción en cuanto a dichos minerales es poco importante. De mayor importancia son los cuatro grupos siguientes que aseguran más de la mitad de la renta industrial nacional : carbón, hierro, plomo y cobre.

1 – CARBON

La producción nacional de carbón en 1984 fue prácticamente igual a la del año anterior, es decir a 40 millones de toneladas. Dicho estancamiento es debido en mayor parte, a la disminución del consumo por parte de la industria siderúrgica y fundición, y de la industria cementera, que son los principales consumidores. La producción de hulla fue de 10,24 millones de toneladas y sólo 5,5 millones de toneladas para la entracita.

Los principales yacimientos se encuentran en Asturias y representan cerca de las dos terceras partes de todo el carbón que se extrae en la Península. Se localizan más precisamente en los valles del Nalón y del Caudal, situados a unos cincuenta kilómetros del mar y cuyos centros más importantes son : La Felguera, Mieres, Sama de Langreo cerca de Oviedo. Estos centros están relacionados con los puertos de la

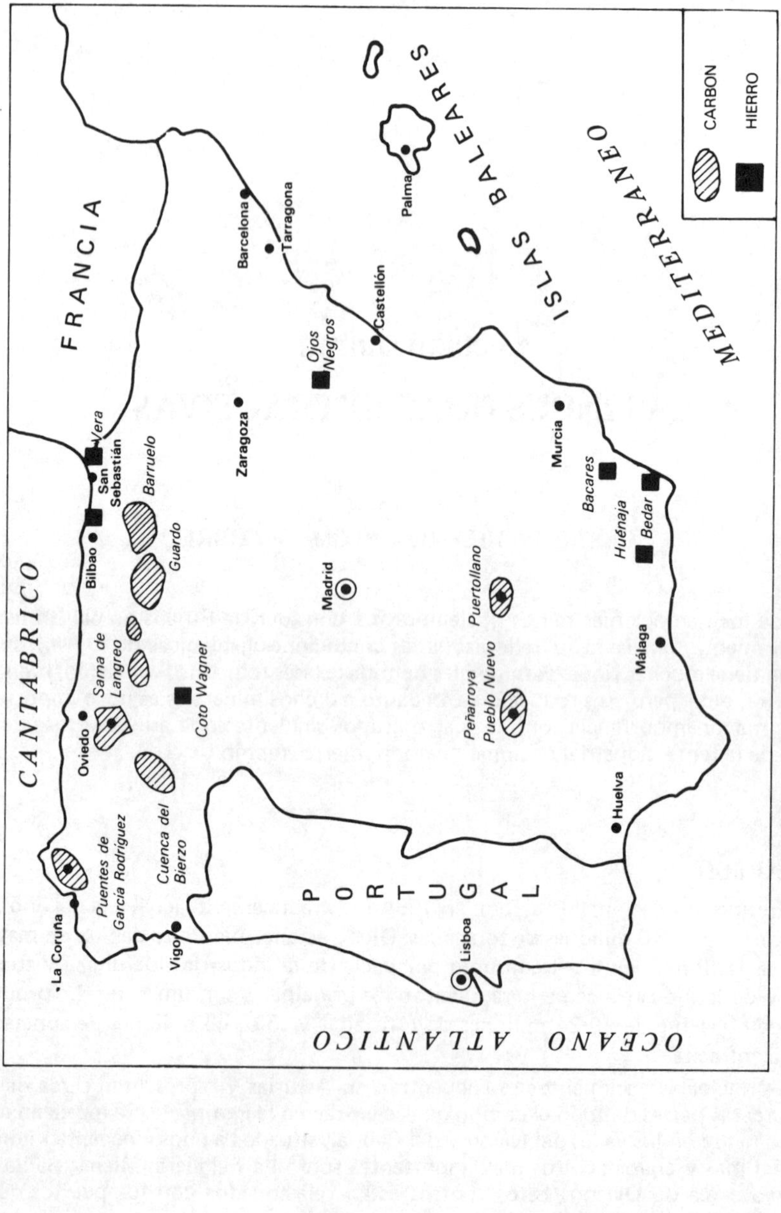

PRINCIPALES YACIMIENTOS DE CARBON Y HIERRO

costa por los cuales se hace la exportación (San Esteban de Pravia, Avilés, y Musel cerca de Gijón). Pero el rendimiento es bastante mediocre por ser los pozos numerosos (1159 en 1957) y poco cualificada la mano de obra. Se exportan anualmente tres millones de toneladas de carbón. Por vía férrea, un millón de toneladas aproximadamente son dirigidas hacia el interior, mientras que el resto de la producción es consumido por las industrias siderúrgicas muy numerosas en esta región.

También hay yacimientos de lignito en Aragón (provincia de Teruel) y Cataluña. Pero, por regla general, el carbón español es de mala calidad y las condiciones de explotación dificultan la mecanización. Suele contener generalmente mucho azufre, un alto porcentaje de tierras, y además, resulta bastante difícil convertirlo en coque (coquización). Por eso se utiliza cada vez más para las calderas de las centrales térmicas.

Desde 1975, queda estancada la producción a pesar de los esfuerzos del Gobierno para reagrupar a las pequeñas empresas. La racionalización de las minas de Asturias ha conllevado el cierre de un número cada vez más importante de pozos no rentables y, en 1980, el paro afectaba al 8 por 100 de los mineros de los valles del Caudal y del Aller, y al 10 por 100 de los del valle del Nalón.

2 — HIERRO

Se encuentra mineral de hierro en León (Coto Wagner y Vivaldi), en Aragón (Ojos Negros — Teruel), y en la provincia de Granada (Monte Alquife) y en la Sierra de los Filabres. El principal centro productor sigue siendo Vizcaya donde está ubicada toda la industria pesada y más concretamente en Asturias, Santander y la región de Bilbao, que desde siempre han beneficiado de una aportación de capitales de origen extranjero (alemán : Krupp, o belga : Cockerill), así como de una situación excepcional sobre el río Nervión, con su magnífica ría de aguas profundas que permite la exportación del mineral y la importación de hulla de Gran Bretaña. Aunque de un porcentaje bastante satisfactorio (superior a un 50 por 100), dicho mineral tiene actualmente que enfrentarse con la competencia por parte de minerales africanos o americanos de mejor calidad.

Representa el mineral de hierro el 16 por 100 de la renta industrial de los minerales no combustibles, con una producción de 6,5 millones de toneladas de mineral bruto en 1984.

3 — PLOMO

El mineral de plomo, cuyos yacimientos son bastante importantes en la Sierra Morena (región de Linares, la Carolina) se encuentra también en Cartagena, La Unión, Mazarrón, Sierra Almagrera. Las minas de plomo y de zinc (cuyo mineral es la blenda) de Reocín (provincia de Santander) siguen siendo controladas por dos grandes sociedades extranjeras : Peñarroya (francesa) y la Société Royale Asturienne des Mines (belga). Se sitúa la producción española de plomo alrededor de 100.000 toneladas de mineral bruto.

Por su maleabilidad y su resistencia a la corrosión se emplea muchísimo el plomo en la fabricación de pinturas y de acumuladores, y también como revestimiento de cables eléctricos de cobre. Sirve para fabricar los tipos de imprenta, adicionado de pequeñas cantidades de zinc y antimonio con el fin de aumentar su dureza y resistencia. También se fabrican con este metal cañerías de todas clases.

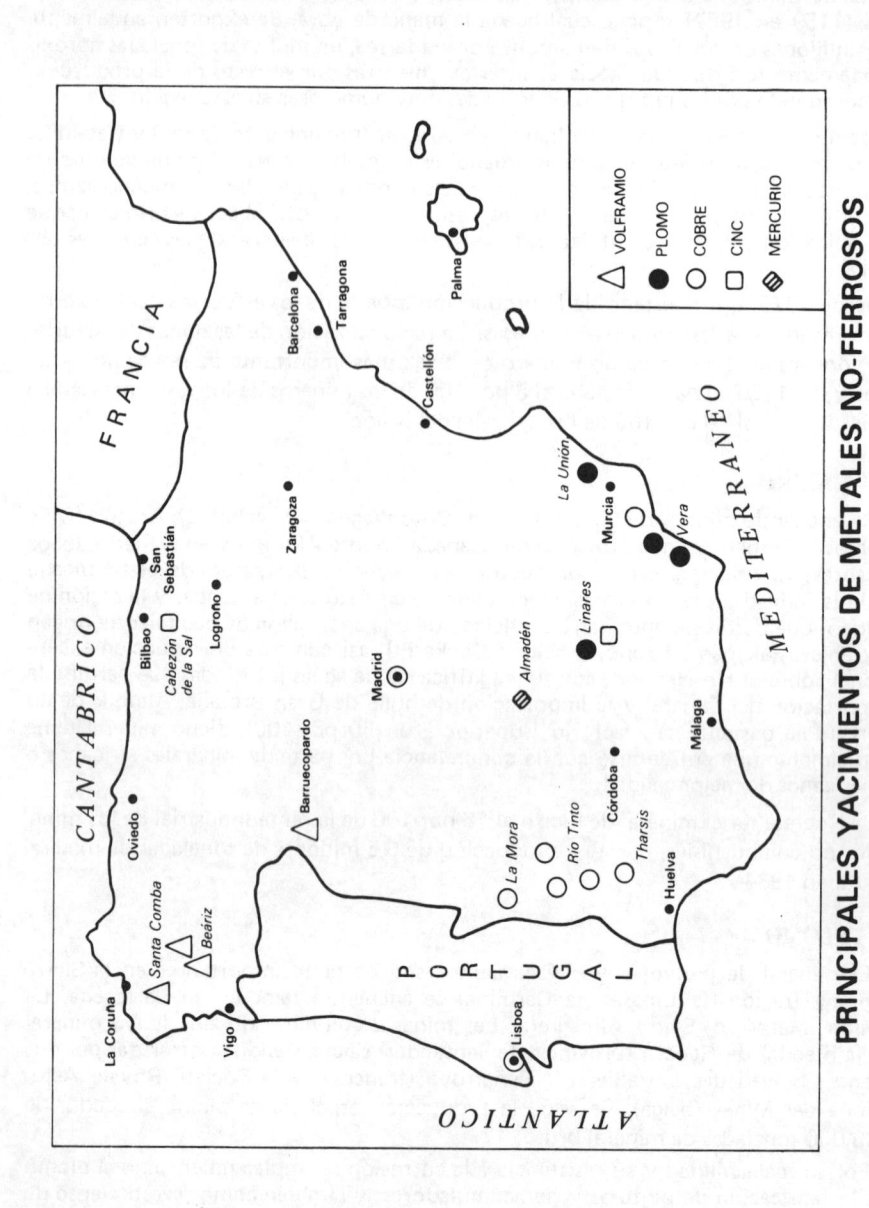

PRINCIPALES YACIMIENTOS DE METALES NO-FERROSOS

4 — COBRE

Alcanzó la producción 12 480 toneladas de mineral bruto en 1983, obtenidas casi exclusivamente en las minas de la provincia de Huelva (Rio Tinto y Tharsis). El cobre es el único mineral del cual España tiene considerables yacimientos y cuya producción va aumentando sin cesar.

Por su conductividad (sólo superada por la plata) y su resistencia a la tensión y corrosión, se utiliza muchísimo en la industria eléctrica. También entra en la composición de aleaciones como el bronce (cobre y estaño), latón (cobre y zinc). Se usa en galvanoplastia, en industrias químicas, para la fabricación de pinturas submarinas no putrescibles. Se utiliza el sulfato de cobre para sulfatar la vid y protegerla contra ciertas enfermedades.

Las inversiones extranjeras representan una proporción importante en el sector minero español, sobre todo para la explotación de las piritas de cobre y de hierro. El único sector en el cual no hay inversión de capital extranjero es en las minas de mercurio de Almadén, que son propiedad del Estado.

Hállanse también minerales de menor importancia tales como la casiterita (mineral de estaño), tungsteno y volframio, que sirven para endurecer los aceros especiales y que, durante la guerra alcanzaron precios muy elevados sobre todo en Galicia, ya que se utilizaban para el blindaje de los tanques. Desgraciadamente, la explotación de dichos minerales se encuentra en manos del capital extranjero.

VOCABULARIO

una aleación	un alliage
el antimonio	l'antimoine
la antracita	l'anthracite
el azufre	le soufre
la aportación	l'apport
la blenda	la blende
el blindaje	le blindage
el bronce	le bronze
la calidad	la qualité
una cañería	une conduite d'eau
el carbón	le charbon
la casiterita	la casitérite
el cierre	la fermeture
la caldera	la chaudière
una central térmica	une centrale thermique
el cinabrio	le cinabre
la conductividad	la conductibilité

el coque	*le coke*
la coquización	*la cokéfaction*
dotado de	*doté de*
una empresa	*une entreprise*
enfrentarse con	*affronter*
la galvanoplastia	*la galvanoplastie*
el hierro	*le fer*
la hulla	*la houille*
la industria pesada	*l'industrie lourde*
la industria siderúrgica	*l'industrie sidérurgique*
el latón	*le laiton*
el lignito	*la lignite*
la maleabilidad	*la maléabilité*
la mina	*la mine*
el mineral	*le minerai*
minero	*minier*
el origen (masculino)	*l'origine (féminin)*
la plata	*l'argent*
el plomo	*le plomb*
la pirita	*la pyrite*
el porcentaje	*le pourcentage*
un pozo	*un puits*
proceder de	*provenir de*
reagrupar	*regrouper*
reforzar	*renforcer*
los recursos minerales	*les ressources minières*
relacionar, relacionado con	*relier, relié à*
remoto	*lointain, éloigné*
la renta industrial	*le revenu industriel*
una ría	*une ria*
el sulfato de cobre	*le sulfate de cuivre*
sulfatar	*sulfater*
el tungsteno	*le tungstène*
un tanque	*un tank, un réservoir*
ubicar, la ubicación	*situer, l'emplacement*
una vía férrea	*une voie ferrée*
el volframio	*le wolfram*
un yacimiento	*un gisement*

VERBOS Y EXPRESIONES

aumentar en un 10 por 100
con respecto a
suele contener
siguen siendo controlados
además
desde los tiempos más remotos

augmenter de 10 %
par rapport à
contient généralement
sont toujours contrôlés
de plus
depuis les temps les plus reculés

OBSERVACIONES

Por ser los puertos numerosos y (por ser) la mano de obra poco cualificada : introducción de una oración causal por la preposición **por** seguida del infinitivo. En francés : *Le nombre des ports étant élevé et la main-d'oeuvre peu qualifiée*, ou encore : *En raison du nombre élevé des ports et du peu de qualification de la main-d'oeuvre.*

En español, siempre es preciso poner el artículo (definido o indefinido según la frase) delante de los porcentajes : la producción ha aumentado en **un** 4,5 por 100 ; **el** 10 por 100 de la población activa, etc.

Porcentaje, extranjero, pasajeros se escriben con **j** en español y **g** en francés.

PREGUNTAS

1 — ¿Dónde están situados los yacimientos carboníferos más importantes de España ? ¿Cuáles son los centros de extracción más conocidos ? ¿A cuánto se eleva la producción ? ¿A dónde se destina dicha producción ? ¿Cuál es la situación actual de la industria hullera ? ¿Cuáles son los mayores problemas que conoce este sector ?

2 — ¿Cuáles son los centros mineros más importantes para la producción de hierro ? ¿Cuál es el mayor centro industrial del Norte ? ¿De qué condiciones geográficas excepcionales beneficia ? ¿Cuáles son los capitales que participaron en su desarrollo ? ¿Cuál es la importancia de este mineral en la industria española ?

3 — ¿Dónde se sitúan los mayores yacimientos de plomo en España ? ¿Cuáles son las compañías que explotan dichos yacimientos ? ¿Dónde se encuentran las minas de zinc, de cobre, de mercurio ?

4 — ¿Qué clase de mineral es la blenda, la casiterita, el volframio, el tungsteno ? ¿Qué utilización industrial tienen estos minerales ? ¿Dónde se encuentra mercurio ?

GRAMMAIRE

ETUDE DU VERBE ETRE (suite)

Pour conclure cette étude sur le **verbe être**, nous tenons à attirer votre attention sur un point de grammaire fondamental :

Alors que le français emploie dans la conjugaison les auxiliaires **avoir** ou **être**, selon qu'il s'agit de verbes transitifs ou intransitifs, l'espagnol n'emploie que l'auxiliaire Haber.

Exemples : *Je suis monté au secrétariat*
 He subido a la secretaría

Je suis venu dès que j'ai pu
 He venido en cuanto he podido

Je suis rentré chez moi de bonne heure
 He vuelto a casa temprano.

EXERCICE GRAMMATICAL

REVISION DES LEÇONS ANTERIEURES

Traduire les phrases suivantes :

1) Nous serons d'accord lorsque nous serons sûrs de leurs intentions.
2) Ils se sont informés de ce projet auprès du directeur.
3) Le charbon espagnol n'est pas d'excellente qualité.
4) C'est bien fait pour lui ; il n'avait qu'à être plus prudent.
5) La paëlla que tu nous as faite était excellente.
6) Les rapports doivent toujours être adressés à la direction.
7) Dorénavant, la journée de travail sera divisée en deux temps.
8) Il était chargé des tâches les plus délicates.
9) Le courrier est levé deux fois et distribué trois fois par jour.
10) Il était inquiet de voir tant de commerces faire faillite.
11) Nous sommes venus par le chemin le plus court.
12) Ces circulaires sont adressées à nos principaux détaillants.

TRADUCCION INVERSA

Tant pour son importance dans le domaine industriel que pour la quantité obtenue, le fer est le premier de tous les métaux extraits du sous-sol espagnol. Les gisements les plus connus se trouvent dans la zone Bilbao—Santander. La proximité des gisements de charbon a considérablement favorisé la construction des grands centres métallurgiques de cette région, où de plus, la proximité du littoral facilite l'exportation du minerai de fer, qui n'est pas totalement absorbé par l'industrie du pays encore peu développée.

Quant au cuivre, l'Espagne a depuis longtemps perdu la primauté mondiale de la production qui est pratiquement limitée aux gisements de Riotinto et Tharsis. Le rendement de ces mines, exploitées depuis plus de trois mille ans, est actuellement très faible.

LECTURA

ESPAÑOLA DEL ZINC, S.A. (ZINSA)

Fue constituida el 28 de abril de 1956, con un capital de 150 millones de pesetas, el cual, mediante sucesivas ampliaciones, se ha incrementado hasta alcanzar la cifra de 750 millones de pesetas en 31 de diciembre de 1976. Sus acciones se cotizan en las tres Bolsas nacionales.

El objeto social primordial es la explotación, beneficio, tratamiento, transformación, elaboración y comercio en España y fuera de ella de toda clase de sustancias minerales, especialmente del cinc, sus compuestos y derivados.

La fábrica se encuentra ubicada en las proximidades de Cartagena, centro de la zona productora de minerales, sobre vías de comunicación de primer orden y a escasa distancia del importante puerto de dicha ciudad. Su capacidad de tratamiento anual fue incrementada para beneficiar 130.000 toneladas de concentrados de cinc (blendas) y se produce cinc metal, ácido sulfúrico, cadmio electrolítico, polvo, óxidos y aleaciones de cinc, ánodos de protección catódica y otros subproductos. El cinc obtenido es de la más alta calidad, pues el método electrolítico que se emplea permite conseguir metal con una ley superior al 99,99 por ciento.

Es destacable que durante los últimos años la totalidad de las funciones de cinc de nueva implantación utilizan el proceso electrolítico que ha quedado consolidado como el método más económico para la producción de cinc y el procedimiento más conveniente para evitar la polución.

Las instalaciones de la fábrica constituyen un complejo industrial moderno, funcional y de gran productividad. Su organización está completamente racionalizada y su funcionamiento es sumamente mecanizado y automático. Con el proceso continuado de aumento y modernización de sus departamentos ha sido posible el mejor aprovechamiento de todos los factores que intervienen en la producción. El sistema de fabricación y la existencia de una instalación para el tratamiento de residuos permiten la recuperación de los contenidos metálicos en la materia prima.

La factoría trabaja en condiciones de competencia internacional, como demuestra la exportación de una parte importante de su producción y la adquisición de minerales en el extranjero, dentro de un sector totalmente liberalizado. En tal sentido, para sus compras y sus ventas aplica el llamado **Precio Productor**, que rige las transacciones internacionales y que constituye una interesante estabilización de los precios sobre bases aceptables para mineros, fundidores y consumidores.

En cuanto al futuro próximo de la empresa, es necesario mencionar el trascendente cambio que supondrá la explotación de las grandes reservas de minerales complejos descubiertos en el suroeste de España y los nuevos proyectos para el aprovechamiento integral de las piritas. En la actualidad, nuestro país es deficitario de concentrados de cinc, pero solamente el coto minero de Aznalcóllar, propiedad del Banco Central, permitirá contar con un abastecimiento que superará ampliamente las necesidades de la factoría de Cartagena, aun tomando en consideración las ambiciosas ampliaciones programadas. En los tiempos que se avecinan de escasez y encarecimiento de materias primas, ello representa un notable beneficio para la Sociedad y para la economía nacional.

En consideración a ello, Española del Zinc, Sociedad Anónima, ha venido y continuará intensificando sus planes de expansión. En 1973 entró en funcionamiento y a plena satisfacción el segundo horno de tostación de lecho fluido, que duplica la capacidad del anterior, ahora en reserva. Durante 1974 se puso en marcha una nueva instalación de ácido sulfúrico, de doble catálisis, que asegura la absorción de los gases sulfurosos obtenidos en los dos hornos de tostación y evita, además, la presentación de problemas de contaminación, de tan candente actualidad. En 1976 comenzó la producción de un nuevo departamento de electrólisis, al que se han incorporado los más recientes adelantos técnicos.

Banco Central
(Estudio Económico)

Lección sexta
LOS RECURSOS ENERGETICOS

HIDROCARBUROS — ENERGIA HIDROELECTRICA — ENERGIA TERMICA
ENERGIA NUCLEAR

    Siempre han constituido las fuentes naturales de energía una inmensa riqueza para la economía de un país. A mediados del siglo XVIII, fue Gran Bretaña la primera nación en el mundo que logró construir una sociedad de tipo industrial — y no artesanal como lo era antes — gracias a una nueva fuerza energética, el vapor, producido a partir de un mineral, el carbón, del cual tenía abundantes yacimientos.
    En la antigüedad, la energía era pura y sencillamente producida por medios elementales como por ejemplo la fuerza muscular del hombre (esclavos), del animal (caballos, asnos, bueyes, etc.) o incluso suministrada por la fuerza de los elementos naturales como el viento o el agua que permitía accionar las aspas de los molinos o las velas de los barcos.

PRESA DE ENTREPEÑAS EN SACEDON (GUADALAJARA). El relieve de la Península cavado por angostos valles se presta muy bien a la construcción de embalses de este tipo. Actualmente, España cuenta con una potencia instalada que permite una producción global de 50.000 millones de Kw/h. incluyendo la electricidad de origen térmico y atómico.

Por muy eficaces que fueran esos medios, no eran bastante potentes para alimentar constantemente en fuerza motriz una sociedad de tipo industrial. Actualmente, los países industrializados se encuentran ante la necesidad de descubrir nuevos recursos o inventar nuevas técnicas a partir de las cuales se puede suministrar la energía necesaria para satisfacer las exigencias cada vez más importantes de los diferentes sectores industriales. Así se descubrieron nuevos recursos tales como el petróleo, el gas natural, la energía eléctrica, nuclear, solar, geotérmica y otras tantas que sólo existen en el estadio experimental.

1 – HIDROCARBUROS

Desgraciadamente, hasta la fecha, España posee pocos terrenos petrolíferos y su producción queda muy limitada. Frente a la demanda creciente en productos energéticos del mundo moderno, España inició en 1958 un programa de investigaciones que dio algunos resultados en Ayoluengo (provincia de Burgos). También se empezó la destilación de arenas bituminosas en Puerto Llano (provincia de Ciudad Real) que resultó bastante costosa y de la cual no queda, en la actualidad más que un complejo petroquímico y una refinería alimentada por oleoducto con petróleo crudo desembarcado en Málaga y en Rota (provincia de Cádiz).

En 1927, fue creado un monopolio estatal para la importación, refinación y distribución de los productos petrolíferos dirigido por una compañía privada : la CAMPSA. Hoy día, hemos de constatar que fue un fracaso rotundo. En 1960, la red distribuidora era una de las más mediocres de Europa. La capacidad de refino distaba mucho de poder satisfacer las necesidades nacionales y España dependía, en una gran proporción, de las grandes compañías petrolíferas anglosajonas.

Fue únicamente a partir de 1960 cuando una serie de nuevas refinerías vinieron a añadirse a las ya existentes de Santa Cruz de Tenerife, Cartagena y Puerto Llano. Fueron las de la Coruña, de Huelva, de Castellón y de Algeciras, construidas generalmente con la ayuda de capitales y de técnicos extranjeros gracias a los cuales la capacidad de refino pasó a 33 millones de toneladas en 1969, es decir aproximadamente el 1 por 100 del total mundial. A consecuencia del Plan nacional de ampliación de refinerías, la capacidad total de refino de España fue en 1976 de 60,2 millones de toneladas por año, de las que 8,5 se dedican a la exportación.

En 1976, varios proyectos de extensión fueron presentados y puestos en marcha por C.E.P.S.A. (Compañía Española de Petróleos Sociedad Anónima) gracias a los cuales la capacidad de la refinería de Algeciras pasó de 4 a 8 millones de toneladas por año. Otras compañías como Petronor (refinería de Somorrostro), Explosivos Rio Tinto (refinería de Huelva), Petróleos del Mediterráneo, duplicaron la capacidad de las susodichas refinerías para alcanzar la cifra anual de 8 millones de toneladas.

Para responder a las necesidades cada vez más urgentes, se intensificaron las prospecciones en las Costas Mediterránea y Cantábrica, especialmente entre Castellón y Barcelona. Las primeras apariciones de petróleo surgieron en los permisos de Amposta y Castellón, y como consecuencia de las mismas se incrementaron las exploraciones que condujeron al descubrimiento de nuevos pozos correspondientes a los sondeos llevados a cabo por la Shell y la Calspain.

PRINCIPALES CENTROS PETROLIFEROS

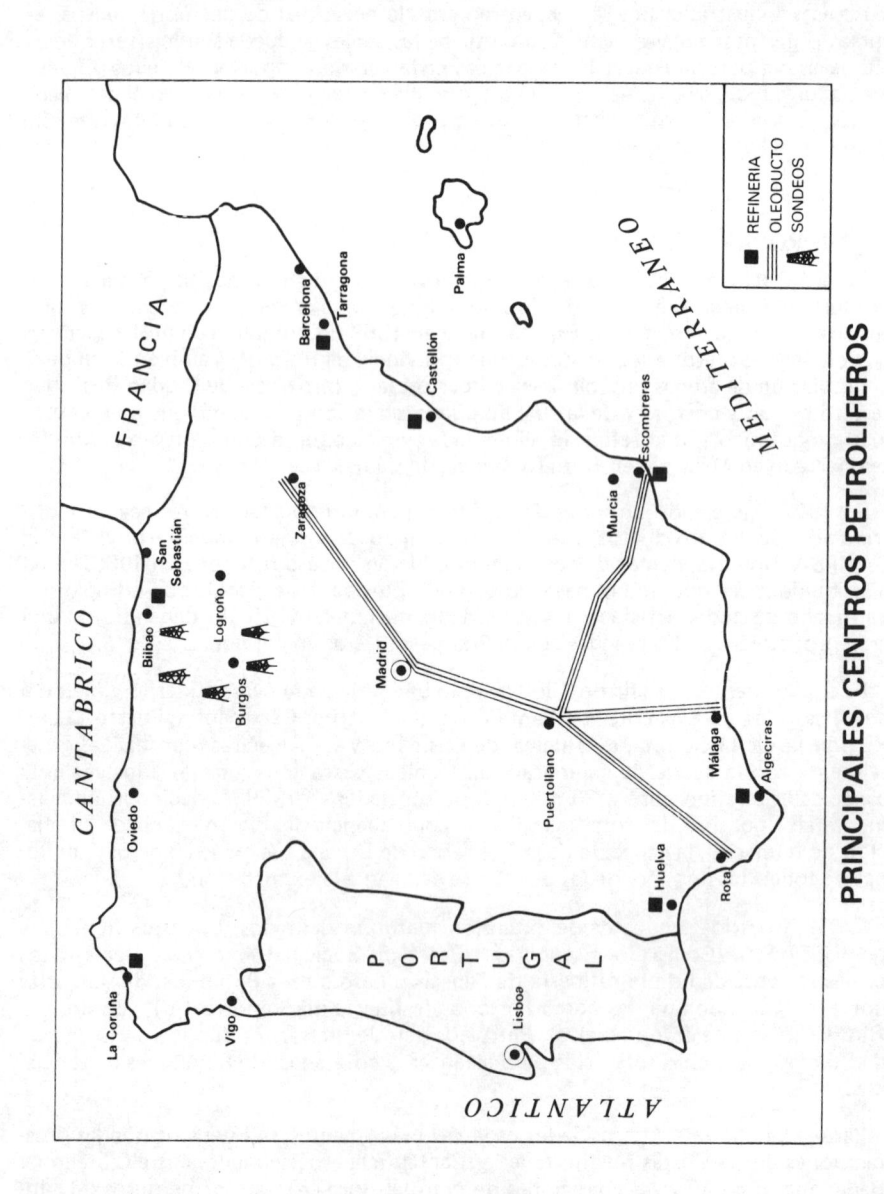

2 – ENERGIA HIDROELECTRICA

Durante muchos años, la electricidad producida en España tenía por origen la fuerza hidráulica, la de las centrales térmicas de carbón y, a mediados de los años sesenta, se fomentó la construcción de centrales que utilizaban como combustible el fuel, teniendo en cuenta las ventajas del mismo que consistían en una construcción rápida y una explotación a partir de una materia entonces poco costosa : el petróleo. La crisis mundial de 1973, que afectó las economías de los países industrializados, obligó a España a reconsiderar su política energética.

En 1984, la producción de electricidad en España fue de 120.059 millones de KW de los cuales 33.375 fueron de origen hidráulico, es decir el 24 por 100 del total (en 1966, el porcentaje era de un 72 por 100).

Gracias a su relieve y a su sistema hidráulico, España está bien dotada con presas que producen electricidad y que a la vez sirven para el riego. Los del interior son imponentes por sus embalses cuya cabida es algo fabuloso. Así, las presas de Entrepeñas y de Buendía, al este de Madrid, tienen una superficie de 141 km2 lo que representa la mayor cabida de agua en Europa : 2.462 mil millones de metros cúbicos.

Los más importantes, respecto a la potencia energética, son los del valle del Duero (Saucelle, Aldeávila y Villarino) que tienen una potencia instalada de 1.500.000 KW El de Aldeávila con un salto de 138 metros y una capacidad anual de 2.400 millones de KWh es uno de los mayores de Europa.

A raíz de la reciente crisis energética se ha previsto un plan de fomento para la producción de electricidad hidráulica y se enfoca la posibilidad de aumentar la potencia en las centrales de este tipo para alcanzar la cifra de 11.000 MW en 1985, lo que representará un crecimiento de un 50 por 100.

Las empresas que producen y distribuyen la electricidad en España son empresas privadas que dependen directamente de los grandes bancos, particularmente del Banco de Vizcaya.

3 – ENERGIA TERMICA

Las centrales térmicas suelen estar localizadas en los puertos y en Madrid, así como en las cuencas hulleras que producen un carbón de mala calidad y cuya salida es bastante difícil de encontrar : Soto-Ribera (Asturias), Guardo (León). De los 86.684 millones de KWh producidos en 1984, cerca de 64.000 eran de origen térmico. En este sector, la rentabilidad es menos elevada que con la energía hidroeléctrica lo que motiva la presencia mayoritaria del Estado, por el intermediario del I.N.I., cuyas mayores realizaciones fueron las centrales de Compostilla cerca de Ponferrada, de Puentes de García Rodríguez, Escatrón, Avilés y Puerto Llano. La principal motivación de dichas centrales es de independizar España de los caprichos climáticos y de este modo remediar la escasa hidraulicidad de ciertos años particularmente secos (1976).

Dada la carestía de los hidrocarburos en la actualidad y la nueva orientación de la O.P.E.P., el gobierno español ha creído oportuno intensificar la producción eléctrica de este tipo e incrementar su potencia en 4.400 MW. Teniendo en cuenta que los tipos de carbón que se extraen en España son de baja calidad y particularmente aptos para la producción de energia eléctrica, es conveniente fomentar la construcción de dichas centrales lo cual permitiría al mismo tiempo solventar el problema del paro al activarse la extracción de carbón.

4 — ENERGIA NUCLEAR

A pesar de un coste elevado de construcción, es de gran rentabilidad la producción eléctrica a partir de la energía nuclear debido al bajo coste de explotación de dichas centrales. España ha hecho un verdadero esfuerzo en este sentido, ya que parece ser que el subsuelo contiene bastante mineral de uranio. Tres centrales nucleares fueron construidas cerca de los grandes núcleos de consumo : la de Zorita de los Canes, en el Tajo, que fue inaugurada en 1968 y que alimenta la capital ; la de Santa María de Garona, en el curso superior del Ebro, edificada con la ayuda técnica de la compañía americana General Electric gracias a un préstamo de 44 mil millones de dólares otorgado por la Import-Export Bank, con una tasa de un 6 por 100, y finalmente la de Vandellos, cerca de Tarragona que es una de las más importantes de Europa. Está construida sobre el modelo de la de Saint Laurent des Eaux con la ayuda técnica de Electricité de France.

Nuevas centrales nucleares se construyeron a finales de los años setenta, aportando una capacidad de 12.675 MW. Almaráz (Cáceres) y Lemóniz (Vizcaya) empezaron a producir energía en 1977 ; la central de Ascó (Tarragona) y la de Cofrentes (Valencia) quedaron concluídas en 1979 y 1980 respectivamente.

La producción nacional de energía eléctrica creció en 1983 un 1,4 por ciento para alcanzar un total de 114.667 millones de KWh incluyendo la energía hidroeléctrica, termoeléctrica convencional y termoeléctrica nuclear. Aunque el consumo total de electricidad en España ha crecido en el período 1971-1981 por encima del consumo mundial, el consumo medio de electricidad por habitante en KWh en dicho periodo es muy bajo cuando se le compara con los principales países. El Plan Energético Nacional y la reducción de las centrales nucleares confirman la intención del Gobierno de elaborar una política lo suficientemente abierta y flexible para que pueda adaptarse a un mayor crecimiento económico y ajustar la oferta a la demanda previsible.

EL PLAN ENERGETICO NACIONAL

El Plan Energético Nacional (PEN) tiene como primer objetivo una sensible reducción del consumo unitario de energía, la utilizacion óptima de los recursos y la minimización de costes con el fin de reducir la dependencia exterior. Pretende corregir el exceso de capacidad en los subsectores de electricidad y refino de petróleo, continuar el proceso de sustitución de petróleo por otras fuentes de energía primaria (esto supone un descenso del petróleo del 59,6 por ciento al 47,1 por ciento, incremento de la energía nuclear del 8,4 por ciento al 29,5 por ciento, reducción del fuel y gas natural del 16 al 2 por ciento y ligeros descensos en la producción hidroeléctrica y térmica), el saneamiento financiero de las empresas energéticas lo que exigirá un replanteamiento de la política de inversiones y de precios al productor, así como la realización de un conjunto de reformas institucionales (integración vertical del sector petrolero, etc.), algunas de las cuales ya se han iniciado.

A juicio del vicepresidente del Gobierno, existe un exceso de capacidad eléctrica en el país. Insistió en la necesidad de una mayor utilización del carbón de la energía hidráulica y de las nuevas formas de energía que no creen dependencias. Hay un futuro menos incierto para el gas, subrayó, que podría ser un sector de atención en la política energética de la próxima década.

Se observa que en 1983, la electricidad a partir del carbón que actualmente representa la competencia alternativa más utilizada es un 40 por ciento más cara que la nuclear sin limpiar los gases de combustión, y entre un 53 y un 63 por ciento desulfurándolos. En 1988, estos porcentajes serán un 16-24 por ciento superiores en el carbón al nuclear lo que implica que a pesar del ambiente contrario a la energía nuclear, ésta muestra claramente sus ventajas. La electricidad de origen nuclear es y seguirá siendo más barata (entre un 40 y un 60 por ciento) que la del carbón, a pesar de suponer plazos de construcción más dilatados (10 años o más) y elevadas tasas de interés, consecuencia de una estructura de costes completamente distinta a la del carbón, que la hace mucho más sensible y vulnerable a las subidas de coste del combustible.

VOCABULARIO

las aspas del molino	*les ailes du moulin*
las arenas bituminosas	*les schistes bitumineux*
la cabida	*la contenance*
los caprichos climáticos	*les caprices du climat*
una capacidad de refino	*une capacité de raffinage*
la carestía	*la cherté*
una compañía privada	*une compagnie privée*
los datos	*les données*
desembarcar	*débarquer*
destilar, la destilación	*distiller, la distillation*
un embalse	*une retenue d'eau*
la energía hidroeléctrica	*l'énergie hydro-électrique*
geotérmica	*géothermique*
nuclear	*nucléaire*
solar	*solaire*
térmica	*thermique*
enfocar una solución	*envisager une solution*
un fracaso rotundo	*un échec retentissant*
fomentar	*encourager*
una fuente de energía	*une source d'énergie*
una fuerza motriz	*une force motrice*
el gas natural	*le gaz naturel*
la hidraulicidad	*la capacité hydraulique*
los hidrocarburos	*les hydrocarbures*
independizar	*rendre indépendant*
una investigación	*une recherche*
lograr	*obtenir*
los medios elementales	*les moyens élémentaires*
un monopolio estatal	*un monopole d'état*

las necesidades	les besoins
otorgar un préstamo	accorder un prêt
un oleoducto	un oléoduc
petróleo, petrolífero	le pétrole, pétrolifère
el petróleo crudo	le pétrole brut
poner en marcha	mettre en route
un pozo	un puits
una presa	un barrage
un préstamo	un prêt
los productos energéticos	les produits énergétiques
una prospección	une prospection
los recursos energéticos	les ressources énergétiques
refinar, el refino, la refinación	raffiner, le raffinage
una refinería	une raffinerie
un salto	une chute d'eau
una salida	un débouché
solventar	résoudre
un sondeo	un sondage
susodicho	sus-nommé
una tasa de interés	un taux d'intérêt
el uso doméstico	l'usage domestique

EXPRESIONES

Por muy eficaces que sean esos medios	Quelle que soit l'efficacité de ces moyens
a mediados de	au milieu de
a principios de	au début de
a finales de	à la fin de
a consecuencia de	à la suite de
y otras tantas	et tant d'autres
hasta la fecha	jusqu'à cette date
en la actualidad	actuellement
frente a la demanda creciente	face à la demande croissante
hoy día, hoy en día	de nos jours
distaba de poder satisfacer	était loin de pouvoir satisfaire
en una gran proporción	pour une part importante

DEPOSITOS DE PETROLEO EN ESCOMBRERAS (MURCIA). Ante la creciente demanda del sector industrial y doméstico, la capacidad de refino de España ha alcanzado 55 millones de toneladas métricas. Se importa el petróleo crudo en mayor parte de Arabia Saudí, Argelia, Irak, Kuwait y Venezuela.

OBSERVACIONES

— Los términos compuestos : **hidroeléctrico, termoeléctrico, electrodoméstico, petroquímico, anglosajón,** etc, se escriben en español todo junto en una sola palabra :
— **Compañía** se escribe con una ñ (con tilde) y un acento en la i.
— **energía** lleva también acento en la i.

— **44 mil millones de dólares** : la palabra *milliard* se traduce en castellano por : **mil millones,** mientras un **millar** quiere decir *millier* en francés.

— **industria** no lleva acento en la i. El acento (oral) está en la segunda sílaba.

— No confundan la palabra **plan** con **plano.** Un **plan** es un proyecto, por lo tanto se hablará de un plan de fomento, un plan de desarrollo, etc. **Un plano** est un mapa ; se dice el plano de la ciudad. **Planear** es : *projeter,* y **planificar** : *planifier.*

— la **O.P.E.P.** (Organización de los Países Exportadores de Petróleo)

— el **I.N.I.** (Instituto Nacional de Industria)

b.d. (barril diario)   baril par jour
kw.h (kilovatios hora)   kilowatts-heure
mw (megavatios)   mégawatts-heure
m3 (metros cúbicos)   mètres-cube

— **se encuentran en situación de autorización previa** :
attendent de se voir accorder l'autorisation

PREGUNTAS

1 — ¿En qué consistió el programa de investigaciones emprendido por el gobierno español en 1958 ? ¿Qué es la CAMPSA ? ¿Cuándo fue creada ? ¿Cuál era la situación de España, en 1960, con respecto a los hidrocarburos ? ¿Cuáles son las refinerías que se construyeron a partir de 1960 ? ¿Dónde están situadas ? ¿Cuál es la capacidad total de refino de España ? ¿Cuáles son las capacidades de producción de las refinerías de Algeciras, de Huelva, de Somorrostro ? ¿Cuál es la producción diaria del yacimiento de Ayoluengo ? ¿del de Amposta ? ¿A cuánto se elevan las importaciones de crudo en España ? ¿De dónde importa España el petróleo ?

2 — ¿Cuál fue la producción de electricidad de España en 1976 ? ¿Dónde están situados los mayores embalses de España ? ¿Qué cabida tienen ? ¿Cuáles son las características de la central de Aldeávila ? ¿Por qué se ha previsto un plan de fomento a la producción de electricidad hidráulica ?

3 — ¿Dónde están localizadas las centrales térmicas ? ¿Cuáles son las realizaciones más sobresalientes del I.N.I. ? ¿Cuáles son los diferentes motivos que han impulsado a España a construir centrales térmicas ? ¿Qué beneficios se piensa sacar de este nuevo plan de fomento ?

4 — ¿Cuáles son las ventajas (y los inconvenientes) de la energía nuclear ? ¿Cuántas centrales de este tipo tiene España ? ¿Dónde están situadas ? ¿De qué clase de ayuda han beneficiado ? ¿Dónde se están construyendo nuevas centrales en la actualidad ? ¿A cuánto se estima la potencia instalada de dichas centrales ?

GRAMMAIRE

LE VERBE AVOIR

En espagnol, il existe deux verbes *avoir* : **haber** et **tener**.

1 — **Haber** est l'auxiliaire servant à la conjugaison d'autres verbes, auquel cas il perd tout sens propre au profit du verbe conjugué.

Exemples : **He contestado** al teléfono.
Las dependientas **habían salido**.
Ellos **habrán recibido** nuestra carta.

2 — **Tener** s'utilise seul dans le sens de «posséder» et ne peut, dans ce cas, être employé comme auxiliaire.

Exemples : **Tengo** cita con un representante de muebles.
El **tenía** los cheques en su cartera.
Mañana, **tendré** los libros que Vd. me ha encargado.

3 — REMARQUE : Il arrive fréquemment que **tener** soit employé comme auxiliaire au même titre que **haber** ; il apporte dans ce cas une nuance supplémentaire, il est donc, comme nous l'avons vu à la leçon 4, semi-auxiliaire.

Tandis que **haber** se rapporte à *l'action* même exprimée par le verbe, **tener** employé comme auxiliaire considère le *résultat* de cette *action* (voir leçon 3 : «Les deux aspects de l'action exprimée dans son déroulement ou dans son résultat»).

Ainsi, il y a une différence à dire :

He preparado su pedido, et **tengo preparado** su pedido.

Dans le premier cas, la personne qui parle évoque le fait de préparer la commande (action dans son déroulement), dans le second cas, la commande est prête, elle va être remise à l'instant au client (action considérée dans son résultat).

Lorsque **tener** est employé comme auxiliaire, il est à noter que le participe passé s'accorde avec le complément :

Tengo redactadas las circulares.

EXERCICE GRAMMATICAL

Traduire les phrases suivantes en employant **tener** *s'il y a lieu :*

1) J'ai lu un rapport très intéressant sur la situation énergétique de l'Espagne.
2) Le directeur du personnel m'a dit qu'il se pourrait qu'ils embauchent du personnel.
3) Nous avons traduit les documents commerciaux que vous nous avez confiés.
4) Il a préparé sa valise et n'attend plus que l'accord de la Direction.

5) Ils ont résolu le problème sans aucune difficulté.
6) Qu'avez-vous prévu pour la nouvelle campagne de publicité ?
7) Nous avons terminé les modèles que vous nous aviez commandés.
8) Ils nous ont affirmé qu'ils auront réparé les machines dans une quinzaine de jours.
9) Nos services ont traduit la notice explicative de la nouvelle machine.
10) Nous nous sommes renseignés auprès de la Chambre de Commerce sur les créneaux qui nous sont offerts.

TRADUCCION INVERSA

L'électricité, élément vital de l'industrie ainsi que de l'ensemble de la vie moderne, est produite à partir d'un corps combustible transformé en énergie dans des centrales thermiques ou grâce à la force motrice de l'eau utilisée pour actionner les turbines des centrales hydro-électriques. Ces opérations de transformation constituent à elles seules une branche de l'activité industrielle d'un pays.

Les centrales thermo-électriques, ou thermiques, sont généralement situées à proximité des mines de charbon afin d'éviter les frais de transports ; on les trouve ainsi aux Asturies, dans la province du Léon (Ponferrada), en Aragon (Aliaga, Escatrón). Il y a également de nombreuses centrales thermiques dans les ports bien desservis (Barcelone) ou dans la périphérie (Badalona et San Adrián). Lorsqu'elles sont alimentées au fuel, elles se trouvent généralement près des centres de raffinage, comme à Escombreras (Carthagène) pour les mêmes raisons d'économie de transport.

TRADUCCION DIRECTA

Lectura : El pacto eléctrico, página 80.
Traducir los cuatro primeros párrafos del texto : "El sobredimensionamiento ... la operación reordenadora", p 80-81.

LECTURA

EL PACTO ELECTRICO

El sobredimensionamiento del parque de generación eléctrica, consecuencia de la divergencia entre la realidad y las previsiones energéticas contenidas en el PEN de 1979, llevaron al sector a una situación económica insostenible. El problema : una inversión de dos billones de pesetas en centrales, en su mayoría nucleares, que una vez en servicio presentarían un alto grado de infrautilización y, por tanto, no generarían recursos suficientes para hacer frente a una deuda en su mayoría contraída en divisas, a un cambio que por lo demás evolucionaba desfavorablemente para las empresas.

El actual Gobierno inicia su actuación para la resolución del problema planteado negociando un *protocolo de acuerdo* con las compañías eléctricas en mayo de 1983.

En él se aseguraba "una rentabilidad suficiente" a las empresas mediante la adecuada política tarifaria, comprometiéndose el Gobierno a realizar como única nacionalización la de la red de alta tensión, medida que tiene como objetivo asegurar la optimización de la explotación del conjunto de instalaciones de producción y transporte.

El segundo paso fue el *paròn nuclear*, con el que se consiguió detener el crecimiento de las inversiones, paralizando el proceso de construcción programado, y estableciendo una compensación consistente en un recargo del 3,9 por 100 sobre las tarifas vigentes con destino a las empresas afectadas.

Pero estas medidas resultan insuficientes para conseguir un efectivo saneamiento, provocando la desazón de la banca extranjera acreedora del sector eléctrico por más de un billón de pesetas. Para tranquilizar a los banqueros, el secretario general de la Energía explicó en Londres, el pasado verano, las nuevas medidas de política tarifaria y de intercambio de activos que rematarían la operación reordenadora.

Las tres grandes compañías — Iberduero, Endesa e Hidroeléctrica Española, SA —, con una desahogada situación financiera, adquieren activos de las empresas más deterioradas y a cambio de aumentar su endeudamiento (dentro de límites razonables) mejoran su capacidad productiva y su participación en el mercado. Las deudas y la sobreinversión no permitían a FECSA, Unión-Fenosa, Hidro-Cataluña y ENHER hacer frente a una espiral creciente de necesidades financieras.

La gestación del acuerdo no fue fácil. Iberduero no tenía resuelto el problema de Lemóniz, cuya paralización le suponía unos gastos que superaban las compensaciones del fondo ; la asignación de funciones a la empresa nacional mixta que manejará la red de alta tensión preocupaba a los presidentes de las eléctricas privadas ; las compensaciones eran un factor de incertidumbre. Y por si todo ello fuera poco, Hidrola, desoyendo las propuestas de búsqueda colectiva de soluciones, tomó la iniciativa de adquirir Hidroeléctrica de Cataluña sorpresivamente. Sin embargo, las tensiones fueron superadas y al final se materializó un pacto sobre la más importante operación financiera realizada fuera de los cauces del mercado convencional en los últimos años.

(El País)
(Cuadernos para el Diálogo)

ALTOS HORNOS EN BILBAO (VIZCAYA). Situada en el rio Nervión, Bilbao es el centro industrial más importante de España. Gracias a sus numerosas industrias Vizcaya es, de toda la península, una de las provincias con mayor renta per cápita.

CENTRAL SIDERURGICA DE AVILES (ASTURIAS). La central de Avilés fue inaugurada en 1967 y pertenece a Ensidesa empresa nacional. Consta de varios trenes de laminación en frío que son de los más modernos de Europa.

Lección séptima
LAS INDUSTRIAS BASICAS

LA SIDERURGIA – LA INDUSTRIA QUIMICA – LA INDUSTRIA DEL CEMENTO

Por este término se suele entender las industrias que proveen los demás sectores industriales de transformación con los materiales esenciales para transformar las materias primas en productos semielaborados o elaborados. Se trata más concretamente de la industria siderúrgica, química, y del cemento. Desde principios de los años 60, dichos sectores industriales han experimentado un impulso muy notable debido al auge económico que ha conocido el país. Sin embargo, es preciso añadir que tanto el nivel técnico como la capacidad de producción son insuficientes.

1 – LA SIDERURGIA

Con una producción global de 8.120.000 de toneladas, para 1984, España ocupa el noveno lugar en el mundo para la producción de acero, después de la Unión Soviética, Estados Unidos, Japón, Alemania, China, Italia, Francia y el Reino Unido, y el quinto lugar en Europa. La escasez de acero fue durante mucho tiempo el mayor obstáculo para el desarrollo de la economía española, y hoy día todavía se han de importar cerca de cinco millones de toneladas de productos siderúrgicos.

Tres grupos importantes dominan actualmente la siderurgia española :

— Altos hornos de Vizcaya cuya producción alcanzaba, en 1967, el 28 por 100 de la producción nacional de acero y el 43 por 100 de la producción de arrabio. Dicha empresa está confrontada ahora con un grave problema de emplazamiento debido a la falta de espacio para ensanchar sus instalaciones de Sestao y de Baracaldo cerca de Bilbao. Recientemente, pasó bajo control financiero de la United States Steel que se encargó de acelerar la modernización de sus instalaciones.

— La Unión de Siderúrgicas Asturianas que resultó de la asociación en 1961 de tres empresas (la planta siderúrgica de Mieres, la Sociedad Metalúrgica Duro-Felguera y la Sociedad Asturiana Santa Bárbara) para crear en Veriña, cerca de Gijón, un tren de laminación moderno que permite la producción de chapas, perfiles, alambres, flejes, vigas y carriles. En 1966, la U.N.I.N.S.A. recibía garantías del Gobierno para pedir un crédito exterior así como asistencia técnica extranjera particularmente de la antigua sociedad Krupp.

— El tercer gran grupo siderúrgico español es E.N.S.I.D.E.S.A., empresa que está bajo control estatal por el intermediario del Instituto Nacional de Industria (I.N.I.). Fue fundada dicha empresa con el fin de romper la estructura monopolista de la siderurgia española. Tres altos hornos fueron construidos a proximidad del puerto e importante centro industrial asturiano de Avilés cuya producción fue de 1.171.037 toneladas de acero, y de 1.475.317 toneladas de productos laminados.

Al sector siderúrgico se le ha aplicado un amplio programa de reconversión cuyo objetivo es garantizar la competitividad de la siderurgia española a través de la modernización de las instalaciones y el bloqueo de las capacidades excedentarias, lo que acarrea drásticas reducciones de plantilla.

La continuación de la crisis interior, ante un mercado nacional extremadamente deprimido durante 1984, obligó a los empresarios del sector a redoblar sus esfuerzos exportadores para mantener la actividad en el mínimo imprescindible. Por otra parte, los mercados internacionales ofrecieron una creciente resistencia de carácter proteccionista a la exportación española, compensada sólo por la devaluación experimentada por la peseta.

2 — LA INDUSTRIA QUIMICA

A pesar de que no representaba más que un 3 por 100 del producto interior bruto en 1965, el sector de la industria química ha conocido en pocos años el auge más dinámico de toda la industria española. Se puede analizar toda la amplitud de este fenómeno al examinar los datos siguientes :
En 1950, la producción de ácido sulfúrico era de 456.000 toneladas ; en 1970, pasó a 2.160.000 toneladas.
La producción de amoníaco, de 6.400 toneladas pasó a 480.000.
Sosa cáustica : de 70.000 a 240.000 toneladas.
Acido clorhídrico : de 3.000 a 76.000 toneladas.

La producción del sector químico creció un 16 por ciento en términos reales en 1984 con relación a la producción del año anterior. Se debe dicho aumento, en buena parte, al fuerte incremento de las exportaciones contribuyendo así a mejorar el grado de utilización de la capacidad productiva. Por su parte, el consumo creció un 6,5 por ciento en España.

La mayoría de los subsectores químicos tuvieron incrementos en sus cifras de producción y de consumo. Destacan los mismos que, durante la mayor parte del pasado año, estuvieron a la cabeza, como son los subsectores de orgánica y materias primas plásticas, a los que hay que añadir el de cauchos. En cambio, los subsectores de farmaquímica y abonos registraron retrocesos, aunque en el caso de los abonos los descensos son ahora mucho mayores.

También es preciso poner de manifiesto el avance experimentado por la producción de productos inorgánicos debido al aumento de exportaciones, ya que en el mercado interior sigue fuertemente deficitaria la industria de fertilizantes.

También en este sector, el capital extranjero desempeña un papel muy importante. Así por ejemplo, la construcción de las grandes refinerías, así como los complejos petroquímicos de Huelva y de Tarragona, fue realizada a partir de capitales americanos. Cuatro de las seis plantas españolas que producen anualmente más de 50.000 toneladas de abonos nitrogenados están bajo control americano (Castellón, La Coruña, Huelva y Málaga).

Así, se puede observar el alto grado de dependencia de la industria española referente al capital extranjero. Dicha situación es tanto más grave cuanto que se refiere también a las patentes que existen a todos los niveles de la producción química dificultando las exportaciones e imponiendo a la economía española un tributo elevado. Desafortunadamente, este fenómeno no es único para el sector químico y pone de relieve la insuficiencia en la que se encuentra la industria química española en cuanto a la investigación técnica y científica.

3 - LA INDUSTRIA DEL CEMENTO

España ocupa el sexto lugar entre los países productores de cemento del mundo y el segundo entre los europeos.

La producción de cemento española fue en 1983 de 31,2 millones de toneladas, un millón más que en 1982, de los cuales 13,3 millones se destinan a la exportación, ocupando nuestro país el segundo puesto mundial por ventas exteriores, después de Japón. Por exportaciones, los principales países son : Japón, con 14,2 millones de toneladas ; España, con 13,3, seguidos de Grecia, con 7,8 ; Corea del Sur, con 5,1 ; Francia, con 2,9 ; la URSS, con 2,3 y Turquía con 2,2 millones de toneladas.

Sin embargo, pese a una mejora notable de la productividad sólo cuatro fábricas de cemento, de las 58 que existían en 1966, tienen una capacidad de producción anual superior a 500.000 toneladas, umbral mínimo de rentabilidad admitido por la Comisaría del Plan. La mayor unidad de producción de España, que era la fábrica de Vilcálvaro cerca de Madrid, que pertenece a la Sociedad Portland Valderrivas, con sus cinco hornos y su capacidad de producción de cerca de 1 millón de toneladas en 1966 dista mucho de la capacidad de producción de las grandes fábricas de cemento europeas.

Hoy en día, grandes esfuerzos han sido realizados en este ámbito. Nuevas fábricas fueron construidas, de mayor capacidad de producción como la de la Sociedad Asland en Villanueva de la Sagra (1.500.000 T. en 1971) y también las plantas de Monjot y Sagunto. Durante 1976, se ha ido desarrollando con normalidad el importante programa de ampliaciones emprendido en 1973, alcanzando la capacidad teórica de producción del sector unos 32 millones de toneladas por año. A destacar que un 70 por 100 de las plantas actuales pueden considerarse de elevada rentabilidad dada la modernidad de sus instalaciones que permiten producir con un bajo consumo energético.

VOCABULARIO

el acero	l'acier
el ácido clorhídrico	l'acide chlorhydrique
los adelantos técnicos	les progrès techniques
el alambre	le fil de fer
el amoníaco	l'ammoniaque
la amplitud	l'ampleur
acelerar	accélérer
anticuado	périmé
el arrabio	la fonte
el auge	l'essor, l'apogée
la autarcía, autárquico	l'autarcie, autarcique
un carril	un rail
un complejo petroquímico	un complexe pétro-chimique
consumidora	consommatrice
un crecimiento	un accroissement
una chapa de acero	une tôle d'acier
desafortunadamente	malheureusement
desarrollar, el desarrollo	développer, le développement
desempeñar un papel	jouer un rôle
distar de	ne pas être à la hauteur, au niveau
la escasez	la pénurie
encargarse de	se charger de
emprender un programa	entreprendre un programme
ensanchar	agrandir
estar al corriente	être au courant
estatal	d'état
una fábrica de cemento	une cimenterie
un fenómeno	un phénomène
los flejes	les feuillards
fundar (fundado)	fonder, créer
un horno de cemento	un four à ciment
un alto horno	un haut fourneau
el impulso	l'essor
el índice	l'indice
los ingresos	les revenus
llevar a cabo	mener à bien

una mejora	une amélioration
un obrero	un ouvrier
las obras públicas	les travaux publics
proveer con (provisto)	fournir, approvisionner
los productos elaborados	les produits usinés
los productos semielaborados	les produits semi-usinés
la productividad	la productivité, la rentabilité
una planta	une usine
los perfiles	les profilés
prever	prévoir
pedir un crédito	demander un crédit
el producto interior bruto	le produit intérieur brut (P.I.B.)
una patente	un brevet
poner de relieve	mettre en relief
la industria petroquímica	l'industrie pétro-chimique
la química	la chimie
la industria química	l'industrie chimique
reflejar el retraso	traduire le retard
una refinería	une raffinerie
revestir (reviste)	revêtir une importance
la rentabilidad	la rentabilité
la siderurgia	la sidérurgie
la sosa cáustica	la soude caustique
un tren de laminación	un train de laminage
el umbral	le seuil
una viga	une poutre
los vínculos	les liens, les rapports

LOCUCIONES

a este respecto	à cet égard
a destacar que	il est à noter que
a raíz del desarrollo	à la suite du développement

VERBOS Y EXPRESIONES

estar al corriente	être au courant
desempeñar un papel	jouer un rôle
emprender un programa	entreprendre un programme
encargarse de algo	se charger de quelque chose
llevar a cabo una tarea	mener à bien une tâche
pedir un crédito	demander un crédit
poner de relieve	mettre en relief
reflejar el retraso	traduire le retard

OBSERVACIONES

-- **Industria, metalurgia, siderurgia,** no llevan acento sobre la **i** final, mientras que **autarcía** sí.

Metalúrgico, siderúrgico, llevan acento en la **u**.

- **Tanto** el nivel técnico **como** la capacidad de producción...
Tant le niveau technique *que* la capacité de production...

Tengan cuidado con las diferencias de uso de este comparativo en los dos idiomas. Se dice en español : **tanto... como, así como**.

Tanto más grave cuanto que... : *d'autant plus grave que...*

PREGUNTAS

1 — ¿Cuál es la importancia de la industria siderúrgica española ? ¿A cuánto asciende su producción ? ¿Qué se puede decir de su productividad ? ¿Por qué es el rendimiento tan bajo ? ¿Cuáles son los tres grupos que actualmente dominan la industria siderúrgica ? ¿Dónde se localiza dicha industria ? ¿Cuáles son las ventajas de este emplazamiento ? ¿Qué productos se pueden fabricar con los trenes de laminación ?

2 — ¿Cómo se caracteriza el sector de la industria química ? ¿Por qué ha conocido este sector un desarrollo tan fulgurante ? ¿Se exportan muchos productos químicos españoles ? ¿Cuáles son los que más se exportan ? ¿Por qué ? ¿Dónde se encuentran los complejos químicos más importantes en España ? ¿Con qué capital están constituidas dichas sociedades ?

3 — ¿Por qué tiene tanta importancia el sector de la industria del cemento de un país ? ¿Cuál es la producción de cemento en España ? ¿Cuáles son las características de esta industria ? ¿Dónde se sitúan las fábricas de cemento más importantes del país ? ¿Cuál ha sido el programa emprendido por el Gobierno ? ¿Cuál es el porvenir de dicho sector ?

GRAMMAIRE

TRADUCTION DE IL Y A

Les traductions seront différentes selon qu'il s'agit de la notion *d'espace* ou de la notion de *temps*.

1 — Notion *d'espace* : **Il y a** se traduit par **hay** (verbe **haber** plus adverbe de lieu y semblable à celui que nous employons en français). Cette forme ne s'emploie qu'au présent de l'indicatif.

Exemples : **Hay** muchos clientes en la tienda.
Hay un señor que quiere hablarle personalmente.

Aux autres temps, **il y a** se traduit à l'aide du verbe **haber** et ne s'accorde pas.

Exemples : **Había** tres personas que me esperaban en mi despacho.
Habrá mucha gente mañana en la carretera.

2 — Notion de *temps :* **Il y a** se traduit par le verbe **hacer** qui peut se conjuguer de façon impersonnelle à tous les temps.

Exemples : **Hace** dos días que no lo he visto.
Hacía tres meses que no había ido al cine.
Hará dos meses mañana, que no he cobrado mi sueldo.

3 — Remarques : — En ce qui concerne la notion *d'espace*, lorsqu'il s'agit *d'objets définis*, au verbe **haber**, l'espagnol préfère l'emploi du verbe **estar**.

Exemples : En el cajón de arriba **están**·los documentos.
En esta carpeta **estaba** la carta que todos buscábamos.

— «Depuis» suivi d'une expression de temps (durée) sera toujours suivi en espagnol du verbe **hacer**.

Exemples : Desde **hace** 10 días, no ha abierto una sola carta.
Depuis 10 jours, il n'a pas ouvert une seule lettre.

No nos han escrito desde **hace** 6 meses.
Ils ne nous ont pas écrit depuis 6 mois.

EXERCICE GRAMMATICAL

Traduire les phrases suivantes :

1) Il y a deux heures que j'attends la communication pour Madrid.
2) Il y avait trop de travail pour que ce soit terminé le jour même.
3) Il y a cinq ans qu'il a ouvert son commerce.
4) Il avait tant de personnes à voir et il y avait si longtemps qu'il ne les avait pas contactées.
5) Il y avait sur son bureau des objets de toutes sortes.
6) Il y a dans ce classeur une chemise bleue, apportez-la-moi.
7) Il y a là la personne que vous avez vue l'autre jour.
8) Dans ce paquet, il y a les pièces de rechange que nous attendons.
9) Il y a peu de gens au courant de cette nouvelle technique.
10) Il y a eu trop d'accidents sur la route le week-end dernier.

TRADUCCION INVERSA

L'industrie métallurgique est, avec l'industrie textile, le secteur le plus développé du pays. Les principaux centres se trouvent exclusivement dans la zone minière du Cantabrique en raison de la présence de nombreux gisements situés près des bassins miniers qui apportent le charbon nécessaire à l'élaboration de ces métaux. Les centres les plus importants sont ceux de Bilbao, de Sestao et de Baracaldo pour la production de fer. Viennent ensuite les centres asturiens de Avilés, Mieres, La Felguera, Gijón à proximité des mines de houille et d'anthracite, ainsi que celui de Santander et Reinosa, privilégié par sa situation entre la zone minière des Asturies et le pays Basque.

En ce qui concerne les autres centres métallurgiques, il convient de mentionner celui de Sagunto, ceux de la Catalogne spécialisés dans la production d'acier spéciaux, ainsi que celui de Sabiñanigo (Huesca) pour la fabrication de l'aluminium.

TRADUCCION DIRECTA

Lectura : La zonas de urgente reindustrialización...", página 91.
Traducir el párrafo 5 y los subpárrafos siguientes del texto : "La oficina ... capital y tecnología", p 92.

LECTURA

LAS ZONAS DE URGENTE REINDUSTRIALIZACION (ZUR) NACEN PARA PALIAR LOS EFECTOS DE LA RECONVERSION

Madrid — Con el acuerdo alcanzado entre el Ministerio de Industria y la Generalitat de Cataluña sobre la zona de urgente reindustrialización catalana, según decreto aprobado por Consejo de Ministros de 8 de moyo, y el consenso registrado entre PSOE y PNV, dentro de la luna de miel que viven ambos partidos, para la ZUR del País Vasco, el esquema de las ZUR se pone definitivamente en marcha, dispuesto a superar la prueba de fuego que supondrá pasar de las buenas intenciones a los resultados concretos. Algo elemental si la ZUR, surgidas para paliar a corto plazo los efectos traumáticos de la reconversión industrial en determinadas zonas, no quieren ser un polo o plan de desarrollo más de los muchos que pueblan el museo de antigüedades de la historia de la construcción industrial de España.

Las ZUR se han planteado como solución para resolver un problema traumático, con un horizonte de corto plazo. Los planes de reconversión han afectado a municipios muy dependientes de una gran empresa —Sagunto y los Altos Hornos de Mediterráneo es caso típico—, de forma que el nivel de vida y de actividad del municipio se ha visto fuertemente afectado por el cierre de la industria en cuestión. El esquema debe entenderse dentro de la política muy selectiva sobre determinados sectores, que plantea fuertes problemas de paro asociado, por ser industrias asentadas en municipios sin ningún tejido industrial adicional, salvo el caso del País Vasco, Madrid y Cataluña.

Las distintas fuentes de ayuda a la empresa actualmente existentes en España pueden proceder del Banco de Crédito Industrial (BCI), del Centro de Desarrollo Tecnológico e Industrial (CDTI), del MOPU, del Instituto de la Pequeña y Mediana Empresa (IMPI), de las Sodis y de la comunidades autónomas.

"Aquí se va a dar dinero, pero no más que en las grandes áreas de expansión industrial, aunque vamos a coordinarlo mejor". Esa coordinación va a estar centrada en dos organismos, que llevarán el pulso de la ZUR: La oficina ejecutiva (OE), por un lado, y la comisión gestora, por otro. La primera será una unidad orgánica existente en cada localidad y estará integrada por profesionales de la empresa, con un director nombrado por el Ministerio de Industria. La OE tendrá una doble misión: perseguir y captar proyectos e ideas industriales a nivel local y regional, en unión del empresario interesado, analizar el plan financiero y de viabilidad del proyecto en cuestión, viendo posibilidades de exportación, acceso a mercados, aportación tecnológica, etcétera.

La oficina ejecutiva centraliza la información de las ayudas disponibles y traza incluso el plan financiero del proyecto con el empresario. Si ese proyecto es viable, el Estado arrimará el hombro en forma de una subvención a fondo perdido y de créditos reembolsables. En concreto, las ayudas tope que un empresario puede recibir en una ZUR son las siguientes:

— Subvención a fondo perdido de hasta el 30 por ciento de la inversión, con la noveda de que esa subvención cubre no sólo los activos fijos, sino aspectos como gastos de establecimiento, capital circulante, investigación y desarrollo, etc.

— Acceso preferente al crédito oficial, actualmente en torno al 13,5 por ciento de interés, que puede llegar a alcanzar hasta el 70 por ciento de la partida restante, aunque suele quedar en el 50 por ciento.

— Subvención adicional procedente de los fondos de promoción de empleo: la empresa que recoloca a un trabajador acogido a los FPE recibe una ayuda de 1,5 millones de pesetas por trabajador.

— Ayudas del Fondo de Desarrollo Tecnológico (CDTI), bastante normales en este esquema de las ZUR, puesto que normalmente se tratará de proyectos intensivos en capital y tecnología.

Cabría todavía la posibilidad de otra serie de ayudas, como las de las Sodis, si alguna de ellas decidiera participar en el capital social de un proyecto.

Es condición *sine qua non* que la empresa aporte como fondos propios el 30 por ciento del coste financiero del proyecto, lo que, en opinión de Industria, descarta de entrada a los merodeadores y buscadores de *chollos* a costa de los fondos públicos. Si el empresario debe poner de su bolsillo el 30 por ciento del proyecto, quiere ello decir que el Estado puede aportar hasta el 70 por ciento restante. "No se trata de añadir ayudas financieras nuevas a las ya existentes, sino de que se den de forma coordinada y que la oficina ejecutiva de la ZUR decida su concesión de forma conjunta con el empresario y a la vista de un plan, financiero rigurosamente estudiado.

(El País)

Lección octava
LAS INDUSTRIAS
DE TRANSFORMACION

METALURGIA – CONSTRUCCION Y OBRAS PUBLICAS

Desde 1960, las industrias de transformación han conocido en España un impulso fenomenal cuyo proceso ha sido aún más rápido que el de las industrias que acabamos de estudiar. Efectivamente, es asombroso ver de qué manera se han desarrollado las actividades del sector de la metalurgia, de la construcción y de las obras públicas, así como de los bienes de consumo como por ejemplo los automóviles y la extensa gama de los electrodomésticos.

1 – LA METALURGIA DE TRANSFORMACION

En este sector las ramas más importantes son las que se refieren a la fabricación del material de transporte : tractores y camiones, construcción naval, material ferroviario ; pero cabe decir que su prosperidad depende ante todo del proteccionismo instaurado por el Estado. A pesar de la fuerte demanda acarreada por la modernización de la red ferroviaria, en 1966, una séptima parte aproximadamente del equipo necesario tuvo que comprarse en el extranjero, no pudiendo la industria española producir más que 113 locomotoras.

– CAMIONES Y VEHICULOS UTILITARIOS . Lo que más perjudica la construcción de vehículos utilitarios para el transporte de mercancías por carretera es, sin duda alguna, la dispersión de las diferentes fábricas y el excesivo número de empresas, siendo la más conocida de todas la Empresa Nacional de Autocamiones, constructora de los vehículos PEGASO, que representó un 13 por 100 de la producción nacional de vehículos en 1979 aunque sólo fabricó 10.877 unidades. Sin embargo, podría sumarse a dicha cifrá la producción de la empresa S.A.V.A., filial de la primera que produjo 4.512 unidades el mismo año.

– LA CONSTRUCCION NAVAL : Este sector conoció un auge extraordinario en el transcurso de los años sesenta. En 1966, el tonelaje de barcos botados por los astilleros españoles alcanzaba el nivel de Francia o de Italia, situándose de esta forma España en el noveno lugar mundial. En 1970, se duplicó el volumen de botaduras para alcanzar la cifra de 930.085, con un volumen de registro bruto de cerca de 400.000 toneladas. Estos resultados tienen por origen el plan de modernización de la flota mercante española, que se inició en 1956, mediante el cual la ayuda del Estado se manifestó bajo forma de préstamos y desgravaciones de impuestos concedidos a los navieros. Como es fácil de comprender, los petroleros representan la mayoría de los buques construidos. En 1970, casi un 50 por 100 de los barcos en cons-

FABRICA PEGASO EN MADRID. Nave del taller de montaje de los camiones Pegaso. La producción de vehículos industriales en España alcanzó 115.000 unidades en 1975 y la de turismos, 730.000.

trucción eran buques tanques y la mayoría de ellos iban destinados a ampliar la flota nacional con una capacidad de 1.666.000 T.R.B. para el año 1975. Las entregas de buques para 1976 se elevaron a 1.303.543 toneladas, lo que marcaba un descenso de un 10,9 por 100 con relación al año anterior. La crisis económica mundial y la consiguiente baja de la demanda han afectado duramente el sector naval español. El número de entregas que en 1978 fue de 125 descendió a 85 para el año 1982. Esta situación alarmante ha obligado el Gobierno a adoptar medidas drásticas con el fin de reestructurar dicho sector.

Se aprobaron las disposiciones que regulan el Plan de Reconversión del sector naval de acuerdo con la normativa establecida en el Real Decreto-Ley del 30 de noviembre de 1984 sobre Reconversión y Reindustrialización. Dichas medidas estriban en tres puntos esenciales :

— ayudas oficiales a la construcción,
— capitalización y ajuste de las empresas,
— productividad y adecuación de las plantillas a los objetivos de producción.

Los objetivos concretos del Plan consisten en :

— alcanzar una estructura empresarial adecuada,
— promover la competencia,
— conseguir la mayor participación posible en el mercado internacional,
— impulsar la demanda interior e incentivar la construcción de buques y artefactos flotantes de alto contenido tecnológico.

Para lograr estos objetivos, establece una serie de medidas de ayuda a la producción (primas a la actividad y a la innovación technológica, ayudas al saneamiento financiero y laboral, etc.), de apoyo a la demanda, y de actuaciones en el ámbito laboral. Establece asimismo condiciones especiales de financiación en forma de créditos y crea una gerencia cuya competencia será la determinación del valor base de la construcción, la propuesta de las primas y financiación a conceder en cada caso y gestionar la aplicación de los fondos de inversión y desarrollo previstos.

La ría del Nervión es la cuna de la construcción naval española y allí es donde se encuentran las dos mayores empresas privadas, la Sociedad Española de Construcción Naval y la Sociedad Euskalduna, teniendo ambas su sede en Bilbao. Los demás astilleros se sitúan en Cádiz donde la antigua sociedad del Estado, Astilleros de Cádiz, tiene sus talleres y en los arsenales militares de la Coruña, La Carraca (cerca de Cádiz) y de Cartagena. También hay astilleros de cierta importancia en Santander, Vigo y Valencia, que no sólo fabrican buques sino también material ferroviario, calderas, grúas y toda clase de material.

En general, la industria de la metalurgia de transformación está localizada en Cataluña o en el País Vasco con algunos núcleos de concentración más recientes, como por ejemplo en Madrid, Zaragoza, Valladolid, Sevilla, Linares, y en otras ciudades del interior.

2 – LAS INDUSTRIAS DE LA CONSTRUCCION Y DE OBRAS PUBLICAS

Es el sector que emplea el mayor número de obreros, cerca de un millón en 1960, o sea el 8,2 por 100 de la población activa. Efectivamente, la construcción se ha desarrollado recientemente a un ritmo descomunal. De las 1.543.300 viviendas construidas entre 1943 y 1964, el 60 por 100 de ellas fueron edificadas en los cinco últimos años. Hasta 1960, los insuficientes suministros de cemento y de acero impedían satisfacer las necesidades de la urbanización y eso tuvo por consecuencia la mala calidad de las casas construidas con ladrillos durante esa época.

En los últimos años, la construcción de viviendas ha descendido un 37,5 por 100, pues frente a un promedio de 350.000 viviendas anuales en el período 1975-1977, se ha pasado a una media de 219.000 viviendas iniciadas en 1983-1984. Se ha de encontrar la causa de esta situación en la caída de la inversión, por lo que sólo una decidida política de fomento puede sacar de la crisis que, según el Presidente de la Confederación Nacional de la Construcción, es la peor que haya atravesado el sector en los últimos treinta años.

Actualmente, se estima a 500.000 personas el número de parados en la construcción, o sea el 35 por 100 de la población activa del sector. Con el fin de remediar esta dramática situación los empresarios y contratistas han propuesto el lanzamiento de un programa especial de inversión pública por un importe de 250.000 millones de ptas. para el trienio 1985-1987.

Las industrias de la construcción y de obras públicas interesan tanto al gobierno, que se sirve de ellas para luchar contra el paro, como a las grandes empresas que encuentran en ellas una fuente de grandes beneficios, y a los particulares para quienes las necesidades de alojamiento siguen siendo considerables. En 1984, la evolución de este sector ha sido algo entorpecida por tres motivos : conflictividad laboral, dificultades de tesorería de las empresas constructoras, y finalmente endurecimiento del mercado como consecuencia de la disminución del número de licitaciones.

VOCABULARIO

acarrear	*entraîner*
ampliar	*agrandir*
asombroso	*étonnant*
los astilleros	*les chantiers navals*
un automóvil	*une automobile*
los bienes de consumo	*les biens de consommation*
botar un barco	*lancer un bateau*
una botadura	*un lancement*
un buque tanque	*un pétrolier*
una caldera	*une chaudière*
una cartera de pedidos	*un carnet de commandes*
conceder crédito	*accorder du crédit*
la conflictividad laboral	*l'agitation sociale*
la crisis energética	*la crise de l'énergie*
la cuna	*le berceau*
el chabolismo	*les bidonvilles*
descomunal	*extraordinaire, hors du commun*

las desgravaciones fiscales	*les dégrèvements fiscaux*
los electrodomésticos	*l'électro-ménager*
el endurecimiento del mercado	*le durcissement du marché*
entorpecer	*freiner, engourdir*
una entrega	*une livraison*
un equipo	*un équipement*
fenomenal	*considérable*
la flota mercante	*la marine marchande*
la financiación	*le financement*
una gama extensa	*une gamme étendue*
una grúa	*une grue*
el impulso	*l'essor*
un ladrillo	*une brique*
una licitación	*une soumission, un appel d'offres*
el material ferroviario	*le matériel ferroviaire*
mediante	*au moyen de*
un naviero	*un armateur*
un núcleo	*un noyau, un centre*
otorgar un préstamo	*accorder un prêt*
las obras públicas	*les travaux publics*
perjudicar	*porter préjudice, nuire*
un piso	*un logement*
los problemas laborales	*les problèmes de main d'œuvre*
un proceso	*un processus*
el proteccionismo	*le protectionnisme*
por vía férrea	*par chemin de fer*
por carretera	*par route*
un petrolero	*un (navire) pétrolier*
una rama	*une branche*
el registro bruto	*la jauge brute*
la sede	*le siège social*
la subcontratación	*la sous-traitance*
sumar	*ajouter, additionner*
el suministro	*l'approvisionnement*
un taller	*un atelier*
un vehículo	*un véhicule*
la vivienda	*le logement*
las viviendas de renta limitada (R.L.)	*les H.L.M.*
los suburbios	*les faubourgs*

EXPRESIONES

las industrias que acabamos de estudiar
les industries que nous venons d'étudier
la financiación se hizo cada vez más importante
le financement est devenu de plus en plus important.
las necesidades de alojamiento siguen siendo considerables
les besoins en logements sont toujours considérables
las industrias de transformación han conocido un impulso fenomenal
les industries de transformation ont connu un essor considérable
la demanda acarreada por la modernización
la demande entraînée par la modernisation

como es fácil de comprender   *on le comprend aisément*
sin duda alguna   *sans aucun doute*

OBSERVACIONES

el de las industrias que acabamos de estudiar : **el que,** y **el de** no llevan acento. **Crisis** tampoco lleva acento.

En español, **automóvil** es masculino, se escribe con una **v** y lleva acento la **o** de **móvil. Automóvil** es el nombre mientras que el adjetivo es **automovilístico.** Se dice por ejemplo : la industria **automovilística,** con acento en la antepenúltima sílaba.

Mais se traduce por **sino** cuando la primera oración se expresa de forma negativa y sigue la segunda con forma afirmativa : no sólo fabrican buques **sino** material ferroviario.

PREGUNTAS

1 — ¿Cuál ha sido el factor que más ha contribuido al desarrollo de la metalurgia de transformación ? ¿Cuáles son los sectores que han conocido el mayor impulso ? ¿Cuáles son los inconvenientes que presenta la industria de vehículos utilitarios ? ¿Cuál fue la producción de vehículos en 1979 ? ¿Cuáles son las sociedades que más destacan en este sector ?

2 — ¿Cuál ha sido la evolución que ha conocido la construcción naval española después de la guerra ? ¿Cuántas botaduras de barcos se efectuaron en 1970 ? ¿Cuándo se inició el plan de modernización de este sector ? ¿A cuántas toneladas se eleva la capacidad de la flota mercante española ? ¿A qué se debe la baja en la productividad de los últimos años ? ¿Dónde se encuentran los astilleros más importantes de España ?

3 — ¿Qué representa el sector de la construcción en la actividad económica del país ? ¿Cuántas viviendas se construyeron entre 1983 y 1984 ? ¿Cuáles fueron las condiciones que obstacularizaron la construcción de viviendas ? ¿Cuáles son las entidades que financian este sector ? ¿Por qué tienen el Gobierno y los bancos tanto interés en respaldar este sector ? ¿Cuáles son las dificultades que ha conocido últimamente la construcción ?

GRAMMAIRE

EMPLOI DU MODE SUBJONCTIF

Le mode subjonctif possède une *valeur hypothétique* et sert à exprimer *l'éventualité* de faits ou d'actions qui sont appelés à se dérouler, sans aucune certitude, *dans le futur*. En ce sens, il s'oppose au mode indicatif qui traduit des actions qui vont *réellement* se produire.

1 — Le subjonctif s'emploiera donc avec des adverbes ou locutions exprimant le doute : **quizás, tal vez, puede ser que,...**

Exemples : **Quizás** no se **dé** **cuenta** del error.
Peut-être ne se rendra-t-il pas compte de l'erreur.

Tal vez no **venga** mañana.
Peut-être ne viendra-t-il pas demain.

Puede ser que nos **llame** para decirnos si está de acuerdo.
Peut-être qu'il va nous appeler pour nous dire s'il est d'accord.

2 — Avec des éléments tels que : **cuando, como, en cuanto,...** introduisant *une action future*.

Exemples : **Cuando venga** el encargado, dígale que estoy ocupado.
Quand le chef d'atelier viendra, dites-lui que je suis occupé.

Como se entere el patrono de que la azafata no ha venido a trabajar, seguro que la despide.
Si jamais le patron sait que l'hôtesse n'est pas venue travailler, c'est sûr qu'il la congédie.

En cuanto vea que todavía no ha contestado a la carta, se enfadará.
Dès qu'il verra qu'il n'a toujours pas répondu à la lettre, il se fâchera.

3 — Après des verbes tels que : **esperar, temer, creer, desear,...**

Exemples : **Espero** que **diga** la verdad.
J'espère qu'il dira la vérité.

El **teme** que **haya** algún fallo en este asunto.
Il craint qu'il n'y ait un ennui dans cette affaire.

No **creo** que nos **saque** de apuros.
Je ne crois pas qu'il nous tire d'affaire.

EXERCICE GRAMMATICAL

Traduire les phrases suivantes :

1) Peut-être n'a-t-il pas encore reçu le télégramme que nous lui avons envoyé.
2) Pour les localités qui seraient divisées en secteur postaux, indiquez le numéro correspondant.
3) Nous paierons le solde de la facture quand le dernier envoi aura été effectué.
4) Dès que nous aurons reçu le devis, nous vous donnerons une réponse.
5) Si jamais nous ne sommes pas approvisionnés cette semaine, nous aurons du mal à satisfaire nos clients.
6) Si les marchandises ne sont pas envoyées en temps voulu, ils chercheront d'autres fournisseurs.
7) Quand nous les recevrons, il faudra compléter les stocks.
8) Dès que les machines auront été livrées, nos spécialistes viendront vous les installer.
9) Lorsque vous aurez prospecté le marché, vous devrez en faire un compte-rendu.
10) Peut-être y a-t-il une erreur dans l'une de ces factures.

TRADUCCION INVERSA

L'industrie mécanique consiste à transformer les métaux déjà élaborés, ainsi que d'autres sortes de matériaux, en machines ou en outils. Les centres se trouvent généralement situés dans les régions industrielles, où la matière première est abondante et autour des grandes villes qui permettent de fournir beaucoup de main d'œuvre. A Barcelone et dans ses environs où se trouvent 40 % des entreprises de ce secteur, on fabrique des locomotives, du matériel pour les chemins de fer, ainsi que des automobiles, des cables, des machines-outils et du matériel électrique. L'industrie automobile est également implantée dans la périphérie de Madrid qui fabrique également du matériel électrique et aéronautique. Le même genre de production industrielle se trouve sans la zone cantabrique, plus particulièrement à Bilbao, Reinosa et Beasáin. Valencia, Valladolid et Linares sont également des centres d'industrie automobile.

Lección novena
LAS INDUSTRIAS DE TRANSFORMACION (2a parte)

INDUSTRIA TEXTIL -- INDUSTRIA AUTOMOVILISTICA

1 – LA INDUSTRIA TEXTIL

Productora de algodón, la industria textil española es una de las más antiguas. Tradicionalmente localizada en Castilla para la industria lanar, se trasladó progresivamente a Cataluña (Sabadell y Tarrasa cerca de Barcelona) donde, con la industria algodonera, ocupa una situación bastante concentrada. Actualmente, el Gobierno ha intentado implantar nuevos talleres fuera de Cataluña para descongestionar esta zona industrial demasiado poblada. La nueva implantación de la industria textil se encuentra ahora en Torrelavega para la fabricación de tejidos artificiales y sintéticos, y en Sevilla (H.Y.T.A.S.A.) para la lanar y algodonera. Pero el sector entero está actualmente confrontado con dos tipos de dificultades :

— Carestía de las materias primas —

Por lo que se refiere a la lana, la producción española (30.200 T. en 82) cubre un poco más de la mitad de las necesidades nacionales y el algodón es suministrado casi en su totalidad por la producción española. Los precios pagados, aproximadamente un 50 por 100 más caro que las cotizaciones mundiales, por el agodón perjudican a los industriales y a los consumidores que, de este modo, pagan una verdadera prima a los productores cuyo importante grupo de presión es dominado por los latifundistas andaluces.

MATAGORDA (CADIZ) ASTILLEROS DE LA CONSTRUCTORA NAVAL. En la dársena central los cascos de dos buques están por terminar de montar. El sector de la construcción naval es el que más se ha desarrollado en el transcurso de los diez últimos años.

En cuanto a las fibras sintéticas y artificiales, España se empeñó en producir una extensa gama de materias primas. Sin embargo, los tejidos modernos de alto rendimiento necesitan una resistencia y una regularidad de fibras que no se pueden obtener en España. Así por ejemplo, no es pura casualidad si la marca española más cotizada en el mercado mundial (Tervilor-Terlenka) utiliza exclusivamente una materia prima importada del extranjero. Por otra parte, muchas fabricaciones nacionales se hacen en totalidad bajo licencia extranjera lo que resulta carísimo y grava enormemente la industria textil española.

— Equipo y organización no competitivos —

La llegada de nuevas industrias fabriles y de transformación, como consecuencia de los avances científicos, ha situado el sector textil en lugar menos importante, sobre todo desde el punto de vista internacional, aunque su peso específico dentro del conjunto industrial del país sigue siendo considerable. Este descenso en su importancia relativa ha sido debido, sin duda, a los graves problemas de adaptación que para cualquier industria supone el pasar de una dimensión artesanal y casi familiar a otro tipo de empresa de gran producción y alto grado de mecanización incluyendo grandes inversiones.

Para corregir la problemática de la atomización y anticuada tecnología del sector se han puesto en vigor, a lo largo de los últimos años, planes de reestructuración de los principales sectores : el lanero en 1973 y 1975, el algodonero en 1969 y el sedero en 1976, que han incidido favorablemente en la desaparición de maquinaria y empresas marginales.

Esta disminución en el número de husos y telares no significa, por el contrario, un descenso en la producción, teniendo en cuenta la tendencia actual de la producción hacia las fibras continuas y los nuevos procedimientos que se usan hoy para hilar y tejer. Sin embargo, al examinar las cifras producidas por el Instituto Nacional de Estadísticas y el Sindicato Nacional Textil observamos que la producción queda estancada (Algodón : 124.600 toneladas en 1976 contra 120.000 en 1971 ; Lana : 27.000 toneladas contra 36.000 ; Seda y fibras sintéticas : 32.129 contra 32.197 en los mismos años).

Otro problema de mucha importancia, con el cual se ha de enfrentar dicho sector, es el financiero que tiene un aspecto doble. Por una parte, la necesidad de hacer frente a las cargas financieras inherentes a toda actividad y, por otra, la falta de inversiones principalmente en equipamientos motivando que la maquinaria queda anticuada.

2 — LA INDUSTRIA AUTOMOVILISTICA

De todos los sectores es el que ha experimentado la expansión más fuerte. En 1966, incluso sobrepasó en un 77,8 por 100 las previsiones del plan de desarrollo. Nació en 1953 con la creación de la Sociedad S.E.A.T. que fabricaba algunos modelos de la empresa italiana Fiat. La S.E.A.T. (Sociedad Española de Automóviles de Turismo) posee un 35,6 por 100 de las partes del Instituto Nacional de Industria, la tercera parte de las acciones son de la Fiat y el resto del sector público.

Dos sociedades francesas, Renault y Citroën, se instalaron en los años sesenta respectivamente en Valladolid y en Vigo, y la Morris (inglesa) en 1967 en Pamplona, mientras que la Chrysler (americana) compraba las tres cuartas partes de las acciones de las fábricas madrileñas de Barreiros (Simca).

En 1981, se fabricaron en España cerca de 900.000 coches, más concretamente turismos, mientras que el parque asciende a 6.400.000 para el mismo sector, lo que representa 150 coches por cada mil habitantes. A pesar de la baja en la demanda automovilística, es preciso decir que la capacidad de producción es, con mucho, insuficiente. En 1978, se estimaba que la producción anual óptima para una fábrica de turismos se situaba alrededor de 400.000 unidades, cifra que ni siquiera alcanzaba la mayor fábrica de coches española la SEAT, situada en las afueras de Barcelona en 1970. Los precios siguen disparados debido a la poca rentabilidad de las unidades de construcción. Por lo tanto urge proceder a una concentración técnica que tendría por efecto una disminución de los precios de coste y una mejora de la calidad, permitiendo a los coches españoles aventurarse en el mercado mundial, con tal que desaparezca el proteccionismo nacional anacrónico. Ascienden los derechos arancelarios a un 57,5 por 100 del valor del vehículo y en 1966, sólo se importaron, en valor, el 1,75 de la producción nacional.

En 1984, se registró en España un notable descenso en las ventas de automóviles con relación al año anterior, año en el cual ya estuvieron un 24 por 100 por debajo de las de 1977. El sector seguirá en crisis mientras no se reduzca la presión fiscal que frena sensiblemente su capacidad de crecimiento porque provoca un retraimiento de las ventas interiores, cuando es, precisamente, el sector que más divisas aporta al país. Por otro lado, España es uno de los países europeos que presenta una relación más baja de automóviles por habitantes.

Dadas las condiciones del mercado interior, difícil, deprimido y con escasas posibilidades de expansión, las exportaciones son imprescindibles pero también imposibles sin la ayuda de créditos adecuados.

VOCABULARIO

las afueras	la banlieue, la périphérie
los aranceles	les droits de douane
una atomización	une dissémination
los avances científicos	les progrès scientifiques
una casualidad	un hasard
las cargas financieras	les charges financières
un coche	une voiture
cotizar	apprécier
las cotizaciones mundiales	les cours mondiaux
los derechos arancelarios	les droits de douane
la desaparición	la disparition
las fibras sintéticas	les fibres synthétiques
fabril	industriel de transformation
gravar	grever
hilar	filer
un huso	un fuseau, une broche
incidir en	avoir une influence sur

un latifundista	un grand propriétaire
la maquinaria	les machines
una problemática	un problème
un procedimiento	un procédé
el parque automovilístico	le parc automobile
sobrepasar	dépasser
tejer	tisser
los tejidos artificiales	les tissus artificiels
" sintéticos	" synthétiques
un telar	un métier à tisser
un turismo	une voiture de tourisme
trasladarse a	se transférer à

EXPRESIONES

desde el punto de vista	du point de vue
sobrepasar con mucho	dépasser de beaucoup
ni siquiera	même pas

urge proceder a una reestructuración
il est urgent de procéder à une restructuration

los precios siguen disparados
les prix continuent de monter en flèche

con tal que desaparezca el proteccionismo
à condition que le protectionnisme disparaisse

que para cualquier industria supone el pasar de una dimensión artesanal a otro tipo de empresa
qu'entraîne le fait de passer d'une dimension artisanale à un autre type d'entreprise

a lo largo de los últimos años
au cours de ces dernières années

OBSERVACIONES

    La palabra **equipamiento** es de un uso más bien reciente. En vez de este galicismo, el castellano prefiere decir **equipo**. Sin embargo, en la lengua tecnicoeconómica se emplea muchísimo **equipamiento** que se ha de considerar como un neologismo.

    Se dice **disminución** (con **s**) procediendo este sustantivo del verbo **disminuir**, y **desaparición** ya que el verbo es **aparecer** precedido del prefijo **des**.

    Como seguramente lo habrán Vds. observado, en español los títulos, cuando están en mayúscula, no llevan acento : AUTOMOVILISTICO, ELECTRODOMESTICO, etc.

PREGUNTAS

1 — ¿Cuál es la implantación tradicional de la industria textil española ? ¿Cuál es su nueva localización ? ¿Cuál ha sido la política del Gobierno a este respecto ?

2 — ¿Cuáles son las dificultades que encuentra actualmente este sector ? ¿A cuánto asciende la producción lanar ? ¿Cuál es el mayor obstáculo que perjudica a los industriales ? ¿Cuál es la posición de España en el mercado de las fibras artificiales ?

3 — ¿Cuáles son los problemas estructurales que conoce hoy día la industria textil española ? ¿Cómo ha intentado el Gobierno solucionar estos problemas ? ¿Ha mejorado la producción ?

4 — ¿Cuál ha sido la evolución de la industria automovilística desde 1953 ? ¿Entre cuántas sociedades está dividido este sector industrial ? ¿Cuántos coches se fabrican anualmente en España ? ¿A cuántas unidades asciende el parque automovilístico español ? ¿Cuál es la capacidad de producción de dicho sector ? ¿Por qué siguen los precios de los coches tan elevados en España ? ¿Se importan muchos coches extranjeros ? ¿De qué manera se podría remediar esta situación ?

GRAMMAIRE

EMPLOI DU SUBJONCTIF (suite)

Traduction de si plus imparfait :

Evoquant comme nous l'avons vu au chapitre précédent *l'aspect hypothétique de l'action*, il est normal d'employer le subjonctif dans des phrases introduites par la conjonction *si* plus *imparfait* et se poursuivant par le mode *conditionnel*.

Exemples : Si yo **tuviera** tiempo, **iría** a la Feria de Muestras de Barcelona.
Si j'avais le temps, j'irais à la foire de Barcelone.

Si yo **hubiera sabido**, no habría venido.
Si j'avais su, je ne serais pas venu.

EXERCICE GRAMMATICAL

Traduire les phrases suivantes :

1) S'il était plus ordonné, il saurait où se trouve ce dossier.
2) Si vous étiez venu plus tôt au magasin, j'aurais pu vous faire voir ce nouvel article.
3) Si vous saviez tout l'argent qui est englouti dans cette affaire.
4) Tout aurait été parfait si le transfert des devises s'était passé normalement.

5) Si les conditions de vente avaient été plus favorables, nous aurions abordé de nouveaux marchés.
6) Si la traite venait à échéance à la fin du mois, cela nous arrangerait bien.
7) Si nous avions plus de temps devant nous, nous pourrions nous lancer dans la fabrication de nouveaux appareils ménagers.
8) Si vous pouviez nous donner une réponse avant mardi, nous vous en serions reconnaissants.
9) Si les caisses avaient été plus grandes, les machines seraient rentrées sans problèmes.
10) Le rendement aurait été plus élevé si les ateliers avaient été moins éparpillés.

TRADUCCION INVERSA

L'industrie textile est une des branches de l'industrie les plus importantes du pays. C'est également l'activité la plus ancienne qui se trouve plus particulièrement concentrée en Catalogne. La laine se travaille principalement à Sabadell, Tarrasa et Barcelone ; le coton à Igualada, Granollers et dans les vallées du Ter et du Llobregat ; les fibres artificielles à Badalona et Olot ; la bonneterie à Mataró.

En dehors de la Catalogne, des centres comme Béjar (Salamanca) et Alcoy (Alicante) ont une certaine importance en ce qui concerne l'industrie de la laine ; Torrelavega (Santander) et Miranda de Ebro (Burgos) pour les fibres synthétiques.

Bien que la Catalogne manque de matières premières en ce domaine, la concentration s'explique par la combinaison de plusieurs facteurs favorables : abondance d'énergie électrique, proximité de la mer pour les échanges et l'importation des matières premières, longue tradition industrielle et population dense, laborieuse et habile.

LECTURA

VUELVEN A SUBIR LOS PRECIOS

Las palabras de Juan Miguel Antoñanzas, anterior presidente del Instituto Nacional de Industria y ahora presidente de SEAT (Sociedad Española de Automóviles de Turismo), en la presentación de los resultados de SEAT, ha puesto nuevamente en candelero la subida del precio de los automóviles. Antoñanzas afirmó que los precios de los automóviles volverían a subir **tantas veces como fuese necesario** para que su fabricación resultase rentable.

Desde que en el pasado mes de diciembre el Gobierno decidió liberalizar el precio de los automóviles ya se han producido dos subidas en tres meses, y las fuentes consultadas por **CUADERNOS**, cercanas al gremio de fabricantes, anuncian una nueva subida para el mes de mayo. Todo indica una carrera incesante, que sólo tendrá su fin en el momento en que se sature el mercado y los españolitos no tengamos más capacidad automovilística. Un estudio realizado por la Asociación Española de Fabricantes de Automóviles y Camiones afirma que ese momento está todavía bastante lejano y que se podría producir alrededor de 1995, es decir, dentro de dieciocho años.

Quedan lejos los tiempos en que todavía se podía comprar un coche por cien mil pesetas. Pero esa lejanía es más aparente que real. Hace dos años aún quedaban modestos modelos — por ejemplo, el **dos caballos** — que con todos los impuestos incluidos no llegaban a la centena de billetes verdes de precio de venta. Hoy, el popular **dos caballos** sigue siendo el automóvil más barato, pero su precio final, con seguro incluido, es de 191.522 pesetas.

Este fabuloso incremento en el precio de los coches no puede explicarse únicamente mencionando el incremento de los costes y la ley de la oferta y la demanda. El mercado está conformado en España de un modo que condiciona la libre competencia y la reduce a términos meramente formales.

El parque automovilístico español ascendía a finales de 1976 a 7.600.532 unidades. Cinco grandes fabricantes se reparten el mercado interior y la exportación : Seat, Ford, Citroën, Fasa y Chrysler. La importación de automóviles es muy escasa y se reduce a algunos modelos deportivos ; su poca relevancia se debe a la contingentación, a la cantidad de impuestos que gravan estas importaciones. El pasado año dichos fabricantes lanzaron al mercado la cifra de 778.344 automóviles, de los cuales 588.373 fueron a parar a las ventas interiores, y el resto — 182.524 — se exportaron. Pese a las subidas, estas cifras siguen una tendencia creciente. Si repasamos las cifras de turismos vendidos en el primer mes del año — con los precios liberalizados — y las comparamos con las de turismos vendidos en el mismo período de un año antes, resulta un incremento de las ventas de un 34,3 por 100, porcentaje muy significativo. El volumen de turismos vendidos en enero de 1977 asciende a 70.861 unidades.

MAS SUBIDAS, MAS VENTAS

Dos cuestiones merecen una atención especial en este proceso. La primera es la de las continuas subidas de precios. ¿Cómo las justifican los fabricantes ? ¿Cómo responde el consumidor ? La segunda cuestión es más comprometida : habiendo cinco grandes fabricantes en España, ¿cómo las subidas coinciden en cuantías, fechas y número de ellas, suponiendo que están en competencia ?

Con respecto a la primera cuestión, los fabricantes coinciden en señalar que antes de diciembre los precios de los automóviles estaban contenidos políticamente y no respondían a la dinámica del mercado. Esta contención ha dado lugar a pérdidas. En el caso de Seat, empresa que domina el 48 por 100 del mercado nacional, Antoñanzas señaló que las pérdidas de 1976 se habían situado alrededor de los cuatrocientos cincuenta millones de pesetas, a pesar de haber facturado un volumen de pedidos superior en valor al del año precedente en un 32,4 por 100 (75.885 millones de pesetas). La diferencia entre el precio contenido y el precio real del automóvil es de un 20 a un 22 por 100 en el precio de venta a favor del precio real, por lo que hay que efectuar subidas escalonadas hasta alcanzar ese incremento del 22 por 100. Hasta el momento sólo se ha subido un 18 por 100, con lo que resta un 5 por 100, que sería el porcentaje a elevar en el próximo mes de mayo.

¿Por qué subidas escalonadas y no una única subida del 22 por 100 ? Para que la demanda no se hundiese y el consumidor pudiese asimilar una continua pero pequeña sangría de incrementos. ¿Cómo responde el consumidor precisamente ante el anuncio de una nueva subida ? Acelerando el momento de la compra del vehículo, ya que sabe que desde que se pide el automóvil hasta que se entregan en mano las llaves, transcurre un período en el cual no está descartada una nueva subida. Así pues, se da la contradicción de que el anuncio de que los coches van a elevar sus precios, da lugar a un crecimiento en las ventas, como está ocurriendo en la práctica.

COMPETENCIA IMPERFECTA

La segunda cuestión en la cual es preciso detenerse, afecta al libre juego de la economía de mercado, maltrecha en el sector automovilístico. Los cinco grandes fabricantes, que compiten despiadadamente a la hora de vender sus productos, llegan a acuerdos entre sí para subir los precios en la misma cuantía, aproximadamente, en las mismas fechas y en las mismas ocasiones. Un diario de Madrid ha recogido la opinión de algunos fabricantes sobre este punto, que no reconocen **el pacto de los cinco**, y atribuyen las coincidencias a la eficacia de los servicios de información de los fabricantes. Otros, sin embargo, han reconocido que los cinco se sientan en una mesa y acuerdan los incrementos en el precio de venta de los turismos. Así pues, la competencia que se presumía cuando los precios fueron liberalizados en diciembre para los automóviles habituales y en agosto para los de lujo y deportivos, es mucho más aparente que real. Real en el sentido de que hay que vender muchos productos diferentes, pertenecientes a fabricantes distintos ; aparente, porque quien fija los precios es un oligopolio de cinco fabricantes, sin posibilidad de competencia exterior ni interior.

(Cuadernos para el Diálogo)

Remarque : ha puesto nuevamente en candelero : *a ramené au premier plan.*

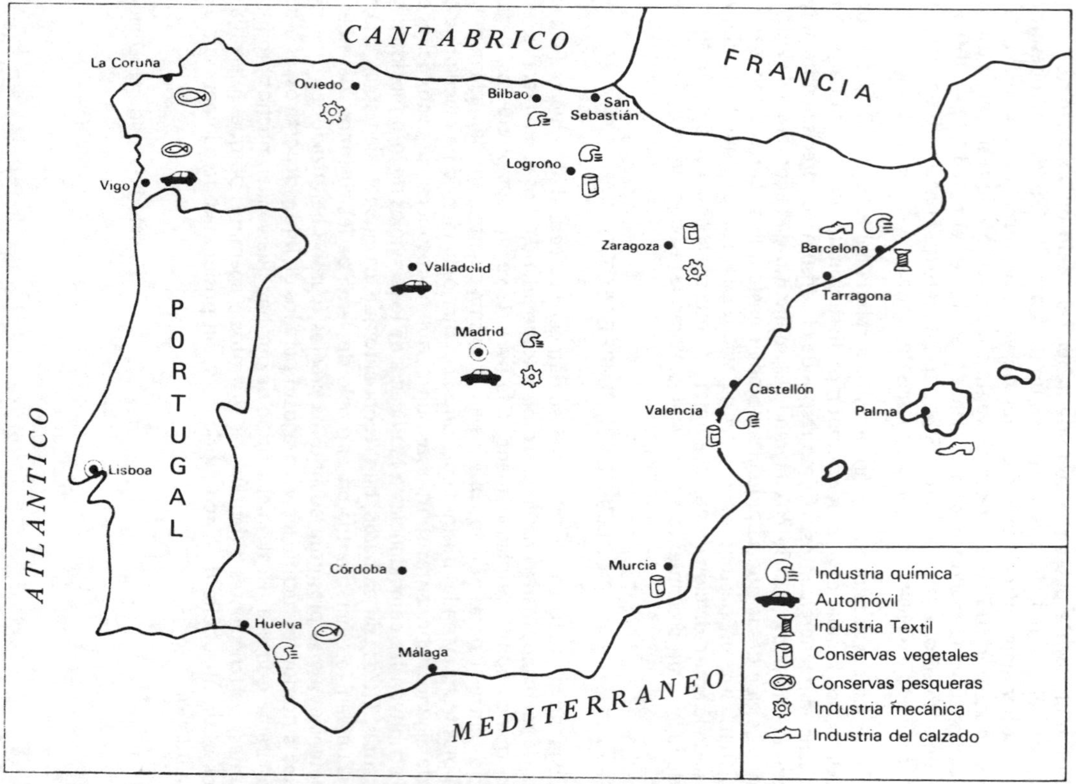

INDUSTRIAS DE TRANSFORMACION

Lección décima
LAS INDUSTRIAS DE TRANSFORMACION (3a parte)

LA INDUSTRIA DEL CALZADO Y DE LOS ELECTRODOMESTICOS

1 – EL CALZADO

La industria del calzado se encuentra vinculada a la ganadería y a las industrias del cuero. Tradicionalmente se localiza en la costa mediterránea (Cataluña, Baleares, Valencia y Alicante). Al igual que todas las industrias muy antiguas arrastra los problemas propios de su antigüedad y de su dimensión artesanal. Entre ellos cabe destacar el utillaje anticuado a pesar de la renovación que en los últimos años se viene observando.

Como consecuencia directa de esta estructura, la mano de obra tiene una importancia primordial en la producción, por lo que, consiguientemente, la relación capital-producto en este tipo de empresa es muy baja.

Por otra parte, la necesidad de capital para la implantación de una nueva industria es mínima y mucho más acusada si se tiene en cuenta que la maquinaria a utilizar se logra mediante arrendamiento. Esta peculiaridad, que está generalizada, tiene como consecuencia la rápida entrada en producción de nuevas factorías. Sin embargo, a largo plazo, constituye una carga en los costes de las empresas que se establecen con deseo de permanencia en el mercado.

Unidos a estos problemas y agudizándolos existen otros, tales como la excesiva atomización y el gran número de modelos que ha de producir cada establecimiento debido al cambio de modas cada vez más rápido y frecuente. El conjunto de esta problemática está incidiendo de manera directa en la eliminación de las empresas menos rentables coadyuvando a la concentración del sector. De cualquier forma esta concentración no es suficiente y debería ser potenciada con medidas tendentes a una reestructuración, con el fin de lograr mayor productividad y modernización de la maquinaria, con lo que se podría conseguir mayor competitividad en los mercados exteriores.

La producción de calzado ha experimentado un desarrollo progresivo desde el principio de los años sesenta, de tal modo que en quince años se puede decir que la producción total ha casi triplicado. De 37 millones de pares fabricados en 1962 pasó a 104 millones en 1976. El comportamiento de esta industria en el comercio exterior es óptimo, situándose en los primeros lugares de los productos que ingresan divisas en el país. Según la Dirección General de Aduanas, se exportaron en 1976 más de 60 millones de pares de calzado de piel lo que representa más de 26.000 millones de pesetas.

2 — ELECTRODOMESTICOS

El fenomenal auge de este sector cabecera empezó a principios de los años sesenta. Hasta esta fecha los electrodomésticos : cocinas de gas o de electricidad, lavadoras, lavaplatos, frigoríficos, televisores eran considerados productos de lujo. El impulso económico que entonces conoció España fue acompañado por una demanda siempre creciente en el ámbito de los aparatos para el hogar. Alrededor del año 1970, el mercado empezó a llegar a punto de saturación y durante 1976 la producción de grandes aparatos disminuyó en fuertes cantidades, si exceptuamos la fabricación de cocinas de gas que ha experimentado un crecimiento importante, excediendo todas las cifras alcanzadas en este producto. Es todavía más sorprendente este crecimiento si tenemos en cuenta que se trata de un producto directamente en relación con la construcción de viviendas y que, como lo hemos visto, este sector se encuentra en una prolongada recesión. Dado el estado de crisis económica generalizada, no es posible hacer previsiones optimistas para un futuro a corto plazo. La recuperación del consumo interno por la vía de la reposición de antiguos aparatos es muy problemática, basándose únicamente en las capas de población con mayores ingresos, ya que el resto de la población se abstiene de renovar los equipos que posee. A largo plazo, una vez superada la recesión actual, se puede ser optimista puesto que España, a pesar de la evolución que ha conocido este sector, sigue siendo el país de toda Europa occidental con menor índice de aparatos electrodomésticos.

También este sector conoce actualmente problemas financieros que son de dos clases. Hasta la fecha, las industrias han venido soportando mayores plazos en los pagos por parte de los consumidores, lo que obligaba a los industriales a considerables inmovilizaciones que actualmente con las pésimas condiciones económicas ya no pueden hacer más. También está comprobado que ni con mayor aplazamiento en los pagos se consigue reactivar las ventas. Otro de los problemas candentes del sector lo constituye la dependencia de la tecnología foránea, por falta de una industria nacional de electrónica, lo cual se refleja en un incremento de los costos y en la potenciación de los déficits de nuestra balanza comercial.

Por lo que se refiere a los televisores, esta industria nació en España en 1955, pero en 1957 las ventas apenas ascendían a 15.000 unidades por falta de una red emisora suficiente. En 1960 se produjo el verdadero impulso, 100.000 unidades vendidas, y en 1965 cinco veces más, lo que representa 23 televisores por cien familias (37 en Francia) lo que, teniendo en cuenta las diferencias de nivel de vida, representa para España una proporción elevada. También es preciso decir que el 90 por 100 de los aparatos se compran a crédito, y en 1966 el mercado de los televisores estaba estancado.

El nivel de producción de los electrodomésticos sigue estando prácticamente al mismo nivel desde hace algunos años. Se fabricaron más de un millón de lavadoras automáticas en 1984, 77. 225 lavavajillas, 800.000 frigoríficos, 415.000 cocinas, acusando las dos últimas producciones una baja equivalente a 300.000 unidades.

VOCABULARIO

la aduana	la douane
la Dirección General de Aduanas	le Service des Douanes
agudizar un problema	rendre critique un problème
la antigüedad	l'ancienneté
aplazar	reporter la date d'échéance, accorder des délais plus longs
arrastrar	traîner, entraîner
el arrendamiento	la location, le leasing
el calzado	la chaussure
las capas de población	les couches de population
coadyuvar	aider, favoriser
una cocina de gas	une cuisinière à gaz
" " de electricidad	" " électrique
comprar a crédito	acheter à crédit
la competitividad	la compétitivité
comprobar	constater
los costes de las empresas	les charges des entreprises
exceptuar	faire exception
exceder	dépasser
una factoría	une fabrique
foráneo	de l'extérieur
un frigorífico	un réfrigérateur
un hogar	un foyer
ingresar divisas	faire rentrer des devises
los ingresos	les revenus
las inmovilizaciones	les immobilisations
una lavadora	une machine à laver
un lavaplatos	un lave-vaisselle
pésimo	des plus défavorables

el pago	*le paiement*
los plazos	*les délais*
una peculiaridad	*une particularité*
un par de zapatos	*une paire de chaussures*
la piel	*le cuir*
la relación capital-producto	*le rapport capital-produit*
una red	*un réseau*
la red emisora	*le réseau producteur*
renovar	*renouveler*
reponer (reposición)	*changer, renouveler*
superar la recesión	*surmonter la crise*
el utillaje	*l'outillage*
vincular	*lier*

EXPRESIONES

al igual que	*de même que, de la même façon que*
a corto plazo	*à brève échéance*
a largo plazo	*à longue échéance*
con deseo de permanencia	*dans l'intention d'y rester*

la concentración debería ser potenciada con medidas tendentes a una reestructuración
la concentration devrait être renforcée par des mesures tendant vers une restructuration

de tal modo	*de telle façon, à tel point que*
con el fin de	*dans le but de*
un sector cabecera	*un secteur de pointe*
puesto que	*puisque, étant donné que*
por la vía de la reposición	*par voie de remplacement*
ni con mayor aplazamiento en los pagos	*ni en accordant davantage de délais pour les paiements*
los problemas candentes	*les problèmes cruciaux, les points chauds*

OBSERVACIONES

Par es masculino. Se dice : **un par de zapatos, un par de días**, etc... Sin embargo, se habla de **reembolso a la par** (feminino). Se trata entonces de la paridad de la moneda o de una obligación (Véase el capítulo sobre la Bolsa, en la segunda parte del libro).

Calzado es el término general, mientras que **zapato** es más concreto. Esa es la razón por la cual se dice : **la industria del calzado**, y **un par de zapatos**.

Reembolso, reestructuración se escriben sin guión, todo junto.

PREGUNTAS

1 -- ¿Dónde está localizada la industria del calzado en España ? ¿Cuáles son los problemas con los cuales tiene que enfrentarse este sector ? ¿Cuáles son los rasgos más significativos de esta industria ? ¿Cuáles son los factores que han contribuido a la eliminación de muchas empresas ? ¿Cuáles son las que han tenido que desaparecer ? ¿Cuáles son las medidas que permitirían llegar a un mayor rendimiento ? ¿A cuánto se eleva la producción de zapatos ? ¿Cuántos pares se exportan anualmente?

2 — ¿Por qué conoció un desarrollo tan transcendental el sector de los electrodomésticos ? ¿Sigue evolucionando el mercado de los electrodomésticos ? ¿Cómo se puede explicar el fenómeno de estancamiento que conoce actualmente ? ¿Cuáles son los problemas que conoce actualmente este sector ? ¿Qué soluciones se pueden enfocar para tratar de relanzar la demanda ? ¿Cuál ha sido la evolución del sector de los televisores ? ¿Ha llegado a saturación este sector ?

GRAMMAIRE

EMPLOI DU SUBJONCTIF (suite)

Traduction de l'impératif négatif :

Toujours dans le cadre de *l'action future*, en espagnol, la forme *négative* de *l'impératif* se traduit par le mode *subjonctif* précédé de la négation *no*.

Exemples : No **compre** este periódico
No lo **hagas** ahora
No **cojas** este dinero que no es tuyo.

EXERCICE GRAMMATICAL

Traduire les phrases suivantes :

1) N'oubliez pas de nous répondre par retour du courrier.
2) N'attendez pas que votre cuisinière tombe en panne pour la faire réviser.
3) Ne commencez pas à vous plaindre des conditions de travail.
4) Ne lisez pas la suite du rapport car elle doit être modifiée.
5) Ne vous dérangez plus pour vos réservations ; l'agence les fera à votre place.
6) Ne vous inquiétez pas ; nous veillerons à ce que la livraison soit faite en temps utile.
7) Ne riez pas, il s'agit d'une affaire très sérieuse.
8) N'ayez crainte, tous les emballages seront vérifiés avant de les envoyer.
9) Messieurs, faites ce que je vous dis, mais ne dîtes pas ce que je fais.
10) Ne revenez que lorsque vous aurez terminé ce premier travail.

TRADUCCION INVERSA

L'industrie de la chaussure est, sans aucun doute, un des secteurs de pointe de l'économie espagnole et particulièrement en ce qui concerne le commerce extérieur, ce qui permet de faire entrer de nombreuses devises destinées à combler le déficit de la balance commerciale.

Cependant, pour la seconde fois cette année, les industriels américains, principaux acheteurs de chaussures espagnoles, tentent de faire en sorte que leur gouvernement impose des mesures protectionnistes à l'importation de chaussures étrangères.

Si cette mesure était mise à exécution, cela entraînerait une baisse des exportations vers les Etats-Unis qui, de 40 millions de paires vendues en 1984, passeraient à 35 millions, provoquant un déficit de 25 millions de dollars, baisse importante non seulement en valeur mais également pour la renommée que connaît actuellement la production espagnole dans ce pays.

TRADUCCION DIRECTA

Lectura : Antes morir que apagar la tele, página 117.
Traducir los dos últimos párrafos del texto, p 118.

LECTURA

ANTES MORIR QUE APAGAR LA TELE

Según un pequeño sondeo realizado en seis mil tiendas de Madrid, la venta de televisores en color ha crecido sensiblemente en las últimas semanas. Solamente un dependiente de esos seis mil comercios no supo decir el por qué. Los otros, además de dar probadas razones del caso, vaticinaron todavía — en julio — una mayor subida. La publicidad de los televisores en color (en la radio, en la prensa o en las vallas) han visto su oportunidad : el 17 de julio comienzan las Olimpiadas y **con Pal se ven mejor los partidos.**

Con justificada frecuencia se habla y escribe sobre la televisión — medio de comunicación —, pero no es menos interesante fijarse en el televisor como objeto-signo viviente y militante. El caso de los televisores en color ha sido una auténtica bendición para mucha gente fina que se sentía impotentemente absorbida por la barbarie de un consumo ya masivo. En 1960, el número de hogares con televisor blanco y negro no sobrepasaba el 1 por 100 ; en 1973, la cosa se puso en el 85 por 100. Actualmente, puede calcularse que de diez hogares españoles, por lo menos nueve tienen la **tele** en casa. Los sociólogos positivistas concluyen que el televisor (85 por 100 de los hogares), como el frigorífico (82 por 100), la lavadora normal (40 por 100), el transistor o radio (86 por 100), la moto (14 por 100) y el piso propio (58 por 100) pueden considerarse en España como de **consumo masivo** y, con alguna excepción, su consumo no dependería, a estas alturas, de la renta (Datos de Foessa, 1975).

En este supuesto, el corolario, muy utilizado por el **mundo libre** (y otros), es que la sociedad camina vertiginosa y felizmente hacia una implacable igualación. Lo que no se consigue en las relaciones de trabajo — suele argüirse — se logra en la cancha del consumo. O, más o menos : todo el mundo tiene automóvil (aunque en realidad lo tenga sólo un 40 por 100), todo el mundo tiene **tele**, las criadas visten incluso mejor que las señoritas, **un domingo no distingues a un obrero de un patrón, etc...** Nada más correctamente falso. Para una información aproximadamente cabal no basta conocer la posesión de un objeto, hay que saber cómo se tiene o la práctica que se hace de ese objeto.

El televisor es un ejemplo.

Una buena ilustración de cómo se posee el aparato de televisor y qué clase de **beneficios** ofrece se obtiene de su colocación en el espacio del salón-comedor de la casa. En las clases medias (e inferiores) la **tele** suele ocupar un lugar, más o menos de monumento, hacia el cual excéntricamente se orientan — como a un sol — los asientos de la pieza. Sobre el televisor, cuando no se usa, cae una funda que protege su valor y con frecuencia se corona con un bibelot que aviva su presencia y resalta su distinción indiscutible.

Entre las clases medias altas, sin embargo, la **tele** suele estar emplazada sobre soportes más bajos, a la altura de una persona sentada en un diván, y es equívoca o reversible la querencia de los muebles hacia el aparato. Finalmente, entre las clases altas, el televisor se camufla en el juego del mobiliario o llega a eclipsarse materialmente en sistemas de empotrado y puertas corredizas (Para quien guste de estas cosas puede leer, por ejemplo, a Jean Baudrillard, cuando haya ganas).

Las tres versiones topológicas, y netamente la primera y la tercera, ilustran la muy distinta relación que con el televisor tienen sus poseedores. Todos tienen la **tele** pero no están **igualados** en su relación con ella. Mientras los de los estratos **privilegiados** compran con el televisor un **medio** de información del que se sirven, los componentes de la clase baja y media adquieren un objeto-signo (exhibición de una fantasía de **status**) y lo **tratan** como una inversión menos que como un bien de consumo (un capital donde depositaron su esfuerzo de ahorros o de empeños) al que debe extraerse la rentabilidad más alta.

Esta última consideración (el televisor como un capital) es determinante para colocar a esas clases entre las más asiduas y conspicuas televidentes. Sintonizarán el aparato todas las noches, con absoluta independencia del contenido de la programación, y aguantarán laboriosamente hasta caer dormidos, extenuados, el momento del cierre. Dos terceras partes de los teleposesores españoles encienden la televisión a diario y entre ellos se encuentra prácticamente el 100 por 100 de las clases inferiores. Para ellas la **tele** es un espectáculo, cuya carísima entrada hubieron de pagar a costa de renuncias no fácilmente olvidables. ¿Cómo salirse a mitad de ese espectáculo, entre el bochorno de reconocer su error y el martirio de aceptar una inversión sin productos?

La clase privilegiada disfruta de la televisión en color cuando se le antoja, por pascuas, en un cumpleaños o por el gusto de salir a comprar. No necesita esperar las Olimpiadas para aumentar la dosis de sus **acontecimientos** personales. Comprar la televisión en esta época preolímpica es para ese estrato una horterada explosiva. El país, en cambio — como dice Miguel Ríos —, es todo una **huerta atómica**. Contra lo que burdamente se cree, la clase media ha sido aquí especialmente adiestrada para la fantasía. La (fantasía) del **status**, del dinero, del progreso y del ascenso o, en definitiva, del consumo como exorcismo que hace socialmente levitar. No es extraño, por tanto, que esa población vea pronto, día a día, con alta abnegación y renuncia y por el mismo honor familiar del **standing** el arco iris catódico. La publicidad, circunstancialmente olímpica, lo sabe.

(Cuadernos para el Diálogo)

Remarques : — **vaticinar** : pronosticar, profetizar
— **las vallas** : *les emplacements publicitaires*
— **Pal** : procedimiento de televisión en color
— **una horterada** : *une chose de mauvais goût.*

Lección once
LOS TRANSPORTES

FERROCARRILES – CARRETERAS – TRANSPORTE MARITIMO

Los transportes, en la economía de un país, cumplen la importantísima función, no sólo de acarrear las materias primas y los productos energéticos necesarios para la industria, sino también la de permitir la comercialización de los productos manufacturados. No se puede concebir un país industrializado sin una red extensa y muy desarrollada de medios de comunicación. No obstante, los transportes en España, son y siempre han sido, el punto débil de la economía.

1 – EL FERROCARRIL

De todos los medios de transporte, el ferrocarril es el que más retraso ha acumulado. La red ferroviaria española empezó por la construcción, en 1848, de la línea Barcelona-Mataró. Mediante la ayuda de capital extranjero, alcanzaba 13.168 km en 1901 y sólo 18.200 km en 1966. En 1940, después de la guerra civil, los ferrocarriles españoles se caracterizaban por la antigüedad del material, la inseguridad y la lentitud que se podían comprobar en los retrasos que, en ciertos recorridos, podían alcanzar de tres a seis horas. Fue entonces cuando la mayoría de las compañías privadas, que financieramente eran totalmente incapaces de sufragar los gastos de modernización de la red, fueron compradas por el Estado, formando de este modo la R.E.N.F.E. (Red Nacional de Ferrocarriles Españoles). Todos los esfuerzos de renovación del material fueron entorpecidos por las dificultades de importación hasta el

TREN TALGO DE LA LINEA MADRID-IRUN. Los trenes Ter y Talgo son los únicos del parque de ferrocarriles españoles que están a nivel europeo por su comodidad y la velocidad que los mismos alcanzan. La red ferroviaria cuenta actualmente con sólo 5.500 km. de tramos electrificados y de vía doble.

AUTOPISTA DE BARCELONA A LA FRONTERA. Con el fin de paliar las deficiencias de la red de ferrocarriles, las autopistas españolas han conocido un auge fabuloso ampliamente favorecido por la política del gobierno.

año 1960. Hasta la fecha, el esfuerzo del Gobierno ha consistido en mejorar las comunicaciones para viajeros entre las diferentes capitales gracias a la puesta en circulación de trenes rápidos como el TER, el TALGO, el TAF, y la puesta en servicio de ferrobuses alrededor de las principales aglomeraciones.

En la actualidad, la red ferroviaria española cuenta con 21.000 km. Las principales líneas son las que vinculan Madrid con las ciudades más importantes : Madrid-Barcelona, Madrid-Valencia, Madrid-Irún, Madrid-Bilbao, Madrid-La Coruña, Madrid-Cádiz, Madrid-Murcia. Los principales núcleos ferroviarios, que son verdaderas placas giratorias entre dichas líneas, son Miranda de Ebro que permite el empalme de la línea Irún-Madrid con la de Bilbao-Barcelona. Venta de Baños, donde se juntan las líneas procedentes de La Coruña, Oviedo, Santander ; y Medina del Campo. La línea Madrid-Murcia empalma en Alcázar de San Juan con destino a Córdoba, Sevilla y Cádiz.

Esta disposición radial dificulta las comunicaciones entre las diferentes provincias que están relacionadas unas a otras por líneas de vía estrecha, a excepción de la línea Port-Bou-Barcelona-Valencia. Así por ejemplo, se puede difícilmente viajar en tren por las Provincias Vascongadas, Asturias, y con mayor razón, Galicia.

Los mayores obstáculos que todavía hay que superar son : la escasez de tramos electrificados (sólo 5.000 km) y de vía doble, un trazado esencialmente radial, diferencia de ancho de vía lo que dificulta las comunicaciones con los países europeos, a pesar del procedimiento de ejes extensibles que existe en ciertas líneas internacionales (París-Madrid con el Puerta del Sol, París-Barcelona con el Talgo Catalán).

2 CARRETERAS

El trazado de la red de carreteras en España observa también una disposición radial que tiene los mismos inconvenientes anteriormente citados para los ferrocarriles ; lo que todavía agrava el aislamiento de ciertas regiones como Galicia, Extremadura, Aragón. Con el fin de remediar la carencia de los transportes ferroviarios, y simultáneamente con el impulso económico, el Gobierno decidió desarrollar la red de carreteras que era totalmente insuficiente (100.000 km en 1930) y de muy mala calidad. Fue entonces necesario modificar el trazado de las carreteras (eliminar las curvas cerradas) y aumentar el espesor del firme (eliminar los baches acentuados por los rigores de un clima de extremas temperaturas en la Meseta) e intensificar la red cuya densidad era demasiado baja : 25 km/100 km2. Estas operaciones eran tanto más necesarias cuanto que el parque automovilístico, que cifraba 233.000 vehículos en 1955, ascendió a cerca de 4.000.000 en 1970.

En 1967 se inició el plan de autopistas nacionales (P.A.N.E.) por el cual se preveía, 500 km de autopistas de peaje para 1975. El primer tramo inaugurado fue el que está al norte de Barcelona en 1969, y en 1971 también se abrieron a la circulación los de Barcelona-La Junquera, Bilbao-Irún, y Sevilla-Cádiz. Al mismo tiempo se previó un plan de renovación de vías de gran circulación (R.E.D.I.A.) que constaba con 5.000 km de carreteras y que tuvo por objeto ensanchar las bandas de rodamiento hasta 7 m y mejorar los revestimientos asfálticos.

Hoy día, la mayoría de las carreteras que parten de Madrid son excelentes, particularmente en los recorridos Madrid-Irún, Madrid-Barcelona, Madrid-Sevilla, Madrid-Valencia y Málaga-Cádiz, Madrid-La Coruña. Desafortunadamente, cabe decir que el desarrollo que ha conocido la red de carreteras nacionales radiales se ha hecho en detrimento de las carreteras secundarias lo que agrava la situación económica de ciertas regiones y retarda su desarrollo.

3 EL TRANSPORTE MARITIMO

La ausencia de medios de comunicación entre las aglomeraciones y los centros industriales situados en la zona periférica de la Península ha incidido indirectamente en el desarrollo de la flota mercante española que, por otra parte, debido a la excesiva edad de los barcos y equipos portuarios se dedica más bien a una navegación de tipo cabotaje que de altura. Esta situación es sumamente perjudicial para el comercio tanto interior como exterior, tanto más cuanto que es causa de una notable pérdida de divisas, puesto que en 1976 la tercera parte de las importaciones españolas eran efectuadas por barcos de pabellón español.

La importancia tradicional del cabotaje explica el gran número de puertos que conocen las costas españolas. Se encuentran en el litoral cantábrico cinco de los diez mayores puertos que son : Bilbao, cuyo tráfico se puede comparar al de Burdeos, La Coruña, Avilés, Santander y Gijón. Barcelona, Valencia, Cartagena, Alicante y Malaga son los más importantes de la costa mediterránea. Conviene añadir los puertos de Cádiz y Santa Cruz de Tenerife. Esta multiplicidad de los puertos marítimos es perjudicial para la modernización de los mismos, puesto que acarrea una excesiva dispersión de los créditos destinados a mejorar y modernizar los equipos portuarios.

Ante la grave crisis internacional del transporte marítimo y sus consiguientes consecuencias en el sector, los navieros españoles han propuesto al ministro de Transportes, turismo y comunicaciones la elaboración de un plan conjunto de saneamiento, ordenación y relanzamiento de la flota mercante. Efectivamente, en los últimos diez años, la flota mercante mundial creció casi un 50 por 100, mientras que el comercio mundial marítimo descendía un 15 por 100.

Actualmente la flota mercante española sólo participa en el 46,1 por 100 del total del tráfico importado por vía marítima y en un 13,3 por 100 del tráfico de exportación. Aumentar estas cifras de participación permitiría reducir el tonelaje amarrado, aliviar la tensión financiera de las empresas con la reducción de la deuda pendiente y posibilitaría la renovación de la flota con unos encargos que paliarían la crisis de los astilleros españoles.

En la actualidad, España ocupa el séptimo lugar de todas las flotas europeas después de Alemania, Italia, Francia, Reino Unido, Noruega y Grecia ocupando el primer puesto.

VOCABULARIO

acarrear	*transporter, acheminer*
el aislamiento	*l'isolement*
un ancho de vía	*un écartement de voie*
una autopista	*une autoroute*
" " de peaje	*" " à péage*
un bache	*un nid de poule, un cassis*
una banda de rodamiento	*une bande de roulement*
una carretera	*une route*
una carencia	*un manque*
constar de	*comprendre, compter*
un eje extensible	*un essieu extensible*
un empalme	*une correspondance, un changement*
un enlace	*un échangeur*
ensanchar	*agrandir*
el espesor	*l'épaisseur*
un ferrocarril	*un chemin de fer*
un firme	*un revêtement*
juntar	*rejoindre*
los medios de comunicación	*les moyens de communication*
mejorar	*améliorer*
perjudicial	*préjudiciable*
una placa giratoria	*une plaque tournante*
prever	*prévoir*
un punto débil	*un point faible*
un recorrido	*un parcours*
una red ferroviaria	*un réseau ferroviaire*
un revestimiento asfáltico	*un revêtement d'asphalte*
un tramo	*un tronçon*
un trazado radial	*un tracé radial*
un viajero	*un voyageur*
una vía férrea	*une voie ferrée*

EXPRESIONES

con el fin de alcanzar el tiempo perdido	afin de rattraper le temps perdu
cumplir la función de	remplir la fonction de
ser incapaz de	être incapable de
con destino a	à destination de
procedente de	en provenance de
en detrimento de	au détriment de
sufragar los gastos	payer les frais

OBSERVACIONES

ferrocarril se escribe con **rr** las dos veces. También **desarrollo** lleva **rr** y **ll**.

Fue entonces **cuando** las compañías fueron compradas por el Gobierno. Ya que se trata de la noción de tiempo en esta frase, conviene decir : **Fue... cuando.**

Si se tratase de una frase modal se diría : **Fue... como...** Por ejemplo : **Fue así como** el Gobierno decidió comprar las acciones de las compañías.

Si se hubiera tratado de la noción de lugar, habríamos dicho : **Fue... donde...** Así por ejemplo : **Fue allí donde** se construyó la primera línea de ferrocarril.

De **perjudicar** — verbo que ya conocemos — deriva el adjetivo **perjudicial** *(préjudiciable)* y el sustantivo **perjuicio** *(préjudice)* que no hay que confundir con **prejuicio** *(préjugé)*.

PREGUNTAS

1 — ¿Dónde nació la primera línea de ferrocarril en España ? ¿Cuántos kilómetros alcanzaba a principios de siglo ? ¿en 1966 ? ¿Qué conclusión se puede sacar de esta diferencia ? ¿Cuándo se nacionalizaron los ferrocarriles españoles ? ¿Cuál fue el mayor obstáculo a la modernización de la red ferroviaria ? ¿Cuáles son los resultados que se han logrado ? ¿Queda aún mucho por hacer ? ¿Cuál es el mayor inconveniente de la red ? ¿Qué perjuicios trae ? ¿Cuáles son las líneas más importantes de la Península ?

2 — ¿Cuáles son los inconvenientes que presenta la red de carreteras en España ? ¿Cuáles son los grandes ejes de la misma ? ¿Ha conseguido la red de carreteras remediar los defectos de la red ferroviaria ? ¿Cuál fue la política del Gobierno para mejorar la comunicaciones por carretera ? ¿Qué se previó en el P.A.N.E. ? ¿En qué consiste en plan R.E.D.I.A. ? ¿Cuál es la situación de las carreteras hoy día en España ? ¿Son más importantes los transportes por carretera que por ferrocarril ? ¿Cuáles son las ventajas y los inconvenientes de ambos medios de transporte ?

3 — ¿Por qué se desarrollaron tanto los transportes marítimos en España ? ¿Qué tipo de navegación es más importante ? ¿Por qué ? ¿Cuál es el mayor inconveniente de una flota mercante anticuada ? ¿Cuál es el registro bruto total de la flota mercante española ? ¿Cuáles son los factores que más perjudican a este sector en cuanto a su evolución ? ¿Cuáles son los puertos más importantes de España ? ¿En qué puede ser perjudicial para la economía del país la multiplicidad de los puertos marítimos ?

GRAMMAIRE

LA NOTION D'OBLIGATION

TRADUCTION DU VERBE **DEVOIR**

La notion d'obligation peut s'exprimer en espagnol à l'aide des expressions verbales **haber de** et **tener que** notamment.

1 — **Tener que** exprime une *obligation matérielle, catégorique* à laquelle vient s'ajouter l'idée *d'effort*.

Exemples : **Tengo que** estar a las tres en la estación
Je dois être à trois heures à la gare

Tendré que mirar el horario antes de salir
Il faudra que je consulte l'horaire avant de partir

Tendríamos que haber repasado las cuentas
Nous aurions dû réviser les comptes.

Il s'agit là d'une obligation à laquelle on peut dificilement se soustraire.

2 — **Haber de** exprimera une *obligation morale* avec un sens plus souple, plus nuancé. Cette forme s'emploiera pour exprimer l'idée de *convention* (chose convenue à l'avance), de *vérité*, de *généralité*.

Son emploi est plus restreint et moins contraignant que **tener que**.

Exemples : **Hemos de** cuidar nuestra salud.
Nous devons veiller sur notre santé.

Hemos de volver mañana para firmar el contrato.
Nous devons y retourner demain pour signer le contrat.

Han de admitir que esta política fue un fracaso.
Ils doivent reconnaître que cette politique fut un échec.

EXERCICE GRAMMATICAL

Traduire les phrases suivantes :

1) Le gouvernement a dû mettre au point de nouvelles mesures d'encouragement à l'exportation.
2) Nous devrons vérifier nous-mêmes les carnets de commandes.
3) Il devait passer chez son client à 15 heures.

4) Notre catalogue doit être rédigé en plusieurs langues pour l'exposition de Bruxelles.
5) Pourquoi doit-on toujours produire de plus en plus grandes quantités d'énergie ?
6) Demain, nous devons nous rendre chez le fondé de pouvoir, nous le lui avons promis.
7) Les exposants devront se réunir dans le hall central afin de recevoir leur carte de participant.
8) Il aurait dû s'informer de la solvabilité de son client avant de prendre une commande aussi importante.
9) Nous étions d'accord ; il devait se charger de l'aspect financier de l'entreprise.
10) Nous devons nous montrer très prudents étant donné le nombre de concurrents.

TRADUCCION INVERSA

Les communications revêtent une importance capitale dans la vie économique d'une nation en assurant le transport non seulement des marchandises, mais encore des personnes et des informations.

En Espagne, les moyens de communications par chemin de fer et par route sont peu développés par rapport aux autres pays d'Europe, en grande partie à cause du relief de la péninsule qui se présente comme autant d'obstacles.

En ce qui concerne le réseau de chemin de fer, force est de constater une nette insuffisance de lignes électrifiées et à double voie, ainsi qu'un tracé essentiellement radial qui ralentit les communications entre les grandes villes de la périphérie. Quant au transport international des marchandises et des voyageurs, la différence d'écartement des voies est un obstacle majeur qui entraîne des transbordements inutiles.

TRADUCCION DIRECTA

Lectura : Renfe : cierre de líneas para reducir pérdidas, página 127.
Traducir los tres últimos párrafos del texto, p 127.

LECTURA

RENFE : CIERRE DE LINEAS PARA REDUCIR PERDIDAS

El Gobierno y la Red Nacional de Ferrocarriles Españoles (Renfe) decidieron, con efectos desde el 1 de enero de 1985, el cierre definitivo de 905 kilómetros de vía férrea, el 6,6 por 100 del tendido ferroviario nacional. Además, en 930 kilómetros se suprime el tráfico de viajeros y la continuidad de otros tramos es temporal, hasta que se cuente con comunicaciones alternativas por carretera suficientes para el tráfico comercial de las zonas afectadas. Aunque el plan era más drástico, las negociaciones de la compañía con las comunidades autónomas permitieron mantener abiertos 649 kilómetros de vía, cuya clausura estaba prevista inicialmente.

Esta medida de cierre permite al Estado reducir las compensaciones por obligaciones de servicio público en 2.484 de los 3.055 kilómetros que fueron declarados altamente irrentables. El ahorro para la Administración asciende a 7.000 millones de pesetas al año, sólo un poco más del 4 por 100 de las pérdidas actuales de Renfe, pero es una decisión que se inscribe dentro del objetivo de sanear financieramente y mejorar la gestión de la compañía.

Superada la dialéctica sobre si un servicio como el ferroviario, que soporta una costosa infraestructura, puede impedir el déficit, el debate sobre Renfe se centra en el ritmo vertiginoso a que han crecido sus pérdidas. La empresa perdió 13.698 millones de pesetas en 1975, 67.255 en 1980, 128.908 en 1982 y 159.810 millones en 1983. Agobiada por una ingente deuda financiera (400.000 millones entre corto y medio plazo), con una productividad que crece muy por debajo de los costes salariales, la compañía ha tenido que abandonar la tónica de expansión fijada en el Plan General Ferroviario de 1981, ya que, según algunos estudios, las pérdidas hubieran ascendido en 1986 a medio billón de pesetas.

Renfe ha heredado las concecuencias de ser una compañía refugio o trampolín para políticos, donde realizar una gestión eficaz no era condición indispensable porque se contaba con la seguridad de que el Estado asumía las pérdidas y con la desventaja de que éste, principal usuario, era a su vez un pagador moroso de los servicios ferroviarios. Ahora tiene una estructura macrocefálica, con inflación de altos cargos y escasez de mandos intermedios.

El contrato-programa establecido para el trienio 1984-1986 establece el reto de reducir las pérdidas hasta 128.000 millones en 1986, disminuir los costes, mejorar la calidad del servicio y sanear la gestión. Para ello el Estado aporta 705.800 millones de pesetas, pero Renfe tiene que reducir su plantilla de 71.000 a 66.000 trabajadores e incrementar su participación en el transporte total desde unos índices de tráfico que son tercermundistas como principal vía para aumentar los ingresos de una compañía en la que los gastos de personal superan con creces a los ingresos comerciales.

En 1983 parece haberse iniciado un cambio de tendencia, todavía insuficiente. En ese ejercicio se aumentaron los ingresos y se redujeron las pérdidas, pero el desfase negativo entre estas dos partidas continúa siendo abrumador : 106.895 millones de pesetas. Aunque la línea de mejoría ha continuado en 1984, el cumplimiento del contrato-programa está condicionado en buena parte a la postura de los sindicatos. En Renfe, que es la primera compañía española en número de trabajadores, la implantación sindical ha sido tradicionalmente muy fuerte, y tanto UGT como CC OO se muestran muy críticos con la actual gestión.

Félix Monteira

Lección doce

LOS FACTORES DEL DESARROLLO ECONOMICO

TURISMO − REMESAS − INVERSIONES

Después de haber examinado los principales sectores productivos de la economía española y haber analizado sus problemas, ahora parece imprescindible contestar a una pregunta que hasta este momento ha quedado sin respuesta : ¿Cómo ha podido un país como España, con tantos problemas básicos en sus diferentes sectores, conocer un desarrollo económico tan espectacular como el que conoció en los años 60 ? o dicho de otra forma : ¿con qué ingresos ha podido España pagar el volumen cada vez más importante de sus importaciones ?

La respuesta cabe esencialmente en tres palabras : gracias al **turismo**, a las **remesas** de los emigrados, y a las **inversiones** procedentes del extranjero.

1 − EL TURISMO

De todos los factores más arriba mencionados, el turismo es el más importante. En 1969, cerca del 60 por 100 del déficit de la balanza comercial española fue pagado por este sector.

El despegue del turismo empezó en los años 50 con el ejemplo de la Costa Brava, impulsado por una serie de causas : proximidad a Francia, clima mediterráneo particularmente favorable, coste de vida poco elevado comparado con los precios de la Costa Azul francesa. Estas ventajas fueron aprovechadas al máximo por los hombres de negocios catalanes que en seguida invirtieron en la construcción de hoteles en los lugares más turísticos de la costa catalana : Tossá de Mar, San Feliú de Guixols, Blanes, Lloret de Mar, etc. Este ejemplo fue seguido por sociedades inmobiliarias alemanas, francesas y belgas que contribuyeron al esfuerzo de equipo turístico de

MALAGA (COSTA DEL SOL), PLAYA DEL PA—
LO. Playa, sol y salón de fiestas son los tres ingredientes que hicieron el éxito del turismo en España. Con especulación inmobiliaria como tela de fondo.

esta región, construyendo hoteles, torres o inmuebles residenciales. En el intervalo de 10 años, el número de hoteles en Tossá de Mar pasó de 8 a 121, y en 1967 la provincia de Gerona únicamente contaba con 843 hoteles, lo que significaba más de 25.000 habitaciones.

Otras regiones privilegiadas ya sea por su proximidad al resto de Europa (Baleares) o bien por la rapidez de sus líneas aéreas (Canarias, Costa del Sol) conocieron el mismo auge. Según el Instituto Nacional de Estadística las regiones más apreciadas de los turistas son por orden : Baleares, Costa Brava, Costa Dorada (al Sur de Barcelona), Canarias, Costa del Sol (Torremolinos, Marbella), Costa Blanca (Alicante, Benidorm), Costa Cantábrica, Costa del Azahar (Benicarló, Peñíscola), Costa de la Luz (Cádiz) y Galicia.

Tres naciones, Francia, Alemania e Inglaterra representan los 2/3 de los turistas que vienen a España. Numéricamente, los franceses exceden, con mucho, las otras nacionalidades, pero desde el punto de vista económico, los que más divisas aportan al Estado español son los americanos, los alemanes y los escandinavos. En 1966, el turismo francés representaba el 45 por 100 del conjunto. Sin embargo, este porcentaje ha descendido considerablemente en los últimos años, de tal forma que en 1970 representó un 37,3 por 100. Los alemanes representaron un 25 por 100 y los norteamericanos (Estados Unidos y Canadá) un 12,2 por 100.

Una encuesta realizada en 1984 a partir de una muestra representativa de 30.000 turistas extranjeros permitió determinar el origen social de los mismos. Según los resultados obtenidos, se puede hablar de un turismo de clase media : un 44 por 100 ejercen profesiones liberales o son cuadros superiores o medios, un 13,2 por 100 son obreros cualificados, un 9,2 por 100 son estudiantes, y el 1,3 por 100 son obreros no cualificados. El típico turista que viene a España a veranear es un obrero atraído por la certidumbre de tener buen tiempo durante sus vacaciones gracias a la dulzura del clima mediterráneo.

2 – LAS CONSECUENCIAS DEL TURISMO EN LA ECONOMIA ESPAÑOLA

El número importantísimo de turistas (42 millones en 1984) con un nivel de vida elevado deja pensar que la influencia de los mismos en la economía española ha sido enorme, particularmente a nivel del consumo originando, indiscutiblemente, un alza de los precios.

Por lo que se refiere al empleo, el efecto benéfico del turismo se encuentra limitado por su carácter estacional. Se trata, exclusivamente, en la mayoría de los casos, de un turismo veraniego que convierte los oficios que proporciona en recursos paralelos más bien que en trabajos permanentes. No obstante, no hemos de menospreciar el papel considerable del turismo como aliciente del sector de la construcción.

Finalmente, cabe constatar que las actividades turísticas se dirigen más concretamente a las regiones periféricas más desarrolladas dejando de lado las regiones del interior más pobres y agravando de este modo las diferencias regionales.

A pesar de todo, no cabe la menor duda de que el turismo ha sido y sigue siendo una fuente considerable de ingresos para el Gobierno español. En 1984, el total de los ingresos procediendo del sector cifraba más de 990.000 millones de pesetas lo que, en una gran proporción, permite equilibrar la balanza de pagos.

3 CONCLUSION

En la actualidad, el turismo es una actividad de mucha importancia y definitivamente implantada en España, principalmente en las regiones en que se realizaron los mayores esfuerzos de inversión. Sin embargo, no cabe la menor duda de que el turismo en España ha evolucionado muchísimo y dicha evolución muchas veces se ha hecho a costa de los hoteleros españoles sobre todo con la aparición de los "tours operators" que canalizan un importante volumen de turismo en forma de viajes en grupo a través de vuelos charters. De esta forma, controlan la mayor parte de la demanda, y por su posición dominante en el mercado han impuesto sus criterios a la oferta que se homogeneiza y se abarata con una consiguiente pérdida de calidad. La expansión excesiva de la oferta refuerza la posición de dominio del "tour operator" frente al hotelero español provocando una vida empresarial precaria.

La preponderancia de estas agencias extranjeras de viajes, que muchas veces poseen una integración vertical (agencia, transporte, hotel, etc.) supone que parte de las divisas ni siquiera ingresan en las arcas del Banco de España, ya que los turistas se limitan a utilizar las infraestructuras del país sin apenas ningún tipo de cambio de divisas. Su carácter de oligopolio es tan fuerte que las subidas de precios del sector tienen que ser negociadas entre los empresarios españoles y los "tours operators", los cuales siempre pueden amenazar con poder desviar las corrientes turísticas hacia otros países.

Además, la generalización del turismo de masas ha supuesto una destrucción física de las costas con un coste social importante. La contaminación de las playas, la aparición de una verdadera muralla de viviendas y urbanizaciones junto al mar, la destrucción del paisaje, la utilización masiva de carreteras, aeropuertos, etc. son las lamentables consecuencias de una evolución turística descontrolada.

La infraestructura turística española empieza a ser vieja. Los hoteles construidos precipitadamente en los años 50 y 60 no presentan las mismas condiciones de comodidad y de modernismo actualmente superadas por otros países que más recientemente se han dedicado a la industria turística como Yugoslavia, Grecia, Túnez, Marruecos, etc., y cuyo coste de vida sigue siendo aún poco elevado y muy atractivo para un número cada vez mayor de turistas.

Para renovar la planta hotelera y mantenerla en unas condiciones idóneas para la próxima década son necesarios de 30.000 a 40.000 millones de pesetas, según una encuesta realizada entre los hoteles integrados en la Confederación Empresarial Española de Hostelería. Por ello, solicita de la Administración y de las entidades de crédito un plan crediticio en buenas condiciones financieras que permitan a los empresarios mantener la oferta turística actual.

VOCABULARIO

un aliciente	un stimulant, un catalyseur
un alza de precio	une hausse de prix

la comodidad	*le confort*
el coste de vida	*le coût de la vie*
un cuadro superior	*un cadre supérieur*
una encuesta	*une enquête*
el despegue	*l'essor*
una fuente de ingresos	*une source de revenus*
hacer una pregunta	*poser une question*
un hombre de negocio	*un homme d'affaires*
imprescindible	*indispensable*
impulsar	*pousser, provoquer*
el impulso	*l'essor*
la infraestructura	*l'infrastructure*
un inmueble	*un immeuble*
una muestra	*un échantillon*
un oficio	*un métier*
el poder adquisitivo	*le pouvoir d'achat*
una remesa	*un envoi de fonds*
una respuesta	*une réponse*
una sociedad inmobiliaria	*une société immobilière*
superar	*dépasser*
una torre	*une villa*
veranear	*passer l'été*
veraniego	*estival*
un visitante	*un visiteur*

EXPRESIONES

no cabe la menor duda de que...	*il ne fait pas le moindre doute que...*
cabe constatar	*il convient de constater*
la respuesta cabe en tres palabras	*la réponse tient en trois mots*
un número cada vez mayor	*un nombre de plus en plus grand*
a pesar de todo	*malgré tout*
no hemos de menospreciar	*il ne faut pas sous-estimer*

OBSERVACIONES

origen, volumen, orden, joven, etc... son palabras que no se escriben con acento en la penúltima sílaba en singular (pero se pronuncia el acento). Sin embargo, en plural llevarán acento : **los orígenes, los volúmenes, las órdenes, los jóvenes**, etc.

rápido, rápidamente llevan acento en la primera sílaba. **rapidez** no lleva acento.

Los franceses, los americanos, los alemanes, etc. : como ya lo hemos observado, los nombres de nacionalidad se escriben con minúscula en español, así como los adjetivos.

Una encuesta permitió determinar el origen social de los mismos : **los mismos**, pronombre, se refiere a **turistas** *(permet d'en déterminer l'origine sociale).*

PREGUNTAS

1 — ¿Cuál es la importancia del turismo en la economía española ? ¿Cuándo empezó el fenómeno ? ¿En qué regiones de España ? ¿Por qué ? ¿Qué sector geográfico abarca la Costa Brava, la Costa Dorada, la Costa Blanca, la Costa del Azahar, la Costa del Sol, la Costa de la Luz ?

2 — ¿Cuáles son los turistas que más vienen a veranear a España ? ¿Los que más divisas aportan ? ¿Cómo se puede clasificar socialmente el turismo español ?

3 — ¿Cuáles son las consecuencias económicas del «boom» turístico ? ¿Qué sectores han sido particularmente favorecidos por este fenómeno ? ¿Cuáles son las ventajas — y los inconvenientes — de este fenómeno ?

4 — ¿Cuál ha sido la evolución del turismo en España ? ¿Cuándo alcanzó su auge ? ¿A qué se debe el descenso de los últimos años ? ¿Cuáles son los factores que permiten hacer previsiones optimistas para el futuro ?

GRAMMAIRE

LA NOTION D'OBLIGATION

TRADUCTION DU VERBE DEVOIR (suite)

1 — **Deber** s'emploiera : — pour une *obligation morale*
— pour une *dette*
— pour exprimer la *probabilité.*

Dans ce dernier cas, il est fréquent de trouver employé **deber de.**

Exemples : **Debemos** amar a nuestros padres como a nosotros mismos.
Nous devons aimer nos parents comme nous-mêmes.

Me parece que te **debo** mucho dinero.
Il me semble que je te dois beaucoup d'argent.

El cartero **debe (de)** estar ahora en casa de Pili.
Le facteur doit être actuellement chez Pili (Pilar).

2 — **Remarque :** La *probabilité* d'un fait peut également se traduire en espagnol par l'emploi du verbe *au futur.*

El cartero **estará** ahora en casa de Pili.

Si les circonstances sont énoncées au passé, le temps employé sera alors le *conditionnel.*

Exemples : El muchacho se había sentado ; **estaría** cansado.
Le jeune garçon s'était assis ; il devait être fatigué.

Cuando volví, no había nadie ; **habría** salido sin decírmelo.
Quand je revins, il n'y avait personne ; elle était sans doute sortie sans me le dire.

EXERCICE GRAMMATICAL

Traduire les phrases suivantes :

1) A cette heure, il devait être déjà au bureau.
2) Nous devons aller à la messe tous les dimanches.
3) Vous devez être bien fatigués après tout le chemin que vous avez fait.
4) Il doit dormir dans sa chambre ; je ne l'ai pas vu de toute la journée.
5) Vous devez respecter les délais imposés, sans cela, vous serez poursuivi.
6) Il nous devait une forte somme d'argent, mais il a dû l'oublier.
7) La personne que vous demandez a dû sortir car le poste ne répond pas.
8) Quand nous avons reçu les marchandises, il devait être à peu près cinq heures.
9) Vous pouvez passer au bureau, votre compte doit être prêt.
10) Nous devons nous assurer que chaque envoi est bien accompagné de la facture.

TRADUCCION INVERSA

Revanche des déshérités sur les nantis, des pays sous développés sur les pays industrialisés, les pays méditerranéens découvrent, au début de la deuxième moitié du vingtième siècle, une source de revenu fabuleuse qui leur permettra d'équilibrer leur économie chancelante : le tourisme.

L'Espagne est une terre de prédilection. Un soleil radieux, des plages enchanteresses, des habitants accueillants, voilà autant d'atouts qui sont là pour séduire le touriste en quête de paysages de rêve. En plus de ces qualités purement descriptives, un coût de la vie relativement bas à l'origine achève de convaincre ceux qui se sont montrés peu sensibles aux charmes de la nature. Dotés de monnaies fortes, les Allemands, les Scandinaves, les Français, les Anglais voient doubler leur pouvoir d'achat et en 1982, plus de la moitié du déficit de la balance commerciale espagnole est comblé par les revenus provenant du tourisme.

TRADUCCION DIRECTA

Lectura : Turismo : un sector que se proletariza, página 135.
Traducir el penúltimo párrafo del texto : "No sólo vivir de salarios bajos ... un alto índice de especulación", p 136-137.

LECTURA

TURISMO : UN SECTOR QUE SE PROLETARIZA

Los trabajadores del turismo integraban hasta hace poco el sector más conformista y menos reivindicativo del mundo laboral canario. El desmesurado crecimiento de la industria hotelera, la absorción casi permanente de la mano de obra excedente del campo, le daban aparentes garantías de estabilidad. Ni una huelga, ni un intento de paro siquiera en muchos meses parecían evidenciar la inexistencia de problemas laborales.

El cambio de orientación en la oferta turística internacional ante la aparición de nuevos mercados ha desencadenado la crisis de unas inversiones que se creían sólidas y la proletarización de la población laboral — cuyos ingresos económicos estaban más en las propinas de los visitantes que en los sueldos garantizados de las empresas —, que se rebela ahora contra los bajos salarios y la explotación capitalista de que ha sido víctima. Los 13.600 trabajadores que dependen del turismo en el Puerto de la Cruz (Tenerife) y los 17.600 de Las Palmas de Gran Canaria saben que no es oro todo lo que reluce en el mundo de la hostelería, aunque ésta fuera una de las industrias de más relumbrón del país. Para hacer frente a la crisis y a la competencia extranjera, el empresariado turístico canario ofrece las plazas hoteleras a precios incluso un 50 por 100 más bajos a los fijados por el Ministerio. La incidencia de esta política en el sector laboral se ha manifestado en una congelación continuada de los salarios y en un empeoramiento de las condiciones de trabajo (hay que estar hasta dieciséis horas **pendientes del hotel**), lo que impide que los trabajadores puedan tener otras ocupaciones con las que nivelar su economía familiar.

La lucha de los trabajadores para lograr mejores condiciones salariales y profesionales se inició en Tenerife en 1975. La propuesta de convenio colectivo provincial de la parte social fue rechazada por los empresarios, la Guardia Civil impidió que algunos trabajadores abandonasen su puesto y la Delegación de Trabajo dictó una decisión arbitral obligatoria fijando los sueldos en hoteles de cinco estrellas entre las 10.369 pesetas (categoría profesional máxima) y 8.400 pesetas (mínima), persistiendo las jornadas de dieciséis horas de **estar pendientes del hotel** (para servir las comidas y atender a los clientes durante esas horas). La acción de los trabajadores desencadenó las represalias de los patronos y el llamado **Club de los 13**, del que forman parte más de 20 empresarios hoteleros de nacionalidad alemana, parece ser que elaboró **listas negras**, que se distribuyeron entre todos los hoteleros. Posteriormente, los trabajadores que más se habían distinguido en la lucha fueron despedidos y no se les readmitió en ninguna otra empresa. Para asegurarse la posibilidad de despido en los hoteles, sólo contratan por temporada al personal que no les es dócil. En verano, al finalizar la afluencia de visitantes extranjeros, les despiden por finalización de contrato, creando un paro estacional que difícilmente es absorbible por los otros sectores. En consecuencia, se agudiza la situación de numerosas familias que no tienen otros medios de vida.

No sólo vivir de salarios bajos es el problema de los trabajadores de la hostelería. Los hoteles, los **bungalows** y las urbanizaciones turísticas de lujo han ido desplazando paulatinamente a la población laboral hacia los sectores periféricos y los municipios vecinos. Mientras el déficit de viviendas sociales, por ejemplo, alcanza la cifra de 40.000 en Canarias, una buena parte de los ingresos de las Corporaciones insulares y locales se invierten en crear la infraestructura adecuada a la expansión capitalista del negocio turístico. El Ayuntamiento de Santa Cruz de Tenerife ha creado la playa artificial más grande de Europa, con incalculables gastos — la arena se importó del Sahara —, pensando en la explotación turística de la zona inmediata, de la que son propietarios accionistas algunos ex alcaldes y ex presidentes de Cabildos, y el Ayuntamiento del Puerto de la Cruz — en Tenerife —, donde se concentran casi todos los hoteles de la isla, no ha creado guarderías, escuelas, centros sociales de convivencia ni viviendas para trabajadores, pero ha urbanizado todo el litoral, ha modernizado todas las vías interiores donde se concentran los hoteles y construye el lago artificial más importante de Europa, en cuyos solariums pueden broncearse 20.000 turistas de una vez. Todo ellos para fomentar una clientela turística que apenas deja divisas al país, ya que una gran parte de los hoteles se han construido con **dinero negro** alemán o belga y los beneficios se quedan en el extranjero — al pagar el turista —, y si entran al país es para construir otros establecimientos con los que seguir incrementando el proceso de explotación neocapitalista-colonialista. Mientras tanto, la población laboral ha tenido que emigrar a los municipios limítrofes, ya que el crecimiento de la ciudad en instalaciones turísticas ha reducido proporcionalmente las existencias de suelo destinado a viviendas sociales y ha creado un alto índice de especulación.

El mundo laboral canario del sector servicios está integrado por personas nacidas en el campo y trasvasadas a la hostelería a partir de la década de los 50, en que se produjo la eclosión del turismo y una de las crisis cíclicas de la agricultura. La construcción hizo de **sector puente** para el cambio de actividad (las personas del campo que se empleaban como mano de obra en la construcción de hoteles seguían en los mismos de recepcionistas, camareros, etc.). Hombres y mujeres con un **status** económico bajo y un sentido acusado de la propiedad individual se adaptaron rápidamente a la nueva situación en razón de los mayores ingresos obtenidos — casi siempre por propinas —, que les permitía disfrutar de un **standard** de vida más elevado y un mayor acceso a los bienes de consumo. El trato con el cliente y el progreso logrado socialmente con respecto al campo los convirtieron en unos profesionales poco reivindicativos en la etapa de expansión del sector. Al plantearse la crisis e intentar resolverse a costa del estamento más oprimido, se produjo una inmediata toma de conciencia de clase. En las reuniones de estos últimos meses para la firma de los convenios colectivos, los trabajadores de la hostelería han evidenciado su sentimiento de clase en las luchas para no perder las mejoras alcanzadas, para no seguir malvendiendo su fuerza de trabajo y mejorar sus condiciones laborales. De hecho, a partir de ahora, los propietarios de hoteles han comenzado a pactar con sus trabajadores en condiciones mucho más favorables para los últimos, que es la única manera que los empresarios tienen de asegurar la paz social en sus empresas y evitar que el negocio turístico se les hunda.

(Cuadernos para el Diálogo)

Remarques : **las industrias de más relumbrón del país**
les industries les plus brillantes du pays

los convenios colectivos
les conventions collectives

dictar una decisión arbitral
rendre une décision arbitraire.

LLEGADA DE UNA FAMILIA ESPAÑOLA A LA ESTACION DE NARBONA. Aquí se trata de otra clase de turismo. Después de cargar con la tradicional maleta habrá que cargar con el cuévano de las vendimias.

Lección trece
LOS FACTORES
DEL DESARROLLO ECONOMICO (2a parte)

REMESAS E INVERSIONES

I. LAS REMESAS

Se entiende por esta palabra, los envíos de fondo a España efectuados por los trabajadores emigrados.

1 -- EL MOVIMIENTO MIGRATORIO ESPAÑOL

Tradicionalmente, existe en España un fenómeno migratorio que impulsa a los individuos a dejar su tierra atraídos por el espejismo de mejores condiciones de vida y la seguridad de encontrar un trabajo mejor remunerado que en España. Fue el caso, por ejemplo, antes de la primera guerra mundial, en las provincias más desfavorecidas de la Península (Galicia, Asturias, País Vasco, Extremadura) donde la gente emigraba a América del Sur (Argentina, Venezuela, Brasil), lo que dio lugar al personaje típico del **indiano** o **americano** que se iba a probar fortuna al Nuevo Mundo y regresaba a su país para terminar su vida.

Actualmente, la emigración se efectúa hacia las tierras menos alejadas de Francia, Suiza o Alemania, en donde la demanda en mano de obra para la construcción o la industria es muy importante y los sueldos mucho más elevados que en España en los mismos sectores. En 1976, cerca de dos millones de trabajadores se fueron al extranjero (700.000 a Francia, 200.000 a Alemania). Las motivaciones que actualmente empujan a los emigrantes hacia el extranjero ya no son tanto las de libertad o de busca de un trabajo, sino más bien las de responder a la necesidad de promoción social y de elevación del nivel de vida.

A este fenómeno social, que no sólo afecta a las provincias más pobres sino a todas las regiones de España, viene a añadirse un movimiento de migración estacional, que consiste en la ayuda temporal de una mano de obra suplementaria en un sector agrícola bien definido. Así por ejemplo, los levantinos se marchan a Rosellón para hacer las vendimias al final del verano, o a plantar arroz a La Camargue, mientras que los andaluces, poco especializados, no encuentran trabajo más que para las tareas más penosas del cultivo de la remolacha azucarera del Norte de Francia. En la actualidad, este movimiento representa unos cien mil trabajadores que cada año cruzan la frontera con un contrato previamente establecido.

Con motivo de la fuerte demanda de mano de obra que se hizo patente en los países industrializados a partir de 1968, los emigrantes se dirigen a Francia, Suiza o Alemania, es decir a los países más próximos a su tierra, y se colocan en el sector de la construcción y el de las obras públicas, o también de la metalurgia. La mayoría de las mujeres encuentran trabajo como servidumbre. Todos se dirigen a los centros industriales más importantes y, en 1980, la cuarta parte de los emigrantes españoles vivía en la región parisiense. Se trata, más bien, de una emigración de tipo familiar ; en 1966, de los 54.000 españoles que vinieron a trabajar a Francia en concepto de inmigrantes temporales, cerca de 20.000 venían para estar con alguien de su familia. De ello resulta que hay más o menos el mismo número de hombres que de mujeres, y se observa también la presencia de muchos niños.

Esta política de acogida a las familias no ha sido siempre benéfica para Francia. Los costes sociales (subsidios familiares) son importantes para los emigrantes y la presencia de una mano de obra barata muy a menudo retarda el proceso de modernización de las pequeñas o medianas empresas. Dicha política, ante todo favorable al patronato francés, no resulta satisfactoria para el emigrante español que tiene que elegir pura y sencillamente entre la asimilación o los trabajos más penosos y peor remunerados.

2 — CONSECUENCIAS ECONOMICAS Y SOCIALES

La primera de las consecuencias en el plan económico ha sido una aportación considerable de divisas extranjeras lo que, en cierto modo, ha contribuido a aliviar el déficit de la balanza de pagos, pero que por otra parte, a la larga, ha acelerado la tendencia inflacionista aumentando el desequilibrio entre la masa monetaria y la cantidad de mercancías producidas en el país. En 1976, los ingresos por transferencias se estimaron en torno a 975 millones de dólares.

El fenómeno migratorio, también, ha contribuido a vaciar el campo de una mano de obra agrícola y por consiguiente ha acelerado el proceso de éxodo rural, ya que el emigrante cuando vuelve a su país se va a vivir a la ciudad. Esto se puede comprobar particularmente en las regiones centrales de la Meseta, Extremadura y Andalucía, donde pueblos enteros quedan ahora abandonados por sus habitantes, o donde no permanecen más que los ancianos, lo cual perturba seriamente el equilibrio regional de España, ya que una urbanización excesiva aumenta enormemente los costes sociales de un país (transportes, viviendas, servicios de sanidad, etc.) y favorece los factores inflacionistas.

De su estancia en el extranjero, el emigrante que vuelve a España trae una mentalidad cambiada. Si profesionalmente e intelectualmente no ha podido sacar mucho provecho, por falta de tiempo, se ha sensibilizado a las injusticias sociales y a los retrasos acumulados por su propio país. Con el dinero que ha ahorrado, a menudo consigue montar un pequeño negocio que, muchas veces, se encuentra amenazado por el proceso de modernización que él mismo ha contribuido a suscitar al aumentar su propia capacidad de consumo.

No queda menos cierto que, en la actualidad, el emigrante se encuentra en una situación incómoda. Por una parte, es objeto de ostracismo y discriminación en el país a donde emigró, debido al fuerte desempleo que ahora conocen todos los países industrializados a consecuencia de la crisis económica mundial. Por otra, cuando regresa a su tierra, también es víctima de la envidia de la gente, y muy mal considerado en el mundo obrero en el cual, el paro ha tomado proporciones tanto más alarmantes cuanto que el Gobierno no está en condiciones para luchar eficazmente contra el desempleo.

La progresiva democratización del régimen político español, el resultado de las elecciones de 1977, combinados con una difícil situación de empleo en el extranjero para los emigrantes, ha contribuido al retorno de muchos de ellos a España y generalmente al descenso del fenómeno migratorio hacia el extranjero, agudizando de esta forma los problemas de empleo para el país.

II. LAS INVERSIONES EXTRANJERAS

Durante veinte años las inversiones extranjeras se apartaron de España por la sencilla razón de que la ley del 24 de noviembre de 1939 limitaba a un 25 por 100 la participación extranjera en las empresas españolas y prohibía la exportación de los beneficios. Ante el ejemplo de Italia en el cual se hizo patente el papel desempeñado por los capitales extranjeros, España a su vez decidió liberalizar la legislación y el 27 de julio de 1959, se promulgó un Decreto-ley en el cual pasaba a un 50 por 100 el límite de la participación extranjera en las empresas nacionales y se autorizaba exportar los beneficios. Prosiguiendo la línea de liberalización de las inversiones extranjeras, cuya normativa se actualizó en 1974, el reciente Decreto de fecha 26 de noviembre, publicado en enero 1977, liberalizó las inversiones directas superiores al 50 por 100 de la obligación de previa autorización administrativa.

Como consecuencia, desde el principio de los años sesenta, fueron aumentando progresivamente las inversiones extranjeras en España. De un total de 187,6 millones de dólares en 1964, pasaron a 287,7 en 1967, para alcanzar la cifra récord de 2.400 millones en 1975, lo que permitió cubrir los desfases de la balanza de pagos sin recurrir a las reservas del país.

Por supuesto, se efectúan principalmente las inversiones en los sectores más remuneradores de la economía : turismo, construcción. En cuanto a las empresas, las inversiones se presentan, ya sea bajo forma de aportación financiera o bien de asistencia técnica, o también de licencias de importación, permitiendo la modernización de las grandes empresas españolas, tanto por la renovación de los medios de producción como por la transformación de los métodos de gestión. Sin embargo, hemos de constatar que esta política inversionista conlleva una serie de riesgos de dependencia del capital extranjero. Así por ejemplo, en muchas empresas, el personal directivo se ha de conformar con el papel de representantes pasivos en los consejos de administración. Peor aún, la multiplicidad de licencias y patentes de origen extranjero limita considerablemente las posibilidades de exportación.

No se conoce exactamente la procedencia de los capitales extranjeros. Sin embargo, las principales naciones inversoras son Alemania, Francia, el Reino Unido, Italia, y sobre todo Estados Unidos que invierte ya sea de una manera directa o bien por mediación de Suiza. El capital americano se dirige más bien hacia los sectores básicos como las industrias químicas, la siderurgia, los cementos, etc. La poderosa United Steel controla actualmente la Sociedad Siderúrgica de los Altos Hornos de Vizcaya, y Chrysler, la fábrica de automóviles Barreiros.

3 — CONCLUSION

Al analizar las causas del desarrollo económico nos damos perfectamente cuenta de que la prosperidad de España ha sido el resultado de factores exteriores a su economía. Turismo, remesas, inversiones, son elementos que todos proceden del exterior y que, durante más de un decenio, han ocultado las debilidades fundamentales de la economía española provocando un período eufórico tanto más peligroso cuanto que se descuidaron los verdaderos valores intrínsecos de dicha economía. Con la crisis energética de 1973, se acabó el milagro económico y hoy España se encuentra confrontada con gravísimos problemas tales como paro, recesión, inflación, desequilibrio de la balanza de pagos, etc.

VOCABULARIO

actualizar	*actualiser*
apartarse de	*s'écarter de*
las alocaciones familiares	*les allocations familiales*
las cargas sociales	*les charges sociales*
conformarse con	*se contenter de*
un decreto-ley	*un décret-loi*
la democratización	*la démocratisation*
un envío de fondos	*un envoi de fonds*
una empresa	*une entreprise*
un espejismo	*un mirage*
estacional	*saisonnier*
una estancia	*un séjour*
un fenómeno migratorio	*un phénomène migratoire*
una inversión	*un investissement*
un límite	*une limite*
limitarse a	*se limiter à*
la masa monetaria	*la masse monétaire*
el ostracismo	*l'ostracisme*
el paro	*le chômage*
una patente	*un brevet, une licence*
el patronato	*le patronat*
el personal directivo	*le personnel dirigeant*
una política inversionista	*une politique d'investissement*
previo, previamente	*préalable, préalablement*
la procedencia	*la provenance*
prohibir	*interdire*
promulgar	*promulguer*
proseguir	*poursuivre*

una remesa	*un envoi de fonds*
la servidumbre	*les domestiques*
un sueldo	*un salaire*
temporal	*temporaire*
una víctima	*une victime*

EXPRESIONES

en concepto de	*à titre de*
los desfases de la Balanza de Pagos	*les déficits de la balance des paiements*
hacerse patente	*apparaître*
ser objeto de	*faire l'objet de*
estar en condiciones para	*être en mesure de*
no queda menos cierto	*il n'en est pas moins vrai*
peor aún	*plus grave encore*
a la larga	*à la longue*

PREGUNTAS

1 — ¿Qué se entiende por remesas? ¿Cuáles son las regiones de España afectadas por el fenómeno de la emigración? ¿Adónde se dirige este movimiento migratorio? ¿Cuáles son los motivos por los cuales emigran los trabajadores? ¿Qué se entiende por emigración estacional? ¿Qué clases de trabajo hacen los emigrantes en el extranjero? ¿Cuáles son los sectores en los que se encuentran más emigrantes? ¿Afecta este fenómeno también a las mujeres? ¿Dónde se colocan? ¿Cuáles son los inconvenientes conllevados por el fenómeno migratorio desde el punto de vista económico?

2 — ¿Cuáles han sido las consecuencias económicas de este fenómeno para España? ¿Cuáles son las repercusiones para el campo? ¿Cuáles son las regiones más afectadas? ¿Cuál es la mentalidad del emigrante que vuelve a España? ¿Cuáles son los problemas coyunturales con los cuales ha de enfrentarse?

3 — ¿Cuáles fueron los motivos por los cuales hubo poca inversión de capital extranjero en España después de la guerra? ¿Cuáles son los decretos que han permitido cambiar esta situación? ¿Cuáles han sido los resultados de la nueva política de liberalización? ¿Cuáles son los sectores en que se efectúan las inversiones extranjeras? ¿Cuáles son las ventajas y los inconvenientes de dicho movimiento de capital? ¿De dónde proceden estas inversiones?

GRAMMAIRE

TRADUCTION DE L'EXPRESSION **IL FAUT...**

L'expression *il faut...* peut se traduire en espagnol à l'aide des locutions suivantes: **es preciso, es necesario, es menester, hace falta,** suivies de *l'infinitif* ou du *subjonctif*.

L'infinitif s'emploie plus particulièrement pour les tournures impersonnelles, auxquelles il convient d'ajouter **hay que**, tandis que l'emploi du *subjonctif* permet de personnaliser l'expression.

Exemples : **Es preciso ir** en seguida.
Es preciso que **vayamos** en seguida.

Hace falta cruzar los cheques.
Hace falta que **cruces** los cheques.

Es necesario llevar la contabilidad díariamente.
Es necesario que **llevemos** la contabilidad díariamente.

Remarque : Il convient de veiller particulièrement à la concordance des temps entre le verbe de la principale et celui de la subordonnée. On peut schématiser de la façon suivante :

Présent/Futur de l'indicatif — **Présent du subjonctif**
Imparfait/Passé/Conditionnel — **Imparfait du subjonctif**

Exemples : **Será preciso** que **vengas**.
Es preciso que **vengas** mañana a las ocho.
Era preciso que **vinieras** a las ocho.
Ha sido preciso que **vinieras**.
Sería preciso que **vinieras**.

EXERCICE GRAMMATICAL

Traduire les phrases suivantes :

1) Il faudrait que vous vous occupiez plus attentivement de la clientèle.
2) Il a fallu revoir tous les comptes du mois dernier.
3) Demain, il sera nécessaire que vous veniez plus tôt.
4) Il faut qu'il pleuve suffisamment pour que les récoltes soient bonnes.
5) Dans la vie, il faut savoir prendre des risques.
6) Faudra-t-il que nous liquidions ces dernières actions pour payer nos créanciers ?
7) Il fallait qu'il paye son loyer deux fois par trimestre.
8) La cliente a bien précisé qu'il fallait y aller tout de suite car sa cuisinière vient juste de tomber en panne.
9) Il fallait que la secrétaire traduise d'abord la lettre avant d'y répondre.
10) Combien de temps a-t-il fallu pour que la main d'œuvre étrangère se sente parfaitement intégrée ?

TRADUCCION INVERSA

Comment ne pas s'apitoyer sur le sort de ces travailleurs étrangers qui viennent dans notre pays, attirés par la certitude de trouver du travail et par des salaires plus élevés que chez eux et qui, une fois en France, ont de plus en plus de mal à trouver un emploi. Ils doivent affronter de nombreuses difficultés auxquelles ils n'avaient peut-être jamais songé. Incompréhension, isolement, discrimination sont leurs compagnons de chaque jour. L'obstacle de la langue qu'ils comprennent mal et qu'ils baragouinent n'est pas fait pour arranger les choses. De plus, ils doivent se heurter à une hostilité croissante de la part de la main d'œuvre locale dans un pays où le nombre des chômeurs augmente chaque année.

Découragés, il ne leur reste plus qu'à rentrer pour s'apercevoir que l'Espagne, nouvellement promue au grade de pays industrialisé, est elle aussi aux prises avec les mêmes maux qui ont pour nom chômage et inflation et dont l'acuité est d'autant plus grande que le gouvernement se trouve désarmé pour leur trouver un remède.

LECTURA

TRABAJAR A RACHAS, MALVIVIR SIEMPRE

Gracias a duras luchas, los viticultores de Trebujena han conseguido salarios decorosos, pero insuficientes para aguantar los meses de paro entre faena y faena de la viña. Peor es el caso de los peones agrícolas no especializados en la viña, que están más tiempo parados que trabajando. Van mal tirando con el llamado empleo comunitario, que ni sirve para nada eficaz ni satisface al trabajador, además de prestarse a la más insolidaria picaresca. Precisamente el día que hablamos ha habido una concentración ante el Ayuntamiento porque, terminada la remolacha, no hay faena hasta la vendimia, dentro de dos meses.

El paro que no cesa ha provocado ya desde los años cincuenta una intensa emigración al extranjero, temporal en la mayoría de los casos, definitiva a veces, que ha llevado a casi toda la población trabajadora a Francia, Suiza y Alemania, fundamentalmente.

Por ejemplo, José Oliveros, que ha estado diecisiete años seguidos yendo a Francia. « **La primera vez fui mocito y ahora tengo cuatro hijos** », me dice recordando aquel inolvidable 19 de marzo de 1959 en que pasó, brutalmente, de las cuatro esquinas de Trebujena a un país extraño de gentes a las que no se les entiende. « **Aquella vez me traje doce mil pesetas ahorradas en dos meses** ». (Por la época, los trebujeneros ganaban diez o doce duros, cuando había trabajo).

Esos ahorros, todo el ahorro de la emigración — que tantas castañas del fuego ha sacado a la economía nacional dibujada por López Rodó y compañía — han salido de la humillación, el esfuerzo increíble y la soledad de hombres y mujeres como José Núñez o José Oliveros. De sus jornadas interminables, de sus comidas de potaje y huevos fritos, y, sobre todo, patatas, que llenan el estómago.

De un tirón cuenta su historia de Suiza Miguel Gómez Báez, que después cantaría unos tintos preciosos :

-- Estaba solo con un patrón. Estaba muy malamente, porque me levantaba a las cuatro de la mañana, la comida era fatal y el tío me hacía la vida imposible. A los diez días me cansé y le dije que me volvía a España. No me quiso pagar si no echaba por lo menos un mes de trabajo, así que me vi en Ginebra casi sin dinero. Gracias a dos españoles, también emigrantes, pude sacar un billete de tren hasta Zaragoza. A Madrid no me alcanzaba el dinero. A Zaragoza llegué a las dos de la madrugada. Al rato dijeron por un altavoz que salía el tren de Madrid y yo dije :«Ea, Miguel, ya estás tú en el water. Toda la noche estuvo la gente llamando para entrar y yo no abría ni para Dios. En Madrid hice lo mismo, camino de Andalucía, pero a los cuarenta kilómetros se me ocurrió abrir la puerta del water en el momento en que pasaba el revisor. Por mucho que le expliqué, me hizo bajarme en la siguiente estación. Una viejecita me dio dos duros para ir en autobús hasta la carretera de Andalucía. Me puse en una gasolinera y al sol puesto paró una DKW que me dejó en Ecija. Allí, lo mismo, con un camión que me llevó hasta Sevilla, hasta el campo del Betis. Por cierto que el camión era de naranjas y yo, que no comía desde Ginebra, me harté de naranjas. Otro camionero me dejó en una venta y se lo agradecí,porque el tío iba medio dormido y cada dos por tres se metía en la cuneta. En Las Cabezas me paró un muchacho que venía a las tres de la mañana de pelar la pava. ¡No veas cómo vendría el tío ! En moto me llevó a Lebrija y desde allí, cargado con la maleta, me fui andando hasta Trebujena. Pero me quedaba dormido hasta andando, estaba frito. Cuando llegué a mi casa me comí un kilo de pescado ».

No, no hay muy buenos recuerdos de la emigración.
«El trato de los patronos franceses — vuelve a intervenir Gaspar — es casi peor que el de los de aquí. Pasa una cosa : que te ponen muy buena cara delante de ti y por detrás siempre están rajando. Luego, a la hora de pagar siempre hay problemas. Si te pueden engañar, te engañan. Por ejemplo, hay una ley que obliga a dar un aumento del 40 por 100 si se trabaja en domingo; bueno, pues esa ley la respetan para los trabajadores franceses, no para nosotros».

Está también el problema de la vivienda. « Las viviendas son canallescas. Te meten hasta en los gallineros. Lo más normal es que te pongan en barracas, durmiendo en literas, o en ¿cómo se llama esa parte de la casa encima de las habitaciones ? ... Eso, en el desván. En cuanto a la limpieza, te dan una cubeta o una palangana si tú se la pides. Si no, no hay nada que hacer ». — « Pero lo peor es el idioma — tercia José Oliveros — porque no puedes reclamarles nada. Hacen lo que quieren con nosotros y si protestas, te dicen *ne comprends pas*, y se acabó ».

Una queja siempre presente cuando se habla con los emigrantes es acerca del reconocimiento médico que se hace en Irún. « Una mierda, esa es la palabra. Entramos en grupos de sesenta, todos en cueros, como si fuéramos ganado. A unos los reconocen y a otros ni los miran por la pantalla (...). Ahora lo hacen aquí, en el pueblo. El médico te rellena la ficha sin mirarte. Solamente te pregunta si estás operado de algo ».

Unicamente si se va a fábricas el reconocimiento es bueno. Pero los contratos para fábricas, la Citroën, la Renault y otras, se acabaron hace varios años. Era un trabajo que se podía complementar con la limpieza de despachos por la tarde (burones, dicen los trebujeneros, interpretando el francés bureaux) y sacarse unos buenos cuartos. Todo esto se ha terminado. Ahora sólo salen contratos para el campo, y muchos menos que antes, nada más que las faenas que los franceses no quieren hacer.

Así, a la vendimia no van ya nada más que familias enteras que pueden sacar algo trabajando todos, hombres, mujeres y niños. Si va uno solo, no compensa. La remolacha, allá por abril y mayo, puede durar treinta o cuarenta días, pero también hay cada vez menos, porque todos los agricultores franceses están sembrando remolachas especiales, que no se necesita castrarlas y las tratan desde el principio para que no les salgan hierbas. De seiscientos trebujeneros que llegaron a irse algunas temporadas a la remolacha, hace cuatro o cinco años, ahora se van unos cuantos.

(Mundo Obrero)

VOCABULARIO

trabajar a rachas	*travailler par à-coups*
sacar las castañas del fuego	*tirer les marrons du feu*
sacarse buenos cuartos	*se faire pas mal d'argent*
en cueros	*à poil*
cada dos por tres	*à tout bout de champ*
pelar la pava	*faire la cour à une fille*

Lección catorce

PANORAMA POLITICOECONOMICO

1 — EVOLUCION POLITICA

Tras la muerte de Franco (25 de noviembre de 1975), la política de apertura llevada a cabo por Adolfo Suárez permitió que se instaurara un proceso de evolución democrática cuya vigencia fue reconocida por la **Constitución** sometida a **referendum el 6 de diciembre de 1978**. Las elecciones de 1979 mantuvieron en el poder a UCD (Unión del Centro Democrático) y fue el 28 de octubre de 1982 cuando el PSOE (Partido Socialista Obrero Español) ganó las elecciones generales con un 48.40 por 100 de votos contra un 26.18 por 100 de AP (Alianza Popular). UCD sólo consiguió un 7.14 por 100 y el PCE (Partido Comunista Español) un 4.13 por 100. Estos resultados permitieron conseguir al PSOE escaños frente a los 106 de Alianza Popular en el Congreso y 134 contra 54 en el Senado.

Al analizar estas cifras vemos que fue patente la voluntad del pueblo español de romper definitivamente con el antiguo régimen y adherirse masivamente al socialismo. También es de notar una bipolarización del escenario político así como el hundimiento de partidos importantes como UCD y el PCE.

Felipe González fue entonces nombrado **Presidente del gobierno,** Alfonso guerra vicepresidente, y Miguel Boyer ministro de Economía, Hacienda y Comercio. La llegada al poder de un gobierno socialista implicaba para España nuevos planteamientos tales como por ejemplo :

- la participación en la OTAN ;
- la reforma de la enseñanza con la Ley Orgánica del Derecho a la Educación (LODE) ,
- la reforma de la Seguridad Social ;
- la reforma del sistema fiscal, entre otros.

2 - SITUACION ECONOMICA

A lo largo de los años setenta, gravísimos desajustes económicos se produjeron en España que tuvieron por consecuencia una constante tendencia a la estagflación, una degradación de la situación ocupacional y de la balanza exterior, un desfase en el reparto de la renta y una mala distribución de los recursos. Todos estos fenómenos iban acompañados por un descenso importante de la tasa de ahorro nacional debido en gran parte a un deterioro de la situación financiera del sector público.

Estos problemas fueron agravados por :

- una fuerte dependencia exterior del sector energético mientras que las exportaciones de productos manufacturados seguían siendo bastante limitadas ;
- una excesiva protección del mercado interior. La multiplicación de las subvenciones y transferencias de las empresas en dificultad así como la rigidez del mercado crediticio frenaron considerablemente el desarrollo de las fuerzas del mercado y, por consecuencia, la transformación estructural de la industria ;
- la frecuencia de las elecciones, así como la constante amenaza golpista y terrorista (23 de febrero de 1981) obstacularizaron los proyectos inversionistas de las empresas ;
- la carencia de medidas de política económica retardaron el proceso de ajuste y complicaron la gestion economica del país ;
- debido a la herencia del antiguo régimen, la preferencia fue concedida a las reformas institucionales y políticas fundamentales, pasando la política económica al segundo plano ,
- el rápido incremento de los gastos sociales hizo difícil el cómputo de los costes relativos de los factores y, por consecuencia, la relación entre el crecimiento de la producción y el empleo ;
- España tardó demasiado en tomar medidas adecuadas para reducir su dependencia energética. El Plan Energético Nacional sólo fue adoptado en 1979, mientras que hacía años que el resto de los países de la OCDE había tomado disposiciones a este respecto ,
- pese a los varios planes de reestructuración, ninguna medida concreta fue tomada para solventar las dificultades de los sectores afectados por la crisis.

3 - PROGRAMA SOCIALISTA DE REACTIVACION

Ante tales carencias y desajustes, la política del nuevo gobierno tuvo por finalidad frenar la tasa de inflación, reequilibrar la balanza de pagos corrientes principalmente mediante una estricta política monetaria y medidas destinadas a controlar el déficit del sector público. El objetivo que los socialistas se proponían alcanzar era del orden de un 2 por 100 para el crecimiento económico, un 12 por 100 para la tasa de inflación, y un techo de tres mil millones de dólares para el déficit de la balanza de pagos. Con el fin de mejorar la competitividad exterior **la peseta fue devaluada** en un 8 por 100 con referencia al dolar estadounidense **el 6 de diciembre de 1982**. En 1983, se firmó el **Acuerdo Interconfederal** reconociendo las autoridades la necesidad de limitar la progresión de los salarios en el sector público. También preveía el gobierno un programa de **Reconversión Industrial** promulgado por la **ley del 9 de junio de 1982** que constaba de planes de reestructuración para once sectores en crisis (electrodomésticos, aceros especiales, siderurgia, textil, équipo electrónico de automóviles, construcción naval, semitransformados de cobre, componentes electrónicos, acero común, calzado, y forja pesada).

Además, se establecieron planes de reconversión para empresas individuales, concretamente para cinco filiales de multinacionales asentadas en España :
— General Eléctrica Española, con participación de la firma americana del mismo nombre ;
— Westinghouse ;
— Asturiana de Zinc (del grupo de la Real Compañía Asturiana de Minas, de Bélgica) ;
— Talbot (del grupo francés Peugeot) ,
— Standard Eléctrica (del grupo estadounidense ITT).

En total, la reconversión industrial afectó a 350 empresas con una cifra media de 670 trabajadores cada una, y que en conjunto representaban el 6.6 por 100 del producto industrial, el 8.1 por 100 del total de la población activa ocupada, y el 13.3 por 100 de las exportaciones industriales.

En la casi mayoría de los sectores, se planteó el importantísimo problema de los excedentes de capacidad de producción y se examinaron los medios convenientes para reducirlos ya que se concentran las empresas principalmente en tres regiones : el País Vasco, Galicia y Asturias.

También se crearon **Comisiones de control** encargadas de vigilar la aplicación de dichos planes. Se previeron agrupaciones de pequeñas y medianas empresas deseosas de coordinar sus actividades de abastecimiento y comercialización, así como sus estructuras de investigación con el fin de prepararlas para eventuales fusiones.

Los planes de reconversión originaron la supresión de unos 65.000 empleos lo que representaba aproximadamente un 10 por 100 del censo laboral de los sectores afectados y un 3 por 100 de la industria.

En algunos sectores las reducciones de plantilla alcanzaron proporciones alarmantes (entre la tercera parte y la mitad de la población ocupacional en la siderurgia y los astilleros). Por otra parte ; para Asturias, Cantabria, y el País Vasco la regulación de empleo afectó a más de un 5 por 100 de la población industrial.

También se llevó a cabo una política de jubilaciones anticipadas para cierta categoría de asalariados mientras que los otros podían escoger entre dos posibilidades :
- cobrar una indemnización y un subsidio de paro ;
- renunciar a esta indemnización e inscribirse en el **Fondo para el Desarrollo del Empleo** para tres años como máximo. Durante este periodo, cobrarían un subsidio de paro y podrían adquirir nuevas cualificaciones mientras que el Fondo ayudaría a que se colocasen concediendo subvenciones a las empresas que les contratasen.

Por otra parte, se crearon **Zonas de Industrialización Prioritarias (ZIP)**. La implantación de nuevas empresas y la contratación de trabajadores desocupados fueron estimuladas por medio de incentivos fiscales y de condiciones de financiación ventajosas. También, a las empresas que participaron en los programas de reconversión se les concedieron créditos preferenciales con el fin de desarrollar la innovación tecnológica y las inversiones de racionalización.

De la misma forma, se les consintió a las pequeñas y medianas empresas toda clase de ventajas por desempeñar un papel importante en la producción y en la creación de empleos. El Instituto de PYME (Pequeñas y Medianas Empresas) ofrecía a los industriales nuevos medios de acción :
- garantías y facilidades financieras ,
- programas para mejorar las técnicas de gestión ,
- desgravaciones fiscales ;
- mayor flexibilidad en la reglamentación laboral ;
- medios para desarrollar la innovación tecnológica.

Sin embargo, dicho programa gubernamental presentaba una serie de carencias y debilidades :
- falta de percepción de las industrias de futuro que habrían de ir sustituyendo a las ya maduras ;
- consideración de los sectores como cerrados en sí mismos, sin encaje unos con otros ,
- carencia de estudios previos y solventes sobre la demanda sectorial futura ;
- escasa información sobre la verdadera situatción de las empresas candidatas a las ayudas de reconversión ;
- precaria coodinación de la administración entre los distintos planes sectoriales ;
- lenta tramitación de las ayudas financieras ;
- elevado coste en la disminución de plantillas sin apenas creación de empleo alternativo.

4 — ADHESION DE ESPAÑA A LA COMUNIDAD

Tras largos años de lentas y difíciles negociaciones (se presentó por primera vez la candidatura de España para ingresar en la Comunidad en febrero de 1962) el acuerdo de principio sobre la adhesión de España y Portugal al Mercado Común fue firmado en Bruselas el 29 de marzo de 1985 por los ministros de los países miembros y la delegación española dirigida por Fernando Morán ministro de Relaciones Exteriores.

Dicho acuerdo preveía la reestructuración y adaptación de los principales sectores agrícolas y e industriales españoles a la política comunitaria con la adopción de las siguientes medidas :

PESCA : fue un sector que siempre planteó considerables problemas para la conclusión de las negociaciones. Se ha adoptado el principio de la paulatina reducción de la flota pesquera cantábrica para llegar a 300 barcos (lista básica) la mitad de los cuales estarán autorizados a pescar simultáneamente (lista periódica). De estos 150 barcos, 15 no tendrán permiso para pescar merluza.

VINO : se ha fijado para la producción vinícola un tope de 27,5 millones de hectólitros, debiéndose transformarse los excedentes en alcohol.

FRUTAS Y HORTALIZAS : los miembros de la comisión europea acordaron un periodo transitorio de 10 años. Sin embargo, durante los cuatro primeros años, es decir hasta 1989, la producción comunitaria seguirá siendo prácticamente la misma. Luego se irá reduciendo durante los seis años restantes. También se ha fijado un período de cuatro años para que los productores franceses se preparen a afrontar la competencia de la producción española y que los españoles se acostumbren a la reglamentación comunitaria vigente. Durante los seis años siguientes, una comisión de control permitirá adoptar medidas de salvaguardía en caso de producción pletórica por parte de España.

No obstante, es preciso poner de manifiesto que la alta competividad de la producción española sólo se limita a unos sectores y los ganaderos y productores de cereales españoles tanto temen la apertura de las fronteras como los productores de hortalizas franceses.

Para los productos lácteos, carne de buey y trigo - es decir los productos comunitarios - la apertura del mercado español se efectuará progresivamente. En cuanto a las exportaciones de cebada y maíz no se ha previsto ninguna limitación. La importación de cereales que antes se hacía por un organismo oficial del estado bajo forma de monopolio quedará libre a partir del 1. de enero de 1986.

PRODUCTOS INDUSTRIALES : el período transitorio es de siete años y sus modalidades fueron adoptadas en diciembre de 1984. Hasta ahora España había adoptado un sistema proteccionista para las importaciones de productos industriales procedentes de la Comunidad. España se ha comprometido a eliminar sus barreras aduaneras y reducir sus aranceles en un 50 por ciento en un periodo de tres años. Los cupos (restricciones cuantitativas) también quedarán suprimidas.

AUTOMOVIL : disposiciones particulares fueron adoptadas en favor de la industria automovilística española en la cual los constructores extranjeros en general - y los francesesen particular - desempeñan un papel importante. Progresivamente se réducirán los derechos arancelarios sobre las importaciones de coches pero dichos derechos seguirán siendo disuasivos durante los tres primeros años. También se adoptarán cupos de importación de coches más reducidos.

SISTEMA FISCAL : la reforma del sistema fiscal también fue una de las condiciones imprescindibles para que España ingresara en la Comunidad con la adopción del IVA (Impuesto sobre el Valor Anadido) que, en realidad, constará de tres tipos diferentes :

— un 12 por 100 aplicado por regla general sobre todos los productos,
— un 6 por 100 sobre los productos de primera necesidad (productos alimenticios, farmacéuticos, libros, etc.),
— un 33 por 100 para los productos de lujo (coches, joyas, turismo, etc.).

También se ha previsto una serie de exenciones para algunos servicios públicos tales como la enseñanza, los servicios hospitalarios, etc. :

— Ceuta, Melilla, y Canarias quedarán exentas de dicha imposición,
— los agricultores, ganaderos y pescadores quedarán sometidos a un régimen especial.

Este impuesto (IVA) sustituirá al complejo sistema de tasas e impuestos del cual el más representativo era el ITE (Impuesto sobre el Tráfico de Empresas) y tendrá por finalidad luchar contra el fraude.

5— CONCLUSION

En resumidas cuentas, la reconversión industrial apenas configuró otra cosa que un saneamiento financiero mediocre acompañado por una considerable disminución de empleo que provocó una serie de protestas y manifestaciones en muchos sectores industriales (**Sagunto** para la siderurgia, **Bilbao** para la construcción naval, etc.). Con el fin de subsanar esas lagunas se promulgó la **ley para la Reconversión Industrial y la Reindustrialización** en la cual destacan las siguientes directrices :

— Mayor énfasis en la promoción industrial para la creación de empleo alternativo ;
— mayor exigencia de solidaridad a la banca privada con la creación de un subcoeficiente de inversión obligatoria y con la generalización de los Fondos de Promoción de Empleo ,
— Implantación en las áreas geográficas más críticas de las Zonas de Urgente Reindustrialización (ZUR).

VOCABULARIO

el censo laboral	*la population active, les effectifs*
el cómputo	*le calcul*
la contratación	*l'embauche*
los desajustes	*les décalages*
los desfases	*les retards*
las desgravaciones fiscales	*les dégrèvements fiscaux*
las directrices	*les grandes lignes*
el énfasis	*l'accent*
un escaño	*un siège*
el escenario político	*la scène politique*
los gastos sociales	*les charges sociales*
(los costos sociales)	
los incentivos fiscales	*les avantages fiscaux*
la indemnización de paro	*l'indemnité de licenciement*
las jubilaciones anticipadas	*les retraites anticipées*
obstaculizar	*entraver*
ser patente, hacerse patente	*se manifester*
los planteamientos políticos	*les options, les orientations politiques*
la plantilla	*l'effectif*
la población ocupacional	*la population active*
el presidente del gobierno	*le chef du gouvernement*
la regulación de empleo	*la réduction d'effectif*
el subsidio de paro	*l'allocation chômage*
la tramitación	*les démarches, les formalités*
la vigencia	*l'entrée en vigueur, la mise en application*

TRADUCCION INVERSA

Lorsque les socialistes ont accédé au pouvoir en 1982, ils se sont trouvés confrontés à de nombreux problèmes économiques, résultat de la longue période d'autoritarisme qu'a connue l'Espagne pendant quatre décennies. Leur premier soin a été de freiner l'inflation et de rétablir l'équilibre de la balance des paiements, de réduire les dépenses énergétiques ainsi que le déficit du secteur public.

Parallèlement, ils ont mis en place une politique de restructuration du secteur industriel dont les niveaux de production et de compétitivité ne répondaient plus aux normes du commerce international. La sidérurgie et les chantiers navals ont été les secteurs les plus durement touchés par cette nouvelle politique qui a entraîné un grand nombre de cessations de paiements et de licenciements.

Le point noir de cette réforme reste le chômage, malgré l'effort du gouvernement pour endiguer ce fléau des temps modernes grâce à des mesures fiscales et financières avantageuses permettant aux industriels de créer de nouveaux emplois. Autre problème crucial, et non des moindres, celui du terrorisme qui risque de compromettre la formidable évolution politique et économique dont la société espagnole a été à la fois témoin et protagoniste au cours de ces dernières années.

SEGUNDA PARTE

COMERCIO Y PRACTICA MERCANTIL

INTRODUCCION

La principal **finalidad** del comercio consiste en establecer relaciones y **vínculos** entre el **productor** y el **consumidor** ; por un lado, el comerciante fomenta y orienta la producción, por otro, trata de encontrar un mercado para los productos que su función le obliga a vender.

Desde el punto de vista histórico, el comercio ha **desempeñado** en todos los tiempos **un papel** considerable, tanto en el desarrollo de países nuevos como en el de la política internacional , permite a los pueblos conocerse mejor y favorecer una distribución más equitativa de las mercancías y de las riquezas, tanto en el espacio (gracias a la distribución de dichas mercancías) como en el tiempo (**almacenándolas**). Las actividades que no se refieren a la venta de las mercancías sino a los servicios (transportes, bancos, seguros, etc...) también son consideradas como comerciales.

Para que el comercio se desarrolle normalmente, es preciso que haya :
— **agentes colegiados** cuyos **estatutos** están precisamente definidos por la ley, en cuanto a sus derechos y a sus obligaciones.
— **medios de transporte** acelerados para el transporte de las mercancías, tanto desde el punto de vista material (medios de transporte) como administrativo (**convenios comerciales**, etc...)
— **medios de pago** seguros con los cuales se puede contar.
— la existencia de mercados, es decir, de sitios donde vendedores y compradores se puedan encontrar. A este respecto, tenemos que hacer la diferencia entre :
   — el **comercio interior** que se efectúa en un solo país
   — el **comercio exterior**, es decir los **intercambios** internacionales (importación y exportación de mercancías).
   — el **comercio de tránsito**, en el cual las mercancías no hacen más que pasar por un país con destino a otro.

Tomando como base la naturaleza de las transacciones comerciales, también es posible hacer otra distinción :
   — el comercio, propiamente dicho ; es decir la **compraventa** de géneros de todas clases.
   — la **Banca** (capital, medios de pago, circulación del dinero).
   — el **transporte** (circulación de las mercancías por vía aérea, ferroviaria, o por carretera).
   — los **seguros** con sus diferentes formas.

Con el fin de asegurar a nuestros capítulos y lecciones una mayor cohesión y abordar nuevos temas, hemos adoptado la disposición siguiente :
1) El comercio : generalidades
2) El sistema financiero
3) Aspecto jurídico del comercio
4) Organización empresarial.

VOCABULARIO

almacenar	*emmagasiner*
los agentes colegiados	*les agents agréés*
un comerciante	*un commerçant*
un consumidor	*un consommateur*
un convenio	*un accord*
los derechos y obligaciones	*les droits et les obligations*
el desarrollo	*le développement*
desempeñar un papel	*jouer un rôle*
un estatuto	*un statut*
una finalidad	*un but*
fomentar	*encourager*
un intercambio	*un échange*
los medios de pago	*les moyens de paiement*
los medios de transporte	*les moyens de transport*
un mercado	*un marché*
una mercancía	*une marchandise*
la producción	*la production*
un productor	*un producteur*
la organización empresarial	*l'organisation de l'entreprise*
un vínculo	*un lien*

EXPRESIONES

por un lado	*d'un côté*
a este respecto	*à cet égard*
con destino a	*à destination de*

Lección quince
DISTRIBUCION Y COMERCIO INTERIOR

En la primera parte de este libro, hemos tratado del sector de la **producción**, es decir de la fabricación de los productos industriales. A continuación, vamos a estudiar la **distribución** de las mercancías y las diferentes formas de negocios que actualmente suelen existir en el mercado, desde la más tradicional hasta la más moderna.

EL MERCADO

Se ha de entender esta palabra en su sentido más corriente, es decir, el lugar donde se encuentran una o dos veces a la semana productores y compradores que son los habitantes y vecinos de una ciudad o de una comarca. Esta es la forma más sencilla de hacer comercio, por medio de un contacto directo entre el productor y los consumidores o clientes. Muy a menudo, los comerciantes tradicionales tienen **puestos** en el mercado o **plaza** para vender artículos o géneros de uso corriente tales como por ejemplo : prendas, zapatos, artículos de aseo, productos alimenticios, etc.

EL CIRCUITO DE DISTRIBUCION

El mercado no tiene más que una importancia local y sus actividades radican esencialmente en la venta de productos agrícolas. Generalmente, el productor no tiene la organización suficiente para vender en gran escala, lo cual requiere una red de distribución completa que consiste en el **productor**, el **mayorista**, el **minorista** y el **consumidor**.

LA PRODUCCION : de tipo agrícola (cultivos de cereales, agrios o frutas cítricas, plantas oleaginosas, etc.) —
o de tipo industrial (producción de materias primas — minerales — gracias a las industrias extractivas). El papel de la industria consiste en transformar esas materias primas en productos manufacturados. Con objeto de reducir el precio de coste, los productores se esfuerzan en producir el mismo tipo de artículos en grandes cantidades (producción en serie).

VENTA AL POR MAYOR : El **mayorista** actúa como intermediario entre el **productor** y el **minorista**. Compra y vende en grandes cantidades y disfruta de facilidades considerables para el almacenamiento y el transporte de las mercancías. Las vuelve a vender a un precio más elevado que el precio de coste (precio de compra más los gastos de transporte y de almacenamiento) ; la diferencia entre estos dos precios constituye el **beneficio** o **ganancia**.

VENTA AL POR MENOR O AL DETALLE : El **minorista** (o detallista) es el comerciante que vende directamente al **consumidor** realizando de este modo un beneficio sobre el precio de venta. Le abastece el mayorista las cantidades que necesita según la **demanda** de los clientes. Por este motivo, el mayorista tiene que hacer, él mismo o sus representantes, frecuentes visitas a los detallistas para saber las cantidades precisas que ellos necesitan, coger sus pedidos y, a veces, proponerles otras clases de productos. La venta de dichos productos se suele hacer en una **tienda**, pero algunos comerciantes venden únicamente en los mercados.

EL CONSUMIDOR : El **consumidor** (o cliente) es la persona que compra un producto con objeto de consumirlo o usarlo, sin ninguna intención de volverlo a vender para sacar dinero.

DIFERENTES CLASES DE ALMACENES

Las tres categorías de almacenes que ahora vamos a estudiar son bastante importantes (tanto por su organización material como por el volumen de sus ventas) para prescindir de los servicios de los mayoristas y para poder dirigirse directamente al productor que les proporcionará las cantidades de productos que ellos necesiten. Además, en ciertos casos, son ellos mismos sus propios **suministradores** y por eso tienen sus propias marcas de difusión.

CADENAS DE ALMACENES : Dichos almacenes están especializados en la venta de una clase bien determinada de productos tales como los **productos alimenticios**, calzado, prendas para vestir, etc. Se encuentra generalmente el almacén central en la capital del país, y también se pueden hallar **sucursales** en las ciudades más importantes de la provincia.

GRANDES ALMACENES : Los grandes almacenes tienen una amplia gama de artículos de todas clases que se ofrecen al público en las diferentes **secciones** del almacén. Publican lujosos catálogos para sus clientes que tienen la posibilidad de hacer sus compras en el mismo sitio, ahorrando de esta forma mucho tiempo. Según la temporada, promueven las ventas iniciando una **venta de saldos** a precios reducidos. En ciertas condiciones, entregan las mercancías en casa del comprador y aceptan la devolución de ciertos artículos.

ALMACENES TIPO SEPU O PRISUNIC : Estos almacenes venden artículos corrientes a precios módicos. Pueden permitirse esta política de venta ya que se fabrican dichos artículos en serie. Sin embargo, hay que reconocer que, a veces, la calidad de los mismos **deja algo que desear**. La dirección de estos almacenes no acepta ni las **devoluciones**, ni los cambios, y tampoco se encargan de entregar la mercancía en el domicilio del cliente.

COOPERATIVAS : Creadas en Inglaterra a mediados del siglo XIX, para reaccionar contra el capitalismo devastador de aquella época, tienen por finalidad la de no realizar ningún beneficio, sino de proporcionar a sus miembros los servicios que ellos pidan. Existe una gran cantidad de estos almacenes, más concretamente en el sector de la distribución de los productos alimenticios y **artículos de uso corriente**. Son ellos sus propios productores, lo cual les permite repartir entre sus adherentes los beneficios realizados sobre las ventas, por medio de sellos o **cupones** que se entregan al comprar los artículos.

FORMAS MAS RECIENTES DE DISTRIBUCION

VENTA POR CORRESPONDENCIA : Efectuada por empresas o casas especializadas (o por un servicio especial de un **gran almacén**), esta clase de venta se hace principalmente por medio de dos instrumentos esenciales que son el **catálogo** y el **envío contra reembolso**. Tiene este sistema la ventaja de evitarse la molestia de ir al almacén o recorrer las tiendas, lo cual, por supuesto, permite ganar mucho tiempo. Basta con **rellenar el vale de pedido** que se encuentra al final del catálogo y mandarlo directamente a la casa vendedora. Después de un corto plazo, se entregan las mercancías en el domicilio del comprador que paga a la recepción de las mismas, previo haberse cerciorado de que están conformes en talla y calidad. Se pueden devolver los artículos si no dan al cliente entera satisfacción pero no se reembolsa el valor de la mercancía que se cambiará por otra.

LIBRESERVICIOS Y SUPERMERCADOS : Muy difundidos en Norteamérica y Europa, estos almacenes permiten una mejor selección de las mercancías por el cliente y una venta acelerada de las mismas. Los clientes compran lo que se les antoja conforme van circulando por entre las **estanterías** donde están expuestos los artículos de todas clases. A este efecto, se les proporciona un **carrito** para llevarse sus compras y se efectúa el **pago** al salir del almacén.

VOCABULARIO

abastecer	*approvisionner, fournir*
los agrios	*les agrumes*
un almacén	*un magasin*
un artículo de aseo	*un article de toilette*
una cadena	*une chaîne*
la caja	*la caisse*
la calidad	*la qualité*

el calzado	la chaussure (l'industrie)
un cambio	un échange
un carrito	un caddy
un catálogo	un catalogue
cerciorarse de algo	s'assurer de quelque chose
una comarca	une contrée
un comerciante	un commerçant
una compra	un achat
un comprador	un acheteur
un cupón	un coupon
la demanda	la demande
un detallista	un détaillant
devolver	rendre
una devolución	un rendu
disfrutar de algo	profiter de quelque chose
difundir, difundido	répandre, répandu
una empresa	une entreprise
encargarse de algo	se charger de quelque chose
entregar mercancías	livrer des marchandises
una entrega	une livraison
esforzarse en	s'efforcer de
una estantería	un rayonnage
evitarse la molestia	s'éviter la peine
las frutas cítricas	les citrus
una gama	une gamme
una ganancia	un gain
los gastos de transporte	les frais de transport
los gastos de almacenamiento	les frais d'emmagasinage
un género	un article
un intermediario	un intermédiaire
un mayorista	un grossiste
mandar	envoyer
las materias primas	les matières premières
el mercado interior	le marché intérieur
un minorista	un détaillant
un negocio	un commerce
un pago	un paiement
un pago contra reembolso	un paiement contre-remboursement
un pedido	une commande
una planta oleaginosa	une plante oléagineuse
una plaza	un marché

un plazo	*un délai*
el precio de coste	*le prix de revient*
el precio de compra	*le prix d'achat*
el precio de venta	*le prix de vente*
una prenda	*un vêtement*
prescindir de algo	*se passer de quelque chose*
un producto agrícola	*un produit agricole*
un producto alimenticio	*un produit alimentaire*
un producto manufacturado	*un produit manufacturé*
promover	*promouvoir*
proporcionar	*fournir*
radicar en algo	*reposer sur quelque chose*
rellenar	*remplir*
reembolsar	*rembourser*
un reembolso	*un remboursement*
un sello	*un timbre*
una sección	*un rayon*
una sucursal	*une succursale*
una tienda	*une boutique*
una temporada	*une saison*
la venta	*la vente*
la venta al por mayor	*la vente en gros*
la venta al por menor	*la vente au détail*
la venta por correspondencia	*la vente par correspondance*
una venta de saldos	*une vente de soldes*
un vale	*un bon*
un vale de pedido	*un bon de commande*

EXPRESIONES

previo haberse cerciorado de que...	*après s'être assuré que...*
lo que se les antoja	*ce qui leur plait*
conforme van circulando	*au fur et à mesure qu'ils circulent*
estar conforme	*être conforme*
en gran escala	*à grande échelle*

PREGUNTAS

1 — ¿Cuál es la finalidad del mercado ? ¿Qué papel desempeña en la vida comercial de un país ? ¿Cuáles son los eslabones que componen un circuito de distribución tradicional ? ¿Qué se entiende por producción ? ¿Cuál es el papel de la industria ?

2 — Dar las definiciones de los términos siguientes : **venta al por mayor, venta al por menor, mayorista, minorista, consumidor.**

3 — ¿Cuáles son las diferentes clases de almacenes ? ¿Cuáles son las mayores diferencias que entre ellas existen ? ¿Qué ventajas proporcionan los almacenes populares ? ¿Cómo se efectúa la venta en estos almacenes ?

4 — ¿Cómo, cuándo y dónde se crearon las cooperativas? ¿Cuál es su funcionamiento ? ¿Cuáles son las ventajas y los inconvenientes de la venta por correspondencia ? ¿de la venta en libreservicios ? ¿Cómo se efectúan dichas ventas ?

GRAMMAIRE

Au cours de cette deuxième partie, nous allons revoir brièvement les principales irrégularités de la conjugaison espagnole. Il ne s'agit pas là d'un cours de conjugaison proprement dit, mais d'un rappel des modifications fondamentales.

TRANSFORMATION DE LA VOYELLE DU RADICAL

1 — PASSAGE DE LA VOYELLE O A LA DIPHTONGUE UE :

Exemple : **contar**, qui au présent de l'indicatif se conjugue ainsi :

cuento, cuentas, cuenta, contamos, contáis, cuentan

Ce phénomène ne se retrouve qu'aux temps présents des trois modes (indicatif, impératif et subjonctif), à l'exception des deux premières personnes du pluriel. Les terminaisons, quant à elles, sont régulières.

Se conjuguent comme **contar** les verbes suivants :

almorzar, aprobar, avergonzar, acordar, cocer, comprobar, consolar, degollar, demostrar, desenvolver, descolgar, descontar, encontrar, esforzar, holgar, morder, mover, poblar, probar, recordar, recostar, reforzar, renovar, resolver, retorcer, revolver, rodar, rogar, soldar, soltar, sonar, tostar, torcer, trocar, volcar, volver, etc., parmi les plus courants.

EXERCICE GRAMMATICAL

Traduire les phrases suivantes :

1) La banque escompte les effets de commerce que nous leur avons confiés.
2) Dorénavant, ils se trouvent dans une situation fort délicate.
3) Le café est grillé dans nos usines de torréfaction.
4) Il s'efforce de contacter les clients les plus importants.
5) Je rêve toujours de faire un voyage autour du monde.
6) Il est nécessaire que le Comité directeur approuve notre politique de vente.
7) Les passagers sont priés d'attacher leur ceinture au cours du décollage de l'appareil.
8) Il veut que je compte sur l'agence pour nous rédiger les slogans publicitaires.
9) Nous désirons un directeur commercial qui se débrouille parfaitement avec nos concessionnaires britanniques.
10) Tourne-toi afin que nous admirions ce nouveau costume.

TRADUCCION INVERSA

Le commerce est le lien entre l'offre et la demande. Au début, les producteurs vendaient directement aux consommateurs et cette forme simple de commerce existe encore dans les marchés, surtout pour les produits agricoles. Dans le circuit traditionnel, le grossiste achète les marchandises par quantités importantes et les revend au détaillant avec un bénéfice ; le détaillant fait également un bénéfice sur les marchandises qu'il vend au consommateur dans sa boutique. Les magasins qui vendent à grande échelle (grands magasins, magasins à succursales multiples et magasins à prix unique) achètent directement au producteur et peuvent ainsi vendre à un prix plus bas ; ils sont souvent eux-mêmes producteurs et ont leur propre marque de fabrique. Les coopératives ne visent pas à réaliser un bénéfice mais distribuent entre leurs membres, à qui elles ont remis des vignettes au moment de l'achat, la différence entre le prix de vente et le prix de revient. Les formes les plus modernes de vente sont : la vente par correspondance, les magasins «libre service» et les centres commerciaux. En règle générale, quand la production d'une marchandise augmente et que la demande reste la même, les prix diminuent, et vice versa.

Lección dieciséis

LOS AUXILIARES DEL COMERCIO

COMISIONISTAS -- CORREDORES – CONSIGNATARIOS TRANSITARIOS -- VIAJANTES – AGENTES

Los comerciantes, de los cuales hemos hablado en el capítulo anterior, están en contacto directo con las mercancías que venden en el mercado. También existen otras personas cuya actividad consiste en poner en contacto al vendedor de cualquier mercancía con un eventual comprador, haciendo de dicha operación una operación mercantil, sin que la mercancía entre en este tipo de transacción. Se llaman estas personas **auxiliares del comercio**. Gracias a su experiencia de los negocios, sus relaciones, o a la clase de servicios que ellos prestan, son indispensables para ciertas operaciones y, de esta forma, ayudan al comerciante a cumplir con su cometido. Sin embargo, son objeto de muchas críticas, puesto que alargan el circuito comercial aumentando finalmente el precio de venta. Hoy día, existe cierta tendencia que consiste en reducir, cada vez que sea posible, los circuitos de distribución y eliminar a los intermediarios.

Entre todos los auxiliares del comercio, cabe distinguir :

LOS COMISIONISTAS

El **comisionista** compra y vende en su propio nombre **por cuenta de** otra persona. Supongamos el ejemplo siguiente : un comprador, el Sr. Mariano, quiere comprar madera para la construcción, en grandes cantidades. Puesto que no está introducido en esta clase de negocio, encarga a un comisionista que le compre la madera. El comisionista, hombre especializado, compra la madera a un vendedor, el Sr. Mendoza, y la vuelve a vender a Mariano, sin que estas dos personas hayan sido puestas en contacto, ni que sus nombres hayan sido mencionados. Por su trabajo, el comisionista cobrará **una comisión**, es decir un tanto por ciento sobre el importe total de la venta, que le pagará el comprador, también llamado en este caso **comitente**.

Cuando el **comisionista** garantiza el pago de las marcancías por el comprador, tiene derecho a cobrar una comisión suplementaria denominada «**del credere**» (de este verbo deriva la palabra «crédito» porque Vd. **cree** en la persona que ha de pagar) que se eleva generalmente al 1,5 por 100, ya que en caso de negativa de pago, o de insolvencia del comprador, será el comisionista quien tendrá que abonar la suma al vendedor. Esa es la razón por la cual este intermediario se llama : **agente « del credere »**.

LOS CORREDORES

El trabajo de un **corredor** consiste en poner en relación al comprador con el vendedor de cualquier mercancía. Un **corredor** no entra en posesión de las mercancías que vende, sino determina las condiciones en las cuales se ha de efectuar la venta y, cuando las partes están de acuerdo, revela el nombre de su comitente al comprador y viceversa.

Al concluirse la venta, el corredor envía al comprador un documento llamado **nota de venta** y al vendedor una **nota de compra**, proporcionándoles respectivamente los detalles y características de las mercancías vendidas (precio, cantidad, fecha, plazo de entrega, etc.). En este caso, se denomina su comisión **corretaje**. Existen también **corredores bolsistas** para la venta de acciones u obligaciones u otros títulos, **corredores marítimos** para el flete. **Corredores de compañías de seguros**, etc.

VIAJANTES Y REPRESENTANTES

Por regla general, el **viajante** no suele ser un comerciante ya que es empleado por una casa de comercio y que su participación es regida por un contrato. Consiste su trabajo en visitar a la clientela (particularmente a los minoristas) de una ciudad, de un sector determinado, de un país entero o incluso de uno o varios países extranjeros.

Consigue pedidos de parte de los clientes y su comitente le paga una comisión sobre el volumen de las consiguientes ventas. Algunos están remunerados con un salario y una comisión mientras que otros trabajan a comisión únicamente. A los **viajantes** se les suele pagar las **dietas**, es decir los gastos de transporte, alojamiento, comida, etc.

Además de recoger los pedidos, sirven los **representantes** y los **viajantes** para informar a la casa de los gustos de los clientes, transmiten también los deseos de los minoristas y, a veces, las quejas. Llevan consigo un **muestrario** completo de las nuevas gamas de los artículos fabricados por la casa, listas de precios y hasta algunos objetos publicitarios para regalar a los clientes con el fin de fomentar las ventas. Pueden trabajar para una casa o una marca determinada o para diferentes casas.

EL AGENTE EXCLUSIVO

Algunas firmas nombran a un **agente exclusivo** en un país o un sector donde no pueden o no les interesa tener una sucursal. A dicho agente, que generalmente suele ser también un comerciante, se le concederá la exclusividad de venta de los artículos que distribuirá y venderá al público por medio de una red de minoristas y vendedores en el interior de un país. Recurrir a un **agente exclusivo** se estila muchísimo cuando se trata de exportar a un país extranjero y representa la primera etapa para abordar el mercado exterior.

CONSIGNATARIOS Y TRANSITARIOS

El **consignatario** se encarga de la expedición de las mercancías por camión o por ferrocarril. Se ocupa de rellenar todos los documentos (resguardo, talón de ferrocarril, etc.) y es responsable de las mercancías hasta que lleguen a su punto de destino, es decir a casa del destinatario.

Un papel semejante desempeña el **transitario** pero más preponderante, ya que se encargará de la expedición de las mercancías a otro país. Se cuidará de las mercancías hasta que estén cargadas a bordo del buque y se cerciorará de que no falte ningún dato en todos los documentos relativos a la exportación (conocimiento de embarque, factura consular, certificado de origen, póliza de seguros, etc.). Se le puede considerar como el vínculo entre las empresas exportadoras y las compañías marítimas que efectuarán el transporte de las mercancías.

El **perito tasador** es un agente colegiado, contratado o nombrado con el fin de vender mercancías (generalmente muebles, objetos de arte, pinturas, antigüedades) y sacar de ellas el mejor precio. Se efectúa la venta en **pública subasta** entregándose la mercancía **al mayor postor**, es decir al comprador que haya ofrecido la mayor cantidad de dinero por ella.

Los agentes de bolsa intervienen en la negociación de efectos y valores públicos cotizables.

Los agentes de aduanas se encargan de todos los trámites necesarios e imprescindibles para expedir mercancías al extranjero. Desempeñan un papel importantísimo para la exportación, estando ellos constantemente en relación con las autoridades portuarias y los industriales a quienes facilitan el trabajo haciendo todas las gestiones.

ORGANIZACIONES OFICIALES

No estaría este capítulo completo si no pusiéramos de manifiesto el papel desempeñado por unas organizaciones oficiales y semioficiales cuya finalidad consiste en facilitar las relaciones comerciales.

EL MINISTERIO DEL COMERCIO

En cada país, el Ministerio del Comercio tiene servicios especiales cuya función principal consiste en informar a los comerciantes e industriales, particularmente por lo que se refiere al comercio exterior — y en publicar revistas especializadas. En España, el Ministerio del Comercio publica «Información comercial española» así como muchos estudios, informes y estadísticas. En Francia, el C.N.C.E. (Centre National du Commerce Extérieur) ofrece los mismos servicios.

LAS CAMARAS DE COMERCIO

Son asociaciones de hombres de negocio que se juntan voluntariamente para defender y fomentar los intereses comerciales de una ciudad o de un país. También promueven y mejoran la enseñanza técnicocomercial disponiendo de muchas escuelas especializadas. Todas las grandes ciudades han creado Cámaras de Comercio y algunas existen en el extranjero. Así por ejemplo, la Cámara de Comercio de España en París, que, además de sus funciones puramente económicas ha creado un diploma de lengua comercial reconocido y apreciado por las empresas.

VOCABULARIO

abonar una suma	*verser une somme*
un agente	*un représentant*
un agente exclusivo	*un représentant exclusif*
un agente de aduanas	*un agent de douane*
un agente de bolsa	*un agent de bourse*
un agente colegiado	*un agent agréé*
una acción	*une action*
un auxiliar del comercio	*un auxiliaire du commerce*
un certificado de origen	*un certificat d'origine*
un circuito comercial	*un circuit commercial*
una clientela	*une clientèle*
cobrar una comisión	*toucher une commission*
un cometido	*une mission*
un comisionista	*un commissionnaire*
un comitente	*un commettant*
un conocimiento de embarque	*un connaissement*
conseguir pedidos	*obtenir des commandes*
un consignatario	*un consignataire*
contratar	*engager*
un corredor	*un courtier*
un corredor bolsista	*un courtier en bourse*
un corredor marítimo	*un courtier maritime*
un corredor de seguros	*un courtier en assurance*
el corretaje	*le courtage*
cotizable	*coté en Bourse*
cuidarse de	*s'occuper de*
cumplir con su cometido	*remplir sa fonction*
un dato	*une donnée*
del credere	*ducroire*

las dietas	*les frais de déplacement*
la exclusividad	*l'exclusivité*
una factura consular	*une facture consulaire*
una firma	*une firme*
fomentar las ventas	*encourager les ventes*
las gestiones	*les démarches*
un importe	*un montant*
la insolvencia	*l'insolvabilité*
un intermediario	*un intermédiaire*
una negativa de pago	*un non-paiement*
nombrar	*nommer*
una nota de compra	*un avis d'achat*
una nota de venta	*un avis de vente*
una obligación	*une obligation*
una operación mercantil	*une opération commerciale*
las partes	*les parties (d'un contrat)*
un perito tasador	*un commissaire priseur*
un plazo de entrega	*un délai de livraison*
una póliza de seguros	*une police d'assurance*
el postor	*l'offrant*
una queja	*une réclamation*
una red	*un réseau*
regalar	*faire cadeau*
prestar servicio	*rendre service*
recurrir	*avoir recours à*
un representante	*un représentant*
un resguardo	*un reçu*
un tanto por ciento	*un pourcentage*
un título	*un titre*
un talón de ferrocarril	*un récépissé, un bulletin d'expédition*
los trámites	*les démarches*
un transitario	*un transitaire*
una venta en subasta	*une vente aux enchères*
un vendedor	*un vendeur*
un viajante	*un voyageur de commerce*

EXPRESIONES

ésa es la razón por la cual	c'est la raison pour laquelle
cada vez que sea posible	chaque fois que cela sera possible
por cuenta de otra persona	pour le compte d'une autre personne
por su propia cuenta	pour son propre compte
al mayor postor	au plus offrant

PREGUNTAS

1 — ¿Quiénes son los auxiliares del comercio ? ¿Cuáles son sus funciones ? ¿Le parece imprescindible el papel de dichos auxiliares ? ¿En qué sectores son particularmente indispensables ?

2 — Dar las definiciones de las palabras siguientes : **comisionista, comitente, del credere, corredor, corretaje.**

3 — ¿Qué papel desempeñan los representantes y viajantes ? ¿Cuáles son las diferencias entre estos dos oficios ? ¿Qué son las dietas ? ¿Qué cometido tiene que cumplir el agente exclusivo ?

4 — Dar las definiciones de las palabras siguientes : **consignatario, transitario, perito tasador, venta en subasta, postor.**

5 — ¿Quiénes son los agentes de bolsa ? ¿De aduanas ? ¿Cuáles son sus funciones ?

GRAMMAIRE

TRANSFORMATION DE LA VOYELLE DU RADICAL

2 — PASSAGE DE LA VOYELLE E A LA DIPHTONGUE IE :

Exemple : **Perder** qui se conjugue comme suit :

pierdo, pierdes, pierde, perdemos, perdéis, pierden

Se conjuguent comme **perder** les verbes suivants :

acertar, acrecentar, apretar, atender, atravesar, calentar, cegar, cerrar, comenzar, concertar, confesar, descender, defender, despertar, desplegar, emparentar, empezar, encender, encomendar, entender, enterrar, escarmentar, gobernar, invernar, manifestar, negar, pensar, plegar, regar, remendar, requebrar, reventar, segar, serrar, sosegar, tender, trascender, temblar, tropezar, verter, etc.

EXERCICE GRAMMATICAL

Traduire les phrases suivantes :

1) Les portes des grands magasins sont fermées à sept heures.
2) Les ouvriers commencent leur journée à huit heures.
3) Il faudra que vous vous occupiez plus souvent des clients.
4) On recommande toujours à nos détaillants de passer commande à l'avance.
5) Le blé est moissonné dans le courant du mois d'août.
6) Ils se heurtent toujours à des difficultés de dernière minute.
7) Demain, il faudra que vous vous réveilliez de bonne heure.
8) Les cultures maraîchères s'arrosent systématiquement par un réseau de petites rigoles.
9) Ils se refusent à payer la dernière facture.
10) Je pense qu'il serait bon qu'ils commencent le travail le plus vite possible.

TRADUCCION INVERSA

En plus des commerçants qui achètent et revendent des marchandises pour leur propre compte, il existe des personnes dont le rôle consiste à mettre en contact le vendeur et l'acheteur : ce sont les intermédiaires. Ils sont utiles grâce à leurs connaissances techniques et à leurs relations, mais le circuit commercial est allongé et le prix de revient augmente considérablement.

Le commettant est celui qui donne instruction à un agent d'acheter des marchandises à un prix donné; l'agent achète les marchandises en son propre nom et les revend au commettant au prix indiqué par ce dernier. Il n'est pas rémunéré par un bénéfice mais par une commission et prend possession des marchandises avant de les livrer au commettant. Le courtier, au contraire, ne s'occupe pas des marchandises; il met en rapport le vendeur et l'acheteur. Sa rémunération, le courtage, est une commission qui, en général, est supportée à moitié par le vendeur et à moitié par l'acheteur.

Il y a différentes sortes de représentants de commerce. Ils peuvent toucher soit un traitement, soit une commission, soit encore les deux. Ils peuvent travailler pour une seule maison ou avoir un bureau, et dans ce cas, travailler pour plusieurs maisons.

Lección diecisiete
COMERCIO EXTERIOR

BALANZA COMERCIAL – INVISIBLES – ADUANA
FACTURA CONSULAR – CERTIFICADO DE ORIGEN

    Estando repartidas las riquezas naturales de una manera desigual por el mundo, rápidamente y lógicamente se han desarrollado los intercambios entre diferentes países, tan pronto como los medios de transporte permitieron al hombre satisfacer sus necesidades económicas.

    Se presentan los países poco desarrollados industrialmente como exportadores de materias primas esencialmente (los países africanos, por ejemplo). Por otra parte, como tampoco tienen mucha industria, se ven obligados, a su vez, a importar la casi totalidad de los productos manufacturados fabricados por los grandes países industrializados. Al contrario, estos países tienen que importar materias primas para transformarlas y exportarlas bajo forma de productos elaborados. Actualmente, el comercio internacional desempeña un papel considerable ya que **radica en** cantidades impresionantes de productos de todas clases, como por ejemplo los productos agrícolas, las materias primas, los productos manufacturados. Estamos tan acostumbrados a verlo así que no imaginamos las consecuencias que pudiera tener algún bloqueo o una guerra económica entre diferentes naciones.

CERTIFICADO DE ORIGEN
CERTIFICAT D'ORIGINE

(Conforme a las Ordenes del Ministerio de Hacienda de 19-6-67 26-2-68 y Circular de la Dirección General de Aduanas del 26-6-67)

LA CAMARA OFICIAL DE COMERCIO DE ESPAÑA EN PARIS

CERTIFICA: Que según documentos fidedignos que obran en nuestro poder, entregados por:
CERTIFIE : Que d'après les documents dignes de foi qui demeurent en notre possession, remis par :

....
(Nombre del fabricante, productor o comerciante. — *Nom du fabricant, producteur ou commerçant.*)

(Domiciliado en — *Domicilié à*)

expide por .... con destino a España:
expédié par (Vía Terrestre, Marítima, etc. — *Voie terrestre, maritime, etc.*) *à destination de l'Espagne :*

| Cantidad y clase de Bultos | Marcas | Números | Peso en Kilogramos Poids en kilogrammes || Materia y clase de las Mercancias |
Nombre et genre de colis	Marques	Numéros	Bruto Brut	Neto Net	Matière et nature des marchandises

mercancías que son de origen o fabricación de (1)
marchandises qui sont d'origine ou fabrication de (1)

Ces colis sont consignés au nom de
Dichos bultos están consignados a nombre de

para ser reexpedidos a
pour être réexpédiés à   Destinatario. — *Destinataire.*)

en
à .... (Punto de destino. — *Destination.*)

Paris, ...

Declarado así bajo mi responsabilidad.
Ainsi déclaré sous ma responsabilité.

(Firma del declarante)
(signature du déclarant)

(1) País de origen.
(1) *Pays d'origine.*

LA BALANZA COMERCIAL

La diferencia obtenida entre el valor total de las exportaciones de un país, y el valor de las importaciones se llama la **balanza comercial**. Es de suma importancia para su situación económica que un país tenga siempre una balanza comercial excendentaria, es decir que las exportaciones excedan las importaciones, porque si fuera lo contrario, pronto se le acabarían las divisas para poder comprar los productos extranjeros imprescindibles para su economía. En la balanza comercial de un país, además de los productos exportados, pueden ser considerados como exportaciones lo que se llama **los invisibles** integrados por el turismo — fuente colosal de divisas extranjeras para España, como lo hemos visto en el capítulo XII de la primera parte del libro —, las inversiones de capital en el extranjero, y los transportes, más concretamente los transportes marítimos que, para ciertos países como Gran Bretaña, Noruega, y Grecia, pueden alcanzar sumas fabulosas.

Como es fácil de comprender, todos los países tratan de proteger su producción nacional contra la competencia de otras naciones más favorecidas desde el punto de vista económico, recurriendo a tasas aduaneras. Durante todo el siglo XIX, prevaleció el **Libre Cambio** (sistema que consiste en reducir o incluso eliminar las barreras aduaneras, cuyo más famoso instigador fue el economista inglés **Adam Smith**). Luego, dicho sistema fue sustituido por el **proteccionismo** que, al contrario, consiste en frenar la entrada de mercancías en un país imponiendo fuertes tasas arancelarias.

Actualmente, algunos países han establecido sistemas particulares de unión aduanera como por ejemplo el Mercado Común, la Asociación Europea de Libre Cambio (E.F.T.A. European Free Trade Asociation) o también el G.A.T.T. (General Agreement on Tariff and Trade : Acuerdo General sobre las Tarifas y el Comercio).

LA ADUANA

DIFERENTES CLASES DE DERECHOS ARANCELARIOS

Cabe distinguir dos clases de derechos arancelarios calculados según su finalidad :

a) **Derechos de tasación**, cuya principal finalidad consiste en una fuente de ingresos para el gobierno, imponiendo tasas sobre los productos petrolíferos por ejemplo.

b) **Derechos de protección** que a veces existen a la salida de ciertos productos de un país para evitar que haya escasez de los mismos que vienen a ser esenciales para la economía del país. Pero, más a menudo se encuentra esta clase de derechos a la entrada de los productos en el país. De esta forma, el gobierno trata de proteger la industria contra la invasión de productos extranjeros más baratos.

En una Unión Aduanera, un cierto número de países se comprometen a concederse mutuamente ciertas ventajas para algunos o para toda clase de productos (Comunidad Económica Europea).

IMPORTE DE LOS ARANCELES

Aquí también es preciso distinguir :

a) **Los derechos específicos** impuestos bajo forma de un tanto por ciento por unidad de peso, cabida, volumen o cantidad. Por ejemplo, para las películas la unidad a la cual se hará referencia será el metro linear, para el café el kilogramo, hectolitro para el vino, etc.

b) **Los derechos «ad valorem»** (según la locución latina : en función del valor) que consisten en un tanto por ciento sobre el valor de las mercancías. Por ejemplo : un 25 por 100 sobre el valor de los tejidos de seda, un 28 por 100 sobre el valor de los relojes, etc. A veces, se presenta el caso en el cual una mercancía puede ser tasada según los dos métodos previamente citados, sabiendo que será la tasa más elevada la que se tendrá que aplicar.

FUNCIONAMIENTO DE LA ADUANA

Cualquier mercancía que entra o sale de un país tiene que ir acompañada de un documento llamado declaración de aduana en el cual constan la naturaleza de las mercancías (según los términos definidos en el libro de Aranceles), peso, valor, importe y número de los bultos, procedencia y destino. Al descargar las mercancías, se colocan después en **almacenes generales de depósito** de donde no saldrán más que cuando todas las formalidades referentes a las mismas estén terminadas y pagados los derechos. A veces se venden las mercancías en el propio almacén general y en este caso es el comprador quien tiene que pagar los derechos arancelarios para **despachar** las mercancías. También se pueden trasladar las mercancías a otro almacén sin ser despachadas, y es en dichos almacenes donde se efectúan diferentes operaciones para las mercancías expedidas a granel tales como : el embalaje, el embotellamiento, la rotulación, etc.

ADMISION TEMPORAL — TRANSITO

Objetos personales, muestras que no tienen valor, mercancías para los Servicios Públicos, objetos que pertenecen al personal diplomático, etc. se admiten «duty free» es decir «franco de tasas».

LA ADMISION TEMPORAL que se aplica a las mercancías que habrán de salir otra vez del país (por ejemplo : relojes para una exposición ; en Francia, los coches marcados T.T.I. perteneciendo a personas de nacionalidad francesa que han venido a Francia con su coche comprado en el extranjero y que se quedan por un tiempo determinado). Estas mercancías serán exentas de tasas. Pero, si las mercancías se han de quedar en el país, tendrán que ser despachadas y por supuesto, se habrán de pagar las tasas.

MERCANCIAS EN TRANSITO : las mercancías que sólo atraviesan el país no pagan tasas, pero, en este caso, tienen que viajar en vagones o camiones que llevan el **márchamo** de la aduana.

FACTURA CONSULAR

Dicha factura está establecida a partir de la factura de expedición y tiene que llevar el visado del cónsul del país a donde las mercancías van destinadas con el fin de garantizar el origen y el valor de las mismas.

En el comercio internacional todos los artículos tienen que llevar la mención «Made in...» (Made in Spain, Made in France, Made in Japan, etc.) para que sea conocido de todos el país de origen de las mercancías. En caso de litigio sobre la calidad del producto, Tribunales de Comercio Internacionales están habilitados a resolver los casos y dictar sanciones si es preciso.

CERTIFICADO DE ORIGEN

Documento que atestigua el origen de fabricación y procedencia de unas mercancías. Se extiende dicho documento con el fin de evitar cualquier fraude en la expedición. Es imprescindible para la entrada de mercancías en algunos países y requerido por las autoridades aduaneras que, a veces, se conforman con la factura consular únicamente.

VOCABULARIO

la admisión temporal	l'admission temporaire
la Aduana	la douane
un almacén general de depósito	un magasin général de douane
los aranceles	les droits de douane
la balanza comercial	la balance commerciale
barato	bon marché
las barreras aduaneras	les barrières douanières
un bloqueo	un blocus
un bulto	un paquet, un colis
la cabida	la contenance
un certificado de origen	un certificat d'origine
colosal	considérable, impressionnant
la competencia	la concurrence
comprometerse a	s'engager à
constar	figurer, mentionner
los derechos «ad valorem»	les droits «ad valorem»
los derechos específicos	les droits spécifiques
el destino	la destination
despachar (el despacho)	dédouaner (le dédouanement)
las divisas	les devises
«duty free»	exempt de taxes
el embalaje	l'emballage
el embotellamiento	la mise en bouteille
una factura consular	une facture consulaire
una fuente de divisas	une source de devises
integrar	composer, représenter
el libre cambio	le libre échange
«Made in Spain»	fabriqué en Espagne
el márchamo	le plomb (de la douane)
una muestra	un échantillon

mutuamente	*mutuellement*
la naturaleza	*la nature*
una película	*un film*
prevalecer	*prévaloir*
la procedencia	*la provenance*
el proteccionismo	*le protectionnisme*
recurrir a	*avoir recours à*
un reloj	*une montre*
la rotulación	*l'étiquetage*
un tanto por ciento	*un pourcentage*
una tasa aduanera	*une taxe de douane*
los tejidos de seda	*les soieries*
el tránsito	*le transit*
trasladar	*transférer*
un visado	*un visa*

EXPRESIONES

los invisibles integrados por...	*les invisibles représentés par...*
en la cual constan...	*dans laquelle sont mentionnés...*
a granel	*en vrac*
una fuente de divisas colosal	*une source de devises considérable*
los camiones marchamados	*les camions plombés*

PREGUNTAS

1 — ¿A qué llamamos Balanza Comercial ? ¿Qué son los **invisibles** ? ¿Cuáles son las ventajas y los inconvenientes del proteccionismo ? ¿del libre cambio ? ¿Cuáles son las asociaciones económicas que rigen el comercio europeo ? ¿Son todos los estados adeptos del libre cambio ? ¿Qué es el G.A.T.T. ?

2 — ¿Cuáles son las diferentes clases de derechos arancelarios ? ¿Cómo se calcula el importe de los aranceles ? ¿Cuáles son los datos que se han de consignar en la declaración de aduana ? ¿En qué consiste la función principal de la aduana ? ¿Para qué sirven los almacenes generales de depósito ? ¿Cómo se despachan las mercancías ?

3 — Dar las definiciones de los términos siguientes : **admisión temporal, factura consular, márchamo, certificado de origen, mercancías en tránsito.**

GRAMMAIRE

TRANSFORMATION DE LA VOYELLE DU RADICAL

3 – ALTERNANCE E/I

Cette modification de la voyelle du radical affecte les verbes en **IR** au présent de l'indicatif, à toutes les personnes sauf les deux premières du pluriel, comme nous l'avons vu précédemment ; ainsi qu'au prétérit aux troisièmes personnes du singulier et du pluriel.

Exemple : **pedir**

Présent de l'indicatif : **pido, pides, pide, pedimos, pedís, piden**

Prétérit : **pedí, pediste, pidió, pedimos, pedisteis, pidieron**

Se conjuguent comme **pedir** les verbes suivants :

competir, concebir, conseguir, corregir, derretir, despedir, elegir, embestir, gemir, impedir, medir, perseguir, proseguir, regir, rendir, revestir, seguir, vestir, servir, etc.

EXERCICE GRAMMATICAL

Traduire les phrases suivantes :

1) Je conçois parfaitement que des erreurs aient été commises dans le précédent bilan.
2) Hier, les syndicats nous ont demandé d'améliorer les conditions de travail de l'usine.
3) Il est important que nous obtenions davantage de commandes provenant de l'étranger.
4) Ils sont en concurrence directe avec les fabricants d'acier suédois.
5) Il faut que nous empêchions, à tout prix, la faillite de ces ateliers.
6) Ce petit appareil vous rendra de nombreux services.
7) Cette décision revêt une importance capitale pour notre politique financière.
8) Nous parlerons affaires quand vous nous servirez le café.
9) Dès que nous aurons pris congé de nos hôtes, nous reprendrons la route.
10) Toute l'année dernière, ils 'ont continué de vendre du matériel défectueux.

TRADUCCION INVERSA

Plus un pays est industrialisé, plus il dépend du commerce international. L'Espagne, par exemple, doit importer les matières premières qu'elle travaille et exporter les produits finis qu'elle fabrique. C'est la raison pour laquelle les transports jouent un rôle prépondérant dans l'économie nationale.

Quand un pays importe plus qu'il n'exporte, il manque de devises étrangères pour payer ses importations : sa balance commerciale est déficitaire. Le tourisme, les investissements de capitaux et le fret sont, pour ainsi dire, des exportations puisqu'ils fournissent des devises étrangères au pays.

Au XIXème siècle, le libéralisme l'a emporté un certain temps au début de la révolution industrielle, mais le protectionnisme l'a ensuite remplacé. Les droits de douane sont surtout prélevés sur les marchandises pour protéger l'industrie nationale en élevant le prix des produits venant de l'étranger. Ces droits sont calculés soit sur le nombre ou le poids des marchandises (droits spécifiques), soit sur leur valeur (droits ad valorem). Certains produits sont admis en franchise de droits.

Lección dieciocho
LOS TRANSPORTES

TALON DE FERROCARRIL – CONOCIMIENTO DE EMBARQUE
CARTA PARTIDA

Ya hemos tenido la ocasión de poner de manifiesto la importancia considerable que el transporte desempeña en las actividades humanas en general y más concretamente en los intercambios comerciales. También hemos estudiado los transportes desde un punto de vista puramente económico y, ahora en este capítulo, vamos a estudiar los aspectos exclusivamente comerciales de los transportes.

TRANSPORTE DE MERCANCIAS

Cuando se trata de transportar mercancías, generalmente se suele establecer un contrato de transporte por el cual el **transportista** se compromete a acarrear a un lugar determinado de antemano, mediante cierto precio y en el tiempo requerido, las mercancías que le son entregadas por el **remitente** o quien lo represente, el **transitario**. La persona que recibirá las mercancías se llama el **destinatario**.

Claro está que el transportista ha de respetar las cláusulas del contrato, llevar un registro y procurar que las mercancías lleguen en buenas condiciones y estado al punto de destino. Queda el transportista relevado de su responsabilidad sólo en caso

COMBINED TRANSPORT BILL OF LADING

SHIPPER / EXPEDIDOR SCAC LE HAVRE	CODE/CODIGO TE 715662	BS/L No. / CONOCIMIENTO No.
		SHIPPERS FORWARDING AGENT / NOMBRE TRANSITARIO
CONSIGNEE OR ORDER/ DESTINATARIO BANCO AGRICOLA MERCANTIL GUATEMALA	CODE/CODIGO	REFERENCE / REFERENCIA **CAROL** – Caribbean Overseas Lines ✗ Cie Gle Maritime Harrison Line
NOTIFY ADDRESS / DIRECCION ELECTRO EQUIPOS 74 Avenida 9-20 GUATEMALA C.A. PO BOX 240	CODE/CODIGO	PLACE OF RECEIPT/LUGAR DE RECEPCION
		PLACE OF DELIVERY/LUGAR DE ENTREGA
OCEAN VESSEL-VOYAGE No. / NOMBRE BUQUE-VIAJE No. HOLLANDIA	PORT OF LOADING PUERTO DE EMBARQUE LE HAVRE	FREIGHT & CHARGES / FLETE Y COSTE Seafreight
PORT OF DISCHARGE / PUERTO DE DESTINO SANTO TOMAS DE CASTILLA		to be prepaid/ collect/ pagado a pagar ✗

CARRIER'S CONTAINER NUMBER – MARKS AND NUMBERS / MARCAS Y NUMERO DE MERCANCIAS	QUANTITY AND TYPES OF PACKAGES, DESCRIPTION OF GOODS/ CANTIDAS Y DESCRIPCION DE MERCANCIAS	GROSSWEIGHT(KGS)/ PESO BRUTO	MEASUREMENT/ MEDIDAS
ELECTRO EQUIPOS 74 AVENIDA 9-20 ZONA 1 1/4 GUATEMALA CA	3 CARTONES REGULADORES DE TENSION 1 CAJA A 60 CICLOS ---------- 4 PAQUETES	361 KGS	
CGMU 247 415 LCL LCL20 SEAL		FREIGHT PREPAID CLEAN ON BOARD	

TOTAL NUMBER OF CONTAINERS OR OTHER PACKAGES OR UNITS RECEIVED BY THE CARRIER / NUMERO DE MERCANCIAS RECIBIDAS POR EL TRANSPORTISTA	NUMBER OF ORIGINAL BS/L / NUMERO DE CONOCIMIENTOS ORIGINALES	PLACE AND DATE OF ISSUE/ LUGAR Y FECHA DE EMISION
4	2 TWO	LE HAVRE, 17-04-85
	FOR THE CARRIER/ POR EL TRANSPORTISTA,	THE SHIPPER/ EL EXPEDIDOR

EJEMPLAR DE CONOCIMIENTO DE EMBARQUE : En el comercio internacional, se suelen extender los formularios de conocimiento en inglés. En el documento más arriba presentado, se encuentran traducidas en español las principales indicaciones escritas en inglés.

de fuerza mayor, es decir cuando las circunstancias del accidente no dependen de su voluntad (inundaciones, terremotos, etc.), pero no en el caso de un accidente de ferrocarril por ejemplo. Por su parte, el remitente tiene que embalar cuidadosamente las mercancías para evitar que sean dañadas o averiadas durante la traslación, y pagar los gastos de porte si se trata de un envío a **porte pagado**. Al contrario, los gastos correrán por cuenta del destinatario si se hace la expedición a **porte debido**, y éste también se tendrá que encargar de la recepción de las mercancías.

TRANSPORTE POR CARRETERA Y POR FERROCARRIL

Hasta mediados del siglo XX, el transporte por vía férrea fue el único medio de transporte organizado para las mercancías, pero hoy día, el transporte por carretera, que presenta más flexibilidad y permite entregar las mercancías directamente en el domicilio del comprador, se presenta como un competidor peligroso. Sin embargo, el ferrocarril sigue teniendo la ventaja en cuanto al transporte de materias pesadas sobre largos recorridos, mientras que las materias pesadas y que no son perecederas serán llevadas por ríos y canales (poco desarrollados en España).

No obstante, cabe decir que últimamente estos dos medios de transporte se asocian cada vez más y es bastante frecuente ver mercancías viajar, parte del trayecto por ferrocarril y la otra parte por carretera, siendo la manutención reducida al mínimo gracias a este nuevo medio revolucionario : el contenedor.

Pueden las mercancías mandarse a **porte pagado**, o **porte debido**, en bolsas, cartones, cajas, balas, cascos metálicos, etc., y cualquiera que sea la índole del embalaje, este último ha de llevar los nombres del remitente y del destinatario. Los precios propuestos por el vendedor en el comercio internacional se presentan bajo la denominación inglesa. El conjunto de estas **cotizaciones de precios** se llama más comunmente INCOTERMS (International Contract Terms). He aquí los más importantes :

— EX-WORKS, EX-WAREHOUSE, o LOCO PRICE : **precio a la salida del almacén o de la fábrica del vendedor**. Esta cotización se refiere únicamente al precio de la mercancía. Se han de incluir los gastos de transporte a este precio.

— FREE ON RAIL (F.O.R.) : **precio franco sobre vagón**, lo cual quiere decir que están incluidos en el precio los gastos de transporte hasta la estación expedicionaria y los gastos de manutención hasta dejar las mercancías cargadas en el propio vagón.

— FREE TO THE RECEIVING STATION : **franco hasta la estación de destino. En el precio están incluidos los gastos de transporte hasta dicho punto.**

— FREE TO THE CUSTOMER'S WAREHOUSE : **franco domicilio del comprador.** También se puede cotizar un precio FREE OF CHARGE : **(gastos incluidos).**

Que sean expedidas las mercancías por ferrocarril o por carretera es preciso, en ambos casos, que vayan acompañadas por un documento que hace las veces de contrato de transporte. Se trata, respectivamente, del **talón de ferrocarril** y del **resguardo**, en los cuales se consignan el nombre del remitente que rellena el documento, la descripción de las mercancías (cantidad, número, peso), nombre y señas del destinatario y el plazo de entrega. Al firmar este documento, la empresa porteadora, o quien la represente, se considera responsable de las mercancías y se compromete a llevarlas, en buenas condiciones y en el plazo convenido, al lugar de destino (domicilio del destinatario).

Mercancías, al tren!

TIDE ofrece precios competitivos, para el transporte de mercancías hasta 5.000 Kgs. Rápido y seguro.

TIDE
es un servicio combinado de trenes y camiones, que asegura la máxima rentabilidad y economía en el transporte de mercancías de medio volumen.

TIDE
ofrece ventajas y beneficios únicos:
- Precios competitivos, según tipo y volumen de mercancía.
- Tarjeta de Crédito Renfe, para realizar cómodamente los pagos.
- Condiciones económicas especiales, si Ud. confía todo su transporte de detalle a TIDE.

TIDE
servicio de puerta a puerta, transporta mercancías hasta 5.000 Kgs., en un plazo máximo de 5 días, entre Estaciones Centro. En vagones precintados, con Talón Oficial de Comprobación y Seguro.

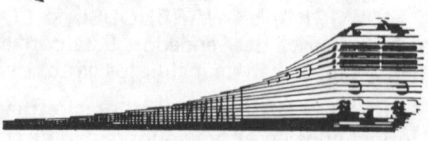

TIDE
Servicio rápido de mediano transporte.

PUBLICIDAD PARA EL DESARROLLO
DE LOS TRANSPORTES FERROVIARIOS

EL TRANSPORTE MARITIMO

En el comercio internacional, dicho tipo de transporte es el más frecuente y más utilizado por las empresas porteadoras. Se confían las mercancías a un **transportista** que, en este caso, será una compañía marítima y el documento utilizado, equivalente del resguardo, será el **conocimiento de embarque**. De la misma manera, este documento atestigua que las mercancías han sido efectivamente cargadas a bordo del buque para su conducción, en buenas condiciones hasta el puerto de destino, siendo el capitán responsable de las mismas durante el transporte. Se suele extender en tres ejemplares, siendo firmados cada uno de ellos por la casa expedidora o su representante (el transitario) y el capitán del buque que, a su vez, representa al **naviero** o armador, o la compañía marítima. El transitario y el capitán se quedan cada uno con una copia, mientras que la tercera se envía por correo aéreo al destinatario, avisándole de esta forma que las mercancías le serán entregadas dentro del plazo convenido. Cuando la remesa de mercancías necesita el fletamento de la totalidad del barco, se llama dicho documento **carta partida**.

El **conocimiento** es endosable, es decir que el título de propiedad de las mercancías puede ser transmitido a una tercera persona. También es negociable, lo cual significa que las mercancías pueden ser vendidas, sin que el comprador esté aún en posesión de ellas, al presentar el conocimiento que garantiza la autenticidad de la transacción. Al llegar las mercancías al puerto de destino, serán entregadas al poseedor del mismo.

La palabra **flete** se refiere, por una parte, a las mercancías cargadas a bordo del navío, y por otra, al precio que dicho transporte origine. Asimismo, se da al naviero o al capitán el nombre de **fletante** y al que alquila o fleta el buque **fletador**.

Se suelen hacer las cotizaciones de precios con las locuciones siguientes :

— F.A.S. **(Free Alongside the Ship)** : El precio cotizado se entiende estando las mercancías todavía en el muelle del puerto de embarque. **(Franco al costado del buque)**.

— F.O.B. **(Free On Board)** : Se entregan las mercancías a bordo del buque, puerto de embarque, quedando entendido que el comprador tendrá que sufragar los gastos de seguros y de transporte. **(Franco a bordo)**.

— C.I.F. **(Cost Insurance and Freight)** : El precio cotizado incluye el precio de la mercancía y los gastos de seguro y de transporte hasta el puerto de destino. La descarga está a cargo del comprador. **(Coste, seguro y flete)**.

— EX-SHIP : Todos los gastos están incluidos en el precio hasta el puerto de destino, los gastos de descarga de las mercancías están a cargo del comprador. **(Franco puerto de destino)**.

— EX-QUAY : Se entregan las mercancías en el muelle del puerto de destino. **(Franco muelle)**.

EL TRANSPORTE AEREO

Como el transporte marítimo, el transporte aéreo queda sometido a numerosos **convenios** y reglamentos internacionales tales como la Convención de Varsovia para el transporte de viajeros, y todos los reglamentos, tarifas, y documentos son regidos por una organización internacional (la International Air Transport Association) que consta de los representantes de las más importantes compañías internacionales.

La mayor parte de los beneficios de dichas compañías procede del transporte de pasajeros, sin embargo no conviene menospreciar los ingresos realizados a partir del correo y del flete aéreo. Para el transporte de mercancías tales como los productos perecederos, los productos farmacéuticos por ejemplo, el documento utilizado es el **conocimiento aéreo** que se ha de extender en tres originales y de los cuales se sacan seis copias, es decir nueve copias en conjunto.

VOCABULARIO

acarrear	*acheminer, transporter*
averiar	*subir une avarie*
una bala (de algodón)	*une balle (de coton)*
una bolsa	*un sac (en papier)*
un buque	*un bateau*
una caja	*une caisse*
una carta partida	*une charte partie*
un cartón	*un carton*
un casco metálico	*un fût métallique*
la casa expedidora	*la maison expéditrice*
un competidor	*un concurrent*
la conducción de mercancías	*le transport des marchandises*
el conocimiento de embarque	*le connaissement maritime*
un contenedor	*un conteneur*
el contrato de transporte	*le contrat de transport*
un convenio	*un accord*
una cotización de precios	*une cotation*
dañar (los daños)	*endommager (les dommages)*
la descarga	*le déchargement*
el destinatario	*le destinataire*
el domicilio	*le domicile*
entregar (la entrega)	*livrer (la livraison)*
la empresa porteadora	*l'entreprise de transport*
la estación expedicionaria	*la gare de départ*
la estación de destino	*la gare d'arrivée*
endosable	*endossable*
fletar (el flete)	*affréter (le fret)*

el fletador	l'affréteur
el fletante	le fréteur
la flexibilidad	la souplesse
los gastos de porte	les frais de transport
hacer las veces	servir, jouer le rôle
la índole	la nature
una inundación	une inondation
llevar un registro	tenir un registre
mandar mercancías	envoyer des marchandises
la manutención	la manutention
las materias pesadas	les denrées lourdes
las materias perecederas	les denrées périssables
negociable	négociable
originar	entraîner
peligroso	dangereux
el porte	le port (le transport)
porte debido	port dû
porte pagado	port payé
el poseedor	le détenteur
el punto de destino	le lieu de destination
el puerto	le port (maritime)
el puerto de embarque	le port d'embarquement
el puerto de destino	le port de destination
un recorrido	un parcours
relevar de la responsabilidad	dégager de la responsabilité
rellenar un documento	remplir un document
el remitente	l'expéditeur
remitir (la remesa)	expédier (l'expédition)
un resguardo	un reçu
las señas	l'adresse
sufragar los gastos	supporter les frais
un talón de ferrocarril	un récépissé de chemin de fer
una tarifa	un tarif
un terremoto	un tremblement de terre
el transporte aéreo	le transport aérien
el transporte marítimo	le transport maritime
el transporte terrestre	le transport terrestre
el transportista	le transporteur
un transitario	un transitaire
la traslación	le transfert
el transporte por contenedores	le transport par conteneurs

EXPRESIONES

de antemano
mediante cierto precio
en caso de fuerza mayor
los gastos están a cargo del comprador

à l'avance
au moyen d'un certain prix
en cas de force majeure
les frais sont à la charge de l'acheteur

OBSERVACIONES

tarifa es una palabra feminina en español (una tarifa) y masculina en francés (*un tarif*).

El verbo **respetar** y el sustantivo **respeto** se escriben sin **c** delante de la **t**. Procuren no confundirlos con la locución **con respecto a** o **respecto a** que se escriben con una **c** y que se traducen por : *en ce qui concerne*.

También es preciso no confundir **el porte** con **el puerto**. En el primer caso se trata del trans**porte**, en el segundo de un puerto marítimo. En francés : *le port* en ambos casos.

LOCUCIONES INGLESAS

ex-works price
(también ex-warehouse o loco price)
Free On Rail (F.O.R.)
Free to the Receiving Station
Free to the Customer's Warehouse
Free of Charge
Free Alongside the Ship
ex-quay
Free On Board (F.O.B.)
Cost Insurance and Freight (C.I.F.)
ex-ship

prix départ usine

franco wagon
franco gare d'arrivée
franco domicile
franco de port
franco à quai port d'embarquement
franco à quai port de destination
franco à bord port d'embarquement
coût, assurance et fret (C.A.F.)
franco à bord port de destination

PREGUNTAS

1 — ¿En qué consiste el contrato de transporte ? ¿Cuáles son los datos que este documento ha de llevar ? ¿En qué consiste el envío a porte pagado ? ¿a porte debido ? ¿Cuáles son las ventajas del transporte por ferrocarril y por carretera respectivamente ? ¿Cuáles son las mercancías mejor adaptadas a cada uno de estos medios de transporte ?

2 — ¿Qué se entiende por «Incoterms» ? ¿Cuáles son las locuciones más empleadas? ¿Qué se entiende por precio ex-works ? ¿Free on rail ? ¿Free of charge ? ¿Qué clase de documento acompaña una remesa por ferrocarril ? ¿por camión ? ¿Qué datos es preciso consignar en estos documentos ?

3 — Dar las definiciones de los términos siguientes : **talón de ferrocarril, conocimiento de embarque, carta partida, fletante, fletador.**

4 — ¿Qué se entiende por una cotización ex-ship ? ¿ex-quay ? ¿Qué significan las abreviaciones siguientes : F.A.S., F.O.B., F.O.R., C.I.F. ? ¿Qué gastos incluyen estas cotizaciones ?

GRAMMAIRE

MODIFICATION DE LA SUTURE ENTRE LE RADICAL ET LA TERMINAISON

1 — PASSAGE DE C A ZC :

Exemple : **conocer**

Cette variation se trouvera à la première personne du singulier du présent de l'indicatif, à toutes les personnes du subjonctif présent, ainsi que de l'impératif, sauf pour la deuxième personne du singulier et du pluriel.

Présent de l'indicatif : **conozco, conoces, conoce,** etc.

Présent du subjonctif: **conozca, conozcas, conozca, conozcamos, conozcáis, conozcan**

Impératif : **conoce, conozca, conozcamos, conoced, conozcan.**

Se conjuguent comme **conocer** les verbes suivants :

abastecer, acontecer, adolecer, adormecer, amanecer, anochecer, aparecer, apetecer, atardecer, blanquecer, carecer, clarecer, compadecer, comparecer, complacer, convalecer, crecer, desvanecer, embellecer, enorgullecer, enriquecer, entristecer, establecer, estremecer, fallecer, florecer, merecer, nacer, oscurecer, parecer, padecer, permanecer, pertenecer, prevalecer, rejuvenecer, verdecer, étant parmi les plus usuels.

REMARQUE : Dans cette catégorie, il convient de mettre à part certains verbes tels que : **vencer, convencer, esparcir, zurcir,** etc. qui peuvent être considérés comme réguliers. La seule modification est d'ordre orthographique (**c** devenant **z** devant **o** et **a**).

Exemples : **zurzo, convenzo, venzo**, etc.

ainsi que : **conducir, deducir, reducir, producir, traducir**, etc. dont le prétérit se conjugue ainsi :

conduje, condujiste, condujo, condujimos, condujisteis, condujeron.

EXERCICE GRAMMATICAL

Traduire les phrases suivantes :

1) Conduisez plus prudemment, car la route est dangereuse à cause des virages.
2) Il faut que nous établissions un programme strict de fabrication.
3) « J'appartiens à une race d'hommes d'affaires sans scrupules» déclara l'usurier.
4) L'année dernière, nous avons déduit de nos impôts les frais occasionnés par l'agencement du magasin.
5) Demandez-lui de traduire immédiatement la clause 4 de ce contrat.
6) Dépêchez-vous. Les camions doivent être déchargés avant qu'il ne fasse nuit.
7) Ne produisez plus ce matériel périmé à moins qu'on ne vous le commande expressément.
8) Quand le jour se lèvera, nous reprendrons la route.
9) Arrosez vos plantes régulièrement pour qu'elles poussent plus vite et qu'elles embellissent votre jardin.
10) Ne vous enorgueillissez pas d'une victoire aussi facile.

TRADUCCION INVERSA

Les chemins de fer ont perdu de leur importance du fait de la concurrence de la route qui permet le transport des marchandises de porte à porte. Ces deux moyens de transport se spécialisent souvent et sont même parfois combinés. Les canaux ne conviennent qu'aux marchandises lourdes, volumineuses et non périssables, de même que les fleuves dont certains jouent, cependant, un rôle considérable dans le commerce international, par exemple le Rhin.

Pour expédier des marchandises par mer, on peut soit les charger à bord d'un bateau, auquel cas un connaissement est rédigé, soit fréter un navire tout entier et le document s'appellera alors charte-partie (affrètement d'un navire spécialisé pour le transport de bananes, d'un pétrolier, etc.). Suivant les frais compris dans le prix indiqué, on distingue les ventes : C.A.F., franco à bord, sous palan*, franco wagon, départ usine. Dans ce dernier cas, le prix indiqué est le coût réel de la marchandise, sans aucun frais de manutention ou de transport. Par contre, si les marchandises sont vendues «franco domicile», tous les frais sont compris.

* sous palan : **franco puerto de embarque, F.A.S.**

Lección diecinueve
MODOS DE PAGO

PAGO AL CONTADO – POR CHEQUE – POR TRANSFERENCIA BANCARIA POR LETRA – POR PAGARE

Cuando llega el momento de pagar una cuenta, el comprador puede hacerlo de diferentes maneras para satisfacer el importe en ella inscrito.

1 – PAGO AL CONTADO

Se entiende por **pago al contado** el hecho de abonar el precio de un artículo inmediatamente al comprarlo o dentro de un breve plazo (8 o 10 días), en metálico (o en efectivo) o por medio de un cheque que sea postal o bancario. Al pagar al contado importantes sumas, se suele generalmente conceder un descuento de un 1,5 por 100 o un 2 por 100 ya que este dinero puede ser inmediatamente utilizado por la casa de comercio que lo puede invertir en la compra de material o de otros géneros.

Como prueba de un **pago al contado**, se entrega generalmente la factura en la cual se puntualiza el detalle de los artículos comprados o de las obras efectuadas, o en casos especiales se puede exigir un **recibo**. Este recibo tiene que ir fechado y firmado por el vendedor (acreedor) que lo entrega al comprador (deudor). En el caso de pago por cheque este procedimiento resulta inútil ya que como prueba del pago el banco está en condiciones de justificar el importe pagado, la fecha y el nombre del beneficiario.

LETRA DE CAMBIO

2 — PAGO POR CHEQUE

Si el comprador tiene depositado su dinero en un banco, es decir si tiene abierta una cuenta corriente, puede entonces efectuar el pago por este medio evitando de esta forma muchos riesgos.

El **cheque** es un documento por el cual una persona (**librador**) ordena al banco (**librado**) que pague cierta cantidad de dinero a una tercera persona (**beneficiario**).

Tiene el cheque que llevar los datos siguientes :

— fecha y lugar de emisión
— importe (en número y letras)
— nombre del librado (generalmente impreso de antemano)
— firma del librador.

Un cheque puede ser extendido **al portador**, en cuyo caso ningún nombre será mencionado como beneficiario del mismo, o bien **a la orden**, con nombre del beneficiario. Resulta bastante peligroso hacer cheques al portador, puesto que cualquier persona que lo encuentre en la calle puede cobrarlo. Para evitar esta clase de riesgos, así como acciones fraudulentas cada vez más frecuentes hoy en día, se suelen cruzar los cheques trazando dos rectas paralelas en diagonal del cheque, en el anverso. **Un cheque cruzado** tiene necesariamente que ser cobrado por alguien que tiene cuenta en un banco (**cuentacorrentista**). Para más precauciones, se puede escribir el nombre del banco por el cual el cheque habrá de ser cobrado entre las dos líneas paralelas. En este último caso se trata de un cheque con **cruzamiento especial** y si no se precisa el nombre del banco, se llama **cruzamiento general**.

El cheque por sí mismo no representa un medio de pago a crédito puesto que se puede pagar **a la vista**, es decir al presentar el cheque directamente al banco. Por este motivo es imprescindible que el titular de la cuenta tenga una provisión suficiente en el banco emisor. En el caso contrario, podría ocurrir que el librador del mismo fuera procesado ya que la ley condena la emisión de cheques sin provisión (**en descubierto**). Con el fin de evitar este procedimiento ilícito, cuando se trata de transacciones importantes en las cuales considerables sumas de dinero están en juego, se mandan certificar los cheques por el banco, el cual atestigua que el cuentacorrentista tiene provisión suficiente en su cuenta. No obstante, cuando los bancos están convencidos de la honradez y solvencia de sus clientes, conceden descubiertos hasta el importe de una cierta cantidad. Si la suma pasa de esta cantidad, el banco cobrará un interés, ya que **el anticipo** así realizado corresponde a un verdadero crédito.

3 — LA TRANSFERENCIA BANCARIA

Cuando ambos, comprador y vendedor tienen cuenta bancaria se puede efectuar el pago de un modo aún más cómodo gracias a una orden dada por el comprador de transferir a la cuenta del vendedor la suma debida. Cuando se haya efectuado la transferencia, se avisará al vendedor por medio de un **aviso de transferencia**.

4 — GIROS POSTALES

En España, desgraciadamente, no se conocen los cheques postales ni las facilidades que éstos proporcionan. Sin embargo cabe recordar que se puede pagar una factura o lo que sea por medio de **giros postales** y, en caso de urgencia, por **giros telegráficos**. En cualquier **estafeta**, el empleado de Correos le entregará el resguardo del formulario que Vd. habrá rellenado previamente, debidamente fechado como prueba del día y hora de la transferencia de fondos.

BANCO IBERICO
AGENCIA N.º 12
Madrid

Muy Sres. mios/nuestros :

Sírvanse extender los giros / efectuar las transferencias que se detallan a continuación contra .... entrega en efectivo / con cargo a .... cuenta

PESETAS	PLAZA DE PAGO	BANCO al que ha de destinarse la operación	A FAVOR DE (Nombre y dos apellidos o razón social y domicilio)

(Son pesetas:..)

.... de .... de 19......
(Firma)

Ordenante D ....

Domicilio ....

813

ORDEN DE TRANSFERENCIA

EFECTOS DE COMERCIO

LETRA DE CAMBIO

Mientras que el cheque es un medio de pago al contado, la letra de cambio es un instrumento de crédito sumamente usado en la práctica del comercio para efectuar los pagos de facturas. Como el cheque, es una orden de pago pero el librado ya no es el banco. **El acreedor** (librador) ordena al **deudor** (librado) que pague una suma convenida a una persona determinada a vencimiento fijo. El acreedor extiende la letra y la presenta **para aceptación** al deudor que la firma. Es un efecto negociable que puede ser descontado por cualquier banco en el caso de que el librador del mismo necesite el dinero inmediatamente sin esperar a que finalice el **plazo**, es decir, a que la letra llegue a **vencimiento**. El banco le entregará el dinero correspondiente al importe de la letra, deduciendo un tanto por ciento en concepto de anticipo.

La letra de cambio se puede **endosar** fácilmente a un nuevo beneficiario (**endosatario**) por el primero (**endosante**) de la misma forma que un cheque.

Una letra debe llevar en ella consignados los siguientes datos:

— importe a pagar, en números y letras,
— fecha de emisión,
— fecha de vencimiento,
— nombre del librador y su firma,
— nombre del librado y su firma,
— nombre del beneficiario.

Las letras de cambio también pueden ser **avaladas** por otra persona que dará su **aval** (garantía) en caso de fallo por parte del deudor. Se llama **avalista** la persona que la avala.

En caso de **negativa de pago** (si se niega el deudor a pagarla) se puede mandar **protestar** la letra y se cargarán los gastos de **protesto** de dicha letra a cuenta del deudor en la **cuenta de resaca**, ya que se volverá a sacar (presentar) la letra para el pago definitivo.

EL VALE A LA ORDEN (o PAGARE)

Este documento ya no se presenta como una orden, como lo hemos visto en el caso de la letra de cambio, sino como una promesa de pago escrita y firmada por el deudor. Por este motivo el **pagaré** no concierne más que a dos personas: el **suscriptor** que lo firma, comprometiéndose de esta forma a pagar el importe que lleva mencionado, y el **tomador** (o beneficiario). Un **vale a la orden** puede tener varios suscriptores que se mostrarán solidarios del pago de la deuda conjuntamente e individualmente.

La ley relativa a las letras de cambio también se refiere a los pagarés **disponiendo** que los últimos son también efectos mercantiles que pueden ser transferidos por endoso.

VOCABULARIO

abonar en una cuenta	verser sur un compte
una acción fraudulenta	une action frauduleuse
el acreedor	le créancier
un anticipo	une avance
el anverso	le recto
un aval	un aval
avalar una letra	avaliser une traite
el avalista	l'avaleur
el beneficiario	le bénéficiaire
cargar una cuenta	débiter un compte
un cheque bancario	un chèque bancaire
" " cruzado	" " barré
" " en descubierto	" " sans provision
" " sin provisión	" " " "
" " a la orden de...	" " à l'ordre de...
" " al portador	" " au porteur
certificar un cheque	certifier un chèque
cobrar un cheque	toucher un chèque
conceder un crédito	accorder un crédit
cruzar un cheque	barrer un chèque
una cuenta bancaria	un compte bancaire
" " postal	" " postal
" " de resaca	" " de retour
un cuentacorrentista	un titulaire de compte
un descubierto	un découvert
un descuento	une remise
el deudor	le débiteur
endosar un cheque	endosser un chèque
un endosante	l'endosseur
el endosatario	l'endossataire
un endoso	un endos
una estafeta	un bureau de poste
extender un documento	rédiger un document
la fecha de vencimiento	la date d'échéance
finalizar	prendre fin
un formulario	un formulaire
un giro postal	un mandat postal
" " telegráfico	" " télégraphique

la honradez	l'honnêteté
ilícito	illicite
una letra de cambio	une lettre de change
librar una cantidad	tirer une somme
el librador	le tireur
el librado	le tiré
un modo de pago	un mode de paiement
una negativa de pago	un non-paiement
una orden de pago	un ordre de paiement
pagar una cuenta	payer une note
" a la vista	" à vue
el pago al contado	le paiement comptant
" " a crédito	" " à crédit
" " en efectivo	" " en espèce
" " en metálico	" " en numéraire
" " a plazos	" " à tempérament
un pagaré	un billet à ordre
un plazo	un délai
protestar una letra	dresser protêt d'une traite
un protesto	un protêt
procesar	poursuivre en justice
una prueba	une preuve
puntualizar	préciser
un recibo	un reçu
satisfacer el importe	régler la somme
la solvencia	la solvabilité
un suscriptor	un souscripteur
un titular	un titulaire
una transferencia bancaria	un transfert, un virement bancaire
el tomador	le bénéficiaire
un vale a la orden	un billet à ordre
vencer un plazo	arriver à échéance
el vencimiento	l'échéance

EXPRESIONES

en concepto de anticipo	à titre d'avance
en caso de fallo por parte del deudor	en cas d'insolvabilité de la part du débiteur
se manda certificar el cheque por el banco	on fait certifier le chèque par la banque
en el anverso	au recto
girar a cargo de alguien	tirer sur le compte de quelqu'un

OBSERVACIONES

Llamamos su atención sobre la palabra **anverso** que significa *recto*. Contrariamente, *le verso* se dirá **el dorso**.

Mettre quelque chose à l'envers : **poner algo al revés**.

Anvers, la ciudad de Bélgica se dice en castellano : **Amberes**.

GRAMMAIRE

MODIFICATION DE LA SUTURE ENTRE LE RADICAL ET LA TERMINAISON

2 — VERBES TERMINES EN UIR : Modification du I en Y

Cette modification se trouve à toutes les personnes des temps présents des trois modes, sauf les deux premières du pluriel du présent de l'indicatif et la deuxième du pluriel de l'impératif.

Exemple : **huir** qui se conjugue comme suit :

huyo, huyes, huye, huimos, huís, huyen

Se conjuguent comme **huir** les verbes suivants :

afluir, argüir, atribuir, concluir, confluir, constituir, construir, contribuir, destituir, destruir, diluir, disminuir, distribuir, excluir, incluir, instituir, intuir, instruir, obstruir, prostituir, recluir, redargüir, restituir, retribuir, sustituir, parmi les principaux.

EXERCICE GRAMMATICAL

Traduire les phrases suivantes :

1) Ils ont conclu le marché il y a deux ans, sur des bases erronées.
2) Ces éléments constituent une preuve irréfutable de leur culpabilité.
3) Dans le chômage technologique, la machine se substitue à l'homme.
4) Un prix fourni «ex-ship» n'inclut pas les frais de déchargement de la marchandise au port de destination.
5) Il faut absolument trouver un système pour que les couleurs se diluent parfaitement dans ces matières plastiques.
6) Si le conduit se bouche, la pompe n'est plus alimentée.
7) Construisez de nouvelles usines, vous contribuerez à la prospérité du pays.
8) Dès que se constituera un nouveau comité, nous adhérerons à votre mouvement.
9) Dans une déclaration d'impôts, on exclut les frais professionnels.
10) L'année dernière, le rendement de nos ateliers de fabrication a diminué de 10 pour cent en raison des grèves.

TRADUCCION INVERSA

Quand on doit de l'argent à quelqu'un, on peut régler sa dette de plusieurs façons: en remettant de l'argent comptant, en tirant un chèque que l'on envoie au créancier ou, si ce dernier a un compte en banque, en faisant faire un virement bancaire.

Dans les affaires, il existe d'autres moyens de paiement qui présentent les avantages suivants : la dette est matérialisée par un document qui peut être endossé; le débiteur n'est pas obligé de payer immédiatement, tandis que le créancier peut avoir l'argent tout de suite en faisant escompter le document par une banque qui ne fera payer qu'une faible redevance.

Ces documents sont la lettre de change et le billet à ordre. Quand un chéque, une lettre de change ou un billet à ordre sont refusés par le tiré, le détenteur du document fait dresser un protêt par un huissier. Non seulement le tiré, mais les personnes qui ont endossé l'effet de commerce, sont également responsables du paiement.

En ce qui concerne le chèque, c'est bien entendu le tireur qui est responsable, mais les endosseurs peuvent être aussi tenus de payer. Actuellement, la loi punit très sévèrement les personnes qui émettent des chèques sans provision.

TALONES DE CUENTA CORRIENTE

BANCO MERCANTIL

ADVERTENCIAS

El Banco Mercantil no responde de los perjuicios que puedan resultar por la pérdida o sustracción de los talones al portador; pero se suspenderá el pago, si antes de verificarse hubiera sido prevenido por el librador, hasta que se decida por quien corresponda, la persona que deba percibir su importe, el cual se conservará entre tanto en calidad de depósito.

Los interesados procurarán conservar los talonarios en parte segura, a fin de evitar el perjuicio que les ocasione la sustracción de éstos o de alguno de sus talones.

Lección veinte

LA BANCA
Y LOS BANCOS

CUENTAS BANCARIAS — DESCUENTO — CREDITO

Fundamentalmente, los bancos son organizaciones que reciben en depósito dinero de los particulares con el cual otorgan **préstamos** a las diferentes compañías o personas que necesiten un cierto capital para invertirlo. Ya hemos hablado del papel que desempeñan los bancos en cuanto a las diferentes posibilidades de efectuar los pagos (cheques, transferencias, etc.). A continuación vamos a examinar más detenidamente los diferentes servicios por ellos proporcionados : cuenta corriente, descuento, crédito, y otras tantas transacciones.

CUENTAS BANCARIAS

Se distinguen dos clases de cuentas :

1 — CUENTAS DE DEPOSITO

Se deposita el dinero en una cuenta especial por el cual el banco entrega al **depositante** o **imponente** una **libreta** en la cual se consignarán todas las operaciones que se efectúen (**ingresos** o **reembolsos**). Por este dinero depositado, el banco le servirá al depositante un interés del orden del 6 por 100. Podrá él mismo retirar parte o la totalidad de su capital cuando lo desee. Si se trata de sumas importantes, será preciso avisar al banco con ocho días de anticipación. Los reembolsos efectuados por el imponente se inscribirán al **debe** de su cuenta, mientras que el dinero ingresado constará en el **haber**.

2 – CUENTAS CORRIENTES

Se usan principalmente estas cuentas por los comerciantes, o los hombres de negocios (también los particulares) que necesitan depositar diariamente dinero **en efectivo**, cheques u otros efectos para cobrar, y que también quieren efectuar operaciones de pago como las que acabamos de ver (emisión de cheques, órdenes de transferencia, etc.) en el capítulo anterior. Para dichas cuentas, no suelen los bancos servir ningún interés ya que se supone que el dinero depositado no se queda mucho tiempo en la cuenta del **titular**. Accesoriamente, el banco puede conceder **descubiertos** cuando el cliente saca más dinero de lo que tiene en el haber de su cuenta, pero en tal caso, este último tendrá que pagar un interés al banco.

Para que el **cuentacorrentista** pueda hacer cheques, se le entrega un **talonario** en el cual están impresos el nombre del banco, nombre o número de código de la agencia, número de cuenta (tanto en el cheque como en el **talón** del mismo). A cada operación, es preciso inscribir en el talón el nuevo **saldo** de su cuenta con el fin de evitar un descubierto.

Las Cámaras de Compensación son organismos a los cuales los bancos entregan cada día los cheques librados sobre otros establecimientos bancarios, así como los cheques librados sobre ellos mismos, entregados, esta vez, por otros bancos. Se liquidan los saldos en dinero, o más corrientemente por transferencias cuyas operaciones han de constar en la contabilidad general llevada por el banco central.

DESCUENTO

Ya hemos visto que los efectos negociables son pagaderos en una fecha determinada de antemano. El vendedor poseedor de un efecto de comercio generalmente no espera a que dicho efecto llegue a vencimiento, sino que lo entregará al banco para que éste lo **descuente**. **Se ingresará** dicho efecto en el haber de su cuenta, cobrando al mismo tiempo el banco un interés denominado precisamente **descuento**. Así por ejemplo, si se entrega al banco un efecto cuyo importe es de 10.000 pesetas, pagadero dentro de tres meses **(fecha del vencimiento)**, el banco ingresará 9.200 pesetas solamente en la cuenta de su cliente. Si a su vez el banco necesita dinero, entonces lo podrá mandar descontar de nuevo por el **Banco de España**. El descuento desempeña un papel importantísimo en la vida económica de un país, pudiendo el Banco central ejercer una influencia considerable al elevar o bajar el tipo de interés del descuento. De esta forma, el Estado tiene en sus manos un instrumento poderoso para controlar el crédito e influir de una manera directa en los fenómenos inflacionistas.

CRÉDITO

En realidad, el descuento no es más que una transacción de crédito respaldada por un efecto negociable y los sucesivos endosatarios que los han firmado ; además hemos visto que el banco cobra un interés por dicha operación.

También el banco concede crédito bajo forma de **anticipos**, tomando desde luego unas cuantas precauciones. Generalmente, a los buenos clientes de un banco, se les concede un descubierto hasta cierto importe, o se les presta una cantidad determinada para cierto tiempo ; éstas son las dos formas de anticipos sin garantía. Cuando se trata de sumas más importantes, se encuentran los bancos en la obligación de pedir garantías, bajo forma ya sea de mercancías (en este caso se extiende un resguardo especial negociable denominado **warrant** — garantía — atestiguando el valor de las mercancías depositadas en un **almacén general de depósito**, con el fin de que sea descontado por un banco), o bien de fincas **(hipotecas)**.

Finalmente, se puede presentar el caso en que el **prestatario** no quiere la entrega inmediata de la totalidad del dinero, sino la apertura de una **cuenta de crédito** que, entonces, le permitirá sacar el dinero en función de sus propias necesidades y, por supuesto, pagar únicamente los intereses sobre las sumas que él precise.

En el comercio internacional, se usa frecuentemente el **crédito documentario** por el cual el banco presta dinero al vendedor **(exportador)**, con tal que éste le entregue como garantía los documentos de expedición (factura, conocimiento de embarque, certificado de origen, póliza de seguro, etc.). El comprador **(importador)** entrará en posesión de dichos documentos, y consiguientemente de las mercancías, cuando haya pagado o entregado al banco un efecto negociable. Se suele efectuar el pago por **cartas de crédito irrevocables** emitidas y firmadas por el banco del importador que, de esta forma, se compromete a pagar el importe de la factura al recibir los documentos más arriba mencionados.

CARTA CIRCULAR DE CREDITO

Este documento consiste en una carta dirigida por un banquero a un corresponsal suyo en el extranjero, pidiéndole que entregue al portador del mismo una cantidad de dinero indicada en la carta.

TRAVELLERS' CHEQUES (O CHEQUES DE VIAJE)

Estos cheques tienen por objeto proteger a las personas que han de viajar con una suma importante contra los riesgos de pérdida o de robo. Dichos cheques, que se parecen mucho a los billetes de banco y tienen un valor nominal fijo (10 dólares, 50 dólares, 100 dólares, etc.) se pueden comprar en cualquier banco. El comprador los firma al comprarlos y los vuelve a firmar cuando tiene que pagar en una tienda. En caso de pérdida o de robo, pueden ser reembolsados, ya que estos cheques llevan números de identificación y no pueden ser cobrados por otra persona sino por el **firmante** de los mismos.

SERVICIOS DIVERSOS

También, los bancos tienen a la disposición de su clientela una gran variedad de servicios tales como por ejemplo : la compra y venta de metales preciosos, **cambio de las divisas** (según las leyes vigentes del país y los tipos de cotización de la Bolsa), **cajas fuertes** para depositar joyas, objetos de arte, títulos, etc., **cobro** de los cupones de los títulos, **pago automático** de las facturas de gas, electricidad, teléfono, etc.

LA BANCA Y LOS DIFERENTES SECTORES

En cualquier país existe un **Banco Estatal** que, en primer lugar, es el **Banco Emisor** ya que es el único habilitado para la fabricación y emisión de los billetes de banco y que está en relación con los bancos más importantes del país. Hasta cierto punto controla la vida económica por la fijación del tipo oficial de descuento (Conseil National du Crédit en Francia, en España : Instituto de Crédito Oficial).

Se divide la Banca en dos sectores : un sector privado, y otro sector público.

BANCO IBERICO

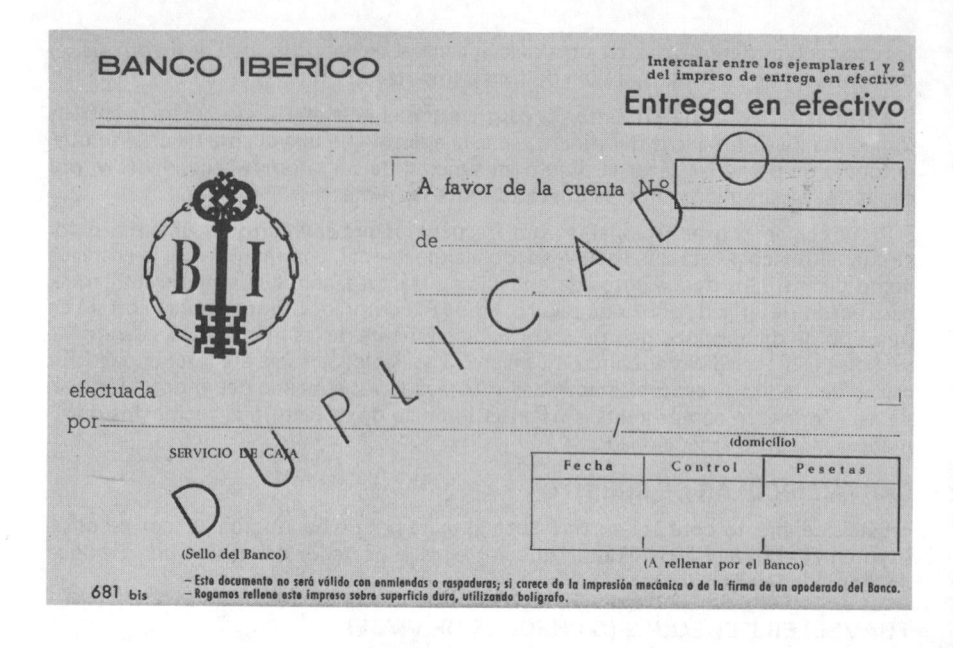

Entrega en efectivo

Intercalar entre los ejemplares 1 y 2 del impreso de entrega en efectivo

A favor de la cuenta N.º

de

efectuada por

SERVICIO DE CAJA

(domicilio)

Fecha	Control	Pesetas

(Sello del Banco)

(A rellenar por el Banco)

681 bis
— Este documento no será válido con enmiendas o raspaduras; si carece de la impresión mecánica o de la firma de un apoderado del Banco.
— Rogamos rellene este impreso sobre superficie dura, utilizando bolígrafo.

IMPRESOS DE ENTREGA DE DINERO

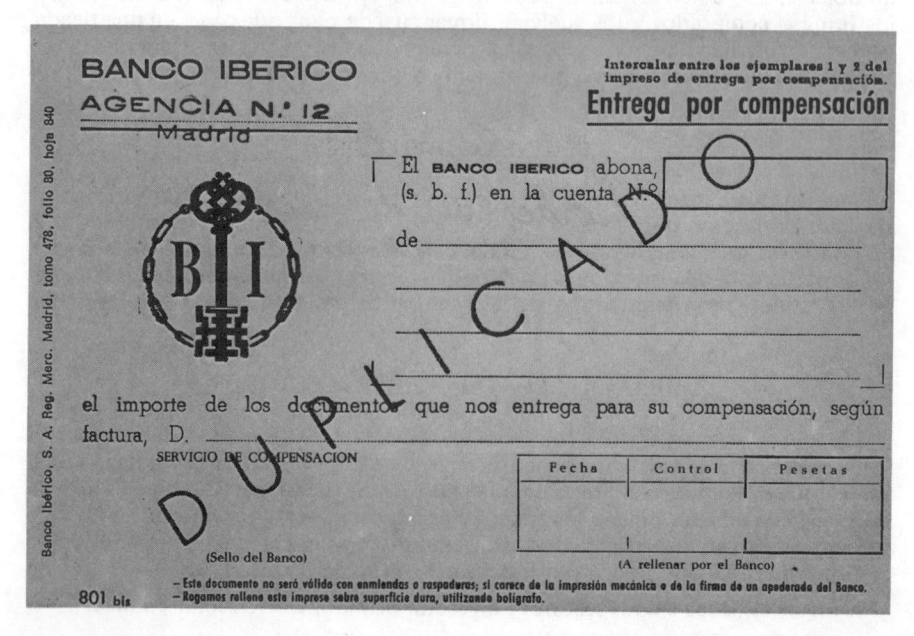

BANCO IBERICO
AGENCIA N.º 12
Madrid

Entrega por compensación

Intercalar entre los ejemplares 1 y 2 del impreso de entrega por compensación.

El BANCO IBERICO abona, (s. b. f.) en la cuenta N.º

de

el importe de los documentos que nos entrega para su compensación, según factura, D.

SERVICIO DE COMPENSACION

Fecha	Control	Pesetas

(Sello del Banco)

(A rellenar por el Banco)

Banco Ibérico, S. A. Reg. Merc. Madrid, tomo 478, folio 80, hoja 840

801 bis
— Este documento no será válido con enmiendas o raspaduras; si carece de la impresión mecánica o de la firma de un apoderado del Banco.
— Rogamos rellene este impreso sobre superficie dura, utilizando bolígrafo.

1 — **LA BANCA PRIVADA** representada por los **bancos comerciales** que efectúan las operaciones de depósito y de descuento, de las cuales hemos hablado en este capítulo, y los **bancos industriales** cuya actividad, como lo dice su nombre, consiste en fomentar el desarrollo de los diferentes sectores industriales. También existen Bancos que se dedican a las dos clases de actividad a la vez.

2 — **LA BANCA OFICIAL** que, en España, consta de diferentes organismos tales como : el **Banco de Crédito Industrial, Banco de Crédito Hipotecario de España, Banco de Crédito a la Construcción, Banco de Crédito Agrícola, Banco Exterior de España**, etc.

VOCABULARIO

la apertura de una cuenta	*l'ouverture d'un compte*
una cámara de compensación	*une chambre de compensation*
una caja fuerte	*un coffre-fort*
el cambio	*le change*
una carta circular de crédito	*une lettre de crédit circulaire*
una carta de crédito irrevocable	*une lettre de crédit irrévocable*
un certificado de origen	*un certificat d'origine*
un cheque de viaje	*un chèque de voyage*
el cobro	*l'encaissement*
un conocimiento	*un connaissement*
un código	*un code*
el crédito documentario	*le crédit documentaire*
una cuenta corriente	*un compte courant*
un cuentacorrentista	*un titulaire de compte courant*
una cuenta de depósito	*un compte de dépôt*
el debe	*le débit*
depositar (un depósito)	*déposer (un dépôt)*
el depositante	*le déposant*
dinero en efectivo	*de l'argent en espèce*
descontar (el descuento)	*escompter (l'escompte)*
una finca	*une propriété foncière*
el firmante	*le signataire*
el haber	*le crédit*
una hipoteca	*une hypothèque*
ingresar en una cuenta	*verser sur un compte*
un ingreso	*un versement*
el imponente	*le déposant*
una libreta	*un livret*

el pago automático	*le prélèvement automatique*
pagadero	*payable*
precisar	*avoir besoin*
prestar dinero	*prêter de l'argent*
un préstamo	*un prêt*
un prestamista	*un prêteur*
un prestatario	*un emprunteur*
un reembolso	*un remboursement*
un resguardo warrant	*un récépissé warrant*
respaldar	*garantir*
un saldo	*un solde*
un talón	*une souche*
un talonario	*un carnet de chèques*
el tipo de cotización	*le taux de change*
travellers' cheques	*les chèques de voyage*
vigente	*en vigueur*
un warrant	*un warrant*

OBSERVACION

Conviene hacer una diferencia entre **banca** y **banco** ya que los sentidos de estas dos palabras no son exactamente idénticos. **Banca** se emplea en el sentido muy amplio de la palabra, refiriéndose al sistema bancario en su conjunto o a la técnica relativa a dicho sector, mientras que **banco** se usa en su acepción más concreta para designar los establecimientos que efectúan las operaciones bancarias que hemos estudiado en este capítulo.

PREGUNTAS

1 — ¿Cuántas clases de cuentas bancarias existen ? ¿Qué diferencia hay entre una cuenta de depósito y una cuenta corriente ? ¿Cómo se efectúan los ingresos y los reembolsos en una cuenta de depósito ? ¿Cuáles son las ventajas proporcionadas por una cuenta corriente ? ¿Qué es un descubierto ?

2 — ¿En qué consiste el descuento ? ¿Cuáles son los efectos de comercio descontables ? ¿En qué condiciones conceden los Bancos crédito ? ¿Cuáles son las formas más corrientes de garantía ? ¿Qué es una cuenta de crédito ?

3 — Dar las definiciones de los términos siguientes : **cámara de compensación, crédito documentario, libreta, carta circular de crédito, talonario.**

4 — ¿Cuáles son los demás servicios que los Bancos están en condición de proporcionar ? ¿Qué seguridad aportan los cheques de viaje ? ¿En cuántos sectores está di-

vidida la Banca ? ¿Qué función cumplen los Bancos comerciales ? ¿los Bancos industriales ? ¿Cuáles son los principales Bancos del sector público en España ?

GRAMMAIRE

REVISION DES PRINCIPAUX VERBES IRREGULIERS

Nous allons maintenant aborder l'étude des verbes irréguliers qui n'entrent pas dans une classification particulière. Nous nous limiterons à en présenter les principales irrégularités, les autres temps se conjuguant de façon régulière.

ANDAR
Prétérit indéfini   : **anduve, anduviste, anduvo, etc.**
Subjonctif imparfait : **anduviera, anduviese, etc.**

CABER
Indicatif présent   : **quepo, cabes, cabe, etc.**
Prétérit   : **cupe, cupiste, cupo, etc.**
Futur   : **cabré, cabrás, cabrá, etc.**
Subjonctif présent   : **quepa, quepas, quepa, etc.**
Subjonctif imparfait   : **cupiera, cupiese, etc.**

CAER
Indicatif présent   : **caigo, caes, cae, etc.**
Subjonctif présent   : **caiga, caigas, caiga, etc.**
Subjonctif imparfait   : **cayera, cayese, etc.**

EXERCICE GRAMMATICAL

Traduire les phrases suivantes :

1) Hier, nous avons marché jusqu'à ce village.
2) Il serait préférable que vous marchiez plus vite.
3) Si nous marchions à l'ombre, nous aurions moins chaud.
4) Il faut que ces dossiers entrent dans le classeur.
5) Cette voiture est beaucoup trop petite, je n'y entre pas.
6) Nous voudrions que ces articles entrent dans les anciens étuis.
7) Attention. Ne tombez pas dans le piège d'entreprendre trop de choses la première année.
8) Chaque fois que je vais en déplacement, je tombe malade.
9) Si l'appareil retombait toujours à la même place, nous pourrions le récupérer plus facilement.
10) Il ne fait aucun doute que le marché est complétement saturé.

TRADUCCION INVERSA

Le mot «banque» vient d'un mot italien signifiant «banc». Les premiers prêteurs d'argent effectuaient, en effet, leurs transactions sur un banc; s'ils n'étaient pas honnêtes, on brisait leur banc (d'où le terme «banqueroute*»). Au Moyen-Age, l'Eglise ne permettait pas le prêt à intérêt car elle considérait comme immoral que l'argent puisse produire de l'argent; seuls les Juifs exerçaient ce commerce et le taux d'intérêt était très élevé.

De nos jours, c'est tout à fait différent. L'économie d'un pays moderne ne pourrait se concevoir sans la présence des banques, puisque celles-ci permettent à ceux qui ont besoin de capitaux d'emprunter de l'argent à un taux raisonnable. Les opérations effectuées par les banques sont très nombreuses : ouverture de comptes de dépôt et de comptes courants, escompte des effets de commerce, avances sur titres, opérations de crédit, de change, pour n'en citer que quelques-unes.

La banque d'émission a une importance toute particulière puisque c'est elle qui contrôle l'économie du pays, non seulement en émettant des billets de banque, mais encore en élevant ou en abaissant le taux d'escompte.

* banqueroute : **bancarrota**.

TRADUCCION DIRECTA

Lectura : Para la pequeña y mediana empresa, página 210.
Traducir los dos primeros párrafos del texto, p 210-211.

LECTURA

PARA LA PEQUEÑA Y MEDIANA EMPRESA

En la pasada semana se ha tenido conocimiento de denuncias que las Federaciones de la Pequeña y Mediana Empresa han realizado sobre las prácticas ilegales de una parte de la Banca industrial y comercial. Esas prácticas ilegales están afectando a la pequeña y mediana empresa, creando en sus titulares **«una angustia que les está haciendo llegar al límite de sus fuerzas y de sus posibilidades»**. Entre estas prácticas ilegales de la Banca se denuncia la negativa a descontar letras de cambio, que sólo puede conseguirse con extratipos o a través de financieras afines a los Bancos. Al ver cerrar los canales de préstamos y descuentos comerciales, se profundiza en los circuitos privilegiados de financiación y se puede llegar al estrangulamiento de miles y miles de pequeñas empresas en las que el descuento de letras es la práctica habitual, con la consiguiente situación de desestabilización y de aumento del paro y del descontento social...

Ante tal panorama, el Decreto del Ministerio de Economía sobre las Cajas de Ahorros, por el que se las autoriza a «**realizar las mismas operaciones que las autorizadas a la Banca privada, sin otras limitaciones que las vigentes para esta última...**», adquiere singular importancia. Al autorizar a las Cajas de Ahorros al descuento de letras, se le pone una pica a la Banca. Significa romper el monopolio o el oligopolio en el descuento de letras y acrecentar la competencia entre instituciones financieras con 85 instituciones más (el número de Cajas que funcionan en el país), algunas tan importantes como la popular **Caixa** catalana, que ocupa el tercer o cuarto lugar en el ranking financiero en cuanto a recursos ajenos, inmediatamente detrás de Banesto, Central e Hispano Americano, y delante de Bancos tan importantes como el Popular Español, el Santander, el Vizcaya, etc. Aunque no es de esperar que en lo inmediato las 85 Cajas se pongan a descontar letras, algunas de ellas, las más importantes, lo harán en cuanto su propia dinámica se lo permita, entrando en directa competencia con el aparato bancario.

Pero no solamente afecta así a la institución bancaria lo aprobado en el último Consejo de Ministros. El Decreto sobre regionalización de las Cajas por el que al menos la mitad de sus inversiones en valores mobiliarios y las tres cuartas partes de las restantes inversiones se han de hacer en la región o en la zona geográfica en la que desarrollan su actividad financiera, corrige en parte el anterior funcionamiento de las Cajas, por el que se trasvasaban los recursos de las regiones pobres a las ricas y da una lógica prioridad a las Cajas sobre los Bancos, ya que los imponentes tendrán más garantías de que sus ahorros se queden en la región en donde habitan y no irán a otros páramos, desconocidos para ellos, que se beneficiarán de su dinero.

La democratización de los órganos directivos de las Cajas, por último, servirá para dificultar la presencia en ellos de altos directivos de las grandes empresas, de forma que estas últimas tendrán menores facilidades de financiación a bajos intereses y habrán de acudir al mercado.

Los dos Decretos sobre Cajas de Ahorros no pondrán de buen humor a un grupo de banqueros, acostumbrados a hacer de sus operaciones un desfile triunfal. La presencia de la Banca extranjera, la libertad de expansión, la flexibilización del oficio de banquero pueden ser las futuras reformas que racionalicen al sistema financiero de forma que se vaya pareciendo al de cualquier economía de mercado cercana geográficamente a nosotros.

Joaquín Estefania Moreira
(Cuadernos para el diálogo)

Lección veintiuna
EL COMERCIANTE
Y EL CONTRATO DE VENTA

Ya hemos tenido la ocasión de hablar de las diferentes clases de comerciantes y más concretamente de los auxiliares del comercio. En este capítulo, vamos a insistir particularmente sobre el aspecto jurídico de la función de comerciante y estudiar en detalle el acto comercial más corriente : **la compraventa**.

LA CONDICION DE COMERCIANTE

Es de suma importancia que, por un lado, los actos comerciales, y por otro, la profesión de comerciante sean claramente definidos por la ley, porque todos los litigios que presenten un carácter mercantil dependen de la jurisdicción de tribunales especiales : los tribunales de comercio.

ACTOS COMERCIALES

El acto comercial más sencillo consiste en comprar una mercancía con el fin de revenderla haciendo de esta forma una **ganancia** o beneficio. Comprar para consumir o usar no es considerado como acto comercial sino como acto civil. También son actos u operaciones de carácter comercial :

— la transformación de materias primas o productos semiacabados en productos acabados, con el fin de realizar un beneficio (idea de lucro),
— las operaciones efectuadas por **agentes mediadores**,
— el transporte de mercancías mediante remuneración,
— las operaciones bancarias, de seguro, actividades de recreo (salas de fiestas, agencias de viajes, teatros, cines, etc.).

Los actos efectuados por los comerciantes al ejercer sus funciones, por supuesto, dependen de los Tribunales de comercio. Así por ejemplo, los comerciantes hacen actos civiles cuando compran una casa, incluso si se trata de un local comercial en el cual ejercerán sus actividades.

EL COMERCIANTE

Según el Código de Comercio (artículo primero) : «Son comerciantes los que, teniendo capacidad legal para ejercer el comercio se dedican a él habitualmente».

Según las leyes vigentes en los diferentes países, es preciso tomar en consideración ciertas condiciones de edad, de cláusulas que constan en el contrato matrimonial (estatuto de la mujer casada), de nacionalidad (no pueden los extranjeros ejercer un comercio más que en ciertas condiciones), condiciones de honorabilidad (los sentenciados a pena de interdicción civil no tienen derecho a ejercer comercio), los incapacitados (el menor de edad, los dementes, los quebrados, etc.), también algunas personas, con motivo de las funciones que ya ocupan no pueden hacer comercio (los abogados, magistrados, funcionarios, etc.).

En España, tienen capacidad para ejercer el comercio las personas que reúnen las condiciones siguientes :

— haber cumplido la edad de veintiún años,
— no estar sujetas a la potestad del padre o de la madre,
— tener libre disposición de sus bienes.

Desde el 29 de abril de 1975, la mujer casada mayor de veintiún años puede ejercer el comercio sin que sea necesaria la autorización marital (que antes se tenía que consignar en escritura pública). Tiene entonces capacidad para contratar y disponer libremente de sus bienes.

Además, en cierto modo, el comercio está reglamentado :

— algunas ramas están reservadas al Estado bajo forma de monopolios (en Francia, venta de tabaco y cerillas, por ejemplo),
— se puede exigir la obtención de un diploma para el ejercicio de algunos comercios (farmacéutico, por ejemplo).

OBLIGACIONES DEL COMERCIANTE

Los comerciantes deben :

— estar matriculados en el Registro mercantil,
— llevar algunos libros contables que podrán ser controlados y guardar los documentos oficiales (facturas), así como las copias de las cartas que se envían, durante diez años,
— pagar impuestos específicos (patente).

SUS PRERROGATIVAS

— Son electores y elegibles en los Tribunales de comercio,
— benefician de la jurisdicción de dichos tribunales (más adecuada, más rápida y menos costosa),
— en caso de litigio, pueden recurrir a la asistencia de testigos y los pleitos pueden ser juzgados por árbitros.

EL CONTRATO DE VENTA

El contrato de venta de mercancías es un contrato por el cual el vendedor traslada, o promete trasladar, al comprador la propiedad de mercancías mediante una cierta cantidad de dinero expresada en el precio.

Puede efectuarse el contrato de venta, ya sea por escrito, o bien de forma verbal (o incluso de ambas maneras), y puede referirse dicho contrato a mercancías ya existentes o que están todavía por fabricar. En todo caso, el vendedor se compromete a entregar la mercancía en el domicilio del comprador (o donde éste le haya indicado) en los plazos convenidos. A la entrega, el comprador ha de aceptar la mercancía y pagar el precio fijado de antemano.

La **venta** se puede descomponer en tres fases distintas:
— conclusión del trato,
— entrega de la mercancía,
— y pago.

En la **venta al contado**, se efectúan estas tres operaciones simultáneamente. Por lo que se refiere a la **venta a crédito**, las dos primeras fases se hacen también al mismo tiempo, siendo la tercera efectuada más tarde.

Si el pago del precio de la mercancía queda dividido en varias cantidades iguales que se han de pagar a vencimiento fijo, se llama este tipo de venta **venta a plazos**. También existe el sistema del **leasing** en el cual el comprador entra en posesión de la mercancía nada más efectuar el pago correspondiente al alquiler del aparato. Esta suma se deduce del precio total del aparato, quedando entendido que el comprador viene a ser propietario legal del mismo cuando el total de los diferentes alquileres corresponden al valor global del aparato. Se estila muchísimo esta forma de venta para los aparatos costosos tales como los ordenadores y todo el material para el tratamiento de la información.

Cuando se venden las mercancías con sus embalajes (o **envases**) se han de tomar en consideración tres tipos de peso:

— **peso neto** (o **limpio**) : peso de la mercancía,
— **tara** : peso del envase,
— **peso bruto** (o **sucio**) : peso de la mercancía con su envase.

Asimismo, se cotizan los precios de las mercancías de la manera siguiente:

— **venta a porte debido** : se entrega la mercancía en el domicilio del vendedor, el comprador se encarga de los gastos de transporte y de seguro (**precio franco almacén del vendedor**).
— **venta a porte pagado** (**franco domicilio**) : gastos de transporte y seguro corren por cuenta del vendedor y se hace la entrega en el domicilio del comprador.

También, al concluirse la venta, se pueden conceder :

— **descuentos por pronto pago** (si se verifica el pago antes de la fecha convenida, se deduce un 2 por 100),
— **rebajas** (si los artículos presentan algún defecto),
— **reducciones** (mercancías compradas en grandes cantidades).

VOCABULARIO

un abogado	*un avocat*
un acto civil	*un acte civil*
un acto comercial	*un acte commercial*
una agencia de viajes	*une agence de voyage*
los agentes mediadores	*les agents intermédiaires*
un alquiler	*un loyer*
la autoridad marital	*l'autorité maritale*
la capacidad legal	*l'autorisation légale*
la compraventa	*l'achat et la vente*
el contrato matrimonial	*le contrat de mariage*
descuento por pronto pago	*escompte pour comptant d'usage*
el envase	*l'emballage*
en escritura pública	*par acte authentique*
estilarse	*se pratiquer*
estar matriculado	*être inscrit*
un funcionario	*un fonctionnaire*
un farmacéutico	*un pharmacien*
una ganancia	*un gain, un bénéfice*
los incapacitados	*les incapables*
una jurisdicción	*une juridiction*
el lucro	*le lucre*
el leasing	*le leasing*
un magistrado	*un magistrat*
un monopolio	*un monopole*
un ordenador	*un ordinateur*
una patente	*une patente*
la potestad parental	*l'autorité parentale*
el peso bruto (sucio)	*le poids brut*
" " neto (limpio)	*" " net*
los productos acabados	*les produits finis*
" " semiacabados	*" " semi-finis*

un quebrado	*un failli*
una rebaja	*une remise*
una reducción	*une réduction*
el recreo	*le divertissement*
el registro mercantil	*le registre du commerce*
los sentenciados	*les condamnés*
la tara	*la tare*
la venta al contado	*la vente au comptant*
" " a crédito	*" " à crédit*
" " a plazos	*" " à tempérament*
" " a porte debido	*" " en port dû*
" " a porte pagado	*" " en port payé*

OBSERVACIONES

«actos u operaciones mercantiles» : se transforma la conjunción o en u delante de las palabras que empiezan por una o con el fin de evitar el hiato (choque de dos sílabas). De la misma forma diremos : las empresas u organismos, el robo u otras acciones fraudulentas, las computadoras u ordenadores, etc.

También, por el mismo motivo, se cambia la y en e delante de una palabra empezando por una i y es preciso decir : los beneficios e ingresos, los impuestos directos e indirectos, los agentes mediadores e intermediarios, etc.

PREGUNTAS

1 — ¿Cómo se define el acto comercial ? ¿Qué diferencia hay entre un acto comercial y un acto civil ? ¿Cuáles son las otras formas de actividades comerciales ? ¿A qué jurisdicción quedan sometidos los comerciantes ?

2 — Según el Código de comercio, ¿cuáles son las condiciones para ser comerciante? ¿Pueden los extranjeros hacer comercio en España ? ¿En qué condición puede la mujer casada ejercer un comercio ? ¿Cuáles son los que no tienen capacidad legal para comerciar ? ¿Cuáles son las obligaciones del comerciante ? ¿Cuáles son sus derechos ?

3 — ¿En qué consiste el contrato de venta ? ¿De qué formas se puede hacer ? ¿En cuántas etapas se puede dividir la venta ? ¿Cuáles son los diferentes tipos de venta ? ¿Qué es el peso neto ? ¿el peso bruto ? ¿De qué formas se pueden entregar las mercancías ? ¿En qué ocasiones se pueden conceder descuentos ?

GRAMMAIRE

CONJUGAISON IRREGULIERE

DAR

Indicatif présent	: doy, das, da, etc.
Prétérit	: di, diste, dio, dimos, disteis, dieron.
Subjonctif présent	: dé, des, dé, etc.
Subjonctif imparfait	: diera, diese, etc.

DECIR

Indicatif présent	: digo, dices, dice, etc.
Futur	: diré, dirás, dirá, diremos, etc.
Prétérit	: dije, dijiste, dijo, dijimos, dijisteis, dijeron.
Subjonctif présent	: diga, etc.
Subjonctif imparfait	: dijera, dijese, etc.
Impératif	: di, diga, etc.
Participe passé	: dicho.

ESTAR

Indicatif présent	: estoy, estás, está, etc.
Prétérit	: estuve, estuviste, estuvo, etc.
Subjonctif présent	: esté, estés, esté, etc.
Subjonctif imparfait	: estuviera, estuviese.

EXERCICE GRAMMATICAL

Traduire les phrases suivantes :

1) Hier, je lui ai donné tous les papiers relatifs au dossier.
2) A l'avenir, il faudra que nous lui donnions plus de moyens.
3) Donnez-moi le petit abat-jour bleu qui est dans la vitrine.
4) L'année dernière dejà, mon médecin m'a dit de consulter un spécialiste.
5) Dîtes-lui que cela n'a aucune importance, mais dîtes-le lui clairement.
6) Il faudrait que vous me disiez exactement ce qui s'est passé.
7) Quand vous lui remettrez les clés de l'appartement, dîtes-lui que je n'en ai pas besoin.
8) Quand vous serez en mesure de nous fournir tous les renseignements, ne manquez pas de le faire.
9) Je voudrais que, dès demain, vous soyez sur le chantier pour commencer les travaux.
10) L'année dernière à cette époque, tous nos représentants étaient à Madrid pour un stage de perfectionnement.

TRADUCCION INVERSA

Une personne qui effectue des actes de commerce et en fait sa profession est un commerçant. Si quelqu'un achète, par exemple, un camion pour livrer des marchandises, cet achat est un acte civil, bien que le camion doive servir à des fins commerciales. Si on achète le camion pour le revendre avec un bénéfice, c'est un acte commercial. Par contre, une personne qui achèterait un camion, puis le revendrait car elle n'en aurait plus besoin, n'effectuerait pas un acte de commerce.

Ce sont surtout l'intention (le but est de réaliser un bénéfice) et la répétition des actes (il ne faut pas qu'il s'agisse d'un acte isolé) qui font qu'une personne est considérée comme commerçant, ce qui l'oblige à se plier à certains règlements (immatriculation au Registre du Commerce, obligation de tenir certains livres et de payer certains impôts).

Toutefois, le commerçant bénéficie de certains avantages, surtout en ce qui concerne la justice. La procédure des tribunaux de commerce — pour lesquels il est électeur et éligible — est beaucoup plus souple, plus rapide, et moins onéreuse que celle des tribunaux civils.

TERMIVENT, S.A.

REF.	
HOJA	DE

Sr. D. José Benito Fuentes
San Macario, 2-1º D.
HOYO DE MANZANARES

FACTURA Nº 795
REF. C-355/Ad.
OBRA : Apartamento en C.R. «LA BERZOSA»

APARTAMENTO 2   BLOQUE 4   TIPO E 1   POLIGONO 12

TRABAJO REALIZADO

— Instalación de 2 grifos racor manguera
en terrazas empleando aproximadamente :
 — 9 m. Tuberia galvanizada de 1/2"
 c/accesorios.
 — 2 ud. Grifos racor manguera de 1/2".
 — Mano de obra, pequeño material,
 portes, etc. 4.800,-
— Hacer reforma de tres convectores, empleando
 aproximadamente :
 — 6 m. Tuberia negra de 1/2" c/accesorios.
 — 4 "   "   "   3/4"   "
 — 4 ud. Curvas 90º de 1/2" negras.
 — 6 "   "   "   3/4"   "
 — Mano de obra, pequeño material, portes 7.400,-
— Reformar la entrada de agua fría al contador y hacer
 instalación de una toma de agua al sótano 3.600,-
 _____
 Total 15.800,-
 2,70 % I.G.T.E. 427,-
 _____
 IMPORTE TOTAL 16.227,-

Asciende la presente factura a las figuradas, DIECISEIS MIL ; DOSCIENTAS VEINTISIETE PESETAS.

Madrid, 12 de Julio

FACTURA DE OBRAS DE FONTANERIA

Lección veintidós
DOCUMENTOS COMERCIALES

PEDIDO – ENTREGA – FACTURA – PAGO

Todas las transacciones comerciales han de ir acompañadas de documentos con el fin de informar a las diferentes partes de las intenciones de cada una, y de la misma forma, permitir que sean registradas por el departamento de contabilidad. En tercer lugar, son estos documentos absolutamente necesarios para recordar las diferentes etapas de la transacción en caso de que surja algún litigio, o que se haga una reclamación por parte del cliente. Antaño, en la mayoría de los casos, estos documentos se presentaban bajo forma de carta, pero poco a poco, su presentación se ha simplificado y, actualmente, son formularios impresos que sólo necesitan ser rellenados indicando los detalles referentes a la transacción.

EL PEDIDO

La orden de comprar que da el comprador al vendedor lleva el nombre de **pedido** (también se emplea la palabra **orden**). Se puede hacer un pedido, sencillamente de palabra o por teléfono, pero, en todo caso, éste se ha de confirmar por un formulario, denominado **vale de pedido**. Teóricamente, la casa vendedora tiene que confirmar la orden acusando recibo de la misma y mandando una **confirmación de pedido**, en la cual se vuelven a repetir los particulares contenidos en el pedido. A partir de este momento, la venta está concluida y un duplicado de la orden tiene que constar en el libro de pedidos llevado por el vendedor. El proveedor tiene que entregar la mercancía y el comprador habrá de pagar el precio convenido.

LA LICITACION

Se trata en este caso de un pedido referente a grandes cantidades de mercancías, hecho por un comerciante que se dirige a sus proveedores habituales o a nuevos proveedores susceptibles de darle satisfacción con las mejores condiciones. Así por ejemplo, un **ayuntamiento** decide construir una escuela, por eso se dirige a varias empresas constructoras o contratistas publicando en la prensa un **aviso de licitación** en el cual se consignan los detalles de la obra a construir y los **requisitos** para concurrir (características del edificio, plazos, condiciones, fecha, etc.). Los **licitadores** es decir las **empresas licitadoras,** mandarán al comerciante, o en este caso, al ayuntamiento **pliegos de condiciones** en los cuales se especificará la calidad de los diferentes materiales empleados por los contratistas para construir la escuela, precios, etc. Se efectuará el **concurso en pliegos cerrados** y se abrirán los mismos en el lugar, fecha y hora estipulados en el aviso. Se encargará la ejecución de la obra a la empresa que mejores condiciones ofrezca.

LA ENTREGA

Por regla general, cuando se entregan las mercancías (y si la factura no está adjunta) se le da al comprador un documento llamado **albarán** o **vale de entrega** en el cual no consta el precio ya que este documento va destinado esencialmente al **almacenista** del cliente. Sin embargo, está redactado en doble ejemplar, siendo una de las dos copias debidamente firmada por el comprador y guardada por el vendedor como recibo y prueba de que la entrega se ha verificado efectivamente. Si se han de expedir las mercancías por ferrocarril, el vendedor envía al comprador un **talón** o **resguardo** con el fin de informarle de la expedición de las mercancías así como del medio de transporte utilizado.

LA FACTURA

La factura es un documento en el cual se consignan los detalles y características de las mercancías vendidas y su precio. También, se suele extender dicho documento en doble ejemplar ; se entrega el original al comprador mientras que el vendedor conserva un duplicado. A veces, los dos necesitan varias copias para los diferentes departamentos de contabilidad.

Es este documento sumamente importante ya que la ley lo reconoce como prueba en caso de **discrepancias** entre las dos partes ; además, también las pueden exigir los servicios de control fiscal al revisar los libros de cuentas. La ley obliga a los comerciantes a que clasifiquen las facturas por orden cronológico y las guarden durante cierto tiempo (10 años en Francia y España).

En la factura constan los datos siguientes :

— fecha y número de identificación de la factura,
— identidad de la casa vendedora (nombre, señas, matrícula del Registro mercantil) impresa en el membrete,
— identidad del comprador (nombre y señas),
— indicaciones referentes a las mercancías (número de referencia, cantidad, unidad, docena, gruesa, etc.), precio unitario, precio total al cual se añaden las tasas (T.V.A. en Francia y los países de la Comunidad, I.T.E. : Impuesto sobre el Tráfico de Em-

presas, en España), reducciones o descuentos, precio neto a pagar. También, se pueden mencionar otras indicaciones tales como : número del pedido, número de entrega, medio de expedición, peso de los paquetes, fecha y modo de pago, así como una cláusula especial relativa a la ley sobre la ejecución de los pedidos, la cual dispone que el único tribunal competente en caso de disputa entre las dos partes es el' de la ciudad del vendedor. En varios países, las facturas, así como los demás documentos comerciales están estandarizados. Aunque no sea obligatorio, se recomienda el uso de fórmulas estandarizadas ya que es cómodo y conveniente para la archivación, evitando así los riesgos de pérdida.

OTROS TIPOS DE FACTURA

FACTURA DE PLAZA : así denominada cuando vendedor y comprador tienen su domicilio en la misma localidad.

FACTURA DE EXPEDICION : cuando el comprador reside en localidad distinta de la del vendedor y éste le remite las mercancías por ferrocarril, u otro medio cualquiera, en cuyo caso al precio total de los géneros se añadirán los gastos de transporte y demás costes (embalaje, seguro).

FACTURA DE ABONO (o FACTURA DE DEVOLUCION) : cuando el comprador recibe alguna mercancía que no está conforme con su pedido y la devuelve a la casa vendedora. Se suele escribir el importe de dicha factura en rojo para indicar claramente que se trata de un crédito que se ha de deducir de las sumas debidas por el cliente. También se extiende dicha factura cuando ha habido algún error, del cual resulta que el cliente ha pagado una suma superior al verdadero importe de la factura, o en casos de **devolución** de cascos o envases por los cuales ha tenido que pagar.

RELACION DE FACTURAS se llama el documento que un proveedor envía periódicamente a un comerciante (generalmente cada mes) en el cual consta un resumen de las diferentes facturas enviadas durante este período. Sólo se mencionan la fecha, el número, y el importe de las facturas.

FACTURA PROFORMA : cuando se trata de una **petición de precios** por parte de un cliente, se manda una factura proforma que es, en realidad, una réplica exacta de la futura factura consignando todos los detalles de los géneros, añadiendo las tasas y mencionando el tipo de porte. La mención «proforma» ha de constar en dicha factura que se emplea muchísimo en el comercio internacional y que, a veces, exigen las autoridades aduaneras.

FACTURA CONSULAR : es el documento firmado por el cónsul del país destinatario atestiguando el valor y origen de las mercancías expedidas (véase el lección número 17).

EL PAGO

A continuación, quisiéramos llamar su atención, una vez más, sobre los diferentes documentos entregados como prueba de un pago :

— cuando se efectúa el pago **en efectivo**, el vendedor acusa recibo mediante un **recibo** firmado que ha de llevar un sello cuyo valor se calcula en función del importe abonado,
— cuando se verifica el pago por cualquier otro modo (cheque, letra, o pagaré), el propio documento sirve de prueba.

Todos los documentos comerciales que acabamos de estudiar deben ser extendidos cuidadosamente con el fin de evitar cualquier confusión o error tanto más cuanto que éstos representan pruebas irrefutables. El original, así como los duplicados, se clasificarán y archivarán inmediatamente en sus correspondientes **archivadores** y departamentos para tenerlos siempre a mano cuando los necesitemos. Para cualquier empresa bien organizada, son de mucha importancia estas operaciones ya que un documento extraviado equivale a un documento perdido y muy graves pueden ser las consecuencias de tal descuido.

VOCABULARIO

acusar recibo	*accuser réception*
un albarán	*un bon de livraison*
un almacenista	*un magasinier*
la archivación	*le classement*
un archivador	*un classeur*
un aviso de licitación	*un avis d'appel d'offres* ✗
el ayuntamiento	*la municipalité*
un contratista	*un entrepreneur*
concurrir	*se présenter à un concours*
un concurso en pliegos cerrados	*un concours sous plis fermés*
una confirmación de pedido	*une confirmation de commande*
la Comunidad	*la Communauté*
un dato	*un fait*
el descuido	*la négligence*
una discrepancia	*un différend*
una disputa	*un litige*
una docena	*une douzaine*
en doble ejemplar	*en double exemplaire*
un duplicado	*un double*
una empresa constructora	*une entreprise de construction*
” ” licitadora	*” ” soumissionnaire*
extraviado	*égaré*
una factura de abono	*une facture d'avoir*
una factura consular	*une facture consulaire*
” ” de devolución	*” ” d'avoir ou note de crédit*
” ” de expedición	*” ” d'expédition*
” ” de plaza	*” ” de place*
” ” proforma	*” ” pro-forma*

una gruesa	une grosse (douze douzaines)
un libro de pedidos	un registre de commandes
una licitación	un appel d'offres, une soumission
un licitador	un soumissionnaire
la matrícula	l'inscription
el membrete	l'entête
una orden	un ordre, une commande
pedir mercancías	commander des marchandises
un pedido	une commande
los particulares	les détails
un pliego de condiciones	un cahier de charges ✗
el precio unitario	le prix unitaire
un proveedor	un fournisseur
un recibo	un reçu
el Registro mercantil	le Registre du commerce
una relación de facturas	une facture générale, relevé de facture
un requisito	une condition requise
un resguardo	un récépissé
revisar	contrôler
surgir un litigio	survenir un litige
las señas	l'adresse
un talón	un récépissé
una tasa	une taxe
un vale de entrega	un bon de livraison
" " de pedido	" " de commande
verificarse	se produire ✗

OBSERVACIONES

Conviene recordar que **orden** es femenino cuando significa *«un ordre, une commande»* y masculino en el sentido de *«l'ordre»*. No lleva acento sobre la **o** (tampoco en la final) en singular, sólo en plural : **las órdenes**.

PREGUNTAS

1 — ¿Qué es un pedido ? ¿Qué datos ha de llevar ? ¿De qué manera se puede hacer un pedido ? ¿Qué es el vale de pedido ?

2 — Dar la definición de los términos siguientes : **albarán, licitación, pliego de condiciones, factura de abono, factura de plaza.**

3 — ¿Qué datos se han de consignar en una factura ? ¿Qué importancia tiene este documento en la práctica mercantil ? ¿Por qué es preciso archivar cuidadosamente las facturas ? ¿Existe la T.V.A. en España ? ¿Qué significan las tres letras I.T.E. ?

4 — ¿Cuáles son los otros tipos de facturas ? ¿Qué es una factura de expedición ? ¿Una factura de devolución ? ¿En qué caso se envía ? ¿Qué es una relación de facturas ? ¿Cuándo se suele envíar ? ¿Cómo se puede efectuar el pago de estas facturas ? ¿Conviene hoy en día pagar en efectivo ? ¿Por qué ? ¿Qué papel desempeña el departamento de archivos en una empresa ?

GRAMMAIRE

CONJUGAISON IRREGULIERE

ETUDE DES VERBES HACER, HABER et IR

HACER

Indicatif présent : **hago, haces, hace,** etc.
Prétérit : **hice, hiciste, hizo,** etc., **hicimos, hicisteis, hicieron.**
Futur : **haré, harás, hará, haremos,** etc.
Subjonctif présent : **haga,** etc.
Subjonctif imparfait : **hiciera, hiciese,** etc.
Impératif : **haz (tú), haga (Vd.),** etc.
Participe passé : **hecho.**

HABER

Indicatif présent : **he, has, ha, hemos, habéis, han.**
Prétérit : **hube, hubiste, hubo, hubimos, hubisteis, hubieron.**
Futur : **habré, habrás, habrá,** etc.
Subjonctif présent : **haya,** etc.
Subjonctif imparfait : **hubiera, hubiese,** etc.

IR

Indicatif présent : **voy, vas, va,** etc.
Imparfait : **iba,** etc.
Prétérit : **fui, fuiste, fue, fuimos, fuisteis, fueron.**
Subjonctif présent : **vaya,** etc.
Imparfait : **fuera, fuese,** etc.
Impératif : **ve (tú), vaya (Vd.),** etc.

EXERCICE GRAMMATICAL

Traduire les phrases suivantes :

1) Hier, j'ai fait toutes les démarches auprès de l'administration.
2) Quand il fera meilleur, nous ferons de la publicité sur les plages.
3) S'il faisait tout son possible pour que cela réussisse, je ne dirais rien.
4) Faites comme bon vous semblera.
5) Il y a eu énormément de commandes pour ce modèle.
6) Il faudrait qu'il y ait plus de photos des appareils sur les brochures.
7) Quand nous aurons réussi à nous assurer une importante clientèle, nous nous agrandirons.
8) L'année dernière, nous sommes allés visiter une fabrique de chaussures aux Baléares.
9) Allez à cette réunion dès que vous le pourrez.
10) Si nous allions à la Foire-Exposition de Barcelone, nous pourrions mieux nous rendre compte de la demande du marché.

TRADUCCION INVERSA

Dans les affaires, on utilise divers documents de façon à ce que toutes les opérations soient effectuées par écrit. On peut, par exemple, passer une commande par téléphone, mais il faut établir un document pour la confirmer afin d'éviter toute erreur ou contestation. Ces documents sont souvent rédigés en plusieurs exemplaires et envoyés aux services intéressés, par exemple : le service comptable, le magasin, etc., où ils seront classés et conservés pendant un certain temps.

Si on suit les différents stades d'une transaction, on trouve les documents suivants : la commande, à la réception de laquelle le vendeur envoie confirmation; le bon de livraison ou le bordereau d'expédition suivant le cas; la facture ou les documents se rapportant au règlement.

Pour rectifier des erreurs de facturation, on envoie une note de crédit où le montant inscrit en rouge est déduit du montant du relevé de factures qui est envoyé périodiquement. La facture pro-forma est semblable à une facture ordinaire mais ne correspond pas à une livraison réelle. Elle est établie soit pour renseigner le client, soit pour les administrations des Douanes ou des Changes.

LECTURA

LICITACION PUBLICA INTERNACIONAL

CADAFE (EMPRESA DE ENERGIA ELECTRICA DEL ESTADO VENEZOLANO)

Aprovechamiento hidroeléctrico Uribante-Caparo. — Licitación internacional n. 77-DPL-005.

Aviso del llamado de precalificación para la construcción de las obras del sistema de Trasvase y Central San Agatón del desarrollo Uribante-Doradas.

La Compañía de Administración y Fomento Eléctrico (CADAFE) lleva al conocimiento de todas las empresas especializadas en la ejecución de obras hidroeléctricas, que ha resuelto iniciar el proceso de precalificación para participar en la licitación de la construcción del Túnel de Trasvase, la Chimenea de Equilibrio, los Conductos Forzados y la Central San Agatón, correspondientes al Desarrollo Uribante-Doradas.

A – UBICACION

Estado Tachira, Distrito Uribante, a unos 120 kms. de la ciudad de San Cristóbal.

B – CARACTERISTICAS DE LA OBRA

La Obra comprende básicamente lo siguiente :

1— Construcción de las obras civiles e instalación de los equipos asociados con las estructuras de Toma y Pozo de Compuertas del Túnel de Trasvase.

2— Construcción del Túnel de Trasvase y Chimenea de Equilibrio.

3— Construcción de las obras civiles de los Conductos Forzados y suministro e instalación de los blindajes y tubería forzada.

4— Construcción de las obras civiles e instalación de los equipos electromecánicos principales de la Casa de Máquinas de la Central. Suministro e instalación de los equipos complementarios de las mismas, tales como : sistema de drenaje, sistema de suministro de agua para servicio y refrigeración, sistema de tratamiento de aguas, sistema de aire comprimido, sistema de ventilación y aire acondicionado, sistema de protección contra incendios, etc.

C – CANTIDADES DE OBRA

Las principales cantidades de obra de ejecutar son las siguientes :

Excavación Casa de Máquinas	175.000 M3
Excavación Túnel Trasvase y Chimenea	375.000 M3
Rellenos	40.000 M3
Concreto Casa de Máquinas	34.000 M3
Concreto en Túnel	86.000 M3
Acero de Alta Resistencia	2.000 Tn
Longitud de Túnel revestido en concreto	7.940 M
Longitud de Conductos Forzados	400 M
Diámetro del Túnel revestido en concreto	5,30 M
Diámetro del Conducto Forzado	4,25 M

D – CONDICIONES

Las Empresas interesadas en concurrir a la licitación deberán consignar los recaudos enumerados a continuación, en acto público de recepción cuya fecha, hora y sitio se indican más adelante :

1— Carta manifestando su voluntad de participar en dicho proceso.

2— Certificación de vigencia de Inscripción en el Registro de Empresas de CADAFE, emitido por la Oficina de Licitaciones y Contratos. Las empresas no inscritas en dicho Registro deberán formalizar su inscripción antes de la fecha de recepción de los documentos de precalificación, en la Oficina de Licitaciones y Contratos, Piso 7, Oficina 7-2A. Edificio Centro Eléctrico Nacional, Avenida Sanz, El Marqués.

3— Constancia en documento público de la persona o personas autorizadas para firmar por la Empresa y obligarla.

4— Documentos que acrediten a la Empresa de haber efectuado satisfactoriamente trabajos de índole y magnitud similar a la obra por licitar, describiéndolos, hasta donde fuere posible, indicando costos y cantidades de obras aproximadas, responsabilidad que asumió la Empresa en su construcción y demás datos que consideren de interés.

5— Documentación sobre la organización de la Empresa, indicando personal profesional y técnico con respectiva experiencia.

6— Lista de equipos propios adecuados para la ejecución de las obras con indicación de sus características principales, su edad y ubicación actual.

7— Cualquier información adicional que la Empresa estime conveniente. Las Empresas nacionales que deseen participar en la licitación podrán asociarse entre sí o con empresas extranjeras, para intervenir como postulantes. Las Empresas extranjeras, a su vez, están obligadas a asociarse con Empresas nacionales para participar en el proceso licitatorio.

Cada consorcio deberá presentar los siguientes recaudos :

1— Nombre de la Empresa que asumirá la representación del Consorcio y documento constitutivo del mismo o su proyecto.

2— Documento por el cual cada una de las firmas que lo constituyen responda solidaria y mancomunadamente de las obligaciones del Consorcio.

3— Cada uno de los miembros del Consorcio deberá presentar los recaudos que se exigen a las Empresas que deseen participar en esta licitación.

Todo documento elaborado en el exterior deberá ser debidamente legalizado en el sitio de origen por ante el Consulado Venezolano correspondiente.

Todos los recaudos citados se presentarán en idioma castellano, en original y dos copias, y se recibirán en acto público, el día martes 22 de noviembre 1984, a las 10 a.m., en la Sala de Usos Múltiples, Cuerpo Delantero, Altos del Auditorium, Edificio Centro Eléctrico Nacional, Avenida Sanz, El Marqués, Caracas.

CADAFE podrá rechazar en el acto de recepción aquella documentación que se encuentre incompleta, y se reserva el derecho de escoger entre las empresas que manifiesten su deseo de participar en esta licitación, a aquellas que considere convenientes a sus intereses, sin que por ello exista derecho a reclamación alguna. Asimismo, CADAFE puede pedir la información adicional que considere necesaria.

Cualquier información complementaria que las Empresas requieran deberán solicitarla por escrito en la Gerencia del Proyecto Uribante-Caparo, Edificio Centro Eléctrico Nacional, piso 14, Avenida Sanz, El Marqués, Caracas 107.

Lección veintitrés
ORGANIZACION EMPRESARIAL

DIFERENTES CLASES DE NEGOCIOS Y SOCIEDADES

Considerada desde el punto de vista de la responsabilidad en cuanto a la gestión y el control financiero, una empresa comercial o industrial puede pertenecer a una u otra de las categorías siguientes : Comercio independiente, sociedad en nombre colectivo, en comandita, sociedad a responsabilidad limitada o sociedad anónima. El Código de comercio español, así como los artículos que rigen la composición y el funcionamiento de dichas sociedades se inspiran directamente del derecho mercantil francés lo que tiene por consecuencia que las sociedades comerciales españolas se presentan de la misma forma que las sociedades francesas.

EL COMERCIANTE INDEPENDIENTE

Como bien se sabe, existe en España una cantidad impresionante de pequeños comerciantes que ni siquiera tienen existencia legal (buhoneros, vendedores ambulantes y callejeros que venden baratijas) y de los cuales no hablaremos. Sin embargo, nos detendremos sobre el caso del comerciante independiente. Es dueño de su negocio y lo lleva como le da la gana sin referirse a quien sea. Los beneficios realizados (o **ganancias**) son para él, pero debe también soportar los gastos y las pérdidas, si las hay. El es responsable de la marcha de su negocio ante sus acreedores y el público, y legalmente, es protegido por el derecho mercantil al cual ha de someterse. Tendrá uno o varios **dependientes** que cobrarán un sueldo por el trabajo realizado, y tiene derecho a contratar y despedir a su personal en conformidad con el derecho laboral. El capital que necesita para su negocio es propiedad suya.

ASOCIACIONES O SOCIEDADES DE PERSONAS

Existen dos clases de sociedades de personas : la sociedad colectiva y la sociedad comanditaria.

1 — LA SOCIEDAD COLECTIVA : es una asociación de dos o más personas que tienen por finalidad hacer comercio común y solidariamente para sacar de su actividad un provecho (beneficio). Las personas que forman dicha asociación se llaman **socios** quedando entendido que cualquier acción de alguno de ellos compromete comercialmente a los demás. Cada socio es responsable de las deudas de la empresa durante el tiempo de su participación, pero no de las que han sido contraídas antes de su nombramiento en la sociedad o después de su dimisión. El nombre con el cual la sociedad lleva a cabo sus actividades comerciales se llama **razón social**, por ejemplo : Arguedas y Palacios, López y Cía. En caso de defunción de uno de los socios, la sociedad queda disuelta.

Son considerados todos los socios como comerciantes, por lo tanto son protegidos por las leyes sobre las sociedades y, al mismo tiempo, se han de someter a ellas. Contribuyen a la participación en el capital social, reparten los beneficios (y las pérdidas) en proporción a su aportación financiera y son personal y solidariamente responsables de las deudas.

2 — LA SOCIEDAD COMANDITARIA : En esta clase de sociedad, no se sitúan los socios al mismo nivel y de ello derivan unas cuantas diferencias fundamentales :

LOS COMANDITARIOS son proveedores de fondos ; son los que aportan el capital necesario para la creación de la sociedad, participan en la gestión de la empresa, dando su opinión sobre la marcha del negocio y mirando los libros de contabilidad y todos los documentos que a ellos se refieren. No son considerados como comerciantes, pero su responsabilidad queda limitada a la cantidad de su aportación financiera. Cobran una renta que haya beneficios o no.

LOS COMANDITADOS son personalmente responsables de la marcha del negocio, son comerciantes responsables con todos sus bienes en caso de deudas.

Una sociedad en comandita no queda necesariamente disuelta si muere uno de los comanditarios.

COMPAÑIAS O SOCIEDADES DE CAPITALES

Ante el carácter arriesgado de algunos tipos de sociedades que acabamos de estudiar, que por otra parte son progresivamente abandonados por los hombres de negocio, la ley ha procurado proteger mejor a los comerciantes creando sociedades de capitales del tipo siguiente :

1 — SOCIEDAD LIMITADA : En la actualidad esta sociedad tiende a sustituirse a las asociaciones que acabamos de estudiar. En dicha sociedad, la responsabilidad de los socios queda limitada a su participación financiera. Al crearse una sociedad de este tipo, se emite un cierto número de acciones que se repartirán entre un grupo limitado de personas (**accionistas**). Un accionista no tiene derecho a vender sus acciones sino con el consentimiento de los demás accionistas que integran la sociedad, o en caso de defunción de uno de ellos. No se cotizan estas acciones en la Bolsa de Valores y el público no tiene acceso a ellas.

2 — **SOCIEDAD ANONIMA** : Contrariamente al caso precedente, las acciones de una sociedad anónima que forman el capital social son cotizables y se pueden vender en cualquier momento sin el consentimiento de los demás accionistas.

Al crearse una sociedad es preciso **levantar acta** ; **dicha acta** constará en un documento que lleva el nombre de **escritura fundacional** que tendrá por objeto mencionar el nombre de la sociedad (**razón social**), el lugar y señas de la oficina principal de dicha compañía (**sede**), la índole de la actividad comercial ejercida por ésta, y el monto del capital social repartido en un cierto número de acciones. Al mismo tiempo, se redactan los **estatutos** de la sociedad poniendo de manifiesto el reglamento que rige la nominación de los Directores, su remuneración, la forma con la cual se han de celebrar las **Juntas generales**, la elección de los secretarios generales, etc.

Una sociedad anónima es dirigida (o manejada) por un **consejo de administración** elegido en períodos determinados entre los accionistas. La persona que dirige y controla la marcha de la empresa se llama **director general**. Cada año se celebra una **junta general de accionistas** en la cual los beneficios (si los hay) se reparten entre los accionistas bajo forma de **dividendos**. A cada sesión se levanta un acta que ha de constar en el **registro de actas** llevado por el secretario general de la compañía.

TRUSTS Y CARTELES

Debido a la competencia que tiende a eliminar los negocios marginales, las empresas modernas se ven en la obligación de organizarse de la manera más racional con el fin de reducir al mínimo los gastos y, de esta forma, incrementar los beneficios. Ya se sabe que en una empresa que está en plena evolución, los gastos generales (luz, calefacción, alquiler del local, etc.) siguen iguales o aumentan en una proporción ínfima cuando duplica o triplica la producción. Por consiguiente es sumamente ventajoso para una compañía conocer el mayor desarrollo posible, teniendo en cuenta, por supuesto, las posibilidades del mercado y un cierto número de factores.

En la actualidad, ocurre frecuentemente que varias sociedades se agrupan para formar **trusts** o **carteles** con el fin de repartir más ampliamente algunos gastos. Además, si un trust llega a controlar la mayor parte de la producción de un país, se encuentra en una situación de monopolio y puede imponer los precios que le guste ya que la competencia queda completamente aniquilada. Esa es la razón por la cual la formación de trusts está prohibida en algunos países (Estados Unidos). Otras compañías aumentan su importancia recurriendo a la concentración que puede ser ya sea horizontal o vertical. Se trata de **concentración vertical** cuando una misma sociedad fabrica y produce todos los elementos (componentes) que entran en la fabricación de un artículo. Así por ejemplo, una compañía de automóviles fabricará no sólo los motores, los chásis, las carrocerías, sino también los frenos, los resortes, los circuitos eléctricos, etc. sin dirigirse a subcontratistas. (La sociedad americana de automóviles FORD posee plantaciones y manufacturas de caucho para la fabricación de los neumáticos de sus coches). Se habla, al contrario, de **concentración horizontal** cuando varias empresas se agrupan para formar una sociedad que, bajo el mismo nombre, fabricará el mismo producto (Unilever, multinacional inglesa especializada en la fabricación de jabones y polvos para lavar).

232

VOCABULARIO

una acción	une action
un accionista	un actionnaire
un acreedor	un créancier
aniquilar	réduire à néant
una aportación financiera	un apport financier
arriesgar (arriesgado)	risquer
baratijas	de la pacotille
un buhonero	un colporteur
el capital social	le capital social
un cártel	un cartel
el caucho	le caoutchouc
cobrar un sueldo	toucher un salaire
un comanditado	un commandité
un comanditario	un commanditaire
un comerciante independiente	un commerçant à son compte
los componentes	les composantes
comprometerse a	s'engager à
un consejo de administración	un conseil d'administration
el consentimiento	l'accord
dimitir (una dimisión)	donner sa démission
contratar a alguien	engager quelqu'un
detenerse	s'arrêter
un dependiente	un vendeur
la defunción	le décès
despedir a alguien	congédier quelqu'un
disolver una sociedad	dissoudre une société
los dividendos	les dividendes
el dueño	le patron
la escritura fundacional	l'acte constitutif
los estatutos	les statuts
una junta general de accionistas	une assemblée générale d'actionnaires
levantar acta	dresser procès-verbal
el monto	le montant
los proveedores de fondos	les bailleurs de fonds
una razón social	une raison sociale
regir	régir
el registro de actas	le livre des procès-verbaux
una renta	un revenu

repartir los beneficios
la sede
una sociedad anónima
"   "   comanditaria
"   "   colectiva
"   "   limitada
"   "   de capitales
"   "   de personas
un socio
un subcontratista
un trust

distribuer les bénéfices
le siège social
une société anonyme
"   "   en commandite
"   "   en nom collectif
"   "   à responsabilité limitée
"   "   de capitaux
"   "   de personnes
un associé
un sous-traitant
un trust

OBSERVACIONES

«**personal y solidariamente responsables**» : cuando en una frase se presentan dos adverbios seguidos, es preferible para el primer término escribir solamente el adjetivo ; así resulta la frase más elegante («**necesaria y esencialmente**»).

PREGUNTAS

1 — ¿Cuáles son las ventajas y los inconvenientes del comercio independiente ? ¿Qué responsabilidades y obligaciones tiene el comerciante independiente ? ¿Tiene mucho porvenir esta clase de negocio ?

2 — ¿Qué clases de sociedades de personas existen según el Código de comercio ? ¿Qué es una sociedad colectiva ? ¿Cuáles son las responsabilidades y obligaciones de los socios ? ¿Cobran todos los socios la misma cantidad de beneficios ? ¿Se reparten los beneficios igualmente entre los socios ? ¿y las deudas ?

3 — ¿Qué es una sociedad comanditaria ? ¿Cuáles son las diferencias fundamentales entre una sociedad en nombre colectivo y una sociedad en comandita ? ¿Qué diferencias hay entre un comanditado y un comanditario ?

4 — ¿Cuáles son los dos tipos de sociedades de capitales ? ¿Qué es una sociedad a responsabilidad limitada ? ¿Por qué se llama así ? ¿Puede un accionista vender sus acciones cuando se le antoja a cualquier otra persona ? ¿En qué condiciones se puede disolver una sociedad de este tipo ?

5 — ¿Qué es una sociedad anónima ? ¿Cuáles son las diferencias fundamentales entre una sociedad a responsabilidad limitada y una sociedad anónima ? ¿De qué manera se reúne el capital social en una sociedad anónima ? ¿Por qué se llama dicha sociedad anónima ? ¿Puede cualquiera comprar acciones de sociedades anónimas ? ¿A qué llamamos concentración horizontal ? ¿concentración vertical ?

6 — Dar la definición de los términos y expresiones siguientes : **razón social, escritura fundacional, levantar acta, sede, junta general de accionistas.**

GRAMMAIRE

CONJUGAISON IRREGULIERE

ETUDE DES VERBES OIR, PODER y PONER

OIR

Indicatif présent	: oigo, oyes, oye, oímos, oís, oyen.
Prétérit	: oí, oíste, oyó, oímos, oísteis, oyeron.
Subjonctif présent	: oiga, etc.
Imparfait	: oyera, oyese, etc.
Impératif	: oye, oiga, etc.

PODER

Indicatif présent	: puedo, puedes, puede, podemos, podéis, pueden.
Prétérit	: pude, pudiste, pudo, pudimos, pudisteis, pudieron.
Futur	: podré, podrás, podrá, etc.
Subjonctif présent	: pueda, etc.
Imparfait	: pudiera, pudiese, etc.

PONER

Indicatif présent	: pongo, pones, pone, ponemos, ponéis, ponen.
Prétérit	: puse, pusiste, puso, pusimos, pusisteis, pusieron.
Futur	: pondré, pondrás, pondrá, etc.
Subjonctif présent	: ponga, etc.
Imparfait	: pusiera, pusiese, etc.
Impératif	: pon (tú), ponga (Vd.), etc.
Participe passé	: puesto, etc.

REMARQUE : Il convient de ne pas confondre ces deux derniers verbes, particulièrement au prétérit et au subjonctif imparfait. **Poder** se conjugue ainsi : **pude, pudieron, pudiera, pudiese** (le **d** de l'infinitif se retrouve à tous les temps), tandis que pour **poner**, le **n** de l'infinitif devient **s** : **puse, pusieron, pusiera, pusiese.**

EXERCICE GRAMMATICAL

Traduire les phrases suivantes :

1) Si vous voulez bien parler l'espagnol, il faudrait que vous entendiez de vrais castillans.
2) Ecoutez soigneusement les conseils d'entretien que vous donnera le vendeur.
3) L'autre jour, en se dépêchant, il a pu prendre le train de 24.
4) Vous comprendrez le fonctionnement de notre société quand vous pourrez faire ce travail de mémoire.
5) Nous voudrions que vous puissiez vous charger de cette étude de marché.
6) Nous vous enverrons notre réparateur dès qu'il pourra venir.
7) Il y a deux ans, nous avons mis de nouveaux systèmes d'alarme dans tous nos magasins.
8) Si vous mettiez plus de représentants sur ce secteur, nous augmenterions notre chiffre d'affaires.
9) Mettez tous les dossiers dans le même classeur, nous nous en occuperons demain.
10) Si vous pouviez nous donner un coup de main samedi après-midi, ce serait très bien car nous manquons de vendeurs.

TRADUCCION INVERSA

Quand un commerçant a fourni tout le capital nécessaire à la création de son affaire, il est le seul à supporter les pertes et à profiter des bénéfices. Il est à son compte. Ce fut la coutume pendant des siècles, et de nos jours, on trouve encore beaucoup de tels commerçants.

Au XVIIème siècle, afin de financer les expéditions qui étaient organisées en vue de rapporter de l'or ou des épices du Nouveau Monde, il fallait des sommes considérables et l'on créait des sociétés dont le capital était fourni par de riches négociants. Les bénéfices étaient ensuite répartis proportionnellement aux sommes apportées, il en allait de même pour les pertes.

Après la Révolution Industrielle, l'achat de machines, l'ouverture de mines, etc., exigèrent un capital considérable et le nombre des sociétés augmenta rapidement. Aujourd'hui, toute entreprise qui a besoin de moyens financiers importants ou qui présente des risques, est constituée sous la forme d'une société.

Il existe différents types de sociétés, depuis les sociétés de personnes — qui sont de simples groupes de commerçants individuellement et solidairement responsables — jusqu'aux sociétés par actions, dont les membres — les actionnaires — ne possèdent parfois qu'une infime partie du capital puisqu'il leur est possible de se procurer des actions sur le marché des valeurs.

TRADUCCION DIRECTA

Lectura : Hacia la consolidación bursátil, página 246.
Traducir los dos últimos párrafos del texto, p 246.

LECTURA

BANCO POPULAR ESPAÑOL

El Consejo de Administración convoca a los accionistas a Junta General extraordinaria para el sábado 28 de enero de 1984, a las 13,00 horas, en el auditorio A del Palacio de Congresos y Exposiciones de Madrid, avenida del Generalísimo, 29, en segunda convocatoria, supuesto que, por no cumplirse los requisitos establecidos en el artículo 58 de la Ley de Sociedades Anónimas y concordantes, no pueda celebrarse la primera, que por el presente anuncio queda asimismo convocada en el mismo lugar y a la misma hora de la víspera del referido día 28, de acuerdo con el siguiente.

ORDEN DEL DIA

1— Presentación de la Memoria e informe sobre el ejercicio social cerrado el 31 de diciembre de 1983.

2— Nombramiento de consejeros.

3— Autorización para que el Banco Popular Español pueda acogerse al Régimen de Declaración Consolidada, junto con las sociedades dependientes de su grupo, a los efectos previstos en el Real Decreto 1414/1983, de 17 de junio, en el momento en que el Consejo de Administración lo considere más conveniente para los intereses sociales.

Los accionistas que deseen asistir a esta Junta General extraordinaria deberán proveerse de una tarjeta de admisión nominativa y personal, que será remitida a los que lo soliciten en José Ortega y Gasset, 29, planta baja, Madrid 6, antes de las tres de la tarde del día 23 de enero de 1978.

Si usted, por considerarse suficientemente informado a través de la documentación que periódicamente publica el Banco, o por cualquier otra razón, no va a asistir personalmente a esta Junta, le rogamos que, a fin de alcanzar el quórum establecido por la Ley, otorgue su representación.

El Consejo convoca también a los accionistas a Junta General ordinaria para el viernes 30 de junio de 1984, a las 13,00 horas, en el salón de actos de José Ortega y Gasset, 29, Madrid, en segunda convocatoria, supuesto que, por no cumplirse los requisitos establecidos en el artículo 58 de la Ley de Sociedades Anónimas y concordantes, no pueda celebrarse la primera, que por el presente anuncio queda asimismo convocada en el mismo lugar y a la misma hora de la víspera del referido día 30 de acuerdo con el siguiente

ORDEN DEL DIA

1— Aprobación de la Memoria, el balance, la cuenta de pérdidas y ganancias y la gestión social correspondiente al ejercicio de 1983.
2— Acuerdo legal y estatutario sobre la distribución de los beneficios.
3— Designación de los accionistas censores de cuentas para el ejercicio de 1984.

Para asistir a esta Junta General ordinaria, o delegar su voto para la misma, los accionistas, antes del 25 de junio de 1984, deberán proveerse de la tarjeta de asistencia, o del documento de delegación, en José Ortega y Gasset, 29, planta baja, a donde pueden dirigirse, en cualquier momento, para obtener además toda clase de información sobre la sociedad.

Tienen derecho a concurrir a las Juntas Generales todos los accionistas que posean, como mínimo, 5.000 pesetas nominales en acciones. Los que posean menor cantidad podrán hacerse representar por otro accionista con derecho de asistencia, o por cualquiera de los que al agruparse integren el mínimo antes fijado.

A estos efectos, deberán tener depositadas las acciones en las cajas de la entidad o en cualquier otro establecimiento bancario e inscritas en el libro-registro de acciones, cuando menos con cinco días de antelación a la fecha fijada para celebrar la Junta General, no pudiendo cancelar estos depósitos e inscripciones hasta el día siguiente a la de su celebración.

Los señores accionistas deben entender que la Junta General extraordinaria se celebrará precisamente en segunda convocatoria y, por lo tanto, para evitarse molestias, acudir al Palacio de Congresos y Exposiciones el sábado día 28 de enero. Se advierte que el acto empezará puntualmente a las 13,00 horas y, tras los trámites legales de constitución de la Junta, el presidente pronunciará un informe, cuyo texto íntegro, así como un ejemplar de la Memoria, serán entregados en el acto y remitidos a cuantos accionistas y clientes lo soliciten. A estos efectos no será necesario asistir personalmente al acto.

Madrid, 2 de enero de 1984.

El secretario del
Consejo de Administración

(Cuadernos para el diálogo)

Lección veinticuatro
LA BOLSA

BOLSAS DE MERCANCIAS – BOLSAS DE VALORES – OPERACIONES AL CONTADO – OPERACIONES A PLAZO

En el capítulo anterior, hemos visto que las acciones de las sociedades anónimas se cotizaban en la Bolsa y que en estos centros era donde el público las podía comprar, o vender. Por regla general, se definen las Bolsas como siendo los centros donde se cotizan los precios de los efectos públicos y valores mobiliarios. Conviene distinguir dos clases de Bolsas : las Bolsas de mercancías (o Lonjas) y las Bolsas financieras (o de valores).

BOLSAS DE MERCANCIAS

En estas bolsas, las transacciones consisten en la compraventa de mercancías (materias primas, productos agrícolas, minerales, etc.) que están cotizadas según la **ley de la oferta y de la demanda** y, de esta forma, sometidos a las fluctuaciones de precios. De este principio de variaciones de precios, deriva el propio mecanismo de la especulación en la **Bolsa**.

Existen dos clases de mercado y de transacciones :

1 – MERCADO AL CONTADO : las mercancías negociadas se pueden obtener inmediatamente o dentro de algunos días. El estado no interviene en esta clase de negociaciones. Se celebran las reuniones en edificios especiales (Lonjas) por mayor comodidad y para que compradores y vendedores puedan encontrar las informaciones que necesiten (precios del mercado, estadísticas, tendencias, etc.).

2 – MERCADO A PLAZO : se refiere dicho mercado a la compraventa de mercancías que se han de entregar dentro de cierto plazo. Se fijan los precios el día en que se hace la contratación. La mayoría de las operaciones se hacen con la intención de **especular** ya que transcurre cierto tiempo entre el momento de la negociación y la entrega efectiva de la mercancía. Claro está que en el intervalo los precios pueden variar. Así por ejemplo, si se prevé un **alza** de precios, un comprador comprará hoy con la esperanza de poder volver a vender las mercancías a un mejor precio el día de la **liquidación** de la transacción haciendo de esta forma un beneficio. Se dice de esta

El más alto interés nacional

EMISION DE DEUDA PUBLICA
5·Diciembre·1977

20.000 millones de pesetas destinados a financiar las inversiones urgentes para combatir el paro, aprobados por Real Decreto-ley 39/1977, de 9 de Agosto.

Fecha de Emisión: 5 de Diciembre.
Tipo interés: 10,25% anual, abonado semestralmente.
Valor nominal de los títulos:
- Serie A: 10.000 Pts.
- Serie B: 50.000 "
- Serie C: 100.000 "
- Serie D: 1.000.000 "

Tipo de cesión: A la par.
Amortización: Sorteos anuales en los años 1981, 1982, 1983, 1984, 1985, 1986 y 1987.

Garantías: Estos valores tienen la condición de Fondos Públicos con todas las garantías y privilegios propios de las Deudas del Estado.

Exención: Del Impuesto sobre las Rentas del Capital.

Desgravación: Por la inversión en el Impuesto general sobre la Renta de las Personas Físicas.

Suscripciones: directamente en la Central y Sucursal del Banco de España o a través de cualquier Banco, Caja de Ahorros, Agente de Cambio y Bolsa o Corredor de Comercio Colegiado.

UNA INVERSION DE SOLIDARIDAD NACIONAL

MINISTERIO DE HACIENDA

AMORTIZACION DE LA DEUDA PUBLICA

persona que es un **alcista** porque su operación estriba en el **alza** de los precios. Al contrario, al vendedor que espera volver a comprar sus mercancías a un precio inferior se le llama **bajista** ya que especula en una **baja** de las **cotizaciones**.

El mercado a plazo permite hacer operaciones sobre mercancías que no siempre existen en el día de la negociación ; ésa es la razón por la cual también se llaman estas operaciones **en descubierto**.

Algunas bolsas desempeñan un papel internacional y se publican las cotizaciones de ciertos productos hasta en los países extranjeros. Así por ejemplo, son verdaderos indicadores de la **coyuntura económica** mundial el mercado de los cereales de Chicago, el de Liverpool para el algodón, el de Sydney para la lana, etc. Las **fluctuaciones** de precios en estas plazas bolsistas pueden acarrear considerables cambios en los otros mercados del mundo entero.

BOLSAS FINANCIERAS

En las Bolsas financieras (o de valores) se cotizan los precios de los efectos públicos y valores mobiliarios.

Estos efectos pueden ser de dos clases :

1 — **EFECTOS PUBLICOS** que constituyen la **deuda pública**. Con el fin de amortizar dicha deuda, el Estado recurre al público emitiendo **empréstitos** por medio de **obligaciones** o **bonos del tesoro**. Las deudas pueden ser ya sea **flotantes** (y corresponden a empréstitos a corto plazo), o bien **consolidadas** (a largo plazo).

Estas deudas consolidadas se dicen **perpetuas**, cuando no se reembolsa la obligación sino que se sirve un interés todos los años, o **amortizables** cuando devengan un interés y se efectúa el reembolso de las mismas **por sorteo**.

2 — **LOS EFECTOS PRIVADOS** están representados por las acciones y obligaciones emitidas por las diferentes compañías. Como ya lo hemos visto, **las acciones** representan una parte del capital social de una sociedad, siendo el **accionista** propietario de una fracción de la sociedad en la cual ha invertido su dinero. Cobrará cada año una parte de los beneficios realizados por la sociedad bajo forma de **dividendos**.

Al contrario, un **obligacionista** presta dinero a una entidad (sociedad o Estado) que le servirá cada año una **renta fija** (y no variable como en el caso de las acciones) bajo forma de un **rédito** o interés. El obligacionista ya no es propietario sino **acreedor** de la sociedad emisora.

De la misma forma que en la Bolsa de mercancías los productos se sometían a la ley de la oferta y de la demanda, los **títulos** y otros valores son objeto de especulaciones según las cuales las **cotizaciones** suben o bajan. Así por ejemplo, cuando una sociedad hace mucho negocio, se cotizan sus acciones con una **cuota** elevada. Al contrario, cuando circula el rumor de que va a ocurrir una nueva crisis energética, el precio de las acciones de las compañías petrolíferas experimenta una baja considerable. Como bien se supone, el mercado de los valores representa un volumen de transacciones de mayor amplitud que el del mercado de las mercancías.

Las operaciones que se efectúan en las bolsas suelen ser de varias formas :

1 — **AL CONTADO** y el procedimiento es el mismo que en las bolsas de mercancías,

2 — **A PLAZO LIBRE** : la compra del título se puede efectuar cualquier día antes de la fecha prevista para la **liquidación**,

3 – **A PLAZO FIJO**, es decir para un día determinado e improrrogable,

4 – **A PLAZO FIJO CON PRIMA**, con facultad de rescindir la operación llegado el día señalado pagando una prima (indemnización) al vendedor.

Fácil es de entender que estas especulaciones podrían dar lugar a operaciones deshonestas o incluso fraudulentas si no se hicieran por medio de unos profesionales capacitados. Así, los **agentes de cambio y bolsa**, y los **corredores** son **agentes colegiados** que han de depositar una **fianza** para ejercer sus funciones. Se agrupan en colegios o **juntas sindicales** en cada ciudad donde haya una Bolsa. Son oficiales ministeriales nombrados por el Jefe del Estado y consiste su trabajo en efectuar la negociación de efectos públicos y otros valores cotizables, así como la de letras y efectos negociables.

También es preciso recordar que incluso se cotizan en la Bolsa las divisas extranjeras y los metales preciosos (oro y plata) cuyo comercio se efectúa bajo el control de los diferentes gobiernos.

VOCABULARIO

acarrear	*entraîner*
un accionista	*un actionnaire*
un acreedor	*un créancier*
un agente de cambio y bolsa	*un agent de change et de bourse*
un agente colegiado	*un agent assermenté* (jurado)
un alza	*une hausse*
un alcista	*un haussier*
una baja	*une baisse*
un bajista	*un baissier*
una bolsa de mercancías	*une bourse de marchandises*
" " de valores (o financiera)	*" " des valeurs*
bolsista	*boursier*
un bono del Tesoro	*un bon du Trésor*
capacitado	*habilité*
celebrarse	*se tenir*
~~la contratación~~	*la négociation*
un corredor	*un courtier*
cotizar	*côter*
las cotizaciones	*les cours*
la coyuntura	*la conjoncture*
la cuota	*la cote*
devengar un interés	*produire un intérêt*
una deuda amortizable	*une dette amortissable*

la deuda pública	la dette publique
" " consolidada	" " consolidée
" " flotante	" " flottante
los efectos públicos	les effets publics
" " privados	" " privés
un empréstito	un emprunt
estribar en	reposer
una fianza	une caution
hacer negocio	faire des affaires
improrragable	non ajournable
una junta sindical	un syndicat d'agents de change
la ley de la oferta y de la demanda	la loi de l'offre et de la demande
la liquidación	la liquidation
una lonja	une bourse de marchandises
el mercado al contado	le marché au comptant
" " a plazo	" " à terme
una operación en descubierto	une opération en découvert
una obligación	une obligation
un obligacionista	un obligataire
a plazo libre	à terme libre
a plazo fijo	à terme fixe
a plazo fijo con prima	à terme fixe avec prime
los réditos	les revenus, les rentes
una renta fija	un revenu fixe
rescindir una operación	résilier une opération
los títulos	les titres
transcurrir	s'écouler (le temps)
los valores mobiliarios	les valeurs mobilières

OBSERVACION

Alza palabra femenina, se emplea en singular con el artículo masculino. Se dice : **un alza, el alza**. También, obedecen a dicha modificación las palabras femeninas acentuadas en la primera sílaba : **el agua, el ama de casa, el haya, el hacha**, etc.

Pero en plural se dice : **las alzas, las aguas, las amas de casa**, etc.

PREGUNTAS

1 — ¿Qué clase de productos se cotizan en las bolsas de mercancías ? ¿Por qué varían las cotizaciones ? ¿Cuáles son las transacciones que se pueden efectuar en dichas bolsas ? ¿Qué es el mercado al contado ? ¿el mercado a plazo ? ¿De qué manera se hacen las especulaciones en el mercado a plazo ?

2 — ¿Qué son las bolsas financieras ? ¿Qué se cotiza en estas bolsas ? ¿A qué llamamos efectos públicos ? ¿efectos privados ? ¿Qué diferencia hay entre una acción y una obligación ? ¿Cómo amortiza el Estado la Deuda pública ?

3 — Dar las definiciones de los términos siguientes : **operación en descubierto, las deudas consolidadas, reembolso por sorteo, bono del tesoro, agente colegiado.**

4 — ¿Quiénes son los agentes de cambio y bolsa ? ¿Qué papel desempeñan en la bolsa ? ¿Por qué tienen que depositar una fianza ? ¿Quién los nombra ? ¿Por qué han de pertenecer a una Junta sindical ?

GRAMMAIRE

CONJUGAISON IRREGULIERE

ETUDE DES VERBES QUERER, SABER, SALIR

QUERER

Indicatif présent : **quiero, quieres, quiere, queremos, queréis, quieren.**
Prétérit : **quise, quisiste, quiso, quisimos, quisisteis, quisieron.**
Futur : **querré, etc.**
Subjonctif présent : **quiera, etc.**
Imparfait : **quisiera, quisiese, etc.**

SABER

Indicatif présent : **sé, sabes, sabe, etc.**
Prétérit : **supe, supiste, supo, supimos, supisteis, supieron.**
Futur : **sabré, sabrás, sabrá, etc.**
Subjonctif présent : **sepa, etc.**
Imparfait : **supiera, supiese, etc.**

SALIR

Indicatif présent : **salgo, sales, sale, salimos, salís, salen.**
Prétérit : **salí, saliste, salió, etc.**
Futur : **saldré, saldrás, saldrá, etc.**
Subjonctif présent : **salga, etc.**
Imparfait : **saliera, saliese, etc.**
Impératif : **sal (tú), salga (Vd.), etc.**

EXERCICE GRAMMATICAL

Traduire les phrases suivantes :

1) Je voudrais que vous me rendiez un petit service.
2) C'est entendu. Nous ferons comme vous voudrez.
3) Hier, nous avons voulu mettre la machine en route et ça a fait sauter les plombs.
4) Encore faudrait-il qu'il veuille bien signer le contrat.
5) Dès que vous saurez quelque chose à ce sujet, téléphonez-moi.
6) Il faut qu'il sache que s'entêter dans ces circonstances ne mène à rien.
7) Je voudrais que vous sachiez que notre politique ne consiste pas à vendre n'importe quel produit à n'importe qui.
8) Avant hier, le train est parti de la gare d'Atocha avec une heure de retard.
9) Sortez d'ici avant que je n'appelle la police.
10) Il faudra que vous partiez demain de très bonne heure, si vous voulez être à la frontière pour midi.

TRADUCCION INVERSA

Les bourses de valeurs sont comparables à des marchés puisque ce sont des lieux où vendeurs et acheteurs se rencontrent ou, plus précisément, ceux qui cherchent à vendre et ceux qui cherchent à acheter.

Mais les transactions sont d'une nature tout à fait particulière puisque, d'une part, elles portent non sur des marchandises mais sur des valeurs, et d'autre part, les vendeurs n'ont pas toujours l'intention de livrer effectivement ces valeurs et les acheteurs espèrent les revendre avant d'en avoir pris livraison. Ceux qui pensent réaliser un bénéfice grâce aux variations des cours sont appelés «spéculateurs».

Comme les opérations risquent d'être frauduleuses, ces marchés sont strictement contrôlés par le Gouvernement qui délègue ses pouvoirs à des agents de change ou à des courtiers qui, pour exercer leurs fonctions, doivent être assermentés et fournir suffisamment de garanties sur le plan financier en déposant une caution.

TRADUCCION DIRECTA

Lectura : Banco Popular Español, página 237.
Traducir el primer orden del día del texto, p 237.

LECTURA

HACIA LA CONSOLIDACION DEL MERCADO BURSATIL

Las bolsas españolas han vivido un ejercicio muy positivo, con una subida del 40,66 por 100 en el índice general de Madrid, 78,15 por 100 en Valencia, 57,47 por 100 en Barcelona y 52,38 por 100 en Bilbao. Una subida semejante a la registrada en la Bolsa de Madrid no se producía desde hacía 15 años. El máximo de 154,51 por 100, alcanzado el 8 de octubre, marca un hito en este mercado ya que desde el final de la guerra civil sólo en tres ocasiones se había superado la cota del 150 por 100 : en 1941, 1946 y 1969.

Los inversores parecen haber perdido algo de miedo al mercado bursátil, después de la crisis iniciada en 1974 y que se ha mantenido prácticamente durante ocho años. Las ganancias obtenidas durante 1983 y 1984, así como el importante volumen de contratación que se viene registrando, permiten esperar la consolidación de la renta variable. De todas formas, los actuales precios de las acciones aún deberán multiplicarse por dos en pesetas corrientes y por nueve en pesetas constantes para recuperar lo perdido desde el inicio de la crisis.

Varios factores han tenido que coincidir para permitir que el mercado bursátil español se haya situado en un puesto privilegiado a nivel mundial durante 1984. España, con un incremento ponderado del 40,9 por 100, encabeza el *ranking* mundial de beneficios en moneda local, seguida de Hong Kong (40 por 100) y México (37,9 por 100). Ajustando los resultados a las fluctuaciones del dólar estadounidense, los mercados nacionales se sitúan en el segundo puesto mundial, con un 27,3 por 100 de beneficios, sólo precedidos por Hong Kong (39,3 por 100) y seguidos por los de Japón (15,7 por 100) y Holanda (6,4 por 100).

Precisamente ese protagonismo a nivel internacional ha servido para atraer la atención de los inversores extranjeros hacia las bolsas españolas. El saldo neto de este tipo de inversiones se situó en torno a 15.000 millones de pesetas efectivas en la Bolsa de Madrid (28.000 millones en compras y 13.000 millones en ventas), lo que supone el triple del registrado el año anterior.

Las inversiones extranjeras por sí solas, sin embargo, no son la base de la reactivación del mercado bursátil, ya que sólo representan el 10 por 100 del total del mercado de acciones (Telefónica es el único valor que cuenta con más de un 20 por 100 de su capital en manos de inversores extranjeros, principalmente fondos de pensiones de Estados Unidos).

Las razones del auge de la bolsa se centran más en el bajo precio de partida de los valores, lo que ha permitido obtener unas revalorizaciones superiores el 50 por 100 ; el descenso generalizado de los tipos de interés, que ha rebajado la retribución de otros activos financieros ; una política monetaria más flexible, que ha inyectado mayor liquidez al sistema , la mejora de resultados de bastantes sociedades ; el descenso de la inflación a un nivel inferior a dos dígitos (9,5 por 100) ; el resultado de la balanza por cuenta corriente, excedentaria por primera vez desde hace varios años, y una reactivadora política económica que se ha centrado en el fomento del ahorro y la inversión privada.

Manuel Navarro

Lección veinticinco
LAS COMPAÑIAS DE SEGUROS

EL CONTRATO DE SEGURO

El **contrato de seguro** es un documento por el cual una persona **(el asegurador)** se compromete, mediante el pago de una suma convenida **(prima)**, a indemnizar a otra persona **(asegurado)** por los **perjuicios** producidos en su persona o en los bienes de su propiedad.

En varias ocasiones hemos hablado del papel importante que desempeña el seguro, particularmente en los transportes cuando se trata de cotizaciones de precio (capítulo 18). Hoy, vamos a profundizar la noción de seguro y examinar las diferentes formas que reviste en la actualidad.

PRINCIPIO DEL SEGURO

Consiste este principio en repartir entre el mayor número posible de personas los riesgos de accidentes que pueden ocurrir a una proporción limitada de ellas. En pocas palabras, esto equivale a decir — sin saber de antemano quien será — que las personas aseguradas pagan los gastos de la persona que ha tenido un «accidente» (en el sentido amplio de la palabra). Según la ley de las probabilidades, las compañías de seguro calculan la suma que es necesario pedir a cada uno de los asegurados, no sólo con el fin de reembolsar el importe de los daños, sino también de realizar un beneficio. Sin embargo, para la persona asegurada, el objeto del seguro consiste únicamente en la indemnización del daño ocurrido y no debe, en ningún caso, ser fuente de provecho.

La **seguridad social** es una forma obligatoria y generalizada de seguro contra los riesgos a los cuales están expuestos los que contribuyen al fondo pagando una cotización o **cuota**. La ley reconoce varias formas de seguro :

1 — **Seguro Social** (enfermedad, maternidad, vejez, invalidez),
2 — **Accidentes del trabajo** y enfermedades profesionales,
3 — **Ayuda familiar**.

Por regla general, las principales formas de seguro social que actualmente se aplican, en la mayoría de los países, consisten en los casos que acabamos de mencionar, a los cuales es preciso añadir un seguro de **desempleo**. Tanto el empleador como el empleado tienen que contribuir al fondo del seguro que permitirá pagar las diferentes prestaciones.

AGRUPACION PARA EL SEGURO TURISTICO ESPAÑOL
(Servicio Sindical) ASTES. Núñez de Balboa, 101. Teléfono 262 20 87
MADRID - 6

Cette assurance, du fait de couvrir exclusivement des risques survenus en Espagne, n'est régie ni par le droit français des contrats ni par la législation française concernant le contrôle des opérations d'assurances. Elle est régie par la législation espagnole.

DIAS / JOURS

DEL / DU VALIDEZ - VALIDITE / 19...
AL / AU / 19...

EMITIDA POR LA «AGRUPACION» EN NOMBRE Y POR CUENTA DE LAS ENTIDADES ASEGURADORAS AGRUPADAS
EMISE PAR LE GROUPEMENT AU NOM DES ENTITES D'ASSURANCES GROUPEES

POLIZA COLECTIVA DE SEGURO TURISTICO C N.º 058432

PERSONAS PROTEGIDAS / NOMS DES ASSURES
N.º PASAPORTE O DOCUMENTO IDENTIDAD / PASSEPORT OU DOCUMENT IDENTITE
RECIBI / MONTANT REÇU

CONTRATANTE
— 2 —
— 3 —
— 4 —
— 5 —
— 6 —

DIAS / JOURS PERSONAS / PERSONNES TOTAL / TOTAL

EXPEDIDA / EXPEDIEE
LE _____ 19___

VEHICULO / VEHICULE _____ MATRICULA / PLAQUE D'IMMATRICULATION _____
PAR _____

HA CONTRATADO PARA SI Y PARA LAS PERSONAS DETALLADAS LOS SEGUROS DE ASISTENCIA SANITARIA, ACCIDENTES INDIVIDUALES, EQUIPAJES, DEFENSA JURIDICA Y REPATRIACION DEL VEHICULO Y OCUPANTES

LA ENTIDAD EMISORA
POR LA AGRUPACION

A SOUSCRIT POUR LUI-MEME ET POUR LES PERSONNES CI-DESSUS DETAILLEES LES ASSURANCES D'ASSISTANCE SANITAIRE, ACCIDENTS INDIVIDUELS, BAGAGES, DEFENSE JURIDIQUE ET RAPATRIEMENT DU VEHICULE ET DES OCCUPANTS

EL CONTRATANTE

POLIZA COLECTIVA DE SEGURO

En un contrato, las condiciones generales aplicables a todas las personas suelen estar impresas, mientras que las condiciones que sólo se refieren al asegurado están escritas a máquina.

Forma parte de las **obligaciones del asegurador** : pagar la suma convenida en el contrato (seguro referente a las personas) o reparar los daños causados por un accidente (seguro referente a los bienes). En cuanto a las **obligaciones del asegurado** (o **contratante**), le toca pagar la prima, dar una estimación razonable del valor del objeto del seguro, declarar el accidente en el plazo requerido y tomar precauciones con el fin de evitar que el accidente produzca mayores daños. Se llama dicho contrato **póliza de seguro**, y **acta adicional** las eventuales modificaciones que se pueden aportar a las **cláusulas** generales.

DIFERENTES FORMAS DE SEGUROS

1 — **SEGURO DE INCENDIO** : La propiedad y los bienes mobiliarios pueden ser asegurados contra el incendio. En cambio, no se puede asegurar el dinero, sino las joyas, los objetos de valor, etc. que se asegurarán mediante el pago de una prima especial. Se definen los daños por **mutuo consentimiento** o se valoran por **peritos** nombrados por ambas partes.

2 — **SEGURO DE VIDA** : La compañía aseguradora garantiza el pago de cierto capital o de una **renta** a sus **derechohabientes** o a un tercero beneficiario en caso de **defunción** del asegurado. Puede también la compañía de seguro pagar una **renta vitalicia** es decir que se compromete a pagar al año una cierta cantidad de dinero a partir de la fecha estipulada en el contrato y hasta el **fallecimiento** de la persona asegurada.

3 — **SEGURO DE ACCIDENTE** : Esta forma de seguro cubre los accidentes que pueden ocurrir al contratante (así por ejemplo, una persona puede asegurarse sólo para veinticuatro horas antes de hacer un viaje por avión), o los accidentes causados a un **tercero**. En este último caso, el contratante está asegurado contra **los daños y perjuicios** que puede reclamar una tercera persona accidentada por culpa directa o indirecta del asegurado. Esto se llama más corrientemente **responsabilidad civil** y cubre los daños causados por un tiesto que cae de un balcón, o por uno de sus niños que va por la acera en bicicleta. En tales casos, el seguro prevé el pago de una indemnización (capital) a los herederos en caso de fallecimiento de la víctima, capital o renta anual en caso de incapacidad permanente, o indemnización diaria en caso de incapacidad temporal.

También existen otras formas más particulares de seguro :
— Seguro contra el robo
— Seguro automóvil (todo riesgo, o riesgo a un tercero)
— Seguro agrícola (contra las heladas, el pedrisco, las epidemias, etc.)
— Seguro contra los accidentes ocurridos al practicar un deporte (esquí, fútbol, alpinismo, etc.).

SEGURO MARITIMO

Cuando se trata de transporte marítimo, el seguro toma una importancia excepcional debido a las sumas considerables que se invierten en los buques y sus cargamentos, por una parte, y por otra, a los riesgos que representa cruzar los mares del

El Seguro no es un lujo ni un ahorro, es un bien de primera necesidad.

Por eso es imprescindible y barato.

Su familia tiene unos bienes que usted ha conseguido con su esfuerzo de años.

Su familia tiene una forma de vivir que sólo con gran sacrificio podría reducir.

Su familia tiene una responsabilidad jurídica ante multitud de pequeños actos imprevisibles (la rotura de un cristal **puede** causar daños a otras personas, las cañerías de su casa **pueden** inundar la de los vecinos…).

La vida diaria de usted y su familia tiene riesgos continuos que, sólo con su patrimonio, usted no puede afrontar.

Por eso no es posible vivir tranquilo sin seguridad.

Seguros Galicia conoce su responsabilidad ante un hombre que exige seguridad para su familia.

Seguros Galicia. Estamos orgullosos de que la tranquilidad de usted y su familia sea nuestra profesión.

Y queremos demostrárselo.

globo. Como el transporte, el seguro marítimo es uno de los más antiguos del mundo. La mayoría de las veces, debido a la complejidad de las gestiones, se establece la póliza de seguro por el intermediario de un **corredor marítimo** que está en relación con las compañías más importantes del país.

En este ámbito, es práctica corriente que las compañías de seguro ellas mismas se aseguren en una compañía de mayor importancia. Por ejemplo, la famosísima compañía inglesa LLOYD'S asegura a una cantidad de compañías de seguros por el mundo, hasta tal punto que dicha compañía publica un registro en el cual se consignan todos los detalles y condiciones de navegabilidad de los barcos. También VERITAS en Francia publica un registro semejante.

Los contratos de seguro marítimo pueden referirse :
— al barco (casco, aparejos, maquinaria, etc.)
— o al flete (cargamento).

En las pólizas, se ha de consignar el nombre del buque — si se conoce —, o si no, se extiende el contrato para un buque indeterminado. Muy a menudo, se suscribe una póliza, denominada **flotante**, ya que se refiere a mercancías que serán transportadas durante un período determinado, cualesquiera que sean los buques fletados.

El **asegurador** está obligado a indemnizar al **asegurado** en caso de daños causados por los riesgos del mar : tempestad, naufragio, echazón, cambios forzados de rumbo, o de barco, incendios, etc. Quedan excluidos, salvo convención especial, los perjuicios causados por culpa del capitán o de la **tripulación**.

VOCABULARIO

el acta adicional	l'avenant
el aparejo	le gréement
un asegurado	un assuré
un asegurador	un assureur
la ayuda, el subsidio familiar	les allocations familiales
el casco de un barco	la coque d'un bateau
una compañía de seguros	une compagnie d'assurance
un contrato de seguro	un contrat d'assurance
un contratante	le contractant
un corredor marítimo	un courtier maritime
una cuota	une cotisation
los daños	les dommages
los daños y perjuicios	les dommages et intérêts
la defunción	le décès
los derechohabientes	les ayants droit
el desempleo	le chômage
una enfermedad	une maladie

251

un empleado	un employé
un empleador	un employeur
el echazón	le délestage de la cargaison par-dessus bord
el fallecimiento *(fallecer)*	le décès
el flete	le fret
fletar (fletado)	affreter
una fuente de provecho	une source de profit
las gestiones	les démarches
los herederos	les héritiers
una indemnización	une indemnité
la invalidez	l'invalidité
los peritos	les experts
los perjuicios	les dommages
el pedrisco	la grêle
las prestaciones	les prestations
una prima	une prime
una póliza de seguro	une police d'assurance
una póliza flotante	une police flottante
profundizar	approfondir
una renta vitalicia	une rente viagère
riesgo a un tercero	au tiers
a todo riesgo	tout risque
el rumbo	le cap d'un navire
el seguro automóvil	l'assurance automobile
" " de incendio	" incendie
" " marítimo	" maritime
" " de vida	" sur la vie
un tercero	un tiers
la tripulación	l'équipage
la vejez	la vieillesse

EXPRESIONES

en varias ocasiones	à plusieurs occasions
en el plazo requerido	dans les délais requis
la mayoría de las veces	la plupart du temps
por mutuo consentimiento	par consentement mutuel
hasta tal punto que	au point que

es práctica corriente que las compañías se aseguren...
il est de pratique courante pour les compagnies de s'assurer...

OBSERVACIONES

Propio, propietario, propiedad se escriben en castellano de una manera diferente del francés (sin **r** después de la **p** de la segunda sílaba) : *propriétaire*.

Volvemos a señalar que es preciso distinguir **los perjuicios** *(les dommages, les dégâts, les préjudices)* de **los prejuicios** *(les préjugés)*.

GRAMMAIRE

CONJUGAISON IRREGULIERE

ETUDE DES VERBES SER, TENER, TRAER

SER

Indicatif présent	: soy, eres, es, somos, sois, son.
Imparfait	: era, eras, era, etc.
Prétérit	: fui, fuiste, fue, fuimos, fuisteis, fueron.
Futur	: seré, serás, será, etc.
Subjonctif présent	: sea, etc.
Imparfait	: fuera, fuese, etc.
Impératif	: sé (tú), sea (Vd.), etc.

TENER

Indicatif présent	: tengo, tienes, tiene, tenemos, tenéis, tienen.
Prétérit	: tuve, tuviste, tuvo, tuvimos, tuvisteis, tuvieron.
Futur	: tendré, tendrás, tendrá, etc.
Subjonctif présent	: tenga, etc.
Imparfait	: tuviera, tuviese, etc.
Impératif	: ten (tú), tenga (Vd.), etc.

TRAER

Indicatif présent	: traigo, traes, trae, traemos, traéis, traen.
Prétérit	: traje, trajiste, traje, trajimos, trajisteis, trajeron.
Subjonctif présent	: traiga, etc.
Imparfait	: trajera, trajese, etc.

EXERCICE GRAMMATICAL

Traduire les phrases suivantes :
1) C'est moi qui vous ai remis ces bons de commande.
2) Quand tu seras chef d'entreprise, tu pourras prendre autant de risques que tu voudras.
3) Il aurait fallu que nous soyons plus nombreux pour que les syndicats soient représentés dans l'usine.
4) Le mois dernier, nous avons dû revoir entièrement les contrats d'assurance de nos camions.
5) Faites attention à cette nouvelle machine; elle travaille dix fois plus vite que l'ancienne.
6) Si j'avais de l'argent, je le placerais en obligations de l'E.D.F.
7) Hier, il a apporté au bureau sa nouvelle calculatrice de poche.
8) Mademoiselle, apportez-moi la liste de tous nos revendeurs de la province de Lérida.
9) J'aimerais que vous m'apportiez l'avenant à notre police d'assurance.
10) Ne m'apportez pas toujours les mêmes projets de publicité; je veux de la nouveauté.

TRADUCCION INVERSA

L'assurance a pour but de répartir sur le plus grand nombre possible de personnes les risques d'accidents dont seront frappés quelques-uns. La compagnie d'assurance doit calculer la prime de façon à ce qu'elle puisse rembourser les frais résultant de ces accidents et réaliser également un bénéfice. Comme elle dispose de sommes considérables, elle les investit le plus souvent dans des immeubles.

On rédige une police d'assurance qui est signée par l'assureur et par l'assuré et qui indique la nature des risques couverts, le montant de la prime, la durée du contrat, etc. Les avenants doivent également être signés par les deux parties.

L'assurance-vie a pour objet de garantir le bénéficiaire (par exemple l'épouse) contre le risque de décès de l'assuré (par exemple le mari) ou de son invalidité. Mais elle permet aussi à l'assuré de recevoir une rente après un certain âge, qui est stipulé dans la police.

Le commerce par mer étant exposé à de nombreux risques, l'assurance maritime est la plus ancienne et celle qui donne lieu aux contrats les plus importants.

Lección veintiséis
POLITICA FINANCIERA DE UNA EMPRESA

CALCULO DE LOS COSTES – QUIEBRA – SUSPENSION DE PAGO

En este capítulo, estudiaremos el caso de una sociedad que produce y vende artículos manufacturados (aparatos electrodomésticos, por ejemplo). Cuando estos aparatos están a punto de ser vendidos en el mercado, se calcula el **precio de coste** haciendo la suma de los diferentes gastos registrados durante la fabricación de la mercancía (coste de las materias primas – o primeras materias –, coste de la energía gastada, costes salariales, etc.) a los cuales se añade un tanto por ciento de gastos indirectos, es decir de gastos que no se refieren directamente a la fabricación del producto pero que, de todas formas, se han de tener en cuenta como por ejemplo el sueldo de los delineantes, de los peritos técnicos, del negociado de contabilidad, remuneración de la Dirección, etc. así como los **gastos generales** (luz, calefacción, amortización de la maquinaria, etc.).

Cabe notar que algunos gastos son fijos, es decir que no varían con la cantidad de artículos fabricados ; es el caso de los gastos generales, de lo cual resulta que una empresa de este tipo tiene interés en producir en grandes cantidades, como lo hemos visto, ya que disminuye el precio unitario conforme la producción va aumentando. Las diferentes materias primas necesarias para la fabricación del producto y los accesorios entran en el cálculo del coste del **precio de compra** (coste de la mercancía, almacenamiento, manutención, etc.). El coste del **precio de venta** corresponde al precio de compra añadiendo luego el embalaje, el transporte, los gastos de publicidad, sin olvidar los salarios de los representantes y viajantes. A todos estos elementos conviene añadir el **beneficio** que lógicamente ha de realizar el **empresario**.

El cálculo de los costes es tanto más importante cuanto que permite a los administradores de la sociedad saber exactamente el grado de **rentabilidad** de dicha empresa. Puede perfectamente ocurrir que una compañía tenga la impresión de hacer beneficios mientras que, en realidad, vende con pérdida porque, por ejemplo, la maquinaria no ha sido amortizada del todo, lo cual significa que al calcular el precio de coste de cada artículo no se ha tenido en cuenta el desgaste anual de las máquinas.

La diferencia entre, por une parte, las ventas y los varios ingresos, y por otra, el **costo de producción** y los diferentes gastos, representa el **beneficio bruto**. Parte de este beneficio se vuelve a invertir en la empresa (adquisición de nuevas máquinas, modernización de algún taller, etc.), otra parte va destinada a la **cuenta de reservas**, y el resto representa los beneficios que se tienen que repartir los accionistas de la sociedad. En las juntas, se consulta a los accionistas con el fin de saber si aprueban o no la política financiera de la compañía y también se les somete el **presupuesto** para el año próximo. Igual que una nación, una compañía tiene que pensar su política con varios años de antelación, ya que prever de un año para otro carece completamente de eficacia y puede resultar perjudicial para la propia existencia de dicha empresa.

Muy a menudo, es un error bastante grave el hecho de repartir muchos beneficios entre los accionistas que, por supuesto se pondrán contentísimos al cobrar los dividendos, pero que puede comprometer y arriesgar la vida de la empresa y conducirla a la quiebra.

De la misma forma que una persona paga impuestos sobre sus ingresos, una sociedad ha de pagar tasas sobre los beneficios que realiza (**utilidades**). También tiene que soportar otros gastos, cargas sociales por ejemplo.

SUSPENSION DE PAGO

Si un comerciante decide dejar su negocio, tiene la posibilidad de vender su comercio con las **existencias**, sin olvidarse de pagar a sus **acreedores**.

En la práctica mercantil, es esencial llevar una política financiera sana que consiste en procurar que las deudas a corto plazo no excedan los ingresos. En caso de dificultad, se puede **pedir prestado**, pero cuando se tienen deudas es cada vez más difícil encontrar a alguien dispuesto a prestar dinero, y poco a poco el crédito (es decir la confianza) que se le concede a la empresa se va deteriorando. Si las cosas van de mal en peor, el comerciante se encuentra en la imposibilidad de pagar sus deudas y tiene que suspender sus pagos e informar al Tribunal y a sus acreeedores de su decisión. Se le declara en quiebra.

Un comerciante en **suspensión de pagos** tiene que entregar al Tribunal sus cuentas (activo y pasivo) y no tiene derecho a seguir con su negocio. El Tribunal nombrará a un **síndico** cuya tarea consistirá en liquidar los bienes con el fin de pagar las deudas. En la **liquidación judicial**, el quebrado está autorizado a administrar sus bienes con la ayuda de un **liquidador** para pagar a sus acreedores proporcionalmente a la importancia de la deuda.

Hoy en día, a causa de las condiciones económicas cada vez más desfavorables una **quiebra simple** no perjudica demasiado al comerciante que puede emprender otro negocio. Esta clase de quiebra no ha de ser confundida con la **quiebra fraudulenta** en la cual se demuestra la culpabilidad del deudor que actúa con la intención de defraudar a sus acreedores. Pronunciará el tribunal la condena y quedará el quebrado incapacitado para ejercer otro comercio. Son motivos de interdicción los casos de sustracción de libros, alteración de las escrituras, sustracción de una parte del activo, creación de un activo ficticio, etc.

VOCABULARIO

la amortización	*l'amortissement*
un beneficio	*un bénéfice*
una condena	*une condamnation*
el coste	*le coût*
los costes salariales	*les coûts salariaux*
la cuenta de reservas	*le compte de réserves*
defraudar	*tromper*
un delineante	*un dessinateur industriel*
demostrar la culpabilidad	*prouver la culpabilité*
el desgaste	*l'usure*
emprender un negocio	*entreprendre un commerce*
un empresario	*un chef d'entreprise*
las existencias	*les stocks*
los gastos generales	*les frais généraux*
el grado de rentabilidad	*le degré de rentabilité*
incapacitado	*privé de ses droits*
los ingresos	*les revenus, les recettes*
la liquidación judicial	*la liquidation judiciaire*
un liquidador	*un liquidateur*
la maquinaria	*l'équipement*
las materias primas (o primeras materias)	*les matières premières*
un negociado	*un bureau, un service*
pedir prestado	*emprunter*
un perito	*un expert*
el precio de compra	*le prix d'achat*
" " " coste	*" " de revient*
" " " venta	*" " de vente*
perjudicar	*nuire, porter préjudice*
perjudicial	*préjudiciable*

un presupuesto	*un budget*
quebrar	*faire faillite*
un quebrado	*un failli*
la quiebra fraudulenta	*la faillite frauduleuse*
" " simple	*" " simple*
un síndico	*un syndic*
un sueldo	*un salaire*
una suspensión de pago	*une cessation de paiements*
las utilidades	*les bénéfices*

EXPRESIONES

con varios años de antelación	*plusieurs années à l'avance*
prever de un año para otro	*prévoir d'une année sur l'autre*
vender con pérdida	*vendre à perte*
las cosas van de mal en peor	*les choses vont de mal en pis*

OBSERVACION

Conviene no confundir **amortizar** y **amortiguar**. Se emplea **amortizar** en el sentido financiero refiriéndose al procedimiento que consiste en reembolsar el pago de unas máquinas compradas a crédito. **Amortiguar** se empleará en un ámbito puramente físico o mecánico. Se dice, por ejemplo : **amortiguar** el golpe, y se habla de los **amortiguadores** de un coche.

PREGUNTAS

1 — ¿Cómo se calcula el precio de coste de un artículo manufacturado ? ¿Por qué tiene cualquier empresa de mediana importancia interés en desarrollarse y aumentar su producción ? ¿Cuáles son los elementos que entran en el cálculo del precio de compra ? ¿Cómo se calcula el precio de venta de un artículo ? ¿Cómo se calcula el grado de rentabilidad de una empresa industrial ?

2 — Dar la definición de los términos siguientes : **beneficio bruto, presupuesto, quiebra, suspensión de pagos, utilidades.**

3 — ¿Cómo se soluciona el caso de un comerciante que no puede pagar sus deudas ? ¿Qué recursos le quedan ? ¿Cuál es el procedimiento de la liquidación judicial ? ¿Qué diferencia hay entre una quiebra simple y una quiebra fraudulenta ? ¿Cuáles son las sanciones previstas por el Código en caso de quiebra fraudulenta ?

GRAMMAIRE

CONJUGAISON IRREGULIERE

ETUDE DES VERBES VALER ET VENIR

VALER

Indicatif présent : **valgo, vales, vale, etc.**
Futur : **valdré, valdrás, valdrá, etc.**
Subjonctif présent : **valga, etc.**
Imparfait : **valiera, valiese, etc.**

VENIR

Indicatif présent : **vengo, vienes, viene, venimos, venís, vienen.**
Futur : **vendré, vendrás, vendrá, etc.**
Prétérit : **vine, viniste, vino, vinimos, vinisteis, vinieron.**
Subjonctif présent : **venga, etc.**
Imparfait : **viniera, viniese, etc.**
Impératif : **ven (tú), venga (Vd.), etc.**

REMARQUE : de cette étude, nous pouvons déduire un certain nombre de conclusions en ce qui concerne la conjugaison en général (régulière et irrégulière) :

a) le subjonctif présent, ainsi que l'impératif (à l'exception de la deuxième personne du singulier et du pluriel) se construisent à partir de la première personne du présent de l'indicatif.

Exemple : **vengo, venga, vengamos, etc.**

b) l'imparfait du subjonctif se forme à partir du prétérit, notamment de la troisième personne du pluriel. La racine est identique, seule la terminaison change.

Exemple : **vinieron, viniera ou viniese, etc.**

c) les terminaisons des temps sont toujours les mêmes quelle que soit la nature des verbes (réguliers ou irréguliers). L'irrégularité se situe au niveau de la racine.

EXERCICE GRAMMATICAL

Traduire les phrases suivantes :

1) Je ne crois pas que cela vaille la peine de faire tirer de nouvelles circulaires.
2) Si nos produits équivalaient aux leurs, nous ne rencontrerions pas autant de difficultés au niveau des ventes.
3) Ils sont venus hier dans l'espoir d'être reçus par le chef du personnel.
4) Quand vous viendrez à Madrid, n'hésitez pas à venir voir notre nouvelle collection.
5) Si vous veniez plus tôt, ces choses là n'arriveraient pas.
6) Il serait souhaitable que vos vendeurs viennent à nos cours de promotion des ventes.
7) Je ne suis pas sûr que cette date nous convienne; pourriez-vous la reporter d'une semaine.
8) Au cas où ces roulements à bille ne vous conviendraient pas, faites-le nous savoir dans les plus brefs délais.
9) Le client s'est montré particulièrement intéressé et a dit qu'il reviendrait demain.
10) Venez immédiatement; votre mari a été pris d'un malaise.

TRADUCCION INVERSA

Une entreprise doit surveiller de très près ses prix de revient afin de s'assurer constamment qu'elle ne vend pas à perte tout en ayant l'impression de faire des bénéfices. La comptabilité joue donc, au sein de l'entreprise, un rôle essentiel et exige du personnel bien formé. Dans des conditions normales, le prix de vente est obtenu en ajoutant les frais de vente et le bénéfice au prix de revient (ou de production); mais, bien souvent, du fait de la concurrence, le fabricant part du prix de vente des produits concurrents et, par déduction, calcule les frais qu'il ne doit pas dépasser ainsi que sa marge bénéficiaire.

Lorsqu'un commerçant, pour différentes raisons, ne peut plus règler ses dettes et n'a plus aucun espoir d'amélioration, il ne lui reste qu'une possibilité : déposer son bilan. Le tribunal convoque alors les créanciers et le débiteur peut alors leur proposer un concordat, c'est-à-dire un accord grâce auquel il lui sera possible de continuer son commerce et de payer ses créanciers dès qu'il le pourra.

Si le concordat est refusé, le commerçant est déclaré en faillite, et l'administrateur judiciaire vend le fonds de commerce, le stock de marchandises, et règle définitivement les créanciers. Même si le débiteur est en fonds par la suite, les créanciers ne peuvent alors exiger de réglement.

un concordat : **un concordato, un convenio**

Lección veintisiete
NOCIONES ELEMENTALES DE CONTABILIDAD

CONTABILIDAD EN PARTIDA SIMPLE – EN PARTIDA DOBLE
BALANCES

Con el fin de evitar la quiebra y conocer con exactitud la situación financiera de la casa, el comerciante ha de llevar rigurosamente al día los libros de cuenta gracias a los cuales podrá saber a cuanto asciende el activo y el pasivo (**haber** y **debe**) quedando entendido que el pasivo no debe exceder el activo. El negociado encargado de llevar los libros, asentar las cuentas y hacer periódicamente el balance es el departamento de contabilidad (o contaduría o teneduría de libros). Dicho servicio está bajo la responsabilidad de un **jefe contable**, teniendo éste a sus órdenes **contables** y **tenedores** de libros.

LIBROS EXIGIDOS POR EL CODIGO

La **contabilidad** es el arte o la técnica que consiste en **asentar** bajo forma de cifras y de cuentas las diferentes operaciones de valores efectuadas por el comerciante. Tradicionalmente, se suele llevar la contabilidad expresando dichos valores en mo-

¡BORRON Y CUENTA NUEVA!

Es lo que aconseja el Ministerio de Hacienda para borrar su pasado fiscal.

Nosotros le aconsejamos que a partir de ahora sus cuentas estén claras, no solo por sus obligaciones ante Hacienda, sino para que conozcan la marcha de su empresa con el máximo de detalles, y sobre todo al día.

El sistema de contabilidad por calco OBBO, le ofrece, entre otras, esas ventajas y la posibilidad de adaptar, según sus necesidades, el PLAN GENERAL CONTABLE.

SERVICIOS:
Puesta en marcha.
Asesoramiento.
Consulting.
Post-Venta.

OBBO

DIGA LA VERDAD
sabiendo
lo que dice.

OBBO-MADRID
Sagasta, 22 - Madrid-4
Tel. 447 65 06-07
Tel. 445-74 45-31

neda legal y disponiendo a la izquierda **el débito (debe)** y a la derecha **el crédito (haber)**. Se la puede llevar ya sea **por partida simple** (cuando sólo están consignadas las cuentas de sus acreedores), o bien **por partida doble** (cuando, además de los asientos referentes a sus acreedores se representa el propio comerciante a sí mismo en diferentes cuentas como, por ejemplo : **caja, almacén, efectos a pagar, gastos generales,** etc.). Esta forma de contabilidad es la única que permite darse exactamente cuenta de la posición financiera de una casa de comercio.

Según el Código de Comercio, cada comerciante debe obligatoriamente llevar los libros siguientes :

EL DIARIO BORRADOR, en el cual se asentarán diariamente todas las operaciones efectuadas por la casa. Tiene mucha importancia este libro en la contabilidad ya que a partir de él se efectuarán las escrituras imprescindibles. El Diario, así como los demás libros, deben estar encuadernados, forrados y foliados con el fin de evitar cualquier pérdida de alguna hoja, y han de ser presentados al Tribunal del Distrito que los estampará y rubricará cada hoja.

EL COPIADOR DE CARTAS donde se conservará el duplicado de todas las cartas enviadas por la casa.

EL MAYOR, es el libro al que se trasladan todos los asientos inscritos en primer lugar en el Diario, por orden cronológico, correspondiendo exactamente las cantidades de las varias cuentas.

EL LIBRO DE INVENTARIO Y BALANCES en el cual constará la relación exacta del dinero de los diferentes renglones que constituyen el activo del comerciante (valores, créditos, efectos al cobro, bienes muebles e inmuebles, mercaderías y efectos de todas clases). También se asentarán las deudas y todas clases de obligaciones pendientes. A continuación, se sacará la diferencia entre el activo y el pasivo que constituirá su capital. Además, el comerciante efectuará anualmente **el balance** general de sus negocios, sin omitir ningún asiento, bajo su firma y responsabilidad.

«El comerciante, además de cumplir y llenar las condiciones y formalidades prescritas por el Código de Comercio, deberá llevar sus libros con claridad, por orden de fechas, sin blancos, interpolaciones, raspaduras ni tachaduras, y sin presentar señales de haber sido alterados, sustituyendo o arrancando los folios, o de cualquier otra manera». (Artículo 43 del Código de Comercio).

Las sociedades y compañías llevarán también un **libro de actas** en el cual constarán todos los acuerdos referentes a la marcha del negocio y a las diferentes operaciones efectuadas por la sociedad, así como las decisiones tomadas y adoptadas por las juntas generales y consejos de administración.

Además de llevar cuidadosamente todos los libros que acabamos de citar, es imprescindible que el comerciante (o la persona responsable de la caja, generalmente el **cajero**) efectúe diariamente el arqueo de la caja antes de cerrar la misma y llevar el dinero al banco. **El arqueo** es la operación que consiste en comprobar que las **existencias** de una caja corresponden exactamente con el **saldo** de la cuenta.

Finalmente, cualquier asiento que conste en un libro de contabilidad debe siempre probarse por documentos auténticos que certifiquen la exactitud y procedencia de las anotaciones. Antes de pagar una suma, por mínima que sea, el cajero debe siempre cerciorarse de la autenticidad del documento en virtud del cual efectúa el pago.

VOCABULARIO

el activo	l'actif
alterar	changer
el arqueo	vérification de caisse
asentar	inscrire dans les livres
un asiento	une écriture
un balance	un bilan
la caja	la caisse
el cajero	le caissier
cerciorarse de algo	s'assurer de quelque chose
constar	figurer
la contabilidad (contaduría)	la comptabilité
un contable	un comptable
comprobar	vérifier
copiador de cartas	presse à copier
el crédito	le crédit
el diario borrador (brouillon)	le brouillard
el debe, el débito	le débit
los efectos a pagar	les effets à payer
” ” al cobro	” ” à recevoir
encuadernar (tapa: couture lisse)	relier
estampar	mettre le cachet
las existencias	les stocks, les fonds
foliar	présenter en feuillets
forrar	couvrir (un livre)
el haber	l'avoir
una interpolación	une inversion
un jefe contable	un chef comptable
el libro de inventarios y balances	le livre d'inventaire et des bilans
” ” de actas	” ” de procès-verbaux
llevar los libros	tenir les livres
el mayor	le grand livre
el pasivo	le passif
pendiente	en attente
una raspadura / borrar (gommer)	un grattage
un renglón	une rubrique
rubricar	numéroter
un saldo	un solde
una tachadura	une rature
la teneduría de libros	la tenue des livres
un tenedor de libros ayuda de contable	un aide-comptable
trasladar	passer aux écritures

EXPRESIONES

bajo su firma y responsabilidad *sous sa propre responsabilité*
de cualquier otra manera *de toute autre façon*
por mínima que sea *aussi minime soit-elle*
en virtud de... *en vertu de...*

OBSERVACION

Son dos cosas muy distintas que es preciso no confundir **el balance** y **la balanza**. En contabilidad, cuando se hace **el balance**, se compara el haber con el debe en un período de tiempo determinado. A nivel estatal existen diferentes **balanzas** que tienen por objeto comparar las entradas y salidas de productos, valores o dinero (**balanza comercial, balanza de pagos,** etc.). En el primer caso **balance** se traduce por *bilan*, en el segundo **la balanza** : *la balance*.

PREGUNTAS

1 — ¿En qué consiste la contabilidad ? ¿Cuáles son las dos formas de contabilidad ? ¿Qué diferencia hay entre ambas ? ¿Cuáles son los libros requeridos por el Código ?

2 — Dar la definición de los términos siguientes : diario borrador, el mayor, el balance, el arqueo.

3 — ¿Qué ha de constar en el libro de inventarios ? ¿De qué manera es preciso llevar los libros ? ¿Cuáles son las personas que están empleadas en el negociado de contaduría ? ¿Para qué sirve el libro de actas ?

GRAMMAIRE

CONJUGAISON IRREGULIERE

ETUDE DES PARTICIPES PASSES IRREGULIERS

Nous terminerons cette révision de la conjugaison en vous rappelant un certain nombre de participes passés irréguliers :

abrir	: abierto	**morir**	: muerto
cubrir	: cubierto	**poner**	: puesto
decir	: dicho	**proveer**	: provisto
escribir	: escrito	**resolver**	: resuelto
hacer	: hecho	**ver**	: visto
freir	: frito	**volver**	: vuelto.
imprimir	: impreso		

EXERCICE GRAMMATICAL

Traduire les phrases suivantes :

1) Ce problème n'a toujours pas été résolu.
2) Ils ont découvert de nouveaux gisements de pétrole dans la province de Tarragone.
3) Les prospectus ont été imprimés dans la matinée.
4) Nous sommes disposés à vous accorder les facilités de paiement que vous désirez.
5) Nous avons fait tout notre possible pour sauver cet ouvrier, mais il est mort dans l'après-midi.
6) Les grands magasins resteront ouverts toute la journée de demain, bien que ce soit un jour férié.
7) Les emballages vides doivent être retournés sous huitaine.
8) De nouvelles dispositions ont été prévues pour l'application des accords commerciaux.
9) Chaque couvert doit être enveloppé dans du papier de soie avant d'être placé dans son écrin.
10) Les délais qui nous ont été proposés nous paraissent satisfaisants.

TRADUCCION INVERSA

La comptabilité consiste à transcrire en chiffres les mouvements des valeurs qui s'effectuent dans une maison de commerce. Ce sont là des opérations délicates qui demandent un personnel qualifié. Les grandes entreprises ont leur propre service de comptabilité dirigé par un chef comptable aux ordres duquel se trouvent plusieurs comptables et aides-comptables. Les experts-comptables travaillent généralement à leur compte et prêtent leurs services pour vérifier les bilans des grandes entreprises.

Le «grand livre» doit faire état de toutes les entrées et sorties d'argent réalisées par l'entreprise. A gauche, sont inscrites les opérations de débit, et à droite, le crédit ou avoir. Chaque année, toute entreprise doit procéder à l'inventaire, ce qui revient à comptabiliser tous les éléments qui constituent l'actif de la société (immeubles, stocks, crédits, effets à recevoir, etc.), ainsi que le passif (dettes, investissements, effets à payer, réserves, etc.).

Si le passif dépasse de beaucoup l'actif, et que la société ne peut plus rembourser ses dettes, elle doit se déclarer en faillite.

TRADUCCION DIRECTA

Lectura : Llegaron los auditores, página 267.
Traducir los párrafos 2 y 3 del texto : "La auditoría constituye una práctica profesional ... y las normas de auditoría", p 267-268.

LECTURA

LLEGARON LOS AUDITORES

"Una nueva profesión, entre la verificación contable y el juicio de gestión; ¿para una transparencia irremediablemente necesaria y conseguida?"

Acontecimientos económicos de primera magnitud han situado en un primer plano de actualidad a una *nueva* profesión: la de auditor. Para el común de los españoles, el quehacer de estos expertos profesionales era prácticamente desconocido, pero llegó Rumasa, y el ministro Boyer compareció ante la opinión pública explicando que los bancos del citado grupo no hacían entrega de las auditorías al Banco de España. Por si esto fuera poco, otras auditorías también han ocupado destacados lugares en los espacios informativos: las de las federaciones deportivas —especialmente la de fúbol, las de ciertos bancos en crisis, etcétera. Pero, ¿en qué consiste la auditoría y quiénes son los auditores?

La auditoría constituye una práctica profesional iniciada a comienzos de siglo en los países anglosajones, que se extendió rápidamente después que Estados Unidos, en la década de los treinta, se concibiera como un instrumento coadyuvante a la salida de la crisis económica que por entonces tan duramente afectaba al país. La auditoría consiste en la verificación por un experto independiente de las cuentas o estados financieros preparados por una entidad, de forma tal que pueda llegar a emitir una opinión sobre si representan razonablemente su situación patrimonial, económica y financiera y el resultado de sus operaciones, o si, por el contrario, no se da tal circunstancia. La opinión profesional del auditor se convierte así en una especie de garantía para el gran público; para los accionistas que han invertido en la empresa, para las instituciones financieras que contribuyen a su financiación vía crédito, para los trabajadores, para los potenciales inversores y, en general, para todos cuantos de una u otra forma tengan intereses en la buena marcha y correcta administracíon de la entidad auditada.

La auditoría representa, por tanto una importante contribución a la transparencia del mercado. Sin embargo, para que quienes concurren a ella le otorguen un grado de credibilidad suficiente se precisan garantías de objetividad, que descansan sobre dos pilares básicos: los principios de contabilidad generalmente aceptados y las normas de auditoría.

Los princpos contables constituyen un conjunto de criterios técnicos emitidos por un órgano especializado que goce de respaldo suficiente. Versan sobre cómo registrar, valorar y presentar las distintas partidas integrantes de las cuentas o estados financieros. La general aceptación implica el reconocimiento explícito de tales principios por el conjunto de la profesión, quedando obligados sus miembros a hacer uso de ellos.

Las normas de auditoría se refieren tanto a aspectos técnicos como de índole moral. Las primeras indican cómo realizar el trabajo que ha de conducir a formar una opinión y cómo deben ser los informes que han de emitir los auditores, mientras que las de contenido moral se dirigen sobre todo a garantizar la independencia del auditor: no basta con que su opinión sea técnicamente correcta, es preciso que no exista ni asomo de duda respecto a su total desvinculación de los intereses de la compañia auditada.

El desarrollo de los principios y normas guarda una estrecha relación con el grado de implantación de esta práctica profesional. En los países de la Comunidad Económica Europea, la auditoría de las cuentas anuales constituye una obligación reconocida en las legislaciones respectivas, armonizadas de acuerdo con las correspondientes directrices comunitarias, las cuales explicitan los principales criterios contables y normas profesionales que han de servir de base al trabajo de los auditores, así como el alcance y contenido de sus informes.

En España ha ocurrido algo similar a lo que hace tiempo sucedió en otros países: la crirsis ha realzado el papel de la auditoría. Sin embargo, falta aún un largo trecho por recorrer para situarnos en condiciones parejas con nuestros vecinos europeos ya que no existe aún la legislación que obligue a la auditoría con carácter general. Ello explica que en los últimos meses de 1983 haya circulado en los medios profesionales un borrador de anteproyecto de ley sobre auditorías, auspiciado por el Ministerio de Economía y Hacienda.

Pero pese a la falta de regulación legal, el trabajo de los auditores crece de día en día. Nuevas empresas, no todas en crisis, se suman a la ya larga lista de las que hoy presentan sus cuentas auditadas. Ciertos requerimientos públicos, la salida a los mercados financieros internacionales, el deseo de ofrecer una buena imagen, el respeto a determinados acuerdos sectoriales, etcétera, son algunas de las razones que impulsan a las empresas españolas a sumarse a la legión de las que en el mundo tienen ya por costumbre incluir en su memoria la opinión profesional de sus auditores.

(El País)

Lección veintiocho

LA DIRECCION DE LA EMPRESA

DIRECCION GENERAL – SERVICIO FINANCIERO – CONTENCIOSO

La dirección de una empresa y los diferentes servicios que la componen constituyen el cerebro de una casa de comercio ya que desempeñan el importantísimo papel que consiste en informar y controlar los diferentes departamentos que de ella dependen. A la cabeza de cada servicio hay un **jefe** o **director** responsable de la buena marcha del mismo. Regularmente, se reúnen los **jefes de servicios** con el fin de discutir de algunos problemas importantes que se plantean a la casa y asegurar una cohesión entre la administración de dichos servicios.

EL DIRECTOR GENERAL, que puede tener uno o varios asistentes, no toma una parte activa en el trabajo de la sociedad. Su papel consiste en estudiar los problemas de los cuales depende la política general de la compañía y tomar las decisiones correspondientes. Debe estar al corriente de las tendencias de la economía mundial y mantener relaciones con los más importantes clientes y suministradores, los banqueros, los sindicatos y las asociaciones de comerciantes, etc. Tiene a su disposición una o varias **secretarias ejecutivas** y **taquimecanógrafas** para llevar la correspondencia. Sus cualidades personales son las de organización y decisión y, además de tener un nivel de cultura muy elevado, es imprescindible que domine los problemas de gestión que pueden plantearse.

Entre los servicios importantes de una sociedad, destacan los siguientes :

— **SERVICIO FINANCIERO** : No cabe duda de que es uno de los servicios que se encuentra más directamente relacionado con la **dirección general**, siendo una gestión financiera sana, un elemento fundamental en la vida de una compañía. La mayor preocupación de este departamento consiste en hacer fructificar las sumas que la compañía tiene a su disposición, invertir en los mejores sectores, encontrar préstamos en las condiciones más satisfactorias, controlar el crédito y los asuntos bancarios. Se le consulta regularmente para las inversiones en gran escala y, cada vez que se trata de reunir una junta de accionistas, es preciso que haga una **relación** detallada de la situación financiera de la casa.

Antes del fin del año, tiene que preparar el **presupuesto** para el ejercicio financiero del año siguiente, es decir calcular con la mayor exactitud posible los diferentes gastos correspondientes a cada servicio por una parte, y por otra, los objetivos que el Servicio de Ventas tendrá que esforzarse en alcanzar.

— **SERVICIO DE ESTADISTICAS Y CONTROL** : Su papel principal consiste en seguir paso a paso la progresión de la producción, vigilar el rendimiento y comparar las cifras obtenidas con las de los años anteriores, con las previsiones e incluso con los volúmenes de producción de otras casas competidoras. Tiene a su disposición para efectuar este trabajo un material considerable compuesto de **computadoras** (u ordenadores) y **calculadoras electrónicas**. A cada instante, el personal de este departamento debe estar en condiciones de proporcionar cualquier información referente a la evolución de la producción consultando los diferentes **cuadros** y **gráficos** establecidos por el servicio.

— **SERVICIO DE CONTABILIDAD** (Véase la lección anterior).

— **SERVICIO DEL CONTENCIOSO** : Existe este servicio solamente en las grandes compañías y se refiere a los asuntos jurídicos, más concretamente los **pleitos** que puede tener la casa con clientes, proveedores o con otras compañías. Cuando, por ejemplo, el servicio comercial no puede, después de reiteradas solicitaciones, obtener el pago de una entrega de mercancías, se traslada el **expediente** del cliente a este departamento que se cuidará de entablar las acciones judiciales necesarias con el fin de procesar al cliente.

— **SERVICIO DEL PERSONAL** : Las actividades de este departamento son varias. Se ocupa sucesivamente de :

— seleccionar al personal por medio de tests (prueba de estenografía o mecanografía por ejemplo), entrevistas, exámenes médicos, etc.
— formarlo (períodos probatorios, de meritorio, cursillos, reuniones y visitas de información, etc.)
— pagarlo (fijando el índice del salario, calculando el sueldo, las horas extraordinarias, vacaciones pagadas, seguridad social, etc.)
— cuidar de la salud de los empleados (sala de reposo, centros sanitarios, controles médicos, etc.)
— otras actividades (restaurante, recreo, seguro mutuo, etc.)

EL EJECUTIVO encargado de la dirección de este servicio tiene que tener un buen conocimiento de la Ley del Trabajo, de la legislación social, y frecuentes contactos con las asociaciones laborales y sindicatos.

Según la importancia de las empresas, existen diferentes departamentos y servicios que, a continuación, nos conformaremos con nombrar :
— servicio de mantenimiento
— servicio de seguridad
— servicio de archivación.

VOCABULARIO

un asistente	un assistant
un asunto jurídico	une affaire juridique
una calculadora electrónica	une calculatrice électronique
una computadora	un ordinateur
un cuadro	un tableau
un cursillo *stage*	un cours de formation professionnelle
la dirección general	la direction générale
un ejecutivo	un cadre
el ejercicio financiero	l'exercice financier
la estenografía *taquigrafía*	la sténographie
un examen médico	un examen médical
un expediente	un dossier
un gráfico	un graphique
las horas extraordinarias	les heures supplémentaires
el índice de los salarios	l'indice des salaires
invertir	investir
llevar la correspondencia	tenir la correspondance
una mecanógrafa	une dactylographe
un período probatorio	une période d'essai
un pleito	un procès
un presupuesto	un budget
procesar	poursuivre (en justice)
proporcionar una información	fournir un renseignement
un proveedor (suministrador)	un fournisseur
una relación — (mayor choros los unos a los sivtes)	un exposé — énumération.
el rendimiento	le rendement
el servicio contencioso	le service du contentieux
" " de mantenimiento	" " de maintenance
" " de archivación	" " du classement
" " de seguridad	" " de sécurité
" " de estadísticas	" " des statistiques

una secretaria ejecutiva
un seguro mutuo
una taquimecanógrafa
las vacaciones pagadas
vigilar

une secrétaire de direction
une assurance mutuelle
une sténo-dactylo
les congés payés
surveiller

EXPRESIONES

alcanzar un objetivo
dominar un problema
estar de meritorio
entablar una acción judicial
mantener relaciones con los clientes
después de reiteradas solicitaciones

atteindre un objectif
maîtriser une question
suivre un stage
intenter une action en justice
entretenir les relations avec les clients
après des mises en demeure répétées

OBSERVACIONES

En la práctica de los negocios, y particularmente en la vida de la empresa ocurre frecuentemente que las palabras un poco largas se usen en una forma abreviada. Así por ejemplo, **una taquimecanógrafa** se dice **una taquimeca, una secretaria : una secre.**

También, en la vida familiar, se habla de **los pequés (los pequeños)** que van al **cole (al colegio).**

En castellano, conviene no confundir las palabras **índice** e **indicio** que son indénticas en francés. Como lo hemos visto en este capítulo, se habla frecuentemente del **índice de los salarios,** y **los indicios** son señales que anuncian un fenómeno cualquiera. Por ejemplo hablaremos de **los indicios de una reforma de mayor importancia.**

PREGUNTAS

1 — ¿Cómo se presenta la organización general de una empresa ? ¿Quién está a la cabeza de una gran compañía ? ¿Cuáles son las tareas que le incumben ? ¿Cómo lleva a cabo su cometido ?

2 — ¿Cuáles son los diferentes servicios de una importante casa mercantil ? ¿En qué consiste el trabajo del servicio financiero ? ¿Por qué es dicho servicio tan importante ? ¿Con qué servicios está directamente relacionado ?

3 — ¿En qué consiste el papel del servicio de estadísticas ? ¿Cuáles son los últimos adelantos que este servicio tiene a su disposición ? ¿De qué manera se transcribe la marcha del negocio ? ¿Cuáles son los sectores que se representan en los gráficos ? ¿Cómo se establecen los gráficos ?

4 — ¿Qué papel desempeña el servicio del contencioso en la empresa ? ¿Qué formación es preciso tener para trabajar en dicho servicio ? ¿Cuáles son los casos que más frecuentemente se presentan a dicho servicio ?

5 — ¿Cómo desempeña su función el Jefe del personal de una gran empresa ? ¿Cómo se selecciona a los candidatos que solicitan un cargo en la empresa ? ¿De qué otras actividades tiene que cuidarse ? ¿Cuáles son los demás servicios que se pueden encontrar en una empresa ? ¿Para qué sirven dichos servicios ?

GRAMMAIRE

ETUDE DES PREPOSITIONS A ET EN

LA PREPOSITION A

1) A cette préposition correspond l'idée de *mouvement*. Nous la trouverons donc, tout naturellement, employée après des verbes à sens *dynamique* tels que : **ir, venir, volver, andar, correr, expedir, enviar, exportar, remitir, etc.**

Exemples : Voy **a** mi casa.
Vengo **a** comprar una docena de huevos.
Volverán **a** España la semana que viene.

2) S'emploie devant un *complément d'objet direct* exprimant une *personne* sous forme de nom propre, de nom commun ou de pronom. Elle s'emploiera dans les mêmes conditions pour les choses personnifiées, les divinités, les animaux domestiques, etc.

Exemples : Mañana, tengo que ver **al** director.
Llame **a** la secretaria, quiero hablarle.
En esta empresa despidieron **a** muchos empleados.

LA PREPOSITION EN

s'emploie après des verbes uniquement *statiques*, dans des phrases où l'idée de mouvement disparaît complètement. Nous la trouverons donc employée après des verbes tels que : **estar, quedar, permanecer, etc.**

Exemples : Estoy **en** casa todo el día.
Me quedo **en** España para las vacaciones.
Permaneció **en** un estado muy grave.

EXERCICE GRAMMATICAL

Traduire les phrases suivantes :

1) Chaque année, nous allons en vacances en Espagne sur la Costa Brava.
2) Nous sommes dans un hôtel où nous voyons beaucoup de touristes étrangers et peu d'espagnols.
3) Dès que possible, toutes ces marchandises seront envoyées en Argentine, en port payé.
4) Un grand nombre d'émigrés sont rentrés en Espagne après les élections de juin 1977.
5) Nous avons engagé du personnel supplémentaire à l'occasion des fêtes de la Merced.
6) A la suite des grèves du secteur de la métallurgie aux Asturies, de nombreux ouvriers ont été licenciés.
7) A plusieurs reprises, il a fallu prévenir nos clients d'une erreur de montage dans nos appareils.
8) La livraison sera effectuée au domicile du destinataire.
9) Pour ces questions financières, il serait préférable de consulter plusieurs experts.
10) Le bateau se rapprochait lentement du quai de déchargement.
11) Nous ne pourrons pas joindre nos fournisseurs avant lundi.
12) Exporter en Angleterre implique que nous passions par un transitaire.

TRADUCCION INVERSA

Une grande société est comme un état dont le gouvernement serait la direction, le parlement, l'assemblée des actionnaires, et les différents corps de métiers les services.
Ce sont les services, à la tête desquels se trouvent les cadres, qui assurent la marche quotidienne de l'entreprise et doivent en rendre compte à leurs supérieurs.
Le, ou les directeurs, ont des tâches tout à fait spéciales qui nécessitent souvent des déplacements, des réunions ou même des mondanités. Aussi ont-ils des heures de travail irrégulières au détriment de leur vie privée.

Les services de direction et d'administration constituent le centre nerveux de l'entreprise. Ce sont eux qui veillent à ce que celle-ci ait une politique financière saine et qui assurent un fonctionnement régulier. Ils embauchent, paient et renvoient le personnel, surveillent la production et les intérêts juridiques de la maison. Leur travail est parfois obscur, et les services commerciaux les regardent parfois de haut, mais ils n'en sont pas moins indispensables. Bien souvent, une personne qui donne entière satisfaction dans le service comptable par exemple, ne ferait pas un bon vendeur et vice versa.

LECTURA

LOS EJECUTIVOS, EJECUTADOS

Han vuelto, pero no querían volver, porque el horno no está para bollos. Aunque fumen puro, tienen miedo al paro. En verano perdieron estrés y ganaron peso. Su perfil cambia con los vientos de la crisis : el ejecutivo desciende de su alto pedestal y, ¡qué remedio!, predica con el ejemplo en la cola de la hamburguesería !

Hay de todo, pero todos dicen ¡ ay !, un grito de alarma. El eje del ejecutivo falla. Algo muy malo puede pasar. Y en el gremio cunde el pánico. Una fuente de la organización empresarial CEOE señala, con estrés preagónico, que "de enero a mayo último fueron a la calle, según datos del Instituto Nacional de Empleo, más de 24.000 ejecutivos, a los que habrá que añadir los que a la vuelta de sus vacaciones se encuentren en las mismas condiciones". La citada fuente mortuoria agrega que "se han superado los 200.000 en paro declarado".

El brazo ejecutor del empresario teme y sufre la terrible amputación. Y como de grandes cenas están las sepulturas llenas, "moriremos matando el hambre con una buena mariscada", según expresión de un alto y anónimo ejecutivo.

La crisis, de la que dicen que empezamos a entrar en el principio del fin, no perdona rangos. En el lujoso hotel Miguel Angel ya no proliferan los desayunos de empresa, también llamados de trabajo, con lo que los auténticos trabajadores del desayuno (camareros) se limitan ahora a repartir huevos a los clientes árabes : "Tremendo, tremendo, a estos árabes les da por inflarse de huevos ya de buena mañana", dice el *maître* Juan Céspedes, "y los salones que alquilábamos a empresas por 25.000 pesetas para su desayunito de trabajo están vacíos".

En el hotel Ritz, hoy de la británica Trust House Forte, la empresa favorece el incesto entre políticos y económicos, bien del Gobierno, bien de la oposición. Separado este edificio de la Bolsa por un paso de cebra, son numerosos los bípedos que hacen uso de la senda, primero, y del caviar ruso (3.100 pesetas los 28 gramos), después. "Nuestros salones son los preferidos por banqueros y altísimos ejecutivos", declara el director del Ritz, John M. Macedo, "a quienes facilitamos cuantos caprichos nos soliciten". Caprichos son desde sábanas de hilo y bombones en la habitación hasta el té de las cinco para las esposas de los ejecutivos, por 900 pesetas y piano al fondo. La estrategia de este resucitado hotel consiste en no cobrar alquiler de salones para desayunos empresariales. Se cobra la galleta y se regala el envoltorio. Galleta en su estricta acepción.

En la Bolsa nada se regala. Los *barandilleros* (a no confundir con los banderilleros) están de capa caída. Esos señores que a golpe de diario conservador se sacaban sus rentas con el juego de compraventa, se balancean hoy, cual aves de corral, en la barandilla que les separa de apoderados y dependientes. De tarde en tarde cacarean algo. Uno dice : "Ja, creo que te han llenado el morral de ponferradas, ja". Y el otro pone cara de querer mandarlo al lugar de origen del citado valor.

Bajo el parpadeo verde y rojo de las cotizaciones, un mundo vetusto de bronces, cristales y sólidas maderas vive como piedras del estanque en sus círculos concéntricos. Hasta que a las 11.30 horas los corros se deshacen para formarse otros, aquí y allá, en torno al café y al fármaco curativo. "Coño, tómate algo, que se te ve verde", aconseja un bolsista al amigo, que, en efecto, verde está.

"Es grande la desesperanza de los ejecutivos y especialmente entre los banqueros", dice, tomando aliento, el agente de cambio y bolsa don Pablo de la Nuez, "y yo lo he notado en que muchos no querían volver de sus vacaciones, no querían conectarse con la realidad y la accíon".

Ignacio Carrión
(El País)

Lección veintinueve
LOS SERVICIOS TECNICOS DE UNA EMPRESA

INVESTIGACION – EXISTENCIAS – PLANNING – MONTAJE – ENSAYOS

En este capítulo vamos a estudiar los diferentes servicios que, a partir de una idea, conciben y producen un artículo destinado a ser vendido en el mercado.

EL DEPARTAMENTO DE INVESTIGACION

Está esencialmente compuesto de **ingenieros** y **delineantes**. Una compañía, cualquiera que sea la técnica empleada, tiene forzosamente que tratar de mejorar sus productos y crear otros nuevos. A los **ingenieros** y a los **delineantes** les tocará esta delicada tarea.

En las sociedades comerciales por ejemplo, este departamento no existe y, en otras, es bastante reducido. Sin embargo, en las grandes compañías este departamento emplea mucho personal, teniendo en cuenta que un trabajo creativo requiere mucho tiempo (industria aeronáutica por ejemplo). Ocurre a veces que este departamento es el más importante de toda la compañía (ingeniería civil, ya que se confía la ejecución del trabajo a **subcontratistas**), y otras veces, es el único departamento de la empresa (sociedades especializadas en la investigación técnica : compañías petrolíferas por ejemplo).

En primer lugar, se dibujan los planos que requieren muchos bosquejos y cálculos complejos facilitados, hoy día, por las computadoras electrónicas. Cuando los croquis han sido aceptados, se construyen **maquetas** a escala con madera o escayola. La fase siguiente consiste en la construcción de un **prototipo** ejecutado por un equipo de técnicos sumamente calificados. Será únicamente después de muchas **pruebas y ensayos** cuando se tomará la decisión de construir la máquina o el aparato **en serie**.

EL DEPARTAMENTO DE EXISTENCIAS

En regla general, las sociedades no fabrican más que las piezas más importantes de los artículos que producen, ya que la fabricación integral del conjunto supondría una dispersión de esfuerzos y de inversiones perjudicial para la eficacia y el rendimiento de la sociedad. Las piezas de menor importancia las fabrican **subcompañías** o **proveedores**. En este departamento, el **almacenista** se ha de cuidar de que las **existencias** (o **stocks**) correspondan a las necesidades del departamento de fabricación. A cada pieza – que lleva un número de referencia que también ha de constar en el catálogo o libro de referencias – corresponde una **ficha de existencias** en la cual se indica el nivel máximo del stock (no resultaría rentable almacenar una cantidad demasiado importante de piezas), así como el volumen mínimo (en previsión de algunos retrasos en la producción causados por **huelgas** o **averías** por ejemplo). También, es preciso llevar una contabilidad minuciosa de todas las piezas, lo cual permi-

FICHA DE ALMACEN

te hacer el **inventario** de las mismas cuando sea preciso. Cada vez que una pieza o un artículo procedente del departamento de fabricación entra en el almacén se inscribe en la columna **crédito** ; al contrario, cuando con motivo de una entrega, sale un artículo, se inscribe el mismo en la columna **débito**. Se han de disponer las piezas de una manera lógica y perfectamente accesible y es preciso protegerlas de la humedad (**herrumbre**), del calor y del polvo, y conservarlas en perfecto estado de marcha.

EL DEPARTAMENTO DEL PLANNING

El **planning** consiste en el **planeamiento** o previsión — en la índole, cantidad, y duración — de todas las operaciones de fabricación y de **montaje** y en la **sincronización** de las mismas. A este efecto, se establecen gráficos y diagramas que se ponen constantemente al día gracias a los diferentes **informes** proporcionados por los departamentos de la casa. Esta técnica permite cerciorarse de que la producción se hace en conformidad con las previsiones, o, en caso contrario, tomar las medidas oportunas.

FABRICACION Y MONTAJE

La fabricación propiamente dicha es efectuada por **operarios** cuyo nivel de formación puede variar desde el **peón** (obrero sin cualificación) hasta los obreros especializados que trabajan bajo las órdenes de un **encargado**. Los diferentes departamentos son vigilados por uno o varios ingenieros, y su importancia y organización varían según la naturaleza de la empresa. En lo posible, la compañía utilizará los procedimientos de fabricación en serie mediante las **cadenas de montaje** que permiten la aceleración del ritmo de trabajo y la disminución del precio de coste.

Volvamos a nuestro ejemplo de la industria automovilística. Se colocan de antemano en su debido lugar los diferentes elementos del coche y, a partir de este momento, la operación en su conjunto se puede comparar a un río alimentado por sus diferentes afluentes con una corriente continua y regular. El montaje de los principales elementos (bloque motor, ruedas y suspensión, sistema de frenos, etc.) habiéndose efectuado previamente, se dirigen éstos por medio de transportadores hacia la cadena principal para ser montados con toda la precisión requerida : se mueve el chasis a una velocidad lenta pero regular, y llegan las diferentes piezas en el momento oportuno para colocarse en su sitio exacto. El planeamiento de todas estas operaciones tiene que hacerse con tanto más cuidado cuanto que algunos elementos necesitan ser cambiados en un momento adecuado (las combinaciones de colores, por ejemplo). Se verifican los motores en un **banco de ensayos** antes de salir del taller de producción. En conjunto, se realizan más de veinte inspecciones durante el montaje en el transcurso de las cuales técnicos calificados controlan cada detalle de la operación. **Fosas** especiales situadas debajo de la cadena permiten a los inspectores examinar la parte inferior de los vehículos.

EL DEPARTAMENTO DE ENSAYOS

Una vez que el coche está montado, tiene que pasar, a continuación, por una serie de ensayos (o **tests**) con el fin de asegurarse de que no hay ningún defecto oculto. Así se verificarán el paralelismo de las ruedas, la dirección, los faros, los frenos, etc. Todos los coches son controlados separadamente, mientras que para otros productos se efectúa el control cada diez o cada cien artículos, dependiendo la frecuencia de la naturaleza del producto.

VOCABULARIO

almacenar	*emmagasiner*
un almacenista	*un magasinier*
una avería	*une panne*
un banco de ensayos	*un banc d'essai*
un bloque motor	*un bloc-moteur*
un bosquejo	*un croquis*
una cadena de montaje	*une chaîne de montage*
concebir	*concevoir*
una corriente	*un courant*
un departamento	*un service*
el departamento de existencias	*le service des stocks*
" " de ensayos	*" " des essais*
" " de investigación	*" " de la recherche*
" " del planning	*" " du planning*
la eficacia	*l'efficacité*
un encargado	*un chef de service, d'atelier*
un ensayo	*un essai*
las existencias	*les stocks*
una ficha de existencias	*une fiche de stocks*
forzosamente	*obligatoirement*
una fosa	*une fosse*
la herrumbre	*la rouille*
una huelga	*une grève*
un informe	*un rapport*
un ingeniero	*un ingénieur*
la investigación	*la recherche*
una maqueta	*une maquette*
mejorar	*améliorer*

el montaje	le montage
un operario	un ouvrier
un peón	un manœuvre
el planeamiento	le planning
un plano	un plan
el polvo	la poussière
una prueba	un essai
un prototipo	un prototype
la sincronización	la synchronisation
una subcompañía	une société sous-traitante
un subcontratista	un sous-traitant
un transportador	une courroie (ou chaîne) transporteuse

correa

EXPRESIONES

una fabricación en serie	une fabrication en série
en lo posible	dans la mesure du possible
en un momento oportuno	à un moment précis
cuando sea preciso	chaque fois qu'il y a lieu

OBSERVACION

Hablaremos de **plano** cada vez que se trate de un dibujo o esquema por muy simple que sea presentado en un papel : **el plano** del metro, de la ciudad, **los planos** de una máquina, etc. En un sentido más abstracto, se habla de **plan** cuando se prevé o se proyecta una cosa : así por ejemplo, se habla de un **plan de desarrollo**. De esta palabra derivan el verbo **planear** y los sustantivos **planeamiento** y **planeación**.

PREGUNTAS

1 — ¿En qué consiste el departamento de investigación en una gran empresa ? ¿Cuáles son las personas que están empleadas en el mismo ? ¿Existe este departamento en todas las empresas ? ¿Cuáles son las sociedades en las cuales desempeña un papel fundamental ?

2 — ¿Cuál es el objeto del departamento de existencias ? ¿Por quién está dirigido ? ¿Cómo se sabe exactamente el número de piezas almacenadas ? ¿Por qué sistema se

lleva la contabilidad del movimiento de existencias ? ¿Por qué es preciso llevar rigurosamente esta contabilidad ?

3 — ¿Cuál es la función desempeñada por el departamento del planning ? ¿Cómo se lleva a cabo esta tarea ? En la industria mecánica, ¿cómo se efectúa el montaje de los aparatos fabricados en serie ? ¿Cuáles son las ventajas de la producción en serie con cadenas de montaje ? ¿Cuáles son los inconvenientes ?

4 — ¿Cuáles son las industrias en que un control riguroso es imprescindible ? ¿Cómo se efectúa este control ? ¿Cuál es la frecuencia de las inspecciones en la industria de productos de consumo corriente ?

GRAMMAIRE

ETUDE DES PREPOSITIONS POR ET PARA

1 — LA PREPOSITION POR s'emploie pour exprimer *la cause, le moyen* et également devant les compléments de lieu, d'agent, etc.

Exemples : **Por** haber olvidado la hora, perdió el tren.
Se mandarán estas cartas **por** correo aéreo.
Anduvo **por** las calles buscando un estanco.
El coche fue desmontado **por** el mecánico.

L'emploi de cette préposition est lié à des expressions plus ou moins idiomatiques telles que :

Estar curioso **por** algo, estar loco **por** alguien, interesarse **por** algo, preocuparse **por** alguien, pagar **por** alguien, votar **por** alguien, estar **por** una idea, luchar **por** una causa, morir **por** la libertad, etc.

Nous vous incitons à continuer la liste à l'aide des termes rencontrés au cours de vos lectures. Seule la pratique vous permettra de ne pas hésiter sur l'emploi de cette préposition.

2 — LA PREPOSITION PARA s'emploie pour exprimer *le but, l'attribution, la finalité.*

Exemples : Estas postales son **para** mis compañeros de trabajo.
Se levantó temprano **para** ir a cazar.
Para él, los mejores coches son los coches alemanes.

Là encore, nous vous demandons de noter certaines expressions idiomatiques et d'en continuer la liste vous-même :

Para colmo : *pour comble de malheur*
Para postre : *par-dessus le marché*
No estoy **para** bromas : *je ne suis pas d'humeur à plaisanter,* etc.

EXERCICE GRAMMATICAL

Traduire les phrases suivantes :

1) Par manque d'initiative, nous avons perdu un marché important.
2) Pour ne pas fermer son commerce, il a été obligé d'emprunter de plus en plus.
3) Ils se sont montrés très préoccupés par l'avenir industriel du pays.
4) Ne vous dérangez pas pour moi, je trouverai bien un taxi pour me conduire jusqu'à mon hôtel.
5) J'ai acheté cet appareil photo pour presque rien, mais maintenant je ne le cèderai pour rien au monde.
6) Notre débiteur a choisi de reporter l'échéance.
7) Les syndicats ont lutté pour améliorer les conditions de travail à l'usine.
8) Le port est le prix que l'on paie pour le transport d'une marchandise.
9) En ce qui me concerne, je pense qu'ils ont voté pour la réforme de la constitution.
10) Pour samedi prochain, il faut que nous ayons terminé le montage des circuits électriques sur toutes les machines.

TRADUCCION INVERSA

La fabrication d'une nouvelle gamme d'articles demande de la part de l'entreprise un travail soutenu, depuis le bureau d'études où seront dressés les plans et seront établies les maquettes, jusqu'aux services de contrôle qui se livreront à une inspection méticuleuse des appareils pour voir si cette nouvelle réalisation ne présente pas de défauts.

Entre-temps, les pièces seront exécutées dans les différents ateliers, pour être ensuite assemblées dans l'atelier de montage. La création d'un nouveau modèle est donc une tâche ardue, longue et compliquée qui demande des mois, voire des années de travail.

Une fois l'appareil mis au point, il sera fabriqué en série, ce qui aura pour avantage d'en réduire le coût de fabrication.

Le travail à la chaîne est un travail pénible et il est nécessaire d'assurer la relève des ouvriers assez fréquemment, car le bruit et les cadences sont souvent insoutenables. Chaque ouvrier devra répéter des centaines de milliers de fois le même geste, par exemple visser le même boulon, fixer la même agrafe, jusqu'au moment où il devient lui-même une machine. Cet aspect de la mécanisation a parfaitement été caricaturé par Charlie Chaplin dans son film « Les Temps Modernes ».

TRADUCCION DIRECTA

Lectura : Microelectrónica y sociedad humana, página 283.
Traducir los dos primeros párrafos del texto : "La segunda revolucion industrial ... Academia Americana de Ciencias", p 283.

LECTURA

MICROELECTRONICA Y SOCIEDAD HUMANA

"En la última etapa del evolucionismo neotécnico, la inteligencia artificial acelera las mutaciones sociales."

La segunda revolución industrial. En los días que vivimos son muy pocos los que no han oído hablar de ordenadores, computadoras personales, robots y misiles; así como del efecto de esos ingenios en las más intrincadas cuestiones del cálculo, de las cadenas de montaje y del mundo de las tensiones internacionales. Una secuencia que está relacionada con los avances espectaculares de la microelectrónica, algo también de general conocimiento aunque sea en términos elementales. Pero la verdad es que, a partir de ahí, la inmensa mayoría cuenta con muy escasa información sobre el gran proceso revolucionario en marcha.

Es algo que siempre sucede con lo relativamente nuevo, y así, en el variado y apasionante mundo de la microelectrónica no es extraño que toda una serie de conceptos se empleen de forma poco precisa cuando se habla de transistores, microprocesadores, computadoras, ordenadores (o *hardware*, *software* y *firmware*, por no referirnos sino a las máquinas y a las técnicas de programación, a nivel general y de empresa, respectivamente). Tal situación es atribuible en buena parte a las inercias de nuestros esquemas educativos, pues seguimos estudianto los Capetos, el Concilio de Trento, la Guerra de los Treinta Año —y otros episodios no menos importantes, a la par que lejanos en el tiempo—, dedicando muy corto espacio a esta segunda revolución industrial, de mayores consecuencias que las de la primera, según la Academia Americana de Ciencias.

Además, los conocimientos sobre microelectrónica a menudo se ven nublados por inquietudes reinantes sobre sus consecuencias en la intimidad personal, en el nivel de empleo, en el contacto social o en la misma eventualidad de una conflagración a nivel planetario. Pero, en realidad, ni hay tanto misterio ni todo son tan negros augurios. Veamos.

La miniaturización invasora. La base misma de la microelectrónica se halla en el microprocesador, es decir, en el diminuto dispositivo contenido en una pastilla de silicio (*chip*) en la que se ensamblan, con técnicas industriales de microscopía, una cierta cantidad de tansistores relacionados entre sí por medio de circuitos impresos, en los que se insertan condensadores y resistencias. Los microprocesadores son los elementos básicos de los ordenadores, y en éstos, las informaciones y las instrucciones entran formuladas a través de un programa para, al final, obtener resultados, en forma de *outputs* o salidas para los más diversos propósitos.

A su vez, el elemento básico del microprocesador es el transistor, la *puerta lógica* que, actuando como conmutador, se abre y cierra continuamente, dejando pasar u obstruyendo los flujos que transmiten los impulsos del lenguaje electrónico binario (así llamado por emplear sólo dos dígitos, el cero o el uno) para representar las letras y los guarismos de los programas.

Los componentes del microprocesador, de un *chip* normal de pocos milímetros de lado, pueden llegar al fantástico número de 100.000. Nos da una idea del casi increíble avance experimentado desde que en 1971 la compañía norteamericana Intel construyó el primer microprocesador en una pastilla de silicio de cinco centímetros cuadrados, el hecho de que contenía apenas una veintena de componentes. Desde entonces, la microelectrónica no ha dejado de progresar en la senda de la miniaturización, hasta el punto de que, en promedio, la potencia de los ordenadores se ha multiplicado por 10.000, su precio ha disminuido a una cienmilésima parte y, en tamaños y pesos, las reducciones han sido aún más formidables. En ese proceso de necesidades decrecientes de espacio, de materias primas y de cosumo de energía se halla la clave de la imparable invasión, que virtualmente no conoce barreras.

Vida cotidiana, robótica y competencia. La revolución microelectrónica ha irrumpido de forma espectacular en la aventura espacial, en las telecomunicaciones, en la burocracia y en el área de lo militar. Pero también se ha adentrado en la vida cotidiana: se enseñorea del hogar, por medio de los electrodomésticos programados para lavar, conservar alimentos, limpiar, etcétera; ha trastrocado todo lo relativo a imagen y sonido; está por doquier en las calculadoras de bolsillo, en los relojes digitales y en los juegos infantiles; los procesadores de palabras sustituyen a la mecanografía eléctrica como anticipo de las máquinas de dictar, que traducirán, casi en tiempo real, el lenguaje oral en escrito. Y en el campo de los microordenadores personales —los Timex Sinclair, los Osborne, los Apple, los IBM, etcétera— la marcha es casi alucinante.

En la industria se acelera la automatización de toda clase de procesos productivos a base de robots. Se empezó aplicándolos a las operaciones más repetitivas de las cadenas de montaje. Se pasó luego a las labores más peligrosas para la salud. Pero, superado el impulso inicial, estos nuevos *trabajadores de cuello de acero* están haciéndose presentes en actividades mucho más sofisticadas.

Una tecnología imparable. La competencia exterior y la dinámica interna son los factores que impulsan la nueva tecnología, la necesidad de dar respuestas contundentes a problemas que de otro modo acabarían por ser origen de toda clase de cuellos de botella, atascos y rigideces. Así, por ejemplo, la difusión del *videotex* en muchos centros de trabajo —como los grandes rotativos— la promovieron las alzas de precios de los *inputs* de la industria periodística, desde el papel prensa hasta el trabajo sindicalizado. Los satélites proliferan para resolver complejos problemas de telecomunicación. Y en cuanto a la conducción *alámbrica* de electrones, la generalización de las fibras ópticas de vidrio —en las que es posible emplear el lenguaje binario microelectrónico por rayo láser— ha permitido dar un gran solto cualitativo; sin ellas, algunas conducciones coaxiales habrían llegado a hacerse más gruesas que los propios oleoductos.

(El País)

Lección treinta
LOS SERVICIOS COMERCIALES

ESTUDIO DE MERCADO – PUBLICIDAD – POSVENTA
RELACIONES PUBLICAS

Cuando los productos manufacturados están cuidadosamente guardados en los almacenes, se controlan las entradas y salidas de los mismos por medio de fichas similares a las que vimos en la lección anterior. Ahora, ha llegado el momento de encontrar **salidas** y son los servicios comerciales los que se encargan de esta tarea. A continuación estudiaremos los servicios siguientes : Estudio de Mercado, Publicidad, Ventas, Expedición, Posventa, y Relaciones Públicas.

ESTUDIO DE MERCADO

A decir verdad, el trabajo del departamento de Estudios de mercado empieza antes de que se inicie la fabricación de un producto. Consiste dicho trabajo en hacer un **sondeo** con un número bastante grande de personas, tratando de esta forma de destacar cierta cantidad de constantes que, acto seguido, se tendrán en cuenta para la fabricación del producto. Para llevar a cabo estas **encuestas**, se contrata temporalmente a unos empleados cuya tarea consistirá en prospectar ciertos grupos sociales bien definidos – amas de casa con hijos, por ejemplo –. Hoy día, existen sociedades que se dedican únicamente a esta clase de trabajo, a las cuales se dirigirán las empresas de mediana importancia evitando, de este modo, el mantenimiento sumamente costoso de dichos servicios. Cuando el producto está en venta, conviene que estos departamentos estudien detenidamente las reacciones de los consumidores con el fin de mejorar el producto respondiendo a la demanda del público o cambiando pura y sencillamente la forma de publicidad.

PUBLICIDAD

La publicidad tiene por finalidad dar a conocer un producto tratando, de este modo, de incrementar el **volumen global de facturación** de la casa productora. Son varios los medios publicitarios actualmente utilizados por los fabricantes (prensa, radio, televisión, vallas, etc.) y se refieren cada vez más a un público más amplio (**mass media**). En la mayoría de los casos, se confía este trabajo a agencias especializadas en colaboración con las cuales trabaja el departamento de publicidad de la empresa que también se cuidará de la decoración de los escaparates, escogiendo los **temas publicitarios**, promoviendo una idea susceptible de ser aceptada por el público (por ejemplo, una compañía aérea desarrollará el tema de la evasión gracias a los paisajes encantadores del Extremo Oriente, fomentando los viajes a esta parte del mundo). Se encargará también dicho departamento de la representación de la empresa en una **Feria de muestras** dibujando los planos del **puesto** en el cual se presentarán los nuevos productos, o de la organización de visitas de la fábrica en las cuales **azafatas** acompañarán a los **visitantes** (existen actualmente escuelas especializadas en la formación de esta clase de personal).

DEPARTAMENTO DE VENTAS

Este departamento, debido a su importancia, es el único de todos los que hemos estudiado en los tres últimos capítulos, que existe en las pequeñas empresas. Cabe dividir el personal, que en él trabaja, en tres categorías:

1 — **EMPLEADOS DE OFICINA** : Se ocupan principalmente de la correspondencia llevada por las secretarias, de las facturas, de los cobros, etc. También tienen que asentar ciertas operaciones de contabilidad, a no ser que exista en la empresa un departamento especial donde está centralizada la contaduría. La mayor parte del trabajo consiste en llevar las cuentas de los clientes y tenerlas al día. En caso de retraso en el pago de una factura, se mandan varias cartas **recordatorias** antes de confiar el expediente al servicio del contencioso. Siempre los servicios comerciales se esfuerzan en encontrar una solución amistosa y tratan de solucionar el caso a las buenas, es decir lo más diplomáticamente posible.

2 — **DEPENDIENTES Y DEPENDIENTAS** : Se conoce demasiado bien el papel desempeñado por estas personas para que insistamos. Sólo recordaremos que las cualidades esenciales para el personal vendedor son la amabilidad, la cortesía, cierto sentido comercial y un poco de conocimiento de la psicología del consumidor.

3 — **VIAJANTES** : Consiste su trabajo en dar los pasos necesarios para encontrar a futuros clientes y en hacer visitas regulares a los clientes de la casa con el fin de coger los pedidos y escuchar sus sugerencias y reclamaciones en caso de que las haya. Normalmente, tienen siempre que hacer desplazamientos y al final del día es preciso que redacten un **informe** que mandarán a su casa, con el fin de informar a la dirección de sus actividades y de los resultados conseguidos. Están bajo las órdenes de

un **jefe**, que suele ser un representante con mucha experiencia, debido al número de años que lleva en la misma casa, que se encarga de la formación de los principiantes y de los casos más delicados y que, a su vez, está bajo las órdenes del **jefe del departamento comercial**. Si no trabajan a comisión, se les paga un sueldo fijo basado en un promedio de ventas y, si pasan de esta cifra, cobran primas.

Cuando se trata de ventas, no basta con hacer su trabajo concienzudamente (como en contabilidad por ejemplo) sino que también es preciso tener sentido de iniciativa y a veces mucho talento para poder quitar clientes a las sociedades rivales. También se les concede un presupuesto especial con el fin de invitar a los clientes importantes y, ellos mismos tienen una cuenta especial de gastos en la cual consignan sus **dietas** (alocaciones especiales para la comida y el alojamiento). En Estados Unidos por ejemplo, existen cadenas de hoteles de lujo que se encargan de la recepción de los viajantes y sus huéspedes, en los cuales se paga la cuenta por medio de tarjetas de crédito (American Express, Americard, etc.).

DEPARTAMENTO DE EXPEDICIONES

Su papel consiste en embalar esmeradamente las mercancías para protegerlas de los choques y golpes que pudieran recibir durante el transporte, y expedirlas. Se hacen entonces dos operaciones distintas :

EMBALAJE (o **ACONDICIONAMIENTO**) : Incluso si las mercancías están ya embaladas, es preciso meterlas en cajas de madera o de cartón sujetadas por precintos metálicos o **flejes** cuyo objeto es amortiguar los choques. En cuanto a los objetos frágiles, se les embala en cajas forradas con paja, serrín, fibras de maderas o con un material más moderno : el P.V.C. (cloruro de polivinil). Cuando se trata de exportar mercancías es preciso tomar ciertas precauciones ya que algunos países prohiben ciertas clases de material utilizado para forrar las cajas particularmente los que son susceptibles de introducir microbios o enfermedades contagiosas en el país. Muy a menudo, las cajas van marcadas con advertencias como por ejemplo : **alto y bajo, frágil, inflamable, conservar en un sitio seco, etc.**

EXPEDICION : Se expiden las mercancías ya sea por los propios camiones de la sociedad o bien por medio de un transportista.

Un empleado del departamento de expediciones suele ocuparse también de la **facturación**, de las formalidades aduaneras, y de la carga y descarga de dichas mercancías (véase la lección 18).

SERVICIO POSVENTA

Un número cada vez mayor de empresas se ocupan del mantenimiento de los artículos vendidos y efectúan las reparaciones cubiertas por la garantía contra algún defecto de fabricación. Por su naturaleza, se trata de un departamento fundamentalmente técnico, pero cuya finalidad es esencialmente comercial ya que trata de atraer a los clientes prometiéndoles el mejor servicio posible (**piezas de recambio** por ejemplo) y procurando darles, de esta forma, entera satisfacción.

SERVICIO DE RELACIONES PUBLICAS

Este servicio se encuentra solamente en las mayores empresas. Se encarga de los artículos de **prensa**, de las conferencias, de algunas formas de publicidad (inauguraciones, recepciones de personalidades, etc.), cenas oficiales, y por regla general, de los contactos con personas que, gracias a su posición social o financiera, pueden influir de una manera favorable en el prestigio y en la **fama** de la empresa.

VOCABULARIO

una azafata	*une hôtesse de l'air*
una constante	*une constante*
el cobro	*le recouvrement*
la cortesía	*la politesse*
un dependiente	*un vendeur*
las dietas	*les frais de déplacement*
una encuesta	*une enquête*
un estudio de mercado	*une étude de marché*
la facturación	*l'enregistrement*
la fama	*la réputation*
los flejes	*les feuillards*
una feria de muestras	*une foire-exposition*
forrar	*doubler, bourrer*
las piezas de recambio	*les pièces de rechange*
la posventa	*l'après-vente*
los precintos metálicos	*les bandes métalliques*
la prensa	*la presse*
un puesto	*un stand*
las relaciones públicas	*les relations publiques*
una salida	*un débouché*
un sondeo	*un sondage*
un tema publicitario	*un sujet publicitaire*
una valla publicitaria	*un emplacement, un panneau publicitaire*
un visitante	*un visiteur*
el volumen global de facturación	*le chiffre d'affaires*

EXPRESIONES

a decir verdad	*à vrai dire*
acto seguido	*par la suite*
a las buenas	*à l'amiable*
fomentar las ventas	*encourager les ventes*
encontrar salidas	*trouver des débouchés*
trabajar a comisión	*travailler à la commission*

OBSERVACION

Conviene distinguir y dominar el sentido de las palabras siguientes : **presa, prensa** y **empresa**.

Una **presa** (del verbo **prender**) es una obra que sirve para embalsar las aguas de un río en un valle. (En français : *un barrage*).

Una **prensa** es, ante todo, una máquina para comprimir cualquier materia *(une presse)*. De ahí deriva el nombre que todos conocemos la **prensa** *(la presse)* relativo al conjunto de publicaciones (revistas, diarios y periódicos).

Una **empresa** (del verbo **emprender**) es una sociedad comercial y el **empresario** es la persona que dirige dicha sociedad *(entreprise et chef d'entreprise)*.

PREGUNTAS

1 — ¿Qué es un estudio de mercado ? ¿Para qué sirve ? ¿Cómo se efectúan dichos sondeos ? ¿Cuál es el personal empleado en estas agencias ? ¿Qué es la publicidad ? ¿Cuáles son los diferentes medios actualmente empleados ? ¿Cuál es el principio fundamental de la publicidad ? ¿Considera Vd. la publicidad como un elemento agradable de la vida cotidiana, o al contrario como un elemento embrutecedor y agresivo ? ¿Cree Vd. que la publicidad contribuye al descenso del precio de venta de los productos, o al contrario al incremento de los mismos ?

2 — ¿Quiénes son las personas que trabajan en el departamento de ventas ? ¿En qué consiste su oficio ? ¿Qué son los viajantes ? ¿Qué cometido han de cumplir ? ¿Cómo están remunerados ? ¿Cuáles son las ventajas que se les concede ?

3 — ¿Por qué se han de embalar las mercancías antes de expedirlas ? ¿Cuáles son los materiales que actualmente se emplean a este efecto ? ¿Cuáles son las recomendaciones que se suelen inscribir en las cajas ?

4 — ¿Cuál es el objeto del servicio posventa de una empresa ? ¿A qué fin se usa dicho servicio ? ¿Cuáles son las empresas a las que les conviene tener un servicio de relaciones públicas ? ¿En qué consiste este servicio ? ¿Cuáles son los medios empleados por estos servicios para mejorar el prestigio de la sociedad ?

GRAMMAIRE

ETUDE DES PREPOSITIONS DE ET CON

1 − LA PREPOSITION DE exprime *l'origine, la provenance* ou *l'éloignement.*
Exemples : Estos melocotones vienen **de** España.
El tiene que marcharse **de** su país.

Cette préposition ne pose pas de problème, sauf dans son emploi idiomatique dans certaines expressions : coger **de** la mano, tirar **de** la manga, colgar **del** techo, saber **de** algo, hacer **de** algo *(jouer le rôle, remplir les fonctions)*, trabajar **de** intérprete, etc.

2 − LA PREPOSITION CON exprime *le moyen.*
Exemples : La mesa estaba adornada **con** flores.
Se forran las cajas **con** fibras de madera.

Son emploi est également lié à certaines expressions idiomatiques :

Dar con alguien	: *rencontrer quelqu'un*
Tropezar con alguien	: *tomber sur quelqu'un*
Meterse con alguien	: *chercher querelle à quelqu'un*
Chocar con una pared	: *heurter un mur*
Conformarse con	: *se contenter de*
Soñar con	: *rêver de*
Bastar con	: *suffire*
Contar con alguien	: *compter sur quelqu'un*

REMARQUE : L'emploi des prépositions est toujours délicat dans toutes les langues et particulièrement en espagnol. Aucune règle ne permet de savoir quelle préposition employer. Nous vous conseillons de faire des fiches sur lesquelles vous indiquerez la préposition étudiée et ensuite tous les verbes ou expressions qui emploient cette préposition. Relisez-les fréquemment à haute voix, seule la pratique vous permettra d'éviter les erreurs.

EXERCICE GRAMMATICAL

Traduire les phrases suivantes :

1) Il était employé comme stagiaire dans une compagnie d'assurance.
2) De la pointe du pied, il fit basculer l'énorme bloc de pierre dans le vide.
3) Dans l'arrière-boutique, les jambons et les saucisses pendaient aux poutres du plafond.
4) L'hôtesse prit l'enfant par la main et le conduisit jusqu'à la salle d'attente.
5) Il fait également office de secrétaire de mairie et s'occupe de l'état civil des habitants de la commune.
6) Les caisses sont cerclées de fer afin d'éviter qu'elles ne s'ouvrent pendant le transport.
7) Le chef de service se contenta de parcourir le rapport et apposa sa signature au bas de la dernière page.
8) L'actuel directeur de l'imprimerie a commencé il y a vingt cinq ans comme apprenti.
9) Il ne voulait d'histoires avec personne, c'est pourquoi il s'abstint de prendre la parole au conseil d'administration.
10) Lorsqu'il se rendait en Amérique du Sud, il voyageait toujours comme passager clandestin.

TRADUCCION INVERSA

Toute société qui se respecte consacre un budget parfois considérable à la publicité qui a pour but de faire connaître les produits et, par la même occasion, d'augmenter le chiffre d'affaires des maisons qui les fabriquent. Mais il ne suffit pas de dépenser beaucoup d'argent; encore faut-il le dépenser à bon escient. C'est pourquoi de nombreuses entreprises ont leurs propres services de publicité où travaillent artistes et dessinateurs, afin de mettre au point les idées qui permettront d'attirer la clientèle et de promouvoir les ventes.

La réaction du public en ce qui concerne la publicité est très contradictoire. Certains la considèrent comme un véritable fléau auquel rien ne résiste et qui s'est emparé de notre vie quotidienne. D'autres, au contraire, voient en elle un élément de divertissement, grâce aux images et aux couleurs qu'elle apporte et qui viennent illuminer la grisaille de la routine quotidienne.

Quoiqu'il en soit, nous sommes forcés d'admettre que le commerce actuel repose entièrement sur la publicité et que, grâce à elle, de nombreux emplois se sont créés, offrant ainsi des postes séduisants à tous les jeunes gens qui possèdent des idées originales, car dans notre monde, la publicité est certainement la plus grande dévoreuse d'idées qui ait jamais existé.

à bon escient : **oportunamente.**

TERCERA PARTE

CORRESPONDENCIA COMERCIAL

INTERCAL
TRABAJOS Y SUMINISTROS TECNICOS, S. A.

TECNICAS MODERNAS SOBRE
**INTERCAMBIO DE ENERGIA
MOVIMIENTO Y TRATAMIENTO**
DE FLUIDOS

Membrete

Avenida Menéndez Pelayo, 11 - MADRID - 9
Teléfono 275 26 09 (tres líneas)
Telegramas : I N T E R C A L O R - MADRID

C. Rosellón, 214 - BARCELONA - 8
Teléfono 215 02 36
Telegs.: I N T E R C A L O R - BARCELONA

su referencia   su escrito   n/referencia 0−691.026
                                                         jg/bm

P A M A R
Zurbano, 73   ) *Destinatario*   Madrid, 23) *Fecha*
M A D R I D - 3   Enero
                                               1969

Oferta especial de electrobombas) *Asunto*

Señores :) *Saludo*

Cuerpo (De acuerdo con sus deseos, nos complace adjuntarles nuestra oferta n° 691.026 correspondiente al eventual suministro de electrobombas LEFI—LEGARDA.

Les recordamos que el descuento con que Vds. se verían beneficiados sería del 25 %.

Antefirma (Quedamos a la espera de sus gratas noticias sobre el particular, y aprovechamos la ocasión para saludarles muy atentamente.

Firmas (Javier Casla   José Gargallo

Anexo (Se adjunta :
Oferta n° 691.026

Ejemplar de carta anunciando una oferta especial de equipo sanitario. La parte anexa se encuentra reproducida en la lección 31.

Introducción
PRESENTACION Y REDACCION DE UNA CARTA COMERCIAL

LA CARTA COMERCIAL MODERNA

En la práctica de los negocios, la **carta** es el medio más corriente y más adecuado para la comunicación escrita. Las cartas comerciales que actualmente se estilan distan mucho de las cartas que se solían escribir hace unos veinte años. Hoy en día, la correspondencia comercial se hace de una manera más libre y se redactan las frases con un estilo más espontáneo con el fin de facilitar la lectura de la misma por el destinatario que, como bien se supone, es también hombre de negocios disponiendo de muy poco tiempo.

Por lo tanto, el estilo de dichas cartas estribará en la **sencillez** de las formas, **claridad** de las ideas, y **brevedad**, evitando las fórmulas largas y pretenciosas que, hoy día, han pasado de moda. Se recomienda, también, mucha **diplomacia** sobre todo en los casos delicados como cuando se niega un servicio, se señala un error o se reclama una cosa, con vistas a no herir los sentimientos del lector.

PRESENTACION DE LA CARTA

Constan las cartas comerciales de diez partes :

1) EL MEMBRETE :

Va impreso en la parte superior del papel, con una o varias tintas, con más o menos fantasía según la índole del negocio, y a veces acompañado de un dibujo estilizado representando la marca comercial y símbolo de la actividad mercantil de la casa. Se encuentran en el membrete : **la razón social, la dirección de la empresa, el número del código telegráfico** y **número de teléfono.** En Francia, se suelen añadir la cifra del capital social y el número del Registro mercantil, elementos que casi nunca se usan en España.

2) LA FECHA :

Se escribe a continuación de la dirección de la empresa, generalmente a la derecha de la carta. Puede ponerse de varias formas, siendo la más aconsejable la siguiente :

Logroño, 8 de octubre de 1977

3) LAS REFERENCIAS :

Suelen estar impresas las palabras : S/ref., N/ref. en el papel de la carta, en la parte izquierda, así como el **asunto.**

4) EL ASUNTO :

Va también impreso de antemano en el papel de la carta, debajo de las referencias. En esta misma línea, se escribe de una forma muy concisa el tema principal de la carta. Por ejemplo :

Entrega de seis telescriptores tipo N.P. 732

5) EL DESTINATARIO :

Se escribe la dirección del destinatario también en la parte izquierda de la carta (disposición americana, también adoptada en España ; los franceses disponen las señas del destinatario a la derecha). Ha de corresponder exactamente con la dirección escrita en el sobre de la carta. Si la carta va dirigida a un comerciante individual, se pondrá el nombre precedido de Sr. D. (esta fórmula tiene necesariamente que ir acompañada del nombre y del apellido del comerciante) :

Sr. D. Jaime Ribera,

Si se trata de una sociedad colectiva, se pondrá solamente la abreviación Sres. seguida de los apellidos de los diferentes socios :

Sres. Martínez, Costa y Valderivas,

o también de las formas siguientes, según el tipo de sociedad :

Lacayo y Cía.,
La Leridana, S.A.,
Establecimientos Borjas e Hijos,

Debajo del nombre, se escribe el nombre de la calle y el número, y en la línea siguiente, la población con letras mayúsculas. En caso de que no sea capital de provincia, es preciso añadirlo entre paréntesis y en minúscula :

Lacayo y Cía,
Joaquín Costa, 25
MOGUER. (Huelva)

6) EL SALUDO :

Se trata de la manera con la cual el autor de la carta se dirige a su corresponsal. Los saludos que con preferencia se deben usar hoy día son : **Señor** (cuando se escribe a una persona), **Señores** (cuando se escribe a una sociedad). La fórmula : **Muy Señor mío** es un poco anticuada y se tiene que evitar. Cuando es preciso añadir un tono de deferencia, es preciso decir : **Estimado Señor**, o **Distinguidos Señores**. Estas denominaciones van seguidas de dos puntos (y no de una coma).

7) EL CUERPO DE LA CARTA :

Después de una breve introducción, se pasa directamente al objeto de la carta, es decir la o las informaciones que se tienen que comunicar, **con un estilo fácil de entender**. El contenido de la carta ha de ser claro y, con el fin de evitar las confusiones, **los diferentes aspectos del mismo asunto serán objeto de párrafos separados**. Se recomienda, cuando se trata de un asunto completamente diferente, escribir otra carta.

Si la carta contiene alguna cantidad objeto de cargo o abono, es conveniente destacarla escribiéndola ya sea en el margen o bien **subrayándola dejando un espacio en**

la línea siguiente. Con el fin de evitar los errores, **siempre irán las cantidades escritas en cifras y en letras entre paréntesis** :
     con la cantidad de Ptas. 3.500 (tres mil quinientas)

8) LA DESPEDIDA :

 Debe ser **sencilla** y dar la impresión de **sinceridad**. Por este motivo, es preciso evitar de recurrir a fórmulas retumbantes y a sus abreviaturas tan ridículas (affmo., seguro servidor que estrecha su mano, o que su mano besa). Mucho más sencillas y correspondiente con la realidad de hoy son las fórmulas :
    Le saludamos atentamente,
    Atentos saludos,
    Atentamente les saludan,

 A menudo, el verbo de la frase de despedida tiene por sujeto el nombre expresado por la firma :
    Atentamente le saluda,
     Luís Gómez

9) ANTEFIRMA Y FIRMA :

 En el caso de un comerciante por su cuenta o de un pequeño comercio, basta con que el dueño estampe su firma al pie de la carta para que esté firmada. Cuando se trata de comercios más importantes, y particularmente de sociedades, **es preciso que el nombre y apellido del firmante vayan precedidos del nombre de la sociedad o razón social, y después de su firma manuscrita, se indica el cargo que ocupa en dicha sociedad**. Por ejemplo :
    ARTES GRAFICAS, S.A.
    Rafael Quintanilla,
    Director comercial

10) ANEXOS :

 Si la carta va acompañada de algún documento (factura, vale de pedido, o lista de precios), conviene indicar al pie de la carta, a la izquierda, el número y la índole del documento de la manera siguiente :
ANEXO : 1 factura.

VOCABULARIO

abonar (abono)	*verser (versement)*
una abreviatura	*une abréviation*
aconsejable	*souhaitable*
anticuado	*désuet*
el apellido	*le nom (de famille)*
el asunto	*l'objet*
la brevedad	*la brièveté*
la cantidad	*la somme*

el capital social	le capital social
la capital de provincia	le chef lieu de département
el cargo	le poste
la carta	la lettre
la claridad	la clarté
el código telegráfico	le code télégraphique
un corresponsal	un correspondant
el destinatario	le destinataire
la dirección	l'adresse
distar de	s'éloigner de
el dueño	le patron
estampar	indiquer, imprimer
estilarse	s'employer couramment
estribar en	reposer sur
la firma	la signature
el firmante	le signataire
la índole	la nature
la información	le renseignement
el membrete	l'en-tête
negar un servicio	refuser un service
la población	la ville
la razón social	la raison sociale
las referencias	les références
el Registro mercantil	le registre du commerce
retumbante	ronflant, ampoulé
el saludo	l'appellation
la sencillez	la simplicité
las señas	l'adresse
los socios	les associés
la tinta	l'encre

EXPRESIONES

de antemano	à l'avance
en el margen	dans la marge
al pie de la carta	au bas de la lettre

Lección treinta y una
CARTAS CIRCULARES Y OFERTAS ESPECIALES

Las **cartas circulares** cuyo objetivo es el de proponer **ofertas especiales** a un grupo determinado de personas o de empresas son una forma de publicidad **(prospección directa)** ya que consisten en despertar el interés del cliente para cierta clase de artículos.

Estas cartas deben presentar ciertas cualidades ; deben ser :

1) **originales**, para despertar la curiosidad del cliente y llamar su atención sobre la oferta propuesta. En ningún caso, deberán estas cartas ser exageradas, y se procurará evitar cualquier sensacionalismo que siempre resulta de muy mal gusto.

2) **convincentes** ; una vez despierta la atención del lector, es preciso convencerle de las ventajas que presenta el artículo añadiendo a la carta hechos, datos o cifras que permiten comprobar la verdad de sus declaraciones. Es práctica corriente, hoy en día, adjuntar a la carta una **muestra gratuita**, o un descuento durante una temporada, o incluso ofrecer al cliente que pruebe gratuitamente el producto **(venta a prueba o condicional)**.

3) **fáciles de contestar**, dándole al futuro cliente la posibilidad de contestar sin demasiada molestia. A este efecto, se preverá un **cupón-respuesta** que el cliente reexpedirá en franquicia postal.

INTERCAL

su ref.

P A M A R, S.L.

OFERTA N.° 691.026   Hoja n.°1

fecha 23 de Enero de 1.969   n/ref. jg/bm

BOMBAS LEFI-LEGARDA   2 BOMBAS TIPO BOB 40/20

1. CONDICIONES DE SERVICIO

.1 Naturaleza del líquido Agua
.2 Sólidos en suspensión ..
.4 Viscosidad a   ºC ...
.6 Caudal en m3/h 4
.8 Altura manométrica total 40 mts.

.3 Temperatura,   ºC
.5 Densidad ....
.7 Altura aspiración
.9 Altura de carga .

2. CARACTERISTICAS TECNICAS

.1 Turbina ....Normal
.3 Velocidad en r.p.m. 2.850

.2 Diametro en mm.... 178
.4 Potencia absorbida 3,5CV

3. MATERIALES

.1 Cuerpo de bomba Fundición Normal
.3 Turbina .... Fundición Normal

.2 Eje de acero inoxidable
.4 Empaquetadura Amianto grafitado.

4. MOTOR ELECTRICO, corriente   Alterna   Marca   ASEA/CES

.1 Tipo MH-112   .2 Protección P-33   .3 Potencia 5,5 CV.
.4 Forma B-3   .5 R.P.M. 3.000   .6 Tensión 220/380 V.

5. PARTIDAS QUE COMPRENDE ESTA OFERTA

   - Bomba propiamente dicha.
   - Acoplamiento semi-elástico.
   - Zócalo de fundición para la bomba y el motor.
   - Motor eléctrico.

6. PRECIO de la bomba LEFI-LEGARDA, tipo BOB 40/20
   sin embalar en fábrica de GALDACANO (Bilbao) .....   14.515,00 Pts.
   I.G.T. y A.P. no incluidos a a cargar en factura..

7. PLAZO DE ENTREGA.- 20 días.

8. FORMA DE PAGO.- 100% mediante letra a 60 días fecha factura.

9. VALIDEZ DE LA OFERTA.- Un mes. Transcurrido este plazo consúltennos.

AVDA. MENENDEZ PELAYO, 11   TELEFONOS 276 06 52 - 276 06 42   MADRID-9

Oferta especial anunciada en la carta anterior.

Veamos a continuación unos ejemplos de cartas :

TARANTELA Y CIA

Mayor de Gracia, 42

Barcelona 12

Barcelona, 15 de junio de 19..

Estimada Señora :

Si Vd. no cree en los milagros, es que todavía no ha visto nuestro nuevo modelo de lavadoras : la Tarantela «Washmatic».

La «Washmatic» es un verdadero milagro de eficacia, de rapidez y de economía. El nuevo proceso patentado de doble acción rotativa de esta máquina permite realizar un perfecto y, a la vez, suavísimo lavado en profundidad de todos los tejidos lo que, hasta la fecha, ninguna marca de lavadoras ha podido conseguir. De hoy en adelante, puede Vd. confiar sus más delicadas prendas de seda o de nylón a la maravillosa técnica de nuestra lavadora.

La Tarantela Washmatic es cien por cien automática. Sólo es necesario colocar la ropa en la máquina, añadir el jabón, poner en marcha y...

Eso es todo. Cuando Vd. venga de la compra, poco tiempo después, encontrará su ropa completamente, absolutamente, maravillosamente limpia. Las prendas blancas quedan deslumbradamente blancas. La ropa interior — tan delicada — sale intacta. Y el ciclo operacional completo (remojo, lavado y aclarado), es enteramente automático.

Claro que sí. Vd. piensa que esta clase de lavadora tiene que costar un ojo de la cara. Está Vd. equivocada. La Tarantela Washmatic se vende al mismo precio que una máquina normal que no tiene todas estas ventajas. Incluso, se puede comprar el modelo de lujo por un precio módico y un primer plazo que no excede 1.000 Ptas.

¿Quiere Vd. que le hagamos una demostración gratuita de esta maravilla ? Llame Vd. al 973 34 32 o ponga su nombre y dirección en la tarjeta adjunta, échela al buzón y uno de nuestros representantes le hará, con mucho gusto, una visita a su casa. O si Vd. pasa por nuestro barrio, ¿por qué no vendría Vd. a visitarnos para que le hagamos una demostración ?

En la espera de su visita, atentamente la saludamos,

TARANTELA y Cía.

(firma)

Jorge Navarro

Director

MOTORES NORTON S.A.

Pérez Galdos, 15
Madrid

Madrid, 28 de febrero de 19..

Señores :

Se llama Maxwell 197. Pero éste es un coche que tiene cinco años de adelanto comparado con las técnicas de diseño y fabricación actualmente existentes.

El nuevo Maxwell, con su motor atrás de seis cilindros, sus super frenos de discos, sus asientos de cuero, su dirección asistida, y su suspensión aerostable es como un rayo en la noche del futuro.

Gracias a sus líneas funcionales y sobrias, este coche ha sido concebido para Vd. y el placer de su familia. Su apariencia compacta permite un aprovechamiento máximo del volumen interior y el esmalte de la carrocería no necesita cuidado alguno. Admirable en su belleza, el Maxwell es también apreciado por resultar muy económico. Sólo es preciso cambiar el aceite cada 5.000 kilómetros, en vez de los normales 2.500.

El Maxwell tiene fama mundial y ha sido probado en el mundo entero. Además, todos los automovilistas están de acuerdo y le reconocen innumerables cualidades que siempre están comprobadas por ensayos drásticos, cualquiera que sea el país donde se venda.

Otra cosa que también tiene su importancia ; el nuevo Maxwell es en realidad más barato que cualquier otro coche de misma categoría. Con 100.000 ptas. podrá Vd. comprar un modelo de la extensa gama de los Maxwell, con todas las facilidades de pago que Vd. quiera y una generosa oferta por el coche que tiene ahora.

Le invitamos a venir a nuestra sala de exposición para que Vd. vea detalladamente el Maxwell. Examínelo, pruébelo, júzguelo. Estará convencido y verá qué fácil es comprarlo. Nuestros almacenes están abiertos hasta las nueve de la noche.

Esperando su visita, le saludamos atentamente,

NORTON MOTORS, Inc.

Manuel Molina
Director comercial

VOCABULARIO

el aclarado   *le rinçage*
aclarar la ropa   *rincer le linge*

un asiento	un siège
una carta circular	une (lettre) circulaire
la carrocería	la carrosserie
el cuidado	l'entretien
un cupón respuesta	un coupon réponse
deslumbrar, deslumbrante	éblouir, éblouissant
un descuento	une remise
una demostración	une démonstration
despertar el interés	éveiller l'intérêt
echar al buzón	mettre à la boîte
la eficacia	l'efficacité
el esmalte	l'émail
estar equivocado	être dans l'erreur
exceder	dépasser
las facilidades de pago	les facilités de paiement
la franquicia postal	la franchise postale
los frenos de discos	les freins à disques
hacer una visita	rendre visite
el lavado	le lavage
una lavadora	une machine à laver
llamar la atención	attirer l'attention
un milagro	un miracle
una muestra	un échantillon
una oferta especial	une offre spéciale
un primer plazo	un premier versement
un procedimiento patentado	un procédé breveté
proponer (una propuesta)	proposer (une proposition)
remojar, el remojo	tremper, le trempage
una suspensión aerostable	une suspension aérostable
una (tarjeta) postal	une carte postale
la venta a prueba	la vente à l'essai

EXPRESIONES SOBRE LA CARESTIA DE LA VIDA

Eso cuesta un ojo de la cara (la torta a un pan) :
ça coûte les yeux de la tête

Eso cuesta un dineral (un fortunón, un riñón, una barbaridad, una porrada) :
ça coûte une fortune

Estar, salir, resultar carísimo :
coûter, revenir cher

con precios astronómicos, desorbitados :
à des prix astronomiques, exorbitants

Los precios siguen disparados (están por las nubes) :
les prix montent en flèche

EXPRESIONES CONTRARIAS

Encontrar algo barato :
trouver quelque chose de pas cher

Eso está baratísimo :
c'est très bon marché

Eso está regalado (tirado) :
c'est donné

Es una ganga :
c'est une affaire.

TRADUCCION INVERSA

CARTA :

Madame,

    Nous avons l'honneur de vous faire parvenir la liste de nos articles de grandes marques. Parmi ces fournitures, tout ce que vous choisirez et nous commanderez vous sera facturé avec une réduction immédiate de 20 %.

    Seule la durée excessivement courte de rotation de nos stocks nous permet d'offrir à tous nos clients cette importante réduction sur les prix catalogue. Ceci évite, d'autre part, le cumul de vieux stocks et nous pouvons vous assurer que les articles proposés ne sont ni des soldes, ni des fins de séries, ni des articles défraîchis par une exposition prolongée dans nos vitrines. D'ailleurs, toutes nos marchandises sont couvertes par la garantie du fabricant.

    Toutefois, étant donné les conditions accordées, il nous est impossible de livrer à domicile et les achats se font au comptant. Nos emballages ont été soigneusement étudiés afin de vous permettre d'emporter tous nos appareils photos et radios avec le minimum de risques.

Nous attirons particulièrement votre attention sur les dernières pages de notre catalogue consacrées aux appareils ménagers auxquels les perfectionnements les plus récents ont été apportés, tant en ce qui concerne les aspirateurs que les machines à laver et les réfrigérateurs.

Une visite, nous en sommes persuadés, vous permettra de vous documenter quant aux progrès qui ont été réalisés dans ce domaine en vue de faciliter la tâche des ménagères.

Veuillez agréer, Madame, nos salutations distinguées.

Michel Laurent

Directeur Commercial

FRASES :

1) Nous vous serions reconnaissants de bien vouloir diffuser la circulaire que vous trouverez ci-jointe.
2) Ne manquez pas de profiter de notre offre spéciale.
3) Toute commande se verra accorder une réduction de 15 %.
4) Notre grande quinzaine commerciale s'ouvre aujourd'hui. Cinq cents commerçants vous attendent pour vous faire connaître leurs produits régionaux.
5) N'hésitez pas à nous rendre visite, nous sommes là pour vous conseiller.
6) Evitez l'attente à nos caisses en groupant tous vos achats et en réglant grâce à la carte de crédit.
7) La circulaire que nous vous prions de distribuer a pour but de mieux faire connaître nos produits à nos détaillants.
8) Notre service de vente par correspondance vous permettra d'éviter des déplacements inutiles.
9) Vingt millions de maîtresses de maison nous font déjà confiance, pourquoi pas vous ?
10) Nous sommes heureux de vous offrir en prime ce merveilleux catalogue qui vous permettra de faire votre choix tranquillement chez vous.

CORRESPONDENCIA PRACTICA :

Una importante sociedad asesoría jurídica (SOGECO) especializada en el cobro de facturas impagadas propone sus servicios a una compañía de transportes.

Está Vd. encargado de redactar la carta enviada por SOGECO en la cual se ponen de manifiesto las ventajas que dicha fórmula presenta :

— tiempo ganado y eficacia en las gestiones administrativas,
— garantía de pago en caso de insolvencia del deudor,
— servicio contencioso para el procesamiento, presentación de protestos, etc.

Prever también el importe de la comisión.

Todo para el hogar. Todo más barato. Todo disponible.
HORARIO
De lunes a sábado, de 11 a 2 y de 4 a 9.
Domingos y festivos, de 11 a 2.
AUTOSERVICIO
CAFETERIA
GRATIS
200 COCHES
EXPOSICION
3.000 m²
CREDITO
EN EL ACTO
GUARDERIA
INFANTIL
HOGARAMA
MUEBLES
HOGARAMA
Carretera de Toledo, Km. 19 (antes de Parla)
MADRID
TOLEDO
PARLA
Le facilitamos una furgoneta
LLEVESELO VD. MISMO ¡ES MAS BARATO!

Lección treinta y dos
CARTAS ANUNCIANDO LA APERTURA DE UN NUEVO NEGOCIO

Cartas similares a las que hemos estudiado en el capítulo anterior se pueden enviar cuando se trata de anunciar la apertura de una nueva tienda con el propósito de atraer a la clientela.

NUEVAS GALERIAS PALAFOX

Paseo de la Independencia

Zaragoza

Zaragoza, 3 de abril de 19..

Sra. Vitoria Ramírez :

Estimada Señora :

    Tenemos el gusto de participarle la próxima apertura de un nuevo centro comercial en su ciudad que le permitirá hacer todas sus compras en el mismo sitio ahorrando, de esta forma, tiempo y evitando muchos pasos inútiles.

    En las NUEVAS GALERIAS PALAFOX, encontrará Vd. todo cuanto desee, en el mismo sitio, gracias a las cincuenta y dos tiendas que acaban de abrirse para servirla a Vd. (tres supermercados y autoservicios, tiendas de especialidades, restaurantes, agencias de viajes, peluquerías, etc.). Para facilitar al máximo sus desplazamientos, hemos puesto a su disposición un garaje con una capacidad de 500 plazas, enteramente gratuito. También, tiene Vd. la posibilidad de acudir a nuestro centro comercial por medio de los autobuses n° 43 y 58.

Nuestros comerciantes le ofrecerán una extensa gama de productos, de la calidad más selecta, asegurándole un servicio impecable.

Se celebrará la inauguración de nuestro centro comercial el 15 de abril a las diez de la mañana. En esta ocasión, todas las tiendas del centro le ofrecerán una gran variedad de artículos a precios especialmente reducidos, con el deseo de que su visita sea lo más agradable posible obsequiando, a todos los visitantes el día de la inauguración, con regalos y recuerdos valiosos.

No se pierda Vd. esta oportunidad. Venga a visitar, con su familia y amigos, las NUEVAS GALERIAS PALAFOX donde les acogeremos con la mayor atención.

Muy atentamente,

Luis Villanueva
Presidente del Sindicato

MUEBLES SORIANO, S.A.

General Mola, 75

Madrid

Madrid, 26 de marzo de 19..

La Inversora Guipuzcoana, S.A.
Alameda de Recalde, 28
BILBAO

Señores :

Nos complacemos en informarles que el día 8 de abril abriremos un almacén de muebles en el número 75 de la avenida del General Mola, planta baja, con la razón social de :

MUEBLES SORIANO, S.A.

Nuestras creaciones se dirigen particularmente a las empresas deseosas de renovar el ambiente de trabajo gracias a una modernización de sus despachos privados, mejor adaptados a la fisionomía actual del mundo empresarial.

Hoy día, los conceptos de decoración en cuanto a los despachos de los servicios administrativos y directivos han cambiado por completo. El despacho moderno es una pieza con mucha luz y espacio, donde reina una atmósfera de simpatía espontánea. El desarrollo de los transportes aéreos ha permitido, cada vez más, que los altos ejecutivos del mundo entero puedan encontrarse en conferencias en la cumbre y el despacho de un director, ahora, se ha convertido en un sitio de reunión donde los participantes pueden sentarse alrededor de una mesa en condición de igualdad.

Procuramos crear este sentimiento de espontaneidad a partir de una esmerada selección de las maderas de nuestros muebles, como gracias a, por ejemplo, el fresno, el nogal, el cerezo, en vez de la caoba y el sicómoro que se estilaban antes de la guerra. La tendencia actual consiste en dar a estas maderas un suave acabado, lo cual proporciona a la sala de los consejos de administración un aspecto más acogedor.

Nuestros clientes buscan cada vez más los despachos que reflejan el prestigio de sus empresas. Confiamos en que Vds. estarán interesados por nuestro catálogo ilustrado que encontrarán adjunto y que les permitirá tener una idea de las realizaciones concebidas para las empresas más dinámicas que han contribuido al reciente desarrollo económico de España.

Esperamos tener la oportunidad de contarles como clientes nuestros y nos alegraríamos de poder enseñarles nuestras salas de exposición.

Mientras tanto, les saluda atentamente,

Angel Pereda
Director general

VOCABULARIO

el acabado	*la finition*
acoger, acogedor	*accueillir, accueillant*
acudir a un sitio	*se rendre à un endroit*
adjunto	*ci-joint*
ahorrar	*éviter*
la apertura de un almacén	*l'ouverture d'un magasin*
atraer la clientela	*attirer la clientèle*
un (almacén) autoservicio	*un (magasin) self-service*
una calidad selecta	*une qualité choisie*
la caoba	*l'acajou*
celebrarse	*avoir lieu*
un centro comercial	*un centre commercial*
el cerezo	*le cerisier*
las compras	*les achats*
una conferencia en la cumbre	*une conférence au sommet*
confiar en algo	*faire confiance à*
los ejecutivos	*les cadres*
los altos ejecutivos	*les cadres supérieurs*
esmerado	*soigné*
estilarse	*se faire couramment*
el fresno	*le frêne*

una gama de productos	une gamme de produits
el mundo empresarial	le monde de l'entreprise
el nogal	le noyer
los participantes	les participants
una peluquería	un salon de coiffure
procurar	faire en sorte
el propósito	le but, l'intention
los servicios administrativos	les services administratifs
" " directivos	" " de la direction
un supermercado	un super-marché
el sicómoro	le sycomore

EXPRESIONES

hacer sus compras, ir de compras :
faire son marché

ir a la plaza :
aller au marché

hacer buenas compras :
faire de bonnes emplettes

la cesta de la compra :
le filet de la ménagère

encontrará Vd. todo cuanto desee :
vous y trouverez tout ce que vous désirerez.

GRAMMAIRE

TRADUCTION DE *VOUS*

1 — LA TRADUCTION DU PRONOM PERSONNEL **VOUS**, les formes verbales correspondantes, ainsi que les possessifs, posent en espagnol des problèmes de traduction qui, souvent, donnent lieu à des fautes d'autant plus graves que le ton de la lettre s'en trouve modifié et passe ainsi du vouvoiement au tutoiement, inacceptable en correspondance commerciale.

Exemple : Nous avons le plaisir de *vous* informer de la prochaine ouverture d'un centre commercial dans *votre* ville qui *vous* permettra de faire *vos* achats... en évitant ainsi de nombreux pas inutiles.

« Vous » peut être en français :
- pronom personnel singulier,
- pronom personnel pluriel, forme de politesse,
- pronom personnel deuxième personne du pluriel (tutoiement). Ce dernier n'est pas envisageable en correspondance commerciale et doit soigneusement être évité.

Les traductions seront dans l'ordre :

Tenemos el gusto de informar**le** (a Vd.) de la próxima apertura de un centro comercial en **su** ciudad que **le** permitirá hacer **sus** compras...

Tenemos el gusto de informar**les** (a Vds.) de la próxima apertura de un centro comercial en **su** ciudad que **les** permitirá hacer **sus** compras...

Tenemos el gusto de informar**os** (a vosotros) de la próxima apertura de un centro comercial en **vuestra** ciudad que **os** permitirá hacer **vuestras** compras...

2 — REMARQUE : *Il doit y avoir concordance* entre *l'appellation* et le *pronom personnel employé.*

Señor (singulier) sera repris par le pronom **le** et **Vd.** et le *verbe à la troisième personne du singulier.*

Señores (pluriel) sera repris par le pronom **les** et **Vds.** et le *verbe à la troisième personne du pluriel.*

TRADUCCION INVERSA

CARTA :

Paris, le 3 septembre 19..

Madame,

Je vous prie de bien vouloir honorer de votre présence la présentation de ma collection d'automne qui se tiendra dans mon nouveau salon de vente, 19 rue de Sèvres à Paris, le 25 septembre prochain de 16 heures à 19 heures.

Vous aurez l'occasion d'admirer le choix le plus vaste de gants de cuir et de sacs à main, tant par la variété des modèles que par l'éventail des prix. Au premier étage de notre magasin, se trouve également le rayon chaussures ; n'oubliez pas qu'une femme élégante se doit d'assortir ses chaussures à son sac.

Vers 18 heures, vous pourrez assister à un défilé de mode au cours duquel vous seront présentés les plus récents modèles de manteaux qui seront bientôt en vente dans notre magasin principal, 131 rue de Rivoli.

Dans l'espoir d'avoir l'honneur de votre visite, je vous prie d'agréer, Madame, l'expression de mes sentiments distingués.

Gérard Brunet
Directeur

FRASES :

1) Nous sommes heureux de vous annoncer la création d'un rayon garçonnet, dans notre magasin de chaussures pour hommes.
2) A partir du mois prochain, un service de teinturerie sera assuré par nos soins.
3) Notre but a toujours été de satisfaire la clientèle.
4) Nous avons le plaisir de vous informer que le rayon alimentation restera désormais ouvert jusqu'à huit heures du soir.
5) La chaîne de nos magasins s'agrandit et nous nous réjouissons de mettre à votre service un nouveau poste de vente dans votre quartier au 10 de l'avenue República de Portugal.
6) Nous nous ferons un plaisir de vous accueillir comme nouvelle cliente et nous vous accorderons une attention toute particulière.
7) Nous vous apportons la solution à vos problèmes ménagers grâce à l'ouverture d'un nouveau supermarché.
8) Vous y trouverez tous les commerces qui, jusqu'à présent, faisaient défaut dans votre quartier.
9) Nous assurons les livraisons à domicile pour toute commande dépassant 100 F.
10) Le service de livraison est entièrement gratuit pour la capitale et sa banlieue.

Lección treinta y tres
OFERTAS INDIVIDUALES

Estas cartas van dirigidas a clientes regulares u otros que pudieran estar interesados por una oferta especial de mercancías. Asimismo, estas cartas tienen que suscitar el interés, pero se suelen generalmente redactar con un estilo mucho menos «agresivo» que las cartas circulares que acabamos de estudiar.

RUIZ HMNOS. Y CIA

Cervantes, 130

Madrid

Madrid, 20 de octubre de 19 . .

Sres. GONZALEZ Y TAJADO
Agentes inmobiliarios,
Príncipe de Asturias, 57
BARCELONA 12.

Ref.: 220-SA/BD

Señores :

    Contestamos a su carta en la cual Vds. nos participan su deseo de poder clasificar y archivar los documentos de una manera rápida y clara. Creemos que la solución a su problema está en nuestro fotocopiador «FAXIMIL» para el cual nuestra empresa acaba de tener los derechos de fabricación exclusiva.

Xerox 3107. La única pequeña que copia y reduce a lo grande.

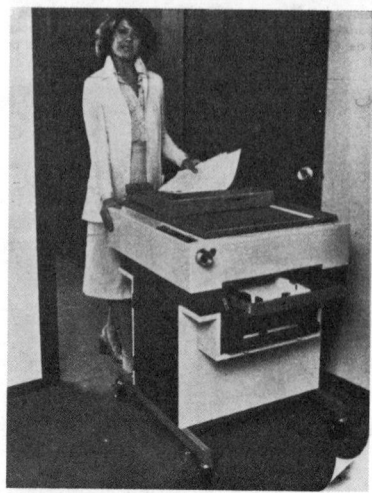

Copia documentos hasta de 35,6 cm x 45,7 cm.

Reproduce textos, masas, medios tonos y fotografías con la misma calidad.

Reduce de DIN-A3 a DIN-A4.

Eso sólo es el principio. Además, la Xerox 3107 mejora originales desvaídos y es móvil. Para que usted la coloque donde quiera.

Para adaptarse perfectamente a sus necesidades, Rank Xerox le ofrece también la 3100 y la 3103. Dos pequeñas portátiles, perfectas para un volumen de copias normal. O para copiar grandes formatos.

Y para tener mayor flexibilidad, usted ahora puede elegir entre alquiler o compra.

Instale una pequeña Xerox en su negocio. Y verá aumentar su productividad a lo grande.

RANK XEROX
Comunicamos mejor.

Envíe este cupón a Rank Xerox Española, S.A. Dpt. Mkt. Josefa Valcárcel, 26. Madrid-27.
Deseo recibir más información sobre la copiadora Xerox 3107.
Mi dirección y mi teléfono son:
Empresa:
A la atención de:
Cargo:
Dirección:
Población:
Tel.:

Gracias a esta unidad fotocopiadora, que no ocupa más sitio que una máquina de escribir, cualquier empleado puede sacar en un par de segundos una copia perfecta y legalmente reconocida, de cualquier documento original.

Gracias al FAXIMIL, tendrán Vds. copias limpias, legibles en blanco y negro de toda clase de documentos desde el cheque y la factura hasta formularios más complicados de declaración fiscal, títulos de propiedad, informes financieros, pólizas de seguro, etc. que podrán Vds. aprovechar en el acto.

Una copia confidencial y única se puede obtener inmediatamente en la intimidad de su propio despacho. Al contrario, cuando Vds. necesitan un centenar de copias de un informe o de un recorte de prensa, sin perder un minuto, uno de sus empleados podrá reproducirlos al ritmo de 80 por hora.

Quisiéramos tener el gusto de enseñarles el funcionamiento del FAXIMIL y la manera con la cual este aparato solucionará sus problemas de reproducción realizando una economía de hasta un 75 por ciento. Sírvanse firmar y reexpedir la postal adjunta y nuestro representante se complacerá en llevarle una unidad fotocopiadora a su oficina para que Vds. puedan probarla gratuita e incondicionalmente durante una semana.

Atentamente,

RUIZ Hmnos. y Cía,

José Luís Serrano
Director de ventas.

A veces, puede presentarse el caso de que un mayorista tenga una oferta excepcionalmente interesante que hacer a un detallista cliente suyo.

Bilbao, 4 de febrero de 19..

Sr. D. Luís de Ayala,
ALMACENES MODERNOS
Tudela.

Señor :

Hemos tenido la suerte de poder conseguir el stock entero de prendas de caballero de Huddersfield Tailors, ya que esta firma ha decidido, de hoy en adelante, dedicarse únicamente a la fabricación de abrigos e impermeables para señoras.

De esta forma, estamos en disposición para ofrecer condiciones excepcionales a los minoristas y proponerle a Vd. estos artículos a precios inferiores a los del mercado, lo cual representa una oportunidad absolutamente única. Huelga decir que todos los artículos tienen un corte impecable, a la última moda y tenemos la posibilidad de suministrarle una gama completa tanto de tejidos (lana peinada, tweeds, cheviots) como de prendas y modelos.

Sin embargo, tenemos que liquidar nuestras existencias dentro de los próximos quince días y nos permitimos llamar su atención sobre la lista adjunta de precios especiales y aconsejarles que nos entreguen sus pedidos sin tardar. Naturalmente, satisfaceremos las órdenes conforme vayan llegando hasta que se acaben nuestros stocks.

Atentos saludos de

Ramón Ortega

VOCABULARIO

un abrigo	*un manteau*
archivar	*classer*
clasificar	*"*
complacerse en	*se faire un plaisir de*
conseguir	*obtenir*
un corte impecable	*une coupe impeccable*
una declaración fiscal	*une déclaration d'impôts*
dedicarse a	*se consacrer à*
un despacho	*un bureau (pièce)*
un detallista	*un détaillant*
enseñar	*montrer*
entregar un pedido	*remettre une commande*
estar en disposición para	*être en mesure de*
las existencias	*les stocks*
firmar	*signer*
un fotocopiador	*un photocopieur*
un informe financiero	*un rapport financier*
de lana peinada	*en laine peignée*
legible	*lisible*
llamar la atención	*attirer l'attention*
una máquina de escribir	*une machine à écrire*
un mayorista	*un grossiste*
un minorista	*un détaillant*
una oficina	*un bureau (ensemble)*
una oportunidad	*une occasion*
una orden (*pl.* órdenes)	*une commande*
participar algo	*faire part de quelque chose*
una póliza de seguro	*une police d'assurance*
prendas de caballero	*vêtements pour homme*

probar (una prueba)   *essayer, un essai*
un recorte de prensa   *une coupure de presse*
sacar una copia   *tirer un exemplaire*
solucionar un problema   *résoudre un problème*
suministrar   *approvisionner*
suscitar el interés   *susciter l'intérêt*
un tejido   *un tissu*
un título de propiedad   *un titre de propriété*

EXPRESIONES

gratuita e incondicionalmente
gratuitement et sans engagement de votre part

huelga decir
il va sans dire

un centenar de copias
une centaine d'exemplaires

conforme vayan llegando
au fur et à mesure que nous les recevrons

a la última (moda)
à la dernière mode

en un par de segundos
en deux secondes

en un periquete, en un santiamén, en un abrir y cerrar de ojos, en un tris
en un clin d'oeil

OFERTAS SUPER ESPECIALES

— No se pierda esta oportunidad única.
— Mejores no hay.
— Regalamos bolsas de viaje.
— Grandes rebajas, descuentos excepcionales.
— Precios más bajos no puede ser.
— No hay más barato.

— Gran racha de saldos.   (avalancha)
— Drásticas rebajas de fin de año.
— Unico por ser distinto.
— Últimos días.
— Facilidades de pago extraordinarias.
— Gran derroche de saldos.   raspiller : derrocher.

TRADUCCION INVERSA

CARTA :

Monsieur,

La période de Noël approche et les vacances de neige sont attendues avec impatience par tous :
— les vrais sportifs passionnés de ski,
— ceux qui sont sensibles à la beauté de la haute montagne, avides d'air pur et de grand silence,
— et ceux qui entendent par «sports d'hiver» un peu de neige et beaucoup de gaîté.

Pour toutes ces personnes, St. Praz offre ses sites admirables, la détente d'une atmosphère sportive et familiale, de belles promenades et un équipement perfectionné.

Nous nous ferons un plaisir, si vous le désirez, de vous envoyer sur demande la liste des endroits où vous pourrez séjourner, depuis les châlets avec dortoirs et cantines jusqu'aux hôtels les plus confortables.

Nous pouvons également vous adresser les horaires des cars qui relient St. Praz aux autres grandes villes voisines, calculer le prix de votre voyage depuis la ville que vous indiquerez et faire les réservations nécessaires.

Vous n'aurez plus qu'à choisir votre hôtel ou pension à St. Praz et boucler vos valises.

Syndicat d'Initiative de St. Praz

Louis Perrier

Directeur.

FRASES :

1) Nous vous rappelons que cette offre est valable jusqu'au 10 Janvier.
2) Cette réduction de 10 % s'adresse à tous nos clients de la région parisienne.
3) Sans doute avez-vous quelque bonne raison de réfléchir, mais n'attendez pas trop, notre quinzaine publicitaire se termine à la fin du mois.
4) Nous nous ferons un plaisir de vous offrir gratuitement un voyage à Séville, en avion, pour la Semaine Sainte.
5) Le gagnant de cette tombola recevra en prime une magnifique voiture SEAT 1500 ; vous n'aurez qu'à payer l'essence.
6) Pourquoi hésiter plus longtemps. Nous vous proposons l'affaire du siècle.
7) Tous nos articles vendus au cours de cette campagne sont garantis un an.
8) Vous connaissez notre réputation ; venez vous assurer qu'elle n'est pas surfaite.
9) Nous nous sommes adressés à vous car nos articles de luxe sont faits pour des gens de goût.
10) Nous vous remercions de votre future visite et vous prions de croire en notre sincère dévouement.

Lección treinta y cuatro
PETICION DE PRECIOS

Esa es la carta más sencilla y más corriente que cualquier persona (empresa o particular) tendrá que escribir tarde o temprano. Estas cartas proceden de un futuro cliente interesado por comprar uno o una serie de artículos fabricados por la casa a la cual dicha carta va dirigida. Desde luego, el estilo resultará totalmente diferente del de las cartas que vimos anteriormente ya que se trata ahora de expresar lo más clara y precisamente posible sus deseos. Cuando son breves, se pueden redactar las peticiones de precios por medio de tarjetas postales despachadas por cualquier oficina de correos (o estafeta).

Juan Pereda,
Paseo Zorrilla 4, 4°
VALLADOLID

Valladolid, 16 de agosto de 19 . .

Señores :

    Tengan la bondad de mandarme, lo más pronto posible, un ejemplar de su catálogo de la gama de modelos para este otoño con una lista de precios adjunta.

    Anticipándoles las gracias le saluda atentamente,

Juan Pereda.

RAMON MENDOZA

Librería del Parque

Recogidas, 15

GRANADA

Papeles GUTIERREZ S.A.
Mayor, 15
ATARFE (Granada)

Señores :

    Deseando renovar nuestras existencias de papel de máquina, papel cebolla, papel secante, así como nuestros sobres comerciales, les quedaría agradecido se sirvieran enviarme muestras de diferentes calidades cotizando sus precios a la salida de su fábrica así como sus condiciones de pago y descuentos por compras periódicas y pago al contado.

    Nos alegraría también tener la visita de uno de sus representantes con muestras de los artículos anteriormente mencionados.

    Atentamente les saludamos,

José Luís Varela
Comprador.

SANCHEZ Hmnos.

Plaza del Mercado, 74

SALAMANCA

Salamanca, 1º de setiembre de 19 . .

Señores :

    El Excmo. Ayuntamiento de Salamanca está a punto de abrir una residencia de estudiantes y desea equiparla con muebles de una concepción muy moderna que tendrán que ser entregados en tiempo oportuno para la apertura prevista para el 15 de octubre.

    Sírvanse enviarnos un catálogo con la gama de muebles para habitaciones individuales, de dos personas y para comedores y refectorios. Seguramente, estaremos en condiciones de encargarles un pedido importante si Vds. nos pueden proporcionar una cantidad suficiente para esta fecha y, en caso de precios reducidos, nos complaceremos en renovar nuestros pedidos.

Hagan el favor de enviarnos un telegrama en el más breve plazo diciéndonos si nos pueden abastecer en conformidad con estas condiciones.

Muy atentamente,

Rafael Sánchez.

VOCABULARIO

abastecer	*approvisionner*
alegrarse	*se réjouir, être heureux*
cotizar un precio	*fournir un prix*
en conformidad con	*conformément à*
despachar	*vendre, distribuer*
un descuento	*une réduction*
expresar	*exprimer*
una estafeta	*un bureau de poste*
estar en condiciones	*être en mesure de*
una oficina de correos	*un bureau de poste*
pago al contado	*paiement comptant*
papel cebolla	*papier pelure*
papel secante	*papier buvard*
un pedido	*une commande*
una petición de precios	*une demande de prix*
pedir un precio	*demander un prix*
proporcionar	*fournir*
renovar (renovación)	*renouveler, renouvellement*
un sobre	*une enveloppe*

EXPRESIONES PARA PEDIR UN PRECIO

También se pueden usar las siguientes expresiones cuando se trata de pedir cualquier cosa : una información, unos datos, una documentación, un favor, etc.
— **Tenga (tengan) la bondad de enviarme...**
— **Haga (hagan) el favor de mandarme...**
— **Sírvase (sírvanse) enviarme...**

— Me gustaría que Vd. me mandara...
— Nos sería grato nos favorecieran con el envío de...
— Nos alegraríamos nos mandasen...
— Me agradaría que Vds. me enviasen...
— Les quedaría muy agradecido si pudieran mandarme a mayor brevedad...
— Quedaríamos obligados nos mandasen...
— Les agradecería me mandaran...
— Apreciaríamos mucho el envío...
— Tengo el gusto de pedirles...
— Tenemos el placer de solicitar el envío...
— Les ruego me manden...
— Le rogamos tenga la bondad...
— Le ruego se sirva mandarme...

OBSERVACION

«Adjunto», adjetivo, ha de concordar con el nombre al cual se refiere. Así es preciso decir :

Sírvase encontrar adjuntos los documentos.
    "   " adjuntas las listas de precios.
    "   " adjunto un catálogo.
    "   " adjunta la documentación.

TRADUCCION INVERSA

CARTA :

Monsieur,

Nous avons l'intention d'ouvrir une nouvelle succursale dans votre ville et serions heureux d'équiper nos bureaux à l'aide d'appareils ultra-modernes permettant de faciliter au maximum la tâche de nos employés.

Nous vous serions reconnaissants de bien vouloir nous faire parvenir les prix ainsi que les caractéristiques de votre matériel et plus particulièrement des machines à écrire et à photocopier ainsi que des meubles classeurs.

Nous possédons une clientèle importante dans votre région et au cas où vos conditions nous conviendraient, nous serions disposés à vous passer commande pour une quantité assez importante de matériel dans les plus brefs délais.

Dans l'attente de vous lire, nous vous prions d'agréer, Monsieur, l'expression de nos sentiments distingués.

Marcel Sénéchal
Directeur.

FRASES :

1) Veuillez nous envoyer un exemplaire de votre dernier catalogue ainsi que la liste des prix de vos appareils ménagers.
2) Auriez-vous l'amabilité de nous faire parvenir le plus tôt possible tous les renseignements concernant votre gamme de tourne-disques ?
3) Il nous serait agréable de connaître vos conditions pour ce qui est de votre gamme récente de stylos à bille et crayons feutres.
4) Nous aimerions avoir de plus amples renseignements au sujet des tracteurs et appareils de levage.
5) Nous serions intéressés par l'achat éventuel de douze caisses de vins fins aux conditions annoncées dans votre catalogue.
6) Nous vous serions obligés de nous envoyer quelques échantillons de vos produits.
7) Soyez assez aimables pour nous donner vos prix concernant les appareils ci-dessus mentionnés.
8) Pourriez-vous nous établir un devis pour les travaux de réfection de notre local ?
9) Voudriez-vous nous préciser vos conditions de livraisons dans un prochain courrier ?
10) Nous vous remercions à l'avance du catalogue que vous voudrez bien nous envoyer.

CORRESPONDENCIA PRACTICA :

Una gestoría interesada por comprar varios procesadores para sus oficinas escribe a la sociedad INTERPRINT para pedirle las siguientes informaciones :

— gama de precios y aparatos,
— posibilidad de descuento en caso de pedido importante,
— plazos de entrega e instalación,
— servicio posventa y contrato de mantenimiento,
— condiciones de contrato "leasing", etc.

Redacte Vd. la carta, y también la contestación enviada por INTERPRINT.

Lección treinta y cinco
CONTESTACION A
UNA PETICION DE PRECIOS

Tampoco necesitan estas cartas ser largas y complicadas sino concisas y directas. Se proporciona la información requerida con sencillez y claridad y no hace falta añadir nada. A continuación encontrarán Vds. unas cuantas fórmulas para principiar una carta de este tipo :

Le agradecemos su carta del 5 del corriente...
En contestación a su atenta en la cual nos piden...
Tenemos el gusto de contestar a su petición de precios que recibimos...
Obra en nuestro poder su carta...
Hemos recibido bien su carta del 28 del pasado...
...y tenemos el gusto de informarle...
...nos complacemos en confirmarle...
...nos agrada ofrecerles...
...nos es grato enviarles adjunto...

Las antefirmas suelen redactarse de la manera siguiente :

Seguros de que estas muestras les satisfacerán, les saludamos atentamente.
Esperando sus órdenes, atentamente le saluda,
Aguardando sus pedidos a los cuales dedicaremos toda nuestra atención...
El catálogo que le enviamos adjunto les proporcionará cuantas informaciones desee y quedamos a su disposición para cualquier particular complementario que Vd. necesite.
Nos permitimos aconsejarles que nos entreguen su pedido sin tardar debido a la cantidad limitada de nuestras existencias.

HOGARAMA

ESPECIAL PRIMAVERA

PRECIO ESTABLE

49.500 Ptas.
Lavavajillas IGNIS, 8 cubiertos, cubierta de acero inoxidable, con mueble fregadero incorporado y compartimiento auxiliar.

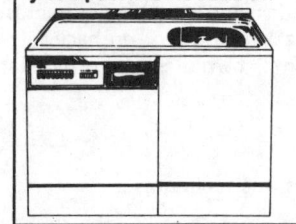

27.500 Ptas.
Frigorífico IGNIS, 310 litros, 2 puertas, descongelación automática, recubrimiento de formica y zona del congelador de duraluminio.

11.500 Ptas.
Congelador vertical IGNIS, 4 estrellas, de 65 litros de capacidad y regulación de temperatura.

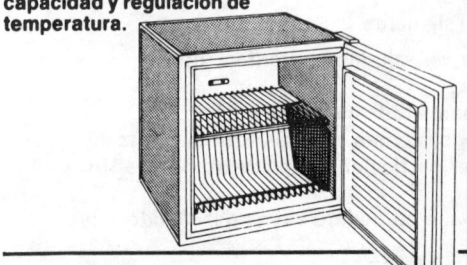

18.500 Ptas.
Lavadora superautomática INDESIT L.8, 5 Kgs. de ropa, 3 tomas de detergente, selector independiente de temperatura, "BIO" y 2 velocidades o tiempos de centrifugado.

PINTURAS MATEO, S.L.

Santa Cruz, 15
GUADALAJARA.

23 de junio de 19 . .

Sr. D. Armando Villa
Valdoncella, 53
SAN ADRIAN (Pamplona)

Ref.: HB/LM

Señor :

    En contestación a su atenta del 21 del actual, le enviamos en pliego separado un muestrario de colores de nuestra gama de pinturas, así como la lista de los precios.
    Actualmente estamos en condiciones de proporcionarle cualquiera de los colores mencionados en su carta, en un plazo de 24 horas.

    En espera de sus órdenes, le saluda atentamente,

Héctor Barrendero
Director.

GARRIGOS Y CIA.

Fuensanta, 74
MURCIA

Murcia, 14 de octubre de 19 . .

Señores Servet y Vicente
ALCOY (Alicante)

Señores :

    Tenemos el gusto de contestar a su atenta del 22 de octubre y de enviarles adjunto nuestro catálogo con los precios y condiciones de venta.

    Como Vds. saben, tenemos que seguir la evolución de nuestra época y estamos seguros de que Vds. encontrarán en nuestro catálogo los aparatos electrodomésticos más recientes para la instalación de una cocina moderna. Comerciantes que han expuesto nuestros aparatos con ofertas especiales durante una temporada han notado un incremento de sus ventas. Por este motivo, les aconsejamos usen como artículo publicitario nuestro abrelatas eléctrico N. 894, o la sartén esmaltada para los cuales

les ofrecemos condiciones especiales para cualquier pedido que ascienda a 10.000 ptas.

Les aconsejamos nos entreguen sus pedidos antes del fin del mes si quieren tener estos artículos para las próximas fiestas navideñas.

Muy atentamente,

                                                Javier Fuentes
                                                Director comercial

Anexo : 1 catálogo
        1 lista de precios.

JUAN GARCIA ESPINOSA

Artículos de pesca al por mayor
TARRAGONA

                                        Tarragona, 8 de diciembre de 19 . .

Sr. D. Jaime Ballester
Aribáu, 23
BARCELONA.

Señor :

    Le agradecemos su carta del 2 del corriente en la cual nos pide informaciones sobre nuestro material después de haber leído nuestro anuncio en el semanario CAZA Y PESCA.

    Con el fin de ganar tiempo, le envíamos adjunta una factura proforma referente a los artículos mencionados en su petición ya que estamos en disposición de entregárselos inmediatamente a partir de nuestros fondos de existencias actualmente disponibles.

    Nuestro representante, el Sr. Belmonte, estará en Barcelona la semana próxima y se complacerá en hacerle una visita con el fin de enseñarle la gama completa de accesorios para pescadores y determinar las condiciones de su pedido.

    Atentos saludos de

                                                                Juan García.

Anexo : 1 factura proforma.

VOCABULARIO

un abrelatas	*un ouvre-boîte*
aconsejar	*conseiller*
aguardar	*attendre*
la antefirma	*la formule de politesse*
añadir	*ajouter*
ascender a	*s'élever à*
atentamente	*avec attention*
dedicar atención	*porter attention*
una factura proforma	*une facture pro-forma*
un fondo de existencias	*un fonds de roulement*
entregar	*remettre*
las existencias	*les stocks*
un incremento	*une augmentation*
una muestra	*un échantillon*
un muestrario	*un échantillonnage*
una orden	*un ordre*
una sartén esmaltada	*une poêle émaillée*
una temporada	*une saison*

TRADUCCION INVERSA

CARTA :

Monsieur,

    Nous accusons réception de votre lettre du 10 mars dans laquelle vous nous avez passé commande pour une douzaine de lits pliants à l'usage de campeurs en vous réclamant de l'offre spéciale n° 795-X faite dans notre catalogue d'été.

Nous sommes au regret de vous faire savoir qu'en raison du succès de ce genre d'articles, notre stock est complètement épuisé, les demandes ayant dépassé de beaucoup nos prévisions. Notre fournisseur doit nous faire, sous peu, de nouvelles offres et dès que ce modèle sera disponible, nous vous en informerons.

Veuillez agréer, Monsieur, l'expression de nos sentiments dévoués.

Jean Léomant
Directeur des Ventes

lits pliants : **camas plegables**
campeurs : **excursionistas, campistas**

FRASES :

1) Suite à votre lettre du 24 courant, nous avons le plaisir de vous informer...
2) Conformément à la demande que vous nous avez fait parvenir le mois dernier, nous vous prions de bien vouloir trouver ci-joint la liste des prix.
3) Nous accusons réception de votre courrier du 12 du mois dernier et sommes au regret de vous informer que le modèle demandé ne fait plus partie de notre collection.
4) En réponse à votre lettre du 22, nous sommes heureux de vous faire savoir qu'une nouvelle remise vous sera accordée.
5) Votre lettre a retenu toute notre attention et nous vous en remercions.
6) Suite à notre conversation téléphonique, veuillez trouver ci-joint le catalogue que nous vous avons promis.
7) Nous avons le plaisir de vous faire savoir que la nouvelle gamme de printemps est désormais disponible.
8) Dans l'attente de vous lire à ce sujet, nous vous prions d'accepter, Messieurs, nos salutations distinguées.
9) Dès que ces articles seront en notre possession, nous vous le ferons savoir.
10) Pour de plus amples renseignements, veuillez vous reporter à notre catalogue.

Lección treinta y seis
REITERACION DE OFERTAS

Ocurre frecuentemente que el cliente solicitado por una oferta especial no contesta o tarda mucho en responder. En semejantes casos se envía una carta en la cual se reitera la oferta con el fin de tratar, por última vez, de decidir al cliente potencial. Para algunas casas este trabajo es pura rutina y se hace por medio de formularios impresos. Sin embargo, es preciso reconocer que una carta individual resulta mucho más eficaz en este caso. De todas formas, estas cartas no han de mostrar la sorpresa o la contrariedad al no haber recibido el pedido correspondiente y es absolutamente necesario evitar un tono imperativo y agresivo, mientras que es preferible poner de manifiesto las ventajas que puede proporcionar un pedido en los más breves plazos.

REITERACION DE OFERTAS DE LA CARTA N° 1 DE LA LECCION 33

RUIZ Hmnos. y Cía.

Cervantes, 130

MADRID

Madrid, 12 de noviembre de 19 . .

Sres. GONZALEZ Y TAJADO
Agentes inmobiliarios
Príncipe de Asturias, 57
BARCELONA 12.

Señores :

Refiriéndonos a nuestra carta del 20 de octubre en la cual les expusimos las innumerables ventajas de nuestra nueva fotocopiadora «FAXIMIL», nos permitimos insistir de nuevo ya que estamos convencidos de que este nuevo aparato puede resultar de mucha utilidad para Vds.

La "NIÑA BONITA",
la fotocopiadora
electrostática
automática más pequeña
del mercado.

Develop   E-330

- Alimentación automática por cassette.
- Copia libros.
- Peso 20 kg.

Su precio: 60.900 pesetas.

DISTRIBUIDOR EXCLUSIVO
MADOSA
Fco. Silvela, 69.
Teléf. 405 35 54.
Delegaciones
BARCELONA
Gran Vía Carlos III, 58-60.
Teléf. 239 79 92

DISTRIBUCIONES OFICIALES EN TODA ESPAÑA
Servicio de asistencia técnica a domicilio.
PIDA SIN COMPROMISO UNA DEMOSTRACION.

- Sistema electrostático.
- Seis copias por minuto (primera copia más rápida).
- Copias de libros y objetos tridimensionales.
- Copias en DIN A4 y folio.
- Excelente terminación y presentación.
- Combinación de colores rojo y negro, moderna y atractiva.
- Reducida y compacta (19 kg. de peso).
- Fácil manejo y conservación con autoservicio técnico.
- Obtención de copias secas y de excelente calidad.

Si nos tomamos esta libertad es que hemos recibido de nuestros clientes varias cartas en las cuales nos expresan su satisfacción y agradecimiento y confiamos en que Vds. estarán de acuerdo con ellos después de haber probado la «FAXIMIL» durante una semana.

Sírvanse encontrar adjuntos nuestros nuevos folletos gracias a los cuales podrán Vds. tener una idea de las insuperables cualidades de esta máquina.

Quedando a su disposición para proporcionarles cualquier información suplementaria y con la esperanza de tener noticias suyas les saludamos atentamente.

RUIZ Hmnos y Cía.

José Luís Serrano
Director de ventas

REITERACION DE OFERTAS DE LA CARTA N° 1 DE LA LECCION 35

PINTURAS MATEO S.L.

Santa Cruz, 15
GUADALAJARA

Guadalajara, 8 de julio de 19 . .

Sr. D. Armando Villa
Valdoncella, 53
SAN ADRIAN (Pamplona)

Señor :

Ahora, estará Vd. en posesión del muestrario completo de colores y de la lista de precios que le mandamos el 23 del pasado.

Aprovechando la temporada veraniega, tenemos el gusto de participarle que ofrecemos a todos nuestros clientes un descuento importante en todos nuestros artículos a partir del 15 de julio. Los resultados de la campaña publicitaria que emprendimos el año pasado en la misma época nos llevan a pensar que, a pesar de un incremento notable de nuestra producción, no estaremos en condición de satisfacer todos los pedidos.

En caso de que esta oferta excepcional le interese, le rogamos nos favorezca con sus órdenes en el más corto plazo para que podamos darle satisfacción.

Atentos saludos.

                                                H. Barrendero
                                                Director.

ESTABLECIMIENTOS SANITEX S.A.

Sanjurjo, 2
SAN ANDRES

San Andrés, 5 de agosto de 19 . .

Señores DURANY y VALL
Muntaner, 42
BARCELONA.

Señores :

En la Feria Internacional de Muestras de Barcelona les dimos todos los detalles referentes a nuestros calentadores de agua, y más concretamente por lo que se refiere a la gama DUO 12, pero en aquella época no pudimos asegurarles la entrega de los mismos antes del mes de noviembre. Quizá sea ésa la razón por la cual Vds. han creído oportuno aplazar su pedido.

No obstante, debido al éxito que han conocido nuestros aparatos a consecuencia de nuestra representación en la Feria, hemos ampliado nuestra capacidad de producción abriendo nuevos talleres en nuestra fábrica de San Andrés, y ahora nos agrada proponerles la entrega de dichos calentadores para fines de agosto.

En caso de que Vds. no tengan nuestros catálogos y folletos que les dimos cuando la Feria, nos complacemos en enviarles una nueva documentación con la lista de precios.

En espera de sus gratas órdenes, les saludamos atentamente.

                                                R. PEREDA
                                            Director de Ventas

Anexo : 1 catálogo con lista de precios.

VOCABULARIO

ampliar un taller	*agrandir un atelier*
una ampliación	*un agrandissement*
un calentador de agua	*un chauffe-eau*
un cliente potencial	*un futur client*
emprender una campaña publicitaria	*entreprendre une campagne publicitaire*
expresar su satisfacción	*exprimer sa satisfaction*
ocurrir	*arriver, se produire*
poner de manifiesto	*mettre en relief*
reiterar	*renouveler*
reiteración de ofertas	*renouvellement d'offres*
en semejantes casos	*dans des cas semblables*
tardar en contestar	*tarder à répondre*
la temporada veraniega	*la saison d'été*

EXPRESIONES

en los más breves plazos
dans les délais les plus brefs

en caso de que esta oferta les interese
au cas où cette offre vous intéresserait

no pudimos asegurarles la entrega de los mismos
nous n'avons pas pu vous en assurer la livraison

OBSERVACION

Conviene evitar el galicismo que consiste en traducir el verbo de la expresión «*exprimer la reconnaissance*» por «**exprimir**» ya que en castellano «**se exprime**» un limón o una naranja, pero «**se expresa**» el agradecimiento, la alegría, la decepción, etc.

TRADUCCION INVERSA

CARTA :

Chère Cliente,

    Vous avez certainement reçu notre dépliant vous informant de l'incomparable saison de soldes qui se tient actuellement dans nos magasins où vous trouverez un grand choix de foulards.

    Si vous n'avez pas encore trouvé le temps de venir nous voir, il ne reste plus que deux jours. Et quels jours ! Pierre Morand vous propose, à des prix défiant toute concurrence, les foulards que vous cherchez pour vous-même ou que vous désirez offrir à des amies. Vous trouverez, à partir de la modique somme de 15 F. et jusqu'à 60 F. les écharpes en soie naturelle les plus somptueuses signées de la main des plus grands couturiers.

    N'oubliez pas, plus que deux jours ; et il y en a pour tous les goûts, modèles classiques ou fantaisies.

    Ouvrez vite votre agenda pour y noter votre visite chez Pierre Morand ; vous ne le regretterez sûrement pas.

FRASES :

1) L'expérience prouve que de nombreuses demandes de renseignements et de commandes sont consécutives à nos campagnes de publicité, aussi nous vous conseillons vivement de passer dès aujourd'hui commande pour les tailles les plus courantes.
2) Peut-être cherchez-vous un modèle qui ne se trouve pas reproduit dans notre catalogue ; dans ce cas, une visite à notre magasin s'impose. Nous ferons tout notre possible pour vous donner satisfaction.
3) Nous vous serions extrêmement reconnaissants de bien vouloir nous donner tous les détails au sujet du modèle requis afin que nous puissions exécuter votre commande au plus tôt.
4) Vous vous êtes certainement proposé de renouveler votre stock de pneus avant les prochaines augmentations de février. Envoyez-nous un télégramme précisant les quantités et caractéristiques demandées.
5) Seule une période d'essai vous permettra de connaître les qualités exceptionnelles de notre nouveau téléviseur couleur panoramique et son prix vous convaincra.

Lección treinta y siete
PEDIDOS

Es preciso redactar las cartas de pedidos con mucha claridad y precisión evitando los párrafos largos y las explicaciones complicadas. Los detalles que se han de puntualizar en dichas cartas son los siguientes :
1) Número de referencia mencionado en el catálogo.
2) Referencia en cuanto al color, modelo, etc.
3) Cantidad, número, peso, longitud, talla, etc... claramente apuntados para cada artículo.
4) Clase de mercancías sugeridas en caso de que esté agotado el stock de los artículos pedidos.
5) Documentos requeridos : facturas, conocimiento, documentos de aduana, etc.
6) Indicaciones necesarias para el envase.
7) Instrucciones referentes para la expedición (almacenamiento, transportistas, itinerario, etc.).
8) Modo de pago.

En esta lección, estudiaremos más concretamente el pedido propiamente dicho, dejando para más tarde algunos de los detalles más arriba mencionados.

Cómo rellenar correctamente nuestra hoja de pedido

N.° de Catálogo			Talla o tamaño	Color	Artículo	Cantidad	Precio	TOTAL
Sec	Letra	Número						
130	F	3476	4	NEGRO-ROJO	Vestido Vichy	1	135,-	735,-
182	F	3215	B	—	CUNA MIMIR	1	1.150,-	1.150,-
32	F	3403	—	—	CEPILLO ROPA	2	20,-	40,-

Texto-modelo

3 130 F 3476 Vestido de vichy
Pesetas........ 135,-
Encantador vestido a cuadritos; de esmerada confección, fresco y ligero. Cuellecito redondo en piqué blanco, a juego con los botones del delantero. Bajo formando pliegues. Abrocha en la espalda con botones. Colores: negro-rojo o negro-verde. Talla: 3 y 4 para niñas de 3 a 5 años).

Los números que figuran en las fotografías sirven sólo para localizar rápidamente el texto que corresponde al artículo representado en ellas (en el **TEXTO-MODELO** es el número 3).
¡NO LOS ANOTE EN LA HOJA DE PEDIDO!

1. **Número de Catálogo.**—Compruebe siempre si lo ha escrito con exactitud.
2. **Talla o Tamaño.**—Dato muy importante. Si desconoce la talla exacta, facilítenos en nota aparte las medidas, tomándolas según se indica en las páginas 30 ó 126.
3. **Color.**—Indique en esta casilla el color en que desea el artículo.
4. **Nombre del Artículo.**—La designación del artículo puede ser muy breve. Ejemplo: Conjunto lana, Juego café, Pantalón.
5. **Cantidad.**—Número de artículos, lotes o metros de tejido que se deseen.
6. **Precio.**—Precio unitario del artículo solicitado.
7. **Total.**—Es el resultado de multiplicar el precio unitario por la cantidad deseada de cada artículo.

LE ROGAMOS EL USO DE LAS HOJAS DE PEDIDO INCLUIDAS EN NUESTROS CATALOGOS Y EN NUESTROS ENVIOS. LE ES MAS FACIL HACER EN ELLAS SUS ENCARGOS Y NO OMITIRA NINGUN DETALLE IMPORTANTE. NOSOTROS PODREMOS SERVIRLOS MAS RAPIDAMENTE.

FERNANDO CUOTA

Desamparados, 35
BILBAO

Bilbao, 1º de noviembre de 19 . .

Sres. GALLARDO E HIJOS
Bailén, 22
CORDOBA.

Señores :

    Tengan la bondad de enviarme lo más pronto posible los artículos siguientes que venían anunciados en el número de esta mañana de LA PRENSA :

1 maletín de viaje de cuero «box-calf» marrón	1 300 ptas.
2 barajas completas de cartas para jugar de 50 ptas.	100
1 mesa de bridge, de acabado caoba oscura	857
1 almanaque de despacho de cuero azul marino	325
1 par de guantes de piel de cerdo, talla 7 1/2 *y medio*	280

    Ya que salgo de viaje la semana que viene, estoy bastante apresurado y les quedaría sumamente agradecido si pudieran ejecutar este pedido en los más breves plazos, enviándomelo en gran velocidad, porte pagado, cargando el importe de la factura a mi cuenta.

    Atentamente,

                                          Fernando Cuota.

Benicarló, 23 de junio de 19 . .

MUEBLES «PRESTIGIO»
Recoletos, 15
VILLANUEVA DE LOS INFANTES
(Ciudad Real)

Señores :

    Muchísimas gracias por haberme enviado su catálogo tan pronto, lo cual me ha permitido elegir seis sillas de sicómoro, estilo Regency, forradas con raso amarillo, nº 654.

    Nuestro servicio local de transportes, GARRIDO Y CIA, pasará a recogerlas a

Villanueva el lunes próximo. Me han favorecido con un precio especial ya que tienen ellos que ir por un recado a ésa y me gustaría aprovechar esta oportunidad. El chófer irá a por las sillas y pasará por sus talleres a partir de las tres de la tarde. Sírvanse asegurarlas por la suma de 8.000 ptas.

En cuanto reciba su factura, le mandaré un cheque con la correspondiente suma.

Les saluda atentamente,

Miguel Ortega.

INSTITUTO FRANCES DE BELLEZA

Paseo de Gracia, 115

BARCELONA

Barcelona, 3 de febrero de 19 . .

International Cosmetics and Co.
Doctor Fleming, 43
MADRID 16

Su ref.: AMB-354
Nuestra ref.: AD/EF

Señores :

Les agradecemos su atenta del 28 del pasado así como la lista de precios que venía adjunta. Su último envío de productos y particularmente la gama «Glamour» ha tenido mucho éxito con nuestra clientela y tenemos el gusto hoy de aprovechar su oferta especial de productos para nuestro futuro escaparate. Sírvanse, por consiguiente, enviarnos lo más rápidamente posible los artículos siguientes :

— 1 docena de lápices de labio en cada uno de sus cinco nuevos tonos «primavera».
— 12 docenas de tarros «cold cream» polen de orquídea,
— 12 docenas de frascos «honey cream»,
— 3 docenas de tubos de máscara «midnight blue»,
— 6 docenas de frasquitos de esmalte «Turkish délices».

Les quedaríamos agradecidos si quisieran girar el importe de la factura a nuestro cargo a treinta días vista por medio del Banco Nacional de Crédito, Agencia 52, Barcelona.

Atentos saludos.

INSTITUTO FRANCES DE BELLEZA

Arturo Dueros
Director

CONTESTACION A LA CARTA N° 2 DE LA LECCION 35

Alcoy, 20 de octubre de 19 . .

GARRIGOS Y CIA
Fuensanta, 74
MURCIA

Señores :

Obra en nuestro poder su carta del 18 del corriente, así como el catálogo que tuvieron la bondad de enviarnos.

Hemos examinado las muestras de dichas mercancías y hemos decidido promover las ventas de las mismas, especialmente para las fiestas navideñas, ofreciendo a precio reducido la sartén por cualquier compra que pase de 1.000 ptas.

Actualmente, estamos dispuestos a pedirles las mercancías siguientes :

— N. 726 : 200 sartenes esmaltadas (500 ptas)	60.000 ptas.
— N. 894 : 150 abrelatas eléctricos (250 ptas)	37.500
— N. 521 : 150 molinillos de café eléctricos (380 ptas)	57.000
— N. 436 : 50 batidoras eléctricas (630 ptas)	31.500
— N. 962 : 80 ollas a presión (750 ptas)	60.000
	245.000 ptas.

Encargamos este pedido con tal que las mercancías anteriormente mencionadas estén entregadas antes del 1° de noviembre. Después de esta fecha, nos reservamos el derecho de cancelar la orden.

Atentamente les saludamos,

J.M. Servet.

VOCABULARIO

agotar	*épuiser*
el almacenamiento	*l'emmagasinage*
un almanaque	*un almanach*
apuntar (un apunte)	*noter, une note*
tomar unos apuntes	*prendre des notes*
una baraja	*un jeu de cartes*
una batidora	*un mixeur*

LEASE DETENIDAMENTE ANTES DE HACER EL PEDIDO

LA GARANTIA GALERIAS.— Si por cualquier causa no estuviera usted satisfecho con los artículos recibidos, Galerías se los cambiará por otros, o bien le devolverá íntegramente el importe de los mismos.

FORMA DE ENVIO.— Generalmente enviamos toda la mercancía por correo ; más cuando el peso o dimensiones exceden de los límites autorizados (dos kilos o 90 centímetros, la suma del alto, largo y ancho) hacemos uso del ferrocarril. En este caso, el talón lo enviamos por correo a reembolso. Cuando el cliente lo solicita utilizamos también las Agencias de Transportes.

GASTOS DE ENVIO. — Incluyen el 1 por 100 para la Península y el 2 por 100 para fuera de la Península, del seguro de mercancía, el franqueo postal o portes de ferrocarril o agencia y el embalaje. Son por cuenta del comprador, excepto los siguientes casos, en que hacemos el envío libre de gastos :
1) Artículos señalados en los catálogos que gozan de este beneficio.
2) Tejidos por metros, exclusivamente, por valor superior a 600 pesetas (pedidos de esta clase, inferiores a 600 pesetas, se enviarán libres de seguro y embalaje).

OBSERVACION IMPORTANTE. — En las demás ocasiones, aunque el importe de la compra sea **superior a 600 pesetas**, el cliente abonará todos los gastos de envío.

FORMA DE PAGO. — Todas las operaciones las efectuamos contra reembolso. Sin embargo, cuando sea necesario utilizar Agencias de Transportes, que no admitan reembolsos, o bien la mercancía haya que enviarla a personas distintas (regalos, por ejemplo), el cliente deberá reponernos el importe por Giro Postal. No incluya nunca dinero en sus cartas.

SOLICITUDES DE MUESTRAS. — GALERIAS PRECIADOS, S.A., y SEDERIAS CARRETAS han tenido siempre fama por sus tejidos. Pídanos en cualquier época del año muestras de las telas que desee, con la Tarjeta de Solicitud — sin pegarle sellos, ya que el franqueo lo abona Galerías —, indicando en la misma : clase de tejido, temporada, prenda y persona a quien se destina, colores y dibujos preferidos y precios aproximados por metros. **El envío es gratuito.**

PEDIDOS SUPERIORES A 125 PESETAS. — En beneficio de su economía, le sugerimos que efectúe los pedidos por un importe superior a 125 pesetas, pues inferiores a esa cantidad los gastos de envío resultan muy elevados (como mínimo, 17 pesetas). Pero si, de todos modos, le interesa recibirlos, indique, por favor, en la Hoja de Pedido, «Acepto Gastos», señalando con una X el casillero correspondiente.

PEDIDOS URGENTES. — En casos de lutos u otras situaciones imprevistas, indique, por favor, la palabra URGENTE en sitio bien visible de la Hoja de Pedido, o, mejor aún, llámenos por teléfono al número 224 23 34, de Madrid, cualquier día laborable, de nueve a una o de tres a seis. Si tiene ya anotado el pedido en la hoja impresa, su simple lectura nos bastará.

DEVOLUCIONES. — Si a pesar de nuestro esfuerzo por complacerle, debido a cualquier causa, la mercancía no fuera de su agrado y decide devolverla, hágalo, por favor, a vuelta de correo, **sin reembolso, libre de gastos**, y como PAQUETE MUESTRA CERTIFICADO, llamado ahora PAQUETE REDUCIDO (hasta dos kilos franqueo, 10 pesetas), o, si es poco peso (sólo hasta 220 gramos), como CARTA CERTIFICADA. No la envíe como «Muestra sin Valor». Las devoluciones por ferrocarril o agencias, a porte pagado.

COMO CONSEGUIR LOS CATALOGOS. — Debido al coste tan elevado de nuestras publicaciones de Primavera - Verano, Otoño - Invierno, Navidad - Reyes y Hogar, sólo enviamos estos catálogos a aquellos clientes cuya compra anual sobrepasa las 400 pesetas. Los de Posbalance y Venta de Julio, a aquellos otros cuya compra supere a las 200 pesetas.

TRASLADO DE DOMICILIO O DE RESIDENCIA. — Por favor, avísenos en seguida a fin de anotarlo en su ficha y pueda usted continuar recibiendo puntualmente nuestros Catálogos (la dirección actual y la anterior). Muchas gracias.

CORRESPONDENCIA. — Siempre que necesite dirigirse a nosotros y no disponga de una de las tarjetas o sobres impresos que enviamos a nuestros clientes, dirija, por favor, su correspondencia al Apartado número 723, de Madrid, o a la dirección de este Centro de Venta por Correspondencia, calle de Magallanes, número 28, Madrid 15. **Muchas gracias.**

cancelar una orden	*annuler une commande*
cargar a cuenta de alguien	*porter au compte de quelqu'un*
un envase	*un emballage*
un escaparate	*une vitrine, un étalage*
el esmalte	*le vernis à ongle*
favorecer	*accorder une faveur, une mesure spéciale*
forrar	*recouvrir de tissu*
un frasco	*un flacon*
girar a cargo de alguien	*débiter le compte de quelqu'un*
lápiz de labio	*rouge à lèvres*
la longitud	*la longueur*
un maletín de viaje	*un attaché-case*
pasar de	*dépasser*
un pedido	*une commande*
puntualizar	*préciser*
el raso	*le satin*
un recado	*une commission*
sugerir (sugerencia)	*suggérer, une suggestion*
un tarro	*un pot*
un transportista	*un transporteur*

OBSERVACION

«ya que tienen ellos que ir por un recado a ésa» : en la correspondencia comercial se suele expresar el nombre de la ciudad a donde se han de expedir (o recoger) las mercancías por el pronombre demostrativo «ésa» y por «ésta» el nombre de la ciudad (o plaza) de donde sale la carta. En el ejemplo de la segunda carta «ésa» significa la ciudad del destinatario, es decir Villanueva de los Infantes.

«con tal que las mercancías estén entregadas antes del 1º de noviembre» : empleo de la locución **con tal que** con el modo **subjuntivo** para expresar una **condición** *(à condition que les marchandises soient livrées avant le 1er novembre).* Véase la gramática de la lección nº 8.

EXPRESIONES

las mercancías anteriormente mencionadas
les marchandises ci-dessus

los artículos más arriba indicados
les articles ci-dessus

los precios que se encontrarán a continuación
les prix indiqués ci-dessous

las denominaciones susodichas
les susdites dénominations

EXPRESIONES PARA HACER UN PEDIDO

— Sírvase proveerme con tres docenas de calcetines para niños...
— Tenga la bondad de enviarme por el intermediario de nuestro representante los artículos siguientes...
— Les agradeceríamos el envío de varias muestras de cada color...
— Las mercancías han de estar en conformidad con las muestras...
— Apreciaríamos la pronta ejecución de dicho pedido...
— Les rogamos nos envíen las máquinas herramientas en gran velocidad.
— Adjuntamos un pedido a prueba. Si la calidad del material nos conviene, les haremos pedidos más importantes en el futuro.
— Si tienen Vds. un modelo diferente pero de la misma calidad, hagan el favor de enviárnoslo con tal que el precio no exceda del 10 por ciento el precio inicialmente convenido.
— Les quedaríamos muy agradecidos nos mandaran los artículos a porte pagado.
— Sírvanse tener la bondad de decirme si están Vds. actualmente en condiciones para proporcionarme las calidades anteriormente mencionadas en el plazo de una semana.

TRADUCCION INVERSA

CARTA :

Messieurs,

    Suite à votre lettre du 16 courant, nous nous sommes mis en rapport avec Monsieur Barin qui a bien voulu nous faire une démonstration de vos appareils.

    Comme nous le pensions, la plupart de vos modèles ne répondent pas exactement aux besoins de notre clientèle dont le revenu reste, toutefois, assez modeste. Cependant, votre gamme d'auto-cuiseurs répond particulièrement à notre attente.

Nous avons donc le plaisir de vous passer une première commande de douze appareils du type 123, série C, qui devront nous être livrés avant la fin du mois.

Dans l'attente de vos nouvelles, nous vous prions de croire à nos sentiments les meilleurs.

Robert Fraisse.

FRASES :

1) Nous vous serions reconnaissants de nous faire savoir si les conditions ci-dessus mentionnées vous conviennent.
2) Veuillez nous envoyer par retour du courrier 25 caméras du type DASH 55 franco de port et d'emballage.
3) Vos nouveaux échantillons ne correspondent pas à notre marché et si vous ne consentez pas à nous accorder une remise importante, nous serons dans l'impossibilité d'écouler ces articles.
4) Nous sommes disposés à effectuer le règlement dès réception de la facture.
5) A l'avenir, nous vous serions très obligés d'emballer plus soigneusement vos marchandises.
6) Au cas où il vous serait impossible d'exécuter cette commande avant le 15 avril, veuillez nous le faire savoir au plus tôt.
7) Tout retard entraînerait automatiquement l'annulation de la commande.
8) Nous aimerions avoir plus de renseignements sur l'expédition de ces marchandises.
9) Bien que la qualité semble satisfaisante, nous voudrions faire un essai pour une période de huit jours.
10) Veuillez trouver ci-joint notre commande de 50 lampes de bureau «Minister III» en espérant nous voir accorder la remise de 3 % mentionnée dans votre offre spéciale.

CORRESPONDENCIA PRACTICA :

Una sociedad cabecera en la fabricación de material de aislamiento calorífico quiere mandar instalar tres cintas transportadoras y comprar dos carretillas elevadoras para su fábrica de San Andrés (BARCELONA). Se pone en contacto con las sociedad TRANSFAST que le ofrece condiciones satisfactorias.

Tiene Vd. que escribir la carta de pedido en la cual se mencionan los compromisos y condiciones acordados con el representante de TRANSFAST :

— plazo de entrega y de instalación,
— precios y modos de pago,
— mantenimiento, etc.

También se puede redactar la contestación mandada por la casa proveedora.

Lección treinta y ocho
EJECUCION DE PEDIDOS

Por regla general, se suele contestar en seguida a una carta de pedido, repitiendo las características de las mercancías encargadas con las correspondientes cantidades para evitar cualquier error. El tono de estas cartas, como es costumbre, debe ser amable y prometer satisfacer las exigencias del cliente con mayor atención y prontitud.

RESPUESTA A LA CARTA N° 4, LECCION 37

GARRIGOS Y CIA.

Fuensanta, 74
MURCIA

Murcia, 23 de octubre de 19 . .

Señores SERVET y VICENTE
ALCOY (Alicante)

Señores :

    Obra en nuestro poder su carta del 20 de octubre en la cual se sirven encargarnos los artículos siguientes :
— N. 726 : 200 sartenes esmaltadas,
— N. 894 : 150 abrelatas eléctricos,

— N. 521 : 150 molinillos de café eléctricos,
— N. 436 :   50 batidoras eléctricas,
— N. 962 :   80 ollas a presión.

Ya hemos hecho lo necesario para que este pedido sea ejecutado antes de la fecha estipulada en su carta. Sin embargo, dado el carácter urgente del mismo, nos tomamos la libertad de sugerirles que el pago sea efectuado por transferencia bancaria, la cual tendrán Vds. la bondad de confirmarnos por telégrafo.

Mientras tanto, les saludamos muy atentamente,

                                        Javier Fuentes
                                        Director comercial.

ESTABLECIMIENTOS FAJARDO E HIJOS S.A.

Calvo Sotelo, 53
ALFARO (Logroño)

Alfaro, 22 de junio de 19 . .

Señores DIXON and SONS
10 Fifth Avenue
NEW YORK City, 28
U.S.A.

Ref.: N. 3211

Señores :

Hemos recibido su pedido N. 3211 y tenemos el placer de participarles que hoy mismo hemos remitido las siguientes mercancías a Santander por nuestro propio camión :
50 cajas de 24 botellas cada una de vino tinto «Sangre de toro» año 1972.

Se efectuará el transporte a bordo del buque mercante «San Miguel» que habrá de zarpar, con rumbo a Nueva York, el 30 de este mes.

Hemos librado sobre Vds. por un valor de 320.450 Ptas. correspondiendo al importe de la factura, a sesenta días a partir de la fecha, por el intermediario del BANCO DE SANTANDER, al cual hemos entregado la factura, la factura consular, el conocimiento, así como la póliza de seguro de la compañía «LA PREVISORA NAVAL S.A.».

Se entregarán dichos documentos mediante la sucursal del BANCO DE SANTANDER en Nueva York, cuando Vds. hayan satisfecho el correspondiente importe.

347

En cuanto estas cajas lleguen a destino, les quedaríamos agradecidos nos lo participaran por correo aéreo.

Esperando queden Vds. satisfechos con este primer pedido y con el deseo de seguir comerciando con Vds. les saludamos muy atentamente.

Antonio Fajardo
Presidente.

PLASTICOS HERRERA SDAD. LTDA.

Barrio Nuevo, 23
VICH (Barcelona)

Vich, 2 de junio de 19 . .

Sr. D. ANGEL LUCIERNAGA
Lope de Vega, 47 10, 1a
SABADELL (Barcelona)

Señor :

Tenemos el gusto de manifestarle que las seis gruesas de bolsas de plástico que Vd. nos encargó el 28 del pasado han sido enviadas a su casa mediante la compañía de transportes TRANSIBERIA.

Sírvase encontrar adjunto el duplicado del resguardo entregado por dicha compañía así como la factura que asciende a Ptas: 25.000, entrega y seguro incluidos. Nuestras condiciones de pago suelen ser de treinta días, pero concedemos un descuento de un 2 por 100 a nuestros clientes si se efectúa el pago en los diez días después de recibir la mercancía.

Esperamos quede satisfecho de la calidad de estas bolsas y del esmero con el cual hemos ejecutado su pedido.

Aguardando sus próximas órdenes, atentamente le saludamos.

Ricardo Grau
Gerente.

CONFITERIA DELGADO

San José, 58
BURGOS

Burgos, 12 de abril de 19 . .

Sra. Da. Amparo Martín VALLECAS
25, calle de los Apóstoles
VILLARCAYO

Señora :

Tenemos el placer de confirmarle que ayer enviamos su orden n° 175 así como el saldo del pedido n° 172.

Estamos seguros de que Vd. apreciará nuestros esfuerzos para darle satisfacción en debido tiempo para las fiestas de Semana Santa. Sin embargo, como estamos actualmente desprovistos de turrón de Jijona, lo hemos sustituido por barras del de yema, como Vd. nos lo sugirió tan amablemente.

También, hemos incluido en nuestro envío unos distribuidores y presentadores de mostrador que podrá Vd. colocar al alcance de su clientela, ya que hemos comprobado que siempre resulta más conveniente que los clientes puedan escoger ellos mismos los surtidos que se les antoje. El acondicionamiento de la mayoría de las cajas ha sido mejorado con el fin de que nuestros productos no sean alterados por las condiciones climáticas y tengan mayor atracción para el cliente.

Por correo, recibirá Vd. dentro de unos días, dos rótulos grandes que podrá Vd. poner en su escaparate o en el mostrador. También, le enviaremos más tarde un catálogo de nuestros productos selectos.

Agradeciéndole de antemano sus futuras órdenes, aprovechamos la ocasión para saludarla muy atentamente.

.Antonio Delgado.

VOCABULARIO

antojar	désirer ardemment
alterarse	s'abîmer
un buque mercante	un navire marchand
conceder un descuento	accorder un escompte
una gruesa	une grosse (douze douzaines)
el importe de la factura	le montant de la facture
librar sobre alguien	tirer sur quelqu'un

mejorar (una mejora)	améliorer (une amélioration)
un microsurco	un microsillon
el mostrador	le comptoir
un rótulo	un panneau (publicitaire)
con rumbo a	à destination de
el saldo	le solde
satisfacer el importe de una factura	règler le montant d'une facture
un surtido	un assortiment
un tresillo	un ensemble salon (1 canapé plus 2 fauteuils)
turrón de yema	spécialité de nougat faite avec des jaunes d'œufs
zarpar	lever l'ancre

OBSERVACION

Se emplea el **modo subjuntivo** en una relativa introducida por : **cuando, en cuanto, tan pronto, etc.** cada vez que el verbo de la principal se conjugue en futuro.

«Se entregarán dichos documentos **cuando** Vds. **hayan** satisfecho el importe de la factura».
Ces documents vous seront remis quand vous aurez réglé le montant de la facture.

«**En cuanto** estas cajas **lleguen** a destino, nos avisarán Vds.».
Dès que ces caisses arriveront à destination, vous nous avertirez.

EXPRESIONES PARA ANUNCIAR EL CUMPLIMIENTO DE UNA ORDEN

— En contestación a su atenta, tengo el gusto de participarle la entrega de su pedido n°245 P.
— Nos cabe la satisfacción de poner en su conocimiento que los nuevos modelos de zapatos acaban de llegar a nuestro almacén.
— Nos es grato comunicarles que hemos mandado esta mañana los fertilizantes que Vds. nos encargaron así como los abonos nitrogenados.
— Tenemos el gusto de participarles que efectuaremos la entrega del tresillo en su domicilio el sábado próximo.

— Nos es grato poner en su conocimiento que hoy mismo hemos recibido los microsurcos que Vds. nos pidieron.
— Nos complacemos en avisarles que a principios de la semana próxima, nuestra representante pasará por su casa para entregarles las piezas de recambio de las lavadoras automáticas.

EN CASO DE IMPOSIBILIDAD DE CUMPLIR CON LA ORDEN

— Lamentamos mucho poner en su conocimiento que no podremos efectuar la entrega de los vinos selectos embotellados.
— Debido a una avería en una cadena de montaje de nuestros talleres sentimos decirles que no estaremos en condiciones para proporcionarles los aparatos a la fecha prevista.
— Nos pesa tener que informarles que el material encargado por Vds. a primeros de abril no podrá ser entregado antes del principio de junio.
— A pesar del retraso sufrido a consecuencia de la huelga de nuestro departamento de manutención, haremos todo lo posible para satisfacerles en los plazos previstos.
— Les rogamos nos disculpen por el retraso en la entrega del material eléctrico que les prometimos para el fin de esta semana.
— Suponemos que Vds. comprenderán que a causa de conflictos laborales estamos en la imposibilidad de proporcionarles los géneros de punto con la regularidad de siempre.
— Esperamos que estas demoras no alteren nuestras relaciones comerciales.
— Nos sabe mal tener que aplazar la entrega de su pedido.
— Ante la carencia de materias primas, nos tomamos la libertad de avisarles que no se efectuarán las entregas en los plazos habituales.

TRADUCCION INVERSA

CARTA :

Messieurs,

    Nous vous remercions de l'intérêt que vous avez bien voulu porter aux articles de notre collection et nous nous réjouissons à l'avance des relations commerciales qui vont s'établir entre nos deux maisons.

    Nous vous livrons aujourd'hui votre première commande à laquelle nous avons consacré tous nos soins de façon à ce qu'elle vous donne entière satisfaction.

    Toutefois, n'hésitez pas à nous faire savoir quelles seraient, à votre avis, les modifications que nous pourrions y apporter à l'avenir.

    En vous souhaitant bonne réception de ce premier envoi et dans l'espoir de nouvelles commandes, nous vous prions d'agréer, Messieurs, l'expression de nos sentiments dévoués.

                                      Etienne Nicolas.

FRASES :

1) Nous accusons réception de la commande que vous avez bien voulu passer à notre représentant, Monsieur Ferdinand, et nous vous en remercions vivement.
2) En réponse à votre lettre du 23 courant, nous sommes au regret de vous faire savoir que les articles, objet de votre commande, nous font actuellement défaut.
3) Nous espérons que les articles arriveront en parfait état et répondront à votre attente.
4) Nous sommes heureux de vous communiquer que nous vous expédions, ce jour, les 15 tapis d'Orient que vous nous avez commandés.
5) Dès réception des marchandises, nous vous prions d'avoir l'amabilité de nous en informer.
6) Vous trouverez ci-joint la facture d'un montant de 2.680 F. que vous voudrez bien régler dans les meilleurs délais.
7) Nous espérons que l'examen de ces marchandises vous incitera à nous confier une commande d'essai.
8) A l'avenir, veuillez nous prévenir suffisamment à l'avance pour que nous puissions vous satisfaire dans les délais prévus.
9) Nous avons le plaisir de vous confirmer l'envoi des 20 appareils magnétophones TK 27 ainsi que les bandes magnétiques longue durée.
10) Au cas où cet article ne vous conviendrait pas, nous vous prions de nous le retourner immédiatement.

Lección treinta y nueve
EMBALAJE
Y ACONDICIONAMIENTO
DE LOS PRODUCTOS

No sólo es imprescindible que el cliente reciba la cantidad exacta de mercancías encargadas, sino también tiene derecho a recibirlas en perfecta condición y ésa es la razón por la cual el vendedor (en este caso el remitente) ha de embalarlas esmeradamente con el fin de evitar que se produzca algún percance durante el transporte. El principio básico consiste en adaptar el género del embalaje al modo de transporte requerido y procurar que sea lo más fuerte y ligero posible.

Existen varias clases de embalajes :

— Sacos o bolsas de tela de yute o de lino, o también de plástico para el transporte de toda clase de productos incluso los productos agrícolas y los fertilizantes químicos.

ETIQUETAS CON SIMBOLOS INTERNACIONALES PARA EL TRANSPORTE DE MERCANCIAS

Almacenar lejos del calor

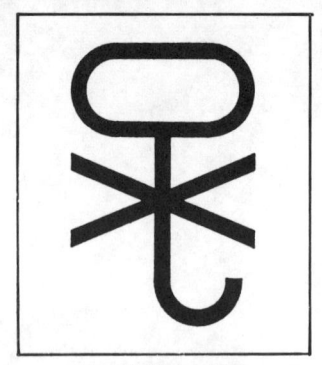

Prohibido colgar

Manipular con precaución

Mantener derecho

Almacenar en lugar seco

Prohibido transportar por avión con pasajeros

— cartones sujetados por cintas adesivas o por flejes metálicos,
— cajas de madera, o incluso de cartón, que pueden a veces ir forradas interiormente con papel de aluminio o con láminas de zinc para hacerlas absolutamente impermeables o herméticas y proteger la mercancía contra la acción corrosiva del aire, de la humedad, del agua o de los insectos,
— bastidores de madera para el transporte de maquinaria pesada (máquinas herramientas, bloques motores, etc.),
— cascos metálicos para los productos líquidos,
— barriles, toneles, barricas, para el transporte del vino u otras bebidas alcohólicas,
— botellas, frascos, tarros, botes, latas para los productos alimenticios,
— envases de plástico de uso universal.

Por muy fuertes que sean ahora los materiales de embalaje, siempre ocurre alguna avería durante el transporte, lo cual explica la cantidad enorme de cartas de reclamación debida a un embalaje defectuoso.

Valladolid, 11 de setiembre de 19..

LIBRERIA DURANY
5, Plaza de la Universidad
BARCELONA.

Señores :

Acabo de recibir los libros que les encargué el 2 del corriente así como la factura correspondiente cuyo importe se eleva a Ptas. 962.

Antes de remitirles el cheque, lamento insistir sobre la manera descuidada con la cual dichos libros fueron empaquetados ya que no había como protección más que una fina hoja de cartón la cual viene a ser totalmente insuficiente cuando se trata de resistir los choques a los cuales están sometidos todos los paquetes que se mandan por correo.

Efectivamente, dos de los libros de Juan Ramón Jiménez — Almas de Vileta y Soledad Sonora — llegaron bastante estropeados y la edición de lujo de los poemas de T.S. Eliot llegó marcada por la cuerda que sirvió para hacer el paquete.

Vds. comprenderán que en estas condiciones es injusto que yo tenga que pagar un precio elevado por unas mercancías que, debido a un embalaje insuficiente, han llegado en malas condiciones. Les ruego me hagan un descuento sobre el importe de la factura como indemnización de los daños sufridos.

Espero que en el futuro mis órdenes reciban mayor atención de su parte con el fin de evitar esos inconvenientes.

Atentos saludos de

Eliseo Martín García.

LIBRERIA DURANY

5, Plaza de la Universidad
BARCELONA

Barcelona, 14 de septiembre de 19 . .

Sr. D. Eliseo Martín GARCIA
Covadonga, 22
VALLADOLID

Señor :

En contestación a su carta del 11 del actual, sentimos mucho que los libros que le enviamos el 8 de septiembre hayan llegado en tan desastrosas condiciones y le agradecemos habérnoslo notificado con la mayor prontitud.

Hemos pedido más detalles a nuestro servicio de embalaje acerca de este envío y nos asegura que dicho paquete ha recibido el cuidado y las precauciones de siempre. Por lo que Vd. nos dice, parece ser que dicho paquete ha sido objeto de malos tratos por los empleados de Correos durante el transporte.

En cuanto al descuento que Vd. cree oportuno pedirnos, estamos dispuestos a concederle una reducción de 62 Ptas. por el inconveniente y la molestia que esto le ha ocasionado. Encontrará Vd. adjunta una nueva factura correspondiendo a Ptas. 900, con fecha del 14 de septiembre.

Esperando quede Vd. satisfecho con esta solución y rogándole disculpe la molestia, le saludamos muy atentamente.

Jesús Valdomero
Director.

LA CASA DEL RELOJ

Torrenueva, 24
VALENCIA

Valencia, 25 de febrero de 19 . .

Señores SANCHEZ y BUENAVENTURA
Villanova, 25
HOSPITALET (Barcelona)

Señores :

Lamentamos muchísimo volver a llamar su atención sobre un error ocurrido en la ejecución de nuestro pedido del 12 del corriente, además de haber recibido dicho envío en pésimas condiciones.

En vez de las ocho docenas de relojes, tipo «Fandango», con cifras y manecillas luminosas que les pedimos, Vds. nos mandaron sólo seis docenas, de las cuales dos no correspondían con los artículos que les encargamos.

Por otra parte, una de las cajas llegó en desastrosas condiciones con la tapadera rota y la parte superior de su contenido seriamente dañada debido a la insuficiente capa protectora del embalaje. Hemos examinado detenidamente el contenido de cada caja y hemos comprobado que catorce de los relojes son absolutamente invendibles. En el acto, hemos hecho constar los daños al transportista encargado de la entrega y firmado el albarán con la reserva siguiente : «una caja dañada durante el transporte».

Si fuera la primera vez que tal incidente se produce, nos conformaríamos con pedirles que arreglasen este error, pero es el tercer envío erróneo que recibimos de Vds. y no podemos permitirnos el lujo de los retrasos y de los inconvenientes que tales descuidos irrogan. Si no mejoran Vds. la calidad de su servicio, nos encontraremos en la obligación de buscar a otros proveedores.

Mientras tanto, les mandamos a porte debido las dos docenas de relojes que no pedimos y les rogamos nos manden la cantidad inicialmente prevista en el vale de pedido lo más pronto posible.

Tenemos a su disposición los relojes estropeados y quedaríamos agradecidos contesten a vuelta de correo.

Atentamente.

Santiago Linares.

VOCABULARIO

abollar	cabosser
una abolladura	une bosse
el acondicionamiento	le conditionnement
un albarán	un bon de livraison
un arañazo	une éraflure
una barrica	une barrique
un barril	un baril
un bastidor	un cadre
un bloque motor	un bloc moteur
una bolsa	un sac

un bote (de confitura)	un pot (de confiture)
una capa protectora	une couche protectrice
un casco metálico	un fût métallique
una cinta adesiva	un ruban adhésif
una cocina eléctrica	une cuisinière électrique
comprobar	constater
conformarse con algo	respecter quelque chose, se conformer à quelque chose
~~constar~~	~~constater~~
los daños	les dégâts, les dommages
los daños y perjuicios	les dommages et intérêts
dedicar	consacrer
descuidarse de algo	négliger quelque chose
embalar, embalaje	emballer, emballage
empaquetar	faire un paquet
entorpecer	entraver
erróneo	erroné
esmeradamente	avec soin
estropear, estropeado	abîmer, abîmé
los flejes	les feuillards
imprescindible	indispensable
indemnizar, indemnización	indemniser, indemnisation
invendible	invendable
irrogar	entraîner
las manecillas de un reloj	les aiguilles d'une montre
los materiales de embalaje	les matériaux d'emballage
la molestia	le dérangement
negarse a hacer algo	se refuser à faire quelque chose
ocasionar una molestia	causer un dérangement
un percance	un retard, un contretemps
los perjuicios	les préjudices
permitirse el lujo	s'offrir le luxe
en pésimas condiciones	dans des conditions déplorables
a porte debido	en port dû
rechazar	refuser
sujetar	attacher, fixer
la tapadera	le couvercle
una tetera	une théière
un tonel	un tonneau
una tela de yute	une toile de jute

EXPRESIONES

en el acto   *sur le champ, immédiatement*
no cabe la menor duda   *il n'y a pas le moindre doute*
dedicar mayor atención a la expedición de las mercancías
consacrer une plus grande attention à l'expédition des marchandises

EXPRESIONES PARA QUEJARSE DE LA ENTREGA DE MERCANCIAS EN MALAS CONDICIONES

— Lamentamos informarles que al recibir su envío del 12 del actual hemos comprobado que las teteras de porcelana estaban rotas por ser el embalaje insuficiente.
— Llegaron las cajas en tales condiciones que nuestro servicio de recepción tuvo que rechazarlas.
— Al ver las mercancías en tan mala condición el jefe se negó a firmar el albarán.
— Nos extraña muchísimo que Vds. no hayan dedicado mayor atención al embalaje de artículos tan frágiles.
— Tres cocinas eléctricas llegaron abolladas y con arañazos y Vds. comprenderán que tal como están no podemos aceptarlas.
— Las mercancías resultan totalmente invendibles y les rogamos nos las sustituyan por otras.
— Al ver las condiciones lamentables en que llegaron los cartones no cabe la menor duda de que la compañía de transporte es responsable de los daños.
— Exigimos la indemnización completa de los daños y perjuicios sufridos ya que la producción de nuestra fábrica se encuentra sumamente entorpecida.
— Los botes de conservas alimenticias llegaron oxidados por lo que parece ser agua de mar.
— La próxima vez les rogamos pongan mayor cuidado en el acondicionamiento de las alcachofas y espárragos.
— Un embalaje esmerado evita muchas reclamaciones y pérdidas de tiempo.

TRADUCCION INVERSA

CARTA :

Messieurs,

Nous avons reçu ce matin la lampe de chevet en porcelaine que nous vous avons commandée le mois dernier. Nous sommes au regret de vous informer que cet envoi nous est parvenu en très mauvais état.

A l'extérieur, le carton présentait un aspect irréprochable et nous avons, par conséquent, accepté la livraison et signé le bon. Ce n'est qu'après avoir déballé la marchandise que nous avons constaté que le pied de la lampe était brisé. De toute évidence, ce genre d'article, en soi très fragile, n'avait pas été entouré de suffisamment de soins et les précautions se sont révélées insuffisantes pour le transport.

Votre responsabilité semble donc établie et nous attendons vos instructions par un prochain courrier.

Veuillez accepter nos salutations distinguées.

Monique Vernon.

FRASES :

1) Nous sommes au regret de vous informer que les marchandises n'ont toujours pas été reçues.
2) Si ce retard devait se prolonger, nous nous verrions dans l'obligation d'annuler la commande.
3) Les trois caisses sont arrivées dans un triste état et leur contenu était sérieusement endommagé.
4) A l'avenir, nous souhaiterions qu'un plus grand soin soit apporté à l'exécution de ces commandes.
5) Nous ne comprenons pas comment un tel accident a pu se produire.
6) Faites-nous savoir, au plus vite, à quelle date vous vous trouverez en possession de ces marchandises.
7) De telles négligences sont absolument inadmissibles de la part d'une maison comme la vôtre.
8) Nous exigeons le remboursement intégral de l'acompte qui vous a été versé.
9) Etant donné la nature des dégâts, il ne fait aucun doute que la compagnie de transport est responsable.
10) Nous vous prions de nous envoyer de nouvelles marchandises en prenant toutes les précautions pour que ce genre d'incident ne se reproduise plus.

Lección cuarenta
EXPEDICION
SEGURO
ADUANA

En el comercio internacional, es de suma importancia la expedición de mercancías debido al volumen cada vez mayor de los intercambios y a la precisión de los detalles referentes al tipo de transporte, ocasionando de este modo una correspondencia abundante en la cual se encuentran cartas de petición de precios para el flete de las mercancías, instrucciones para el transporte de las mismas, convenios para el seguro y, ocasionalmente, reclamaciones.

El vocabulario y las explicaciones referentes a dichas operaciones se encuentran en las lecciones 17, 18 y 22 de la Segunda Parte del este libro. Examinaremos, a continuación, algunos modelos de carta que tratan de estos temas.

ETIQUETAS PARA AVISAR DE ALGUN PELIGRO

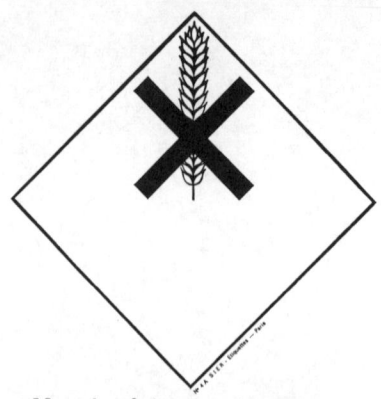

Materia tóxica para los cultivos y productos alimenticios

Materia inflamable

Materia radioactiva

Producto tóxico

Producto corrosivo

Peligro de explosión

TALLERES MECANICOS DEL EBRO S.A.

Miranda de Ebro

Miranda, 12 de mayo de 19 . .

COMPAÑIA MARITIMA DE TRANSPORTES
INTERNACIONALES S.A.
Loyola, 17
BILBAO.

Señores :

Agradeceré se sirvan enviarme a la mayor brevedad sus tarifas actualmente vigentes para la remesa de 12 cajas de máquinas de coser de 75 kg. cada una, desde Bilbao hasta Gotemburgo, así como todas las informaciones en cuanto al número de viajes por semana y los días de salida.

En espera de sus prontas noticias, les saluda atentamente,

Luís Fomentera

TALLERES MECANICOS S.A.
MIRANDA DE EBRO

Miranda, 20 de mayo de 19 . .

Sres. GUSTAVSON y EKBERG
GOTEMBURGO (Suecia)

Distinguidos Señores :

En ejecución de su pedido N. 2463/D del 10 del actual tenemos el gusto de informarles que las doce cajas de máquinas de coser eléctricas han sido cargadas, hoy día, a bordo del buque mercante «Centauro», que ha de llegar a Gotemburgo el 26 de mayo. Cada caja contiene seis máquinas debidamente embaladas con el fin de resistir los choques del viaje. Todas las máquinas han sido previamente ensayadas y llevan nuestra garantía.

Los documentos de expedición (conocimiento, certificado de seguro, factura consular, factura) han sido entregados a nuestro banco — Banco Español de Crédito, Miranda de Ebro — el cual ha aceptado nuestra letra librada sobre Vds., de un valor de Ptas. 432.000 (cuatrocientas treinta y dos mil).

Deseándoles buena recepción de las mismas, les saludamos muy atentamente.

Alberto Pineda
Director.

HARPER AND HITCHCOCK, Ltd.

Muntaner, 68

BARCELONA

Barcelona, 5 de marzo de 19 . .

COMPAÑIA NAVAL DE SEGUROS
Vía Layetana, 32
BARCELONA

Ref.: SLS/22 INS

Señores :

Tenemos que efectuar un envío de calculadoras electrónicas a Argentina a principios del mes que viene y quisiéramos saber si Vds. pudieran asegurarnos por una cantidad de 900.000 Ptas. durante el transporte hasta Buenos Aires.

Por supuesto, dichas mercancías estarán embaladas en conformidad con las normas establecidas por Vds. y embarcadas a bordo del buque nicaragüense «Esmeralda» que saldrá de Barcelona con destino a Buenos Aires, el 23 de marzo.

Al llegar allí, nuestro destinatario se encargará de la recepción de las mismas en los muelles del puerto argentino.

Anticipándoles las gracias, atentamente les saludamos.

Esteban Moreno.

PERFUMES SIGUENZA

Primo de Rivera, 37

MADRID

Madrid, 9 de octubre de 19 . .

PARAMOUNT COSMETICS
4578 Fifth Avenue
NEW YORK CITY

Ref.: pedido N. 345 FAC B

Señores :

El servicio de Aduanas acaba de avisarnos que su envío correspondiente al pedido cuya referencia se encuentra más arriba mencionada está actualmente embargado por las autoridades portuarias por no haberse añadido la factura correspondiente.

Sírvanse mandarnos a la mayor brevedad las tres copias de dicha factura, por correo aéreo, mencionando distintamente el valor de la crema depilatoria «Killhair» y del perfume «Super Magnet», ya que estos productos no están sometidos a las mismas tarifas arancelarias.

Agradeceríamos la mayor prontitud ya que tenemos pedidos pendientes para estos productos.

Atentos saludos.

Ramón Escobar
Gerente

VOCABULARIO

un almacén de depósito	un magasin général de douane
las autoridades portuarias	les autorités portuaires
avisar	prévenir, aviser
una calculadora electrónica	une calculatrice électronique
un convenio	un accord
una crema depilatoria	une crème dépilatoire
cotizar un precio	donner un prix
embargar	saisir
ensayar	essayer, tester
una factura consular	une facture consulaire
las gestiones	les démarches
los intercambios	les échanges
una máquina de coser	une machine à coudre
un muelle	un quai, un môle
las normas	les normes
nicaragüense	nicaraguayen
pendiente	en cours, en attente
una remesa	un envoi
una taladradora	une perceuse
un torno	un tour (machine)
una travesía	une traversée
las tarifas arancelarias	les droits de douane
las tarifas vigentes	les tarifs en vigueur

EXPRESIONES REFERENTES A LA EXPEDICION DE MERCANCIAS

— Tenemos el placer de avisarles que hoy mismo las taladradoras y los tornos han sido embarcados a bordo del buque de carga «Ciudad de Cádiz».
— Tardará dicho buque tres semanas para efectuar la travesía hasta Valparaíso.
— Estas mercancías necesitan licencias de importación y los cupos otorgados son muy reducidos.
— Nuestro banco acaba de confirmarnos que la letra de cambio documentaria fue enviada el 3 de junio.
— Si Vds. no desean pagar las tasas arancelarias acto seguido, se pueden dejar las mercancías en almacenes de depósito.
— Estas formalidades siguen vigentes desde 1962. En cuanto al nuevo reglamento entrará en aplicación a partir del 15 de enero.
— Se efectuará el pago por nuestro banco al entregarnos los documentos de expedición.
— Haga el favor de mandar las mercancías en cajas herméticas forradas con papel de aluminio.
— El banco les entregará los documentos contra aceptación.
— Para este tipo de mercancías solemos cotizar los precios C.I.F.
— Nuestro transitario se encargará de la expedición de las mercancías y de todas las gestiones administrativas.
— Las mercancías quedaron detenidas en la aduana por faltar la licencia de importación y la póliza de seguro.
— Tan pronto como reciban las mercancías, tengan la bondad de avisarnos inmediatamente por correo aéreo.

TRADUCCION INVERSA

CARTA :

Monsieur,

Veuillez trouver ci-joint, en double exemplaire, la police d'assurance automobile N°72.585.

Les circonstances actuelles ont considérablement augmenté le coût d'indemnisation des dommages résultant d'un accident, aussi sommes-nous amenés à reconsidérer les primes de nos polices qui remontent à un certain temps.

Comme vous avez bénéficié du maintien de la prime pour l'année d'assurance écoulée, nous espérons que vous consentirez au réajustement de celle-ci pour l'année 19. .

Nous attirons votre attention sur le fait que la prime couvrant le risque d'incendie n'a pas été modifiée. De plus, une nouvelle formule d'assurance tous risques est actuellement à l'étude.

En vous remerciant de votre prompte réponse, nous vous prions d'agréer, Monsieur, l'expression de nos salutations empressées.

LA SALVATRICE

Jean-Paul Quincy
Agent d'assurances.

FRASES :

1) Les taxes douanières sont des impôts indirects car finalement elles seront remboursées à l'importateur par le consommateur.
2) Ces taxes atteignent parfois des sommes considérables et il arrive souvent que l'agent commercial attende de trouver un acheteur éventuel avant de les acquitter.
3) Vous pourrez éventuellement bénéficier d'une aide à l'exportation accordée par le gouvernement.
4) Les marchandises resteront en douane dans des magasins généraux tant que les droits n'auront pas été payés.
5) Nous sommes persuadés que la suppression des contingentements permettra un développement rapide des échanges internationaux.
6) Nous n'acceptons ces devises que dans des conditions très particulières qui ne sont pas réunies dans l'affaire qui nous concerne.
7) Nous serions heureux de connaître vos conditions pour un envoi C.A.F.
8) Dans les transports maritimes le connaissement joue le même rôle que le récépissé dans les transports ferroviaires.
9) En raison de la nature du chargement, la compagnie d'assurance a décidé de majorer ses primes de 10 %.
10) Vous voudrez bien être assez aimables pour nous indiquer quel mode de règlement vous avez choisi.

TUBOS Y HIERROS INDUSTRIALES s.a.

Registro Mercantil Madrid, T. 122 Soc., F. 143, H. 4.417, I. 1.a — C.I.F. A028013308
C. CENTRAL MADRID – 3, ALONSO CANO, 23 – Apartado 1048
Teléfonos: 448.00.00 - 448.01.00 — Telex: 22.522 y 27.275 — Teleg. TUBOS

CLIENTE NUMERO	01.2245.9
FACTURA NUM.	710.903.01
FORMA DE PAGO	GIRO

TERMIVENT SL
Doctor Fleming 55
MADRID 16

ALBARAN	CANTIDAD	DESCRIPCION DEL MATERIAL	PRECIO	IMPORTE BRUTO	DESCUENTO %	DESCUENTO PESETAS	IMPORTE NETO
58969	1	MANGUERA CROMADA 1,50 M	280,00	280,00	25,0	70,00	210,00
58981	3	29110 LLAVE PASO LUJO	1.540,00	4.620,00	30,0	1.386,00	3.234,00
58981	3	29111 LLAVE PASO LUJO	1.540,00	4.620,00	30,0	1.386,00	3.234,00
58981	1	CRUCETA ECO II F GROHE	513,00	513,00	30,0	153,90	359,10
58981	1	CRUCETA ECO II F GROHE	513,00	513,00	30,0	153,90	359,10

FECHA DE LA FACTURA	REFERENCIA DEL PEDIDO	ENVIADO POR	N.V.	VENCIMIENTO
MADRID 29/5/1.978	1329	MADRID	12	90 DIAS

SUMA IMPORTE NETO	DESCUENTO POR P.P. %	PESETAS	I.T.E. y A.P. %	PESETAS	RECARGOS PAGO DIFDO. %	PESETAS	EMBALAJES	ACARREOS	CORTES	ROSCAS	TOTAL FACTURA
7.396,00			0,4	30,00							7.426,00

Precios aplicados de acuerdo con la Legislación vigente

Lección cuarenta y una
FACTURAS Y PAGOS

Hoy en día, la mayoría de las transacciones comerciales se hacen a partir de acuerdos crediticios según los cuales se le otorga al cliente un período para pagar (plazo) que suele extenderse de quince días a seis meses, y a veces mucho más. Sin embargo el pago a plazos plantea algunos problemas sobre todo cuando no se conoce al cliente y aún menos la posición financiera del mismo (solvencia). En este último caso, antes de concederle crédito, el proveedor se ve en la obligación de pedir una serie de informaciones referentes a la honestidad, regularidad y solvencia de su futuro deudor.

ESTABLECIMIENTOS SANZ Y JORDI
JIJONA (Alicante)

Jijona, 26 de junio de 19 . .

Sres. MARTIN y BELTRAN
Ortega y Gasset, 96
TARRAGONA

Señores :

    Obra en nuestro poder su pedido N. 653/57 que asciende a un valor de Ptas. 86.500, por el cual le damos las gracias.

Ya que ésta es la primera transacción que hacemos con Vds., les quedaríamos muy agradecidos se sirvieran darnos el nombre de un banco o de una empresa con la cual tienen Vds. relaciones de negocios seguidas y que podría facilitarnos algunas referencias sobre Vds.

En cuanto tengamos estas informaciones, nos complaceremos en enviarles las mercancías que han pedido sin más tardar.

Esperamos que este primer pedido les induzca a seguir comerciando con nosotros con el fin de establecer una larga y provechosa cooperación.

Aguardando su carta, nos complacemos en saludarles atentamente.

Carlos Matorral.

ESTABLECIMIENTOS SANZ Y JORDI
JIJONA (Alicante)

Jijona, 2 de julio de 19 . .

PRODUCTOS LA LERIDANA
Joaquín Costa, 22
TARRAGONA

Distinguidos Señores :

Hace poco hemos recibido un pedido de los Sres. Martín y Beltrán, de ésta, que se proponen pagarnos a plazos. Nos han dado su nombre como referencia y les agradeceríamos muchísimo nos proporcionaran alguna información sobre la posición financiera y formalidad en los pagos de estos Señores.

Apreciaríamos cualquier otro particular sobre la fama de dicha casa y, naturalmente, su opinión será considerada como estrictamente confidencial.

Agradeciéndoles de antemano su amabilidad, les saludamos muy atentamente.

Alfonso Sanz.

PRODUCTOS «LA LERIDANA», S.L.

Joaquín Costa, 22
TARRAGONA

Tarragona, 4 de julio de 19 . .

ESTABLECIMIENTOS SANZ Y JORDI
JIJONA (Alicante)

Señores :

En contestación a su carta del 2 del actual, tenemos el placer de poner en su conocimiento que la casa Martín y Beltrán es una empresa con la cual llevamos ahora veinte años de relaciones comerciales que siempre han sido satisfactorias. Dicha casa goza, en esta plaza, de la mayor consideración y siempre se han mostrado honrados y regulares en sus pagos. Son personas con quienes puede uno contar y merecen nuestra entera confianza. Personalmente nosotros no veríamos ningún inconveniente en concederles crédito para una suma mucho más importante de la que Vds. mencionan.

Debido a la índole de estas informaciones, les rogamos tengan la mayor discreción.

Atentamente,

José Luís Fernández.

Una factura suele generalmente consistir en un formulario impreso en el cual se consignan los detalles de los géneros vendidos. (Véase la lección 24, Segunda Parte del libro). Generalmente va acompañada de una carta anunciando que se la adjunta a la misma. Sin embargo, puede ocurrir que se produzca un error al extenderla, en cuyo caso se escribe una carta en la cual se pone de manifiesto el error con amabilidad y diplomacia.

BARTOLOMEO ESPINOSA Y CIA.

Marqués del Duero, 8
ALBARRACIN

Albarracín, 30 de octubre de 19 . .

COMESTIBLES «EL PIPA»
Río Seco, 53
ALCAÑIZ (Teruel)

Señores :

Les agradecemos la entrega de nuestra orden N. 134 del 24 del corriente y nos complacemos en comunicarles que la mercancía llegó en perfecta condición.

También hemos recibido su factura y, al verificarla, nos hemos dado cuenta de que se ha cometido un error por lo que respecta la partida n° 5, que consiste en 80 latas de pimientos morrones a 63 Ptas. cada una. Vds. han sacado un total de Ptas. 5140, en vez de la cifra correcta de 5040.

Tengan la bondad de rectificar esta pequeña equivocación y mándennos una factura de abono correspondiendo a la diferencia.

Atentos saludos.

Eleuterio Blas.

VOCABULARIO

un acuerdo crediticio	*accord pour une obtention de crédit*
un deudor	*un débiteur*
extender una factura	*établir une facture*
una factura de abono	*une facture d'avoir*
merecer la confianza	*mériter la confiance*
los particulares	*les détails*
una partida	*un poste, une rubrique*
los pimientos morrones	*les piments doux*
sacar la cuenta	*faire le compte*
la solvencia	*la solvabilité*

OBSERVACION

Recordamos que el verbo **agradecer** es transitivo directo ; se dice : **agradecer algo**.

Ejemplos : Les **agradecemos** cualquier particular con respecto a este asunto.
   Les **agradezco** me favorezcan con todas las informaciones que juzguen Vds. convenientes.
   Te **agradezco** el dinero que me prestaste.

Sin embargo, es preciso no confundir este verbo con las expresiones **dar las gracias** *por* algo o **estar agradecido** *por* algo.

Ejemplos : Les **damos las gracias** *por* habernos proporcionado estas informaciones.
   Le **doy las gracias** *por* estas informaciones.
   Nos **dio las gracias** *por* el servicio que le prestamos.

Les **estamos agradecidos** *por* habernos informado sobre su posición financiera.
Te **estoy agradecido** que hayas venido sin tardar. / te ajradesco.
Quedaríamos muy agradecidos nos facilitaran éstos datos con la mayor prontitud.

EXPRESIONES PARA SOLICITAR INFORMACIONES SOBRE LA POSICION FINANCIERA DE UN CLIENTE

— Ya que es la primera vez que esta casa se dirige a nosotros quisiéramos tener algunos datos en cuanto a su honradez y respetabilidad.
— Sírvanse decirnos cuál es la fama y consideración que tiene esta empresa en los círculos financieros.
— Dicha casa goza en esta plaza y alrededores de una excelente fama y nosotros no vacilaríamos en concederle nuestra confianza.
— Los Señores Roca y Amat nos han comunicado su nombre para que Vds. nos dieran algunas informaciones sobre la Casa Fuentes que conocen Vds. desde hace varios años.
— Dicha casa siempre ha mostrado mucha formalidad en las transacciones que hemos entablado con ella.
— Respondemos de su honradez como si se tratara de nosotros.
— Puesto que hace mucho tiempo que no hemos tenido relaciones con esta casa nos resulta muy difícil darles nuestra opinión.
— Siempre se han efectuado los pagos en debido tiempo y nuestras letras han sido acogidas favorablemente.
— Les aconsejaríamos tomaran algunas precauciones si deciden tratar con esta casa.
— En varias ocasiones se han atrasado en sus pagos, por eso nos parece conveniente efectuar transacciones al contado.

TRADUCCION INVERSA

CARTA :

Messieurs,

Nous venons d'obtenir une commande importante de la part de la Société TEXOMAT avec laquelle nous n'avons entretenu, jusqu'à présent, aucune relation commerciale préalable.

Ils nous ont prié de nous adresser à vous afin d'obtenir des renseignements sur leur position financière et nous vous serions très obligés de nous faire connaître votre avis à ce sujet.

Tous les renseignements que vous nous fournirez seront bien entendu strictement confidentiels et nous serions heureux de vous rendre le même service en pareille circonstance.

En vous remerciant à l'avance des détails que vous voudrez nous communiquer, nous vous prions d'agréer, Messieurs, l'expression de nos sentiments distingués.

Marcel Faugier
Directeur

FRASES :

1) Nous vous serions reconnaissants de bien vouloir nous fournir les références des maisons avec lesquelles vous avez traité au cours des récentes années.
2) Nous vous serions très obligés de nous donner des renseignements au sujet de cette entreprise dont l'activité principale est la même que la vôtre.
3) Pensez-vous que l'on puisse faire confiance à cette maison pour des traites d'un montant de 5.000 F. par mois ?
4) Soyez assez aimables pour nous faire connaître votre opinion au sujet de la Maison GIMENEZ avec laquelle vous entretenez des relations d'affaires depuis plusieurs années.
5) Nous avons l'honneur de nous adresser à vous afin d'obtenir des renseignements sur la réputation de cette entreprise.
6) Nous traitons avec eux depuis de nombreuses années et nos relations ont toujours été satisfaisantes.
7) Nous les croyons parfaitement honnêtes et dignes de confiance.
8) Ils se sont toujours montrés très corrects et ont fait face à leurs engagements régulièrement.
9) Comme référence, vous pouvez vous adresser à la Société MATSON avec laquelle vous êtes en relations d'affaires.
10) Vous pouvez leur faire confiance, ils ont toujours su se montrer ponctuels dans l'acquittement de leurs échéances.

Lección cuarenta y dos
RECORDATORIOS
FACTURAS A COBRAR

A veces, ocurre que una empresa tarde mucho en pagar una factura o cancelar el saldo de una cuenta por varios motivos tales como : enfermedad, mala temporada, insuficiencia de fondos, etc. Un comerciante puede, en cierto modo, otorgarle al deudor cierto plazo para pagar la factura, sobre todo si él lo pide expresamente. Si se prolonga esta demora será preciso tomar medidas adecuadas a cada caso.

Si no se efectúa el pago después de cierto tiempo, será necesario enviar al cliente olvidadizo una copia de la factura que se ha descuidado pagar. Si sigue sin pagar, se le manda un recordatorio en el cual se le ruega pagar la suma debida en los más breves plazos. El tono de dichas cartas suele ser cortés y apropiado a la estima que se le concede. Si se trata de un cliente que siempre se ha mostrado regular y puntual, se insistirá en la regularidad de sus pagos anteriores aludiendo que ha debido de pasar algún incidente (descuido, actividad comercial excesiva, etc.).

Al contrario, si no es la primera vez que se produce tal incidente, conviene escribir dicha carta empleando un tono más firme. Si, a pesar de todo, no hay contestación

CON LA NUEVA
RETROEXCAVADORA MK-III
JCB
se distancia aún más
de sus competidores
SOLICITE INFORMACION!
Nº 1 EN EUROPA
JCB
• AMPLIA GAMA DE ACCESORIOS EXCLUSIVOS
• MARTILLOS NEUMATICOS
• CUCHARAS ESPECIALES
• ALARGADERAS DE BRAZO
• AMPLIAS FACILIDADES DE PAGO
• MAXIMA VALORACION DE
SU MAQUINA USADA
• GARANTIA TOTAL
FINANZAUTO
Y SERVICIOS S.A.
"trate con profesionales"
Ctra. Madrid-Valencia, Km. 24,500
Tel. 871 44 00.
ARGANDA DEL REY (Madrid)

por parte del deudor, se mandará una segunda carta usando un tono que, después de expresar cierta sorpresa, será mucho más imperativo. Así por ejemplo, se le puede preguntar si, debido a un error cualquiera, tiene algún motivo para quejarse de un error ocurrido en la entrega de las mercancías o en la redacción de la factura, utilizando este pretexto para obtener una respuesta.

Si, finalmente, después de reiteradas solicitaciones, todas estas tentativas fracasan, se informará al cliente de que el asunto está por entregar a un abogado o a una asesoría jurídica, por negativa de pago. No obstante, se le concederá algunos días de prórroga, haciendo hincapié sobre el coste y los inconvenientes que dichas gestiones pueden ocasionarle. (Para más detalles, véase el lección 19, Segunda Parte).

CEMENTOS DEL JALON S.A.

CALATAYUD

Calatayud, 15 de junio de 19..

Sr. D. Amadeo GARGALLO
Contratista
CARIÑENA

Señor :

Al repasar las cuentas de nuestros clientes hemos comprobado que el saldo referente al mes de enero ascendiendo a Ptas. 35.460 (treinta y cinco mil cuatrocientas sesenta pesetas) seguía aún sin estar cancelado. Además, tampoco han tenido contestación las cartas que le hemos enviado.

Hace seis meses que Vd. ha comprado una importante cantidad de cemento y se hizo la venta con tal que se pagase el importe a treinta días. Al aceptar la entrega, Vd. se comprometió a pagar dentro del plazo convenido.

Aúnque esta forma de contratar tenga valor jurídico y sea coercitiva, preferimos dirigirnos a nuestro sindicato, más bien que a los Tribunales comerciales, con el fin de cobrar el pago pendiente. Todos los productores de cementos pertenecen a este organismo y estamos seguros de que Vd. comprenderá lo perjudicial que podría ser para su negocio estar fichado en los archivos del Sindicato. Inútil es decir lo difícil que es actualmente para un empresario comerciar sin crédito.

Si, dentro de 10 días, no recibimos carta de Vd. con el cheque adjunto, nos sentiremos obligados a tomar medidas a las cuales nos disgusta recurrir.

Atentamente,

CEMENTOS DEL JALON S.A.

Jaime Maldonado
Director

AMADEO GARGALLO VIÑEDO

CARIÑENA (Zaragoza)

Cariñena, 18 de junio de 19..

CEMENTOS DEL JALON S.A.
CALATAYUD (Zaragoza)

Señores :

En contestación a su carta del 15 del actual, me permito hacerles observar que hasta el mes de enero pasado ha sido para mí un deber satisfacer mi cuenta regularmente. Desgraciadamente, a causa de la recesión que afecta al sector de la construcción, la actividad de mi empresa ha ido disminuyendo tanto que he estado a punto de declararme en quiebra.

Sin embargo, la semana pasada firmé un importante contrato con la Sociedad FLEXA, de Eibar, en el cual me encargan la construcción de 150 garajes. Mis obreros ya han empezado las obras y los cimientos progresan rápidamente.

A fin de mes, estaré en condición para pagar las deudas más apremiantes. Mi situación financiera está, por el momento, muy baja, sin embargo haré cuanto sea posible para conservar la estima de los que me conceden crédito.

Sírvase aceptar, en lo inmediato, un cheque de un valor de 5.460 Ptas. sobre el total de la deuda así como un pagaré para el saldo.

Esperando sigan concediéndome su confianza les saluda muy atentamente,

A. Gargallo Viñedo.

CEMENTOS DEL JALON S.A.

CALATAYUD

Calatayud, 20 de junio de 19..

Sr. D. Amadeo GARGALLO
Contratista
CARIÑENA

Distinguido Señor :

Le agradecemos su carta del 18 de junio y nos es grato participarle nuestro deseo de seguir comerciando con Vd. puesto que, en el pasado, siempre ha satisfecho los saldos de nuestras cuentas en tiempo oportuno.

Naturalmente, preferiríamos que Vd. pagase la totalidad de su deuda que tenemos inscrita en nuestros libros ; sin embargo aceptamos su cheque que se eleva a Ptas. 5.460 que trasladamos inmediatamente al haber de su cuenta.

En cuanto al saldo, estamos dispuestos a aceptar su firma para un pagaré a 90 días con tal que vaya respaldado por un aval. Estamos seguros de que el director de la Sociedad FLEXA no pondrá ningún inconveniente en avalar dicho documento.

Esperando sus noticias, quedamos de Vd. atentamente.

Jaime Maldonado.

VOCABULARIO

apremiante	*pressant, urgent*
avalar	*avaliser*
el aval	*l'aval*
aludir a	*faire allusion à*
una asesoría jurídica *gabinete*	*un cabinet d'avocat conseil*
los cimientos	*les fondations*
comprometerse	*s'engager*
cortés	*poli, courtois*
declararse en quiebra	*se mettre en faillite*
una demora	*un retard*
hacer hincapié	*mettre l'accent*
el haber	*l'avoir*
una negativa de pago	*un non-paiement*
olvidadizo	*oublieux*
un pagaré	*un billet à ordre*
en el plazo convenido	*dans les délais convenus*
perjudicial	*préjudiciable, défavorable*
una prórroga	*un sursis*
una quiebra	*une faillite*
un recordatorio	*une lettre de rappel*
recurrir a	*faire appel à, avoir recours à*
repasar las cuentas	*revoir les comptes*
respaldar	*appuyer, garantir*
trasladar	*transférer*

EXPRESIONES

después de reiteradas solicitaciones
après des mises en demeure répétées

las deudas más apremiantes
les dettes les plus pressantes

hacer cuanto sea possible
faire tout son possible

EXPRESIONES PARA NOTIFICAR
UN RETRASO EN EL PAGO
DE UNA DEUDA

— Sírvase encontrar, a continuación, un extracto detallado de su cuenta que presenta, salvo error u omisión, un saldo a favor nuestro que se eleva a la cantidad de Ptas. 8.542.
— Sentimos informarle que nuestro servicio de contabilidad nos participa que, en fecha del 10 de febrero, su cuenta presenta un saldo deudor que asciende a Ptas. 423.
— Suponemos que, debido a las múltiples actividades que Vds. llevan, esto ha sido mero olvido de su parte y lo comprendemos perfectamente.
— Si mientras tanto nos han dirigido algún efecto para satisfacer dicho saldo, tengan la bondad de no tener en cuenta esta carta.
— Lamentamos informarle que su deuda sigue sin estar pagada en cuanto a la suma relativa al mes de abril.
— Quizá el pago no haya podido verificarse por falta de informaciones precisas en cuanto a su número de cuenta.
— En este caso, haga el favor de rellenar la cuartilla adjunta y remitírnosla a la mayor brevedad posible.
— Al revisar su cuenta hemos notado que por lo que respecta a la factura n° 3.657 del 18 de marzo, Vd. nos debe todavía la suma de Ptas. 23.875.
— En la espera de que esta deuda esté rápidamente satisfecha les saludamos muy atentamente.

TRADUCCION INVERSA

CARTA:

Messieurs,

Je vous serais obligé de bien vouloir obtenir le recouvrement d'une dette de 1.321 F. auprès de Monsieur Gérard Lacoume domicilié 25 rue de l'Ecluse, Paris 17ème, qui est mon débiteur pour cette somme depuis plus d'un an.

En raison de la mauvaise volonté manifeste de Monsieur Lacoume, je vous prierais d'exiger le paiement intégral de cette dette et de ne consentir aucun délai.

Vous trouverez ci-joint le dossier concernant cette affaire, à savoir : les doubles des factures, les copies de nos différentes lettres de rappel et la lettre de Monsieur Lacoume en date du 25 juillet dans laquelle il reconnaît avoir effectivement reçu les marchandises.

Je vous prie, Messieurs, de bien vouloir me tenir au courant de vos démarches et d'accepter mes salutations empressées.

Raymond Pineau.

FRASES:

1) De l'examen de nos comptes, sauf erreur ou omission, il apparait que la somme de F. 4.352 nous reste due.
2) Veuillez trouver ci-joint un relevé détaillé de votre compte faisant apparaître le solde qui nous est dû.
3) Nous vous serions infiniment reconnaissants de bien vouloir nous régler cette somme dans les plus brefs délais.
4) Afin de régulariser votre compte, nous vous demandons d'avoir l'amabilité de nous faire parvenir le paiement sous huitaine.
5) Nous sommes au regret de vous informer que la facture n° 60.742 n'a toujours pas été réglée.
6) Au cas où vous connaîtriez des difficultés de trésorerie, nous vous prions de nous le faire savoir au plus tôt.
7) Nous regrettons sincèrement de ne pouvoir vous accorder un délai supplémentaire en ce qui concerne le paiement de cette traite.
8) Si nous n'obtenons pas le règlement de ce solde sous huitaine, nous serons dans l'obligation d'avoir recours au protêt.
9) Notre banque nous a retourné impayée notre traite au 30 octobre, s'élevant à 2.500 F. émise en couverture de notre facture n° 4.763 du 26 août.
10) Dans l'espoir que vous voudrez bien couvrir cet arriéré dans les meilleurs délais, nous vous prions d'agréer, Messieurs, nos salutations distinguées.

la camisa para hombres, que prefieren las mujeres...

...porque **ethernit** repele la suciedad

Ello se debe a que está tejida con fibra poliamídica que no "atrae" la suciedad sinó que la repele. Por eso la camisa **ethernit** se conserva limpia **muchísimo más tiempo**. **ethernit** suprime, de verdad, el planchado, se lava con facilidad y conserva el blanco óptico.

ethernit®

la distinguirá por su tejido especial y por esta etiqueta

CAMISA HOMOLOGADA BAJO NORMAS INTERNACIONALES POR SERVICIO EUROPEO **ethernit**

ELEGANTE Y DESPREOCUPADO

Artilene®
EL TEJIDO DE FIBRA INGLESA

FABRICADO CON 55%
"TERYLENE"
y 45% LANA DE AUSTRALIA

ARTILENE
significa elegancia con menos cuidados

Lección cuarenta y tres
QUEJAS Y RECLAMACIONES

A pesar de todo el cuidado y esmero con el cual se suelen ejecutar los pedidos, ocurren a veces errores, lo cual origina reclamaciones por parte del comprador. El tono empleado en dichas cartas ha de ser sencillo y ponderado, evitando cuidadosamente cualquier agresividad o exageración. El autor de una carta de reclamaciones debe limitarse a indicar claramente lo que sucede insistiendo en los perjuicios causados. Puede haberse producido algún error en las mercancías enviadas, éstas pueden haber sido dañadas durante el transporte, la calidad también puede dejar algo que desear, o puede tratarse de un retraso en las entregas, pero cualquiera que sea el motivo de la queja, estas alegaciones han de radicar sobre hechos con el fin de demostrar que la reclamación es justificada. Varios ejemplos de este tipo de cartas enfocando casos precisos han sido estudiados en las lecciones 39 y 40 de esta parte del libro.

ENTREGAS ATRASADAS

VINCENTE Y LOZANO

Plaza del Castillo, 21
PAMPLONA

Pamplona, 14 de marzo de 19..

TEXTILES BADGES, S.L.
TARRASA (Barcelona)

Ref.: Pedido N. 125 R

Señores :

El 28 de enero pasado les encargamos una cantidad importante de tejidos de lana para el corriente del mes de febrero según las muestras que su representante nos enseñó. Consistía nuestra orden en :

- 40 metros calidad «tweed» n. 133, color marrón oscuro
- 45 metros calidad «cheviots» n. 122, gris
- 20 metros calidad «shetland» n. 150, antracita.

El 31 de enero, acusaron Vds. recibo de nuestra orden prometiéndonosla para el 15 de febrero. Ha transcurrido un mes entero y hasta la fecha no hemos recibido ni la entrega, ni explicación alguna de su parte.

Clientes de su casa desde hace muchos años, nos parece que tendríamos derecho a ser mejor atendidos por sus servicios.

Tenga la bondad de avisarnos a vuelta de correo cuando piensan Vds. estar en disposición de efectuar la entrega de nuestro pedido. Si no estamos en posesión de los tejidos antes del fin de este mes, nos veremos obligados a cancelar nuestra orden.

Atentamente.

Esteban Lozano
Director.

TEXTILES BADGES S.L.

Torres Amat, 64
TARRASA

Tarrasa, 15 de marzo de 19 . .

Sres. VINCENTE y LOZANO
Plaza del Castillo, 21
PAMPLONA

Su ref.: Pedido n° 125 R

Estimados Señores :

Lamentamos el retraso que ha tenido su pedido del 28 de enero y les rogamos nos disculpen. Desgraciadamente, con motivo de una huelga de nuestros operarios, hemos tenido que cerrar nuestros talleres durante casi todo el mes de febrero lo cual tuvo por consecuencia la parálisis completa de nuestra producción. Actualmente, los conflictos laborales parecen estar resueltos y durante estas dos últimas semanas hemos podido alcanzar una parte de nuestro retraso.

Me siento personalmente culpable por no haberles avisado de este inconveniente en debido tiempo, pero supongo que Vds. comprenderán que, aquí, las condiciones normales de trabajo han estado algo perturbadas durante cierto tiempo a consecuencia de dicha huelga.

Nuestros telares funcionan de nuevo produciendo los tejidos cuya calidad hizo el renombre de esta casa. Acabamos de ocuparnos de su pedido que hemos enviado precisamente esta mañana y que tendrían que recibir al final de esta semana.

Confiamos en que disculpen este retraso, el cual sentimos sinceramente.

Les saludamos muy atentamente.

TEXTILES BADGES, S.L.
Enrique Madrazo
Servicio clientela.

MERCANCIAS NO CONFORMES CON LA MUESTRA

Oviedo, 29 de octubre de 19..

PAPELES RAMOS y Cía.
Resolana, 74
SEGOVIA

Señores :

El 23 de octubre, encargué tres resmas de papel «Extra Strong» 21 por 27, N° 19-A escogidos en su catálogo de muestras.

Acabo de recibir el pedido y siento decirles que no corresponde en absoluto con la muestra. El N°19-A es un papel de color blanco mientras que el papel que Vds. me han enviado es amarillo. Por lo tanto, les devuelvo este envío pidiéndoles me manden el papel encargado lo más rapidamente posible.

Adjunta encontrarán la muestra que Vds. me han dejado, así como una hoja del papel que me han enviado para que Vds. vean la diferencia. Procure, esta vez, que el papel que me van a mandar esté conforme con la muestra, en la cual, con el fin de evitar un nuevo error, he escrito las palabras : «Del mismo color».

Espero que los gastos de envío del pedido erróneo que les devuelvo sean descontados de la factura.

Atentamente.

Juan Miguel García.

Primer caso : **LA CULPA LA TIENE EL PROVEEDOR**

PAPELES RAMOS Y CIA.
Resolana, 74
SEGOVIA

Segovia, 1º de noviembre de 19 . .

Sr. D. Juan Miguel GARCIA
San Francisco, 25
OVIEDO

Muy Señor Nuestro :

Sentimos muchísimo que, debido a un descuido de nuestro servicio de expedición, haya Vd. recibido un papel «Extra Strong» de otro color del que Vd. deseaba. Nuestro empleado le mandó por error el N.º 19 en vez del N.º 19-A.

Ahora mismo, le enviamos el papel «Extra Strong» N.º 19-A en gran velocidad con el fin de que lo tenga mañana. Desde luego, los gastos de envío que Vd. ha tenido que sufragar serán deducidos de su factura.

Le rogamos acepte nuestras excusas por la molestia que esta equivocación pueda haberle causado y, en el futuro, puedo asegurarle que yo vigilaré personalmente que sus pedidos sean debidamente atendidos.

Quedamos de Vd. muy atentamente.

Felipe Ramos
Director.

Segundo caso : **LA CULPA LA TIENE EL COMPRADOR**

                PAPELES RAMOS Y CIA.
                    Resolana, 74
                    SEGOVIA

                          Segovia, 1º de noviembre de 19 . .

Sr. D. Juan Miguel GARCIA
San Francisco, 25
OVIEDO

Muy Señor Nuestro :

    Sentimos mucho enterarnos de que Vd. no quedó satisfecho con el envío que le hicimos de papel «Extra Strong».

    Acabamos de verificar con nuestro servicio de expedición y el vale de pedido que Vd. nos envió el 23 de octubre lleva claramente la mención Nº 19 en vez de Nº 19-A.

    Lamentamos la molestia que este percance le habrá causado, pero como el error no ha sido nuestro, Vd. comprenderá que no nos toca pagar los gastos de expedición de la mercancía que Vd. nos ha devuelto.

    Esta mañana le hemos mandado las tres resmas de papel «Extra Strong» Nº 19-A esperando que el color le convenga.

    Siempre a su servicio, quedamos de Vd. muy atentos.

                                  Felipe Ramos
                                  Director.

VOCABULARIO

acusar recibo	accuser réception
afectar, perturbar	affecter, perturber
alborotar	perturber, chambouler
alcanzar el retraso	rattraper le retard
atender a un cliente	s'occuper d'un client
atenerse a un plazo	respecter un délai
las alegaciones	les motifs
los conflictos laborales	l'agitation sociale
devolver (devolución)	rendre (un rendu)
una demora	un retard
estar conforme	être conforme
una huelga	une grève
lamentar	regretter
un operario	un ouvrier
una parálisis	une paralysie
una pantalla	un écran
ponderado	pondéré
quejarse de algo	se plaindre de quelque chose
reembolsar (reembolso)	rembourser (remboursement)
una resma de papel	une rame de papier
sentir	regretter
servicial	serviable
transcurrir	s'écouler
un telar	un métier à tisser
vigilar	surveiller

EXPRESIONES

a vuelta de correo
par retour du courrier

cualquiera que sea el motivo de la queja
quelle que soit la raison de la plainte

dejar algo que desear
laisser un peu à désirer

EXPRESIONES PARA HACER UNA RECLAMACION

— Siento mucho tener que informarles que, hasta la fecha, no hemos recibido las piezas de acero inoxidable que Vds. nos prometieron para el fin del mes pasado.
— Lamentamos decirles que es la segunda vez que tal incidente se produce con su casa.
— Si esta anormalidad volviera a producirse, nos veríamos en la obligación de buscar a otros proveedores más atentos.
— Nos parece inaceptable la manera con la cual Vds. tratan a uno de sus más antiguos clientes.
— Nos pesa tener que decirles que estamos cansados de tanto esperar y que, por lo tanto, cancelamos nuestras órdenes.
— Lamentamos que una casa como la suya no pueda atenerse a los plazos de entrega prometidos.
— Sentimos tener que decirles que, debido a la manera descuidada con la cual Vds. atienden a sus clientes, nos vemos obligados a cesar nuestra actividad comercial con Vds.
— Insistimos para que Vds. nos reembolsen los gastos sufragados por la devolución de las mercancías dañadas.
— De no recibir las pantallas y los proyectores encargados hace más de un mes, estaremos obligados de cancelar nuestro pedido.
— Nos parece esencial, para una empresa como la de Vd., respetar escrupulosamente los plazos de entrega.
— Si se prolongase esta demora tendríamos que confiar nuestra orden a otra casa más competente y servicial.

TRADUCCION INVERSA

CARTA :

Monsieur,

J'ai bien reçu votre envoi de laine à tricoter irrétrécissable que m'annonçait votre lettre du 23 courant.

Or, en ouvrant le colis, j'ai constaté que cette laine, commandée sous la référence N° 2.471, n'était pas conforme à l'échantillon proposé dans le catalogue que vous m'avez envoyé. En effet, celle-ci n'est ni tout à fait de la même couleur ni très certainement de la même qualité, comme vous pourrez le constater par vous-même d'après le morceau ci-joint.

Je regrette infiniment, mais cette laine ne correspond pas du tout à l'usage auquel je la destinais. Je vous l'ai donc expédiée ce matin par la poste et je vous prie de bien vouloir me rembourser la somme de 87 F. que je vous ai fait parvenir avec le bon de commande, ainsi que les frais d'envoi qui s'élèvent à 6,90 F.

Recevez, Monsieur, mes salutations.

Nicole Letellier.

FRASES :

1) Vous auriez dû me prévenir de ce retard beaucoup plus tôt.
2) Votre représentant s'est engagé à me livrer ces couvertures dans les quinze jours or à cette date, je n'ai toujours rien reçu.
3) Je suis désolé, mais la taille des chemises que vous m'avez envoyées ne correspond absolument pas à la taille mentionnée sur le bon de commande.
4) Il va sans dire que j'attends de vous un dédommagement substantiel.
5) En raison de ce contre-temps, je ne puis donner satisfaction à ma clientèle et vous laisse juge des conséquences qu'entraînera ce retard.
6) Vu l'état dans lequel les marchandises me sont parvenues, il me semble qu'un rabais serait tout à fait indiqué.
7) Je ne comprends pas comment une telle erreur a pu se produire avec tous les renseignements que je vous avais fournis.
8) Nous vous serions reconnaissants, à l'avenir, de vérifier le contenu des caisses avant de les faire enregistrer.
9) En raison de la grève des transports, nous regrettons vivement les retards qui pourraient survenir dans la livraison de nos marchandises.
10) Nous vous prions de bien vouloir nous excuser de cette erreur et des dérangements qu'elle a pu vous occasionner.

CORRESPONDENCIA PRACTICA :

Un fabricante de aparatos electrodomésticos para uso industrial le participa a su cliente, la sociedad WIPEX, especializada en la limpieza de oficinas y de locales comerciales, que las letras de mayo y junio que firmó todavía no han sido pagadas.

Sírvase redactar la carta de reclamación mencionando :

— el objeto por el cual se le concedió el crédito,
— la notificación de impagado,
— nuevo plazo concedido,
— y riesgo de procesamiento en caso de que sigan sin pagar después de dicha concesión.

También se puede prever la respuesta a dicha carta con las eventuales excusas y disculpas del deudor.

Lección cuarenta y cuatro
AGENCIAS COMERCIALES

La mayoría del comercio internacional se efectúa por medio de agencias comerciales que, generalmente, suelen encontrarse en el país del comprador. En la lección 16, ya hemos definido las diferentes clases de agentes comerciales ; éstos pueden ser ya sea nombrados por la casa exportadora o bien proponer sus servicios ellos mismos, tal como lo vamos a ver en las siguientes cartas.

ETABLISSEMENTS E.M. THIERRY

301, rue Clapier

MARSEILLE (France)

Marseille, 13 de octubre de 19 . .

AUDIOVOX S.A.
Paseo de la Castellana, 24
MADRID

Ref.: Ext/G.T. 345

Señores :

 Nos hemos enterado por uno de nuestros clientes de la extensa gama de sus productos y de la calidad impecable de sus fabricaciones y, con el fin de entablar una cooperación mercantil favorable, tenemos el gusto de ofrecerles nuestros servicios para la distribución de sus productos en la región de Marsella, en la Costa Azul.

 Los Establecimientos E.M. THIERRY, fundados en 1919, tienen por especialidad la distribución de aparatos ortopédicos y prótesis en el mercado francés. Estamos en relación con una clientela muy importante y variada, a la cual proporcionamos los aparatos más modernos dotados de los últimos adelantos de la ciencia, como lo demuestra el catálogo que adjuntamos. Todos nuestros proveedores son casas de mucho prestigio y que conocen una fama mundial.

SECRETARIA BILINGÜE

Necesita importante Empresa de ámbito internacional para sus oficinas en Madrid.

SE REQUIERE:

- Formación a nivel de Bachiller Superior o Secretariado.
- Experiencia mínima de 5 años.
- Perfecto dominio del inglés hablado y escrito.
- Taquigrafía en inglés y español, y capacidad para tomar dictado.
- Ordenada, con dotes de organización y capaz de relacionarse a cualquier nivel.
- Responsabilidad y seriedad.

SE OFRECE:

- Remuneración según capacidad.
- Jornada semanal de 5 días.
- Ambiente agradable.
- Reserva absoluta.

Escribir enviando «curriculum vitae» y fotografía reciente, indicando remuneración deseada, al Apartado 283 de Madrid.

(622.363)

Estamos particularmente interesados por sus aparatos para la sordera. Después de haber hecho un breve estudio de mercado, estamos convencidos de que tenemos una demanda suficiente en este aspecto, y que sus aparatos «Audiovox» son los más adecuados para responder a los deseos de nuestros clientes que necesitan una asistencia especial para una audición normal.

Como referencias comerciales y con el fin de que tengan una idea de nuestra situación financiera, se pueden Vds. dirigir a nuestros banqueros, la Banque Lazard, a l'Association Médicale Française, y a la Norwich Artificial Eye Company de la cual somos los agentes comerciales aquí en Marsella.

En caso de que les interese nuestra oferta de representación, apreciaríamos una pronta contestación con el fin de que nos pongamos de acuerdo referente a las tasas de las comisiones y demás condiciones, con arreglo a las cuales se ha de desarrollar nuestra cooperación.

Mientras tanto, les saludamos muy atentamente.

Ets. E.M. THIERRY
Jacques Lambert
Directeur commercial

Anexo : 1 catálogo.

AUDIOVOX S.A.

Paseo de la Castellana, 24
MADRID

Madrid, 1º de noviembre de 19 . .

Etablissements E.M. THIERRY
301, rue Clapier
MARSEILLE (France)

Su referencia : Ext/G.T. 345

A la atención del Sr. Jacques Lambert

Señores :

Les agradecemos su carta del 13 del pasado en la cual nos proponen sus servicios para la distribución exclusiva de los aparatos «Audiovox» en la región de Marsella y su vecindad.

Según sus sugerencias, nos hemos informado en cuanto a la fama comercial de la cual goza su casa, y nos cabe la satisfacción de decirles que todas las informaciones que hemos conseguido atestiguan una insuperable reputación y que nos agrada la perspectiva de ser representados por los Establecimientos E.M. THIERRY.

Adjunta, encontrarán Vds. una lista de precios y de descuentos que suelen ser los que aplican las otras compañías de este ramo, así como un contrato y un duplicado. Si les convienen nuestras condiciones, hagan el favor de firmar el original y mandárnoslo a la mayor brevedad. Sírvanse también darnos a conocer cuáles son los modelos así como las correspondientes cantidades que Vds. necesitan para su primer pedido.

Estamos convencidos de que nuestra producción encontrará en el mercado francés la misma aceptación que hemos tenido desde hace nueve años en el mercado español.

Aparte le enviamos unas cuantas pruebas de nuestra publicidad realizada por la Agencia PUBLIARTE de Madrid para que Vds. puedan adaptar su campaña publicitaria a la nuestra.

Deseando el mayor éxito a nuestra colaboración, nos complacemos en saludarles muy atentamente.

AUDIOVOX S.A.
José Espinosa
Director

VOCABULARIO

atestiguar	témoigner
un cargo	un poste
contratar a alguien	engager quelqu'un
cursar	suivre les cours
un duplicado	un double
encargarse de algo	s'occuper de quelque chose
enterarse de algo	s'informer, être informé
un estudio de mercado	une étude de marché
un meritorio	un stagiaire
peritaje	diplôme de technicien supérieur
perito contador	expert comptable
las pruebas	les épreuves
un ramo	une branche
una secretaria ejecutiva	une secrétaire de direction
el servicio contencioso	le service du contentieux
una tasa de comisión	un taux de commission
la vecindad	le voisinage

OBSERVACION

Conviene llevar mucha atención a la traducción de la palabra *«secrétaire»* :

«Une secrétaire» se dice : **una secretaria** (sin acento sobre la «i»).

«Una secretaría» (con acento) : *le secrétariat,* es decir el sitio donde trabajan las secretarias.

«Le secrétariat» la técnica o la carrera se traduce por : **el secretariado**.

«Un secrétaire», el mueble : **un escritorio** ; la persona : **un secretario**.

EXPRESIONES

los adelantos de la ciencia
les progrès de la science

estar de meritorio (de pasante)
suivre un stage, être assistant

con arreglo a
en fonction de, conformément à

EXPRESIONES PARA OFRECER UNA COLABORACION

— Tengo el gusto de dirigirme a Vd. para ofrecerle mis servicios como agente comercial en la región de Palencia.
— Me enteré de que Vds. buscaban un representante y me es grato ofrecerles mis servicios.
— Soy licenciado en filosofía y letras y este año he aprobado el peritaje de ingeniería.
— Llevo cinco años trabajando en la misma casa como comprador y me gustaría encargarme de la dirección del sector de las ventas de una empresa como la de Vds.
— Tengo la carrera de abogado y estuve tres años de jefe del servicio contencioso de una agencia provincial.
— Me complazco en contestar a su anuncio publicado en la prensa de esta mañana para el cargo de secretaria ejecutiva.

- Tengo veinticinco años, cursé durante dos años las clases de la London School of Economics y tengo el diploma de los Cursos de francés para extranjeros de la Sorbona.
- Estuve seis meses de meritorio en una empresa alemana que fabrica productos farmacéuticos.
- Me interesaría trabajar en un departamento de relaciones públicas ya que siempre me ha gustado estar en contacto con el público.
- Tengo el honor de solicitar el cargo de Director de Ventas actualmente vacante en su empresa.
- La casa Ribera y Cía de esta plaza en la cual trabajé de perito contador durante seis años se complacerá en proporcionarle todos los datos que Vd. necesite en cuanto a mi competencia y honorabilidad.
- Si Vd. decide contratarme le aseguro que sabré mostrarme digno de su confianza.

TRADUCCION INVERSA

CARTA :

Messieurs,

Nous accusons réception de votre lettre du 3 Janvier par laquelle vous nous faites l'offre de vos services pour la représentation de notre maison pour la région Rhône-Alpes.

Nous serons heureux de pouvoir promouvoir, grâce à votre collaboration, la vente de nos instruments de jardinage dans cette région qui constitue, en effet, un marché intéressant.

Conformément aux conditions stipulées dans le contrat ci-joint, nous avons donc le plaisir de vous nommer représentant officiel pour cette région.

Nous vous prions de bien vouloir nous retourner dans les meilleurs délais un exemplaire dûment revêtu de votre signature.

Veuillez agréer, Messieurs, nos salutations distinguées.

Christian Fouquet
Chef du Personnel

FRASES :

1) J'ai été informé que le poste de Directeur des Ventes de votre succursale va sous peu se trouver vacant.
2) J'ai l'honneur de poser ma candidature pour le poste de Chef Comptable de votre agence de Lyon.
3) J'ai une expérience de trois ans dans la distribution des peintures et vernis et possède une pratique courante de la langue anglaise.
4) Connaissant l'importance de votre entreprise, j'aimerais avoir des renseignements concernant les postes actuellement disponibles.
5) Je travaille depuis plus de trois ans dans une agence de publicité et m'occupe des relations avec la clientèle.
6) Je désirerais m'orienter actuellement vers un secteur en pleine expansion.
7) En réponse à votre offre d'emploi, je me permets de vous adresser mon curriculum vitae.
8) Je serais particulièrement intéressé par un travail de représentation en vins et spiritueux.
9) Au cas où un poste se trouverait vacant dans la région de Salamanque, je vous serais reconnaissant de bien vouloir m'en informer.
10) Je souhaiterais toucher un fixe plus une commission de 10 pour cent sur les ventes.

Lección cuarenta y cinco
DIFERENTES ETAPAS DE UNA TRANSACCION COMERCIAL

Para terminar esta sección de correspondencia comercial estudiaremos las diferentes etapas referentes a la introducción de unos artículos alemanes en el mercado español.

1 – CARTA PARA ANUNCIAR LA VISITA DE UN REPRESENTANTE

GUNTHER KRAUSE
Plankenstrasse, 16
MÜNCHEN (Alemania)

München, 1º de agosto de 19 . .

Sres. ROBLES y Cía
Venancio González, 8
TOLEDO

Señores :

Tenemos el gusto de informarles que nuestro representante, el Sr. Rudolf Zemmer, está ahora de viaje de negocios en España para nuestra firma.

Se encontrará en Toledo para unos cuantos días a partir del 15 de agosto y le hemos pedido que pase por su casa para enseñarles nuestra gama completa de vajilla de porcelana.

Este año hemos adoptado en nuestra producción las últimas creaciones de la moda danesa y generalmente todo lo que se fabrica en Escandinavia. Los servicios funcionales se fabrican en azul, blanco, amarillo, naranja, y marrón y están concebidos para que dichos colores se puedan combinar al gusto y antojo del cliente.

Le agradecemos de antemano se ponga en contacto con nosotros para tomar cita con el Sr. Zemmer, y aprovechamos la ocasión para saludarles atentamente.

Hans Müller
Servicio Exportación

2 — CONTESTACION DE LA CASA ROBLES

ROBLES Y CIA.
Venancio González, 8
TOLEDO

Toledo, 5 de agosto de 19..

Sr. D. Gunther KRAUSE
Plankenstrasse 16
MÜNCHEN

Estimado Señor :

El Sr. Arturo Covadonga, comprador de nuestro departamento de porcelanas estará encantado de que el Sr. Zemmer le presente la nueva colección de servicios escandinavos de su casa.

A este efecto, esperamos a este Señor el viernes 18 de agosto, en nuestras oficinas, a las cuatro de la tarde.

Atentamente,

María Pilar Romero
Secretaria del Sr. Covadonga

3 – CARTA DEL REPRESENTANTE A SU CASA PARA INFORMARLA DEL RESULTADO DE SUS GESTIONES

(Aunque esta carta debiera ir redactada en alemán, nos ha parecido oportuno escribirla en español con el fin de incluir un modelo de carta de este tipo en esta sección de correspondencia.)

Toledo, 18 de agosto de 19..

Estimado Sr. Müller :

Acabo de visitar al Sr. Covadonga, comprador de la casa ROBLES y Cía de Toledo.

Dicha casa tiene como proveedores a unos fabricantes españoles que, por lo visto, les proporcionan artículos de muy buena calidad. No tienen mercancías importadas y, en este momento, parece ser que la demanda de su clientela esté enteramente cubierta. Por estos motivos se mostraron un poco difíciles para dejarse convencer.

Sin embargo, la calidad y originalidad de nuestros servicios escandinavos le causaron muy buena impresión al Sr. Covadonga. Para conseguir su clientela, tuve que proponerles nuestros precios más bajos que resultan ser competitivos con los de nuestros competidores ingleses. Por esta razón, pude conseguir un pedido a prueba, con tal que pudiesen obtener una licencia de importación y el acuerdo del banco. En tal caso, prefieren actuar por su cuenta propia en vez de recurrir a un comisionista.

Como referencia, el Sr. Covadonga me dio el nombre del Sr. Angel Castillo, director del Banco Español de Crédito en Toledo.

El Sr. Covadonga le escribirá a Vd. personalmente.

Muy atentamente,

Rudolf Zemmer

4 – CARTA DÉ PEDIDO DE LA CASA ROBLES AL PROVEEDOR ALEMAN

ROBLES Y CIA.

Venancio González, 8

TOLEDO

Toledo, 3 de septiembre de 19 . .

Sr. D. Gunther KRAUSE
Plankenstrasse 16
MÜNCHEN

Muy Señor mío :

A consecuencia de la visita de su representante, el Sr. Zemmer, tenemos el placer de encargarle un pedido a prueba para cinco servicios de las tres gamas siguientes : Zurbarán, Murillo y Velázquez.

Nos acaban de otorgar una licencia de importación de la cual le enviamos un ejemplar, así como el vale de pedido debidamente rellenado para las mercancías que ascienden a la cantidad de Ptas. 85.400 (ochenta y cinco mil cuatrocientas pesetas).

Nos permitimos insistir sobre la urgencia de esta entrega antes del 1º de noviembre ya que pensamos, con las mismas, hacer una campaña de publicidad intensiva para preparar la temporada de las fiestas.

Su representante nos ha dado a entender que los precios de su catálogo se rebajarían de un 5 por 100 si el pedido pasara de Ptas. 75.000 y que Vds. nos concederían un descuento suplementario de un 5 por 100 por pago al contado contra entrega de los documentos.

En la espera de su entrega, le saludamos atentamente.

Arturo Covadonga
Comprador

5 – CONFIRMACION DEL PEDIDO Y AVISO DE EXPEDICION DE MERCANCIAS

GUNTHER KRAUSE
Plankenstrasse, 16
MÜNCHEN (Alemania)

München, 20 de septiembre de 19 . .

Sr. D. Arturo Covadonga
Robles y Cía.
TOLEDO

Estimado Sr. Covadonga :

Obra en nuestro poder su estimada del 3 de septiembre así como el vale de pedido que la acompañaba.

Nos agrada muchísimo tener la oportunidad de ser proveedores de su casa para los artículos que Vd. nos ha encargado. Puede Vd. confiar en el total esmero con el cual ejecutaremos sus órdenes. Estamos convencidos de que, gracias a nuestros esfuerzos mutuos, conseguiremos abrir un importante mercado en su ciudad y provincia.

Los servicios que Vd. pidió han sido enviados hoy mismo por tren en siete cajas de madera llevando los números 337 hasta 343, y nuestras marcas. Nada más llegar a Toledo, recibirá Vd. un aviso para ir a recogerlas a la estación.

Sírvase encontrar adjunta nuestra factura con el importe de Ptas 89.350 (ochenta y nueve mil trescientas cincuenta pesetas) flete y seguro incluidos.

Según sus deseos, se han remitido los documentos a la sucursal del Banco Español de Crédito en Munich con instrucciones para entregárselos contra pago por la agencia del mismo en Toledo.

Deseándole buena recepción le saluda atentamente,

Hans Müller
Director del servicio de exportación

6 — ENTREGA DE LOS DOCUMENTOS DE EXPEDICION AL BANCO DEL IMPORTADOR

GUNTHER KRAUSE
Plankenstrasse, 16
MÜNCHEN (Alemania)

München, 20 de septiembre de 19..

Sr. Director del
Banco Español de Crédito
MÜNCHEN

Distinguido Señor :

    Sírvase Vd. encontrar los documentos incluyendo un talón de ferrocarril, un certificado de seguro, una factura y un certificado de origen con el fin de remitirlos a los Sres. Robles y Cía. contra pago en efectivo.

    Tenga la bondad de informarnos en cuanto nuestra cuenta esté acreditada con el importe ascendiendo a Ptas. 89.350.

    Con gracias anticipadas.

                                            Hans Müller
                                      Director Exportación

Anexo : 4

7 – LA CASA IMPORTADORA ACUSA RECIBO DE LAS MERCANCIAS

ROBLES Y CIA
Venancio González, 8
TOLEDO

Toledo, 12 de octubre de 19..

Sr. Hans MULLER
Gunter Krause
MÜNCHEN

Estimado Señor Müller:

La remesa de los servicios de porcelana que le encargamos fue despachada en el puesto de Aduanas de la estación de Toledo y nos es grato informarle que todos los artículos han llegado en perfectas condiciones.

Quisiéramos, por la presente, expresar nuestro agradecimiento por la pronta ejecución de esta orden y la eficacia con la cual se cuidó Vd. de todas las formalidades de exportación en Munich.

Si sus mercancías son del agrado de nuestra clientela, como lo esperamos, tendremos el gusto de encargarle órdenes más importantes.

Aprovechando esta ocasión, se despide atentamente,

Arturo Covadonga
Comprador

8 — LA CASA IMPORTADORA SE QUEJA DE LAS MERCANCIAS

Esta transacción comercial fue llevada a cabo de una manera satisfactoria para ambas partes ; pero también se puede presentar el caso de que ocurra algún percance que venga a perjudicar las buenas relaciones entre las dos casas y ocasione una reclamación por parte del comprador.

ROBLES Y CIA
Venancio González, 8
TOLEDO

Toledo, 12 de octubre de 19 . .

Sr. Hans MULLER
Gunter Krause
MÜNCHEN

Estimado Señor Müller :

Sentimos mucho informarle que nuestra primera transacción comercial con su casa, que fue entablada bajo tan favorables auspicios, se ha revelado muy decepcionante en su realización.

Efectivamente, al querer despachar las mercancías a la recepción de las mismas en la estación de Toledo nos hemos enfrentado con una serie de dificultades, ya que su departamento de expedición usó paja corriente para embalar la vajilla y este material es considerado como agente de propagación de microbios por los servicios de Sanidad de este país.

Además, tuvimos que rechazar una de las tres cajas cuyo contenido no estaba en buenas condiciones ya que llegó con la tapadera completamente suelta. Esperamos sus instrucciones para la reexpedición de esta caja con el fin de que Vd. nos cambie el contenido.

Seguimos con la esperanza de poder comerciar con Vd. pero será preciso asegurarnos que, en lo sucesivo, su servicio pondrá mayor cuidado en la expedición de las mercancías para evitar que tales incidentes vuelvan a suceder.

Atentamente,

Arturo Covadonga
Comprador

VOCABULARIO

actuar — agir
una cita — un rendez-vous
dar a entender — laisser entendre
despachar mercancías — dédouaner des marchandises
un pedido a prueba — une commande d'essai
soltar (suelto) — lâcher, défaire

EXPRESIONES

actuar por su cuenta propia — agir pour son propre compte
nada más llegar — dès qu'elles seront arrivées
por lo visto / a mi parecer — d'après ce que j'ai pu voir
en lo sucesivo — par la suite

TRADUCCION INVERSA

CARTA :

Monsieur,

    Nous accusons réception de votre inscription à notre circuit de sept jours, les Villes d'Art d'Andalousie, en autocar de luxe. Nous vous en remercions ainsi que de votre acompte de 1000 F.

    Les dates de départ de ces circuits sont fixes et nous nous permettons d'attirer votre attention sur le fait que nous ne pourrons, en aucun cas, être tenus responsables de tous accidents et dommages, avaries ou vols de bagages survenus au cours de ce voyage.

En outre, tous prix, horaires et itinéraires peuvent être modifiés sans avis préalable de notre part. Par contre, si en raison de circonstances impérieuses nous nous voyons dans l'obligation d'annuler tout ou partie des engagements convenus, nos clients auront droit au remboursement intégral des sommes correspondantes, à l'exclusion de tous dommages et intérêts.

Veuillez croire, Monsieur, en l'assurance de notre entier dévouement.

EUROTOURS S.A.

Micheline Grasset,
Directrice Adjointe.

FRASES :

1) Notre représentant se fera un plaisir de vous rendre visite afin de vous présenter notre gamme complète de meubles de bureau.
2) Nos prix s'entendent toutes taxes comprises, franco de port et d'emballage.
3) Veuillez nous faire savoir si vous êtes intéressés par cette offre spéciale.
4) Nous préférons importer les marchandises nous-mêmes, plutôt que d'avoir affaire à un agent commercial.
5) Le matériel sera dédouané au port de destination par leur transitaire.
6) Notre banque se chargera d'effectuer les paiements dès que lui seront remis les documents.
7) Depuis vingt ans que nous exportons du matériel de travaux publics, c'est la première réclamation que nous recevons.
8) Nous ne saurions être tenus pour responsables des pertes ou vols survenus au cours de la traversée.
9) Il nous a été particulièrement difficile de nous implanter sur ce marché en raison du manque de créneaux.
10) Ce marché semble offrir des débouchés particulièrement intéressants en ce qui concerne l'outillage de précision.

CORRESPONDENCIA PRACTICA :

Una sociedad distribuidora de productos farmacéuticos cuya sede se encuentra en MADRID precisa un inspector de ventas para la región levantina y desea poner un anuncio en una revista para profesionales.

Tras haber presentado dicha sociedad y definido su sector de actividad, redacte el anuncio precisando :
— la personalidad del candidato,
— las características del cargo ofrecido,
— salario, ventajas sociales, etc.

Contestación a dicho anuncio por parte de un solicitante.

BIBLIOGRAFIA

Los estudiantes en economía consultarán con mucho provecho los siguientes libros a los cuales nos hemos referido en la primera parte de este libro :

- L'ECONOMIE DE L'ESPAGNE de Michel Drain, collection «Que sais-je ?» n. 1321, *Presses Universitaires de France.*
- GEOGRAPHIE DE LA PENINSULE IBERIQUE de Michel Drain, collection «Que sais-je ?» n. 1091, *Presses Universitaires de France.*
- INICIACION A LA ECONOMIA DE ESPAÑA traduction du livre de Michel Drain, *ediciones ARIEL Barcelona.*
- ATLAS DE GEOGRAFIA DE ESPAÑA de Bofill Fransi, *ediciones JOVER S.A. Barcelona.*
- INTRODUCCION A LA ECONOMIA ESPAÑOLA de Ramón Tamames, *ALIANZA EDITORIAL, Madrid.*

También constituyen elementos valiosos de información las publicaciones de diferentes bancos y organizaciones tales como :

- ESTUDIO ECONOMICO publicado cada año por el Banco Central,
- ANUARIO DEL MERCADO ESPAÑOL publicado por el Banco Español de Crédito,
- BOLETIN DEL DEPARTAMENTO DE EXTRANJERO, mensual del Banco Español de Crédito.

Quisiéramos expresar nuestra gratitud a :

la Cámara Oficial de Comercio de España en París — el Oficio Nacional de Turismo — el Banco de Bilbao en París — el Banco Central — el Banco Español de Crédito — Galerías Preciados — la empresa SIER Etiquettes,
por la ayuda y los documentos que nos han proporcionado.

Y a las revistas :

— Cuadernos para el Diálogo — La Codorniz — Mundo Obrero — Bazaar,
por los artículos que nos han permitido ilustrar este libro, dando las gracias a todos los que, indirectamente, han contribuído a su elaboración.

TABLE DES MATIERES

PRIMERA PARTE
LA ECONOMIA ESPAÑOLA

INTRODUCCION : Nociones Elementales de Economía 11
    Lecture : Renta per cápita

LECCION 1 : Las Condiciones Geográficas de la Economía 15
    Grammaire : Etude du verbe être
    Lecture : La Costa de la Muerte

LECCION 2 : La Agricultura Española 23
    Grammaire : Etude du verbe être (suite)
    Lecture : Autoabastecimiento nacional frente a dependencia

LECCION 3 : La Agricultura Española 37
    Grammaire : Le verbe être (suite)
    Lecture : Construcción naval : un futuro posible

LECCION 4 : Características y Problemas de la Agricultura Española 47
    Grammaire : Le verbe être (suite)
    Lecture : Jornaleros : un millón de votos sin amo

LECCION 5 : Las Industrias Extractivas 59
    Grammaire : Etude du verbe être (suite)
    Lecture : Española del Zinc, S.A. (Zinsa)

LECCION 6 : Los Recursos Energéticos 69
Grammaire : Le verbe avoir
Lecture : El pacto eléctrico

LECCION 7 : Las Industrias Básicas 83
Grammaire : Traduction de «il y a»
Lecture : Las zonas de urgente reindustrialización (ZUR)

LECCION 8 : Las Industrias de Transformación 93
Grammaire : Emploi du mode subjonctif

LECCION 9 : Las Industrias de Transformación (2a parte) 101
Grammaire : Emploi du subjonctif (suite)
Lecture : Vuelven a subir los precios

LECCION 10 : Las Industrias de Transformación (3a parte) 111
Grammaire : Emploi du subjonctif (suite)
Lecture : Antes morir que apagar la tele

LECCION 11 : Los Transportes 119
Grammaire : La notion d'obligation
Lecture : La Renfe : cierre de líneas

LECCION 12 : Los Factores del Desarrollo Económico 129
Grammaire : La notion d'obligation (suite)
Lecture : Turismo : un sector que se proletariza

LECCION 13 : Los Factores del Desarrollo Económico (2a parte) 139
Grammaire : Traduction de l'expression «il faut...»
Lecture : Trabajar a rachas, malvivir siempre

LECCION 14 : CONCLUSION : Panorama politicoeconómico 149

SEGUNDA PARTE
COMERCIO Y PRACTICA MERCANTIL

INTRODUCCION 159

LECCION 15 : Distribución y Comercio Interior 161
    Grammaire : Conjugaison : Transformation de la voyelle du radical **(o/ue)**

LECCION 16 : Los Auxiliares del Comercio 168
    Grammaire : Transformation de la voyelle du radical **(e/ie)**

LECCION 17 : Comercio Exterior 175
    Grammaire : Transformation de la voyelle du radical **(e/i)**

LECCION 18 : Los Transportes 183
    Grammaire : Transformation de la suture des verbes en CER **(c/zc)**

LECCION 19 : Modos de Pago 193
    Grammaire : Transformation de la suture des verbes en UIR **(i/y)**

LECCION 20 : La Banca y los Bancos 203
    Grammaire : Verbes irréguliers **andar - caber - caer**
    Lecture : Para la pequeña y mediana empresa

LECCION 21 : El Comerciante y el Contrato de Venta 213
    Grammaire : Verbes irréguliers **dar - decir - estar**

LECCION 22 : Documentos Comerciales 221
    Grammaire : Verbes irréguliers **hacer - haber - ir**
    Lecture : Licitación pública internacional

LECCION 23 : Organización Empresarial 230
    Grammaire : Verbes irréguliers **oír - poder - poner**
    Lecture : Banco Popular Español

LECCION 24 : La Bolsa 239
    Grammaire : Verbes irréguliers **querer - saber - salir**
    Lecture : Hacia la consolidación del mercado bursátil

LECCION 25 : Las Compañías de Seguros 247
  Grammaire : Verbes irréguliers **ser** - **tener** - **traer**

LECCION 26 : Política Financiera de una Empresa 255
  Grammaire : Verbes irréguliers **valer** - **venir**

LECCION 27 : Nociones Elementales de Contabilidad 261
  Grammaire : Verbes irréguliers (participes passés)
  Lecture : Llegaron los auditores

LECCION 28 : La Dirección de la Empresa 269
  Grammaire : Préposition **a** *et* **en**
  Lecture : Los ejecutivos ejecutados

LECCION 29 : Los Servicios Técnicos de una Empresa 277
  Grammaire : Préposition **por** *et* **para**
  Lecture : Microelectrónica y sociedad humana

LECCION 30 : Los Servicios Comerciales 285
  Grammaire : Prépositions **de** *et* **con**

TERCERA PARTE
CORRESPONDENCIA COMERCIAL

INTRODUCCION : Presentación y Redacción de una Carta Comercial 295

LECCION 31 : Cartas Circulares y Ofertas Especiales 299

LECCION 32 : Cartas Anunciando la Apertura de un Nuevo Negocio 307
  Grammaire : Traduction de «vous»

LECCION 33 : Ofertas Individuales 313

LECCION 34 : Petición de Precios 320

LECCION 35 : Contestación a una Petición de Precios 325

LECCION 36 : Reiteración de Ofertas 331

LECCION 37 : Pedidos 337

LECCION 38 : Ejecución de Pedidos 346

LECCION 39 : Embalaje y Acondicionamiento de los Productos 353

LECCION 40 : Expedición, Seguro, Aduana 361

LECCION 41 : Facturas y Pagos 369

LECCION 42 : Recordatorios y Facturas a Cobrar 375

LECCION 43 : Quejas y Reclamaciones 383

LECCION 44 : Agencias Comerciales 391

LECCION 45 : Diferentes Etapas de una Transacción Comercial 398

BIBLIOGRAFIA 408

TABLE DES MATIERES 409

METHODES LANGUES & AFFAIRES 414

méthodes LAN(

*niveau révision
et entretien des connaissances*

■ **A FRESH START IN ENGLISH**

(pour tous ceux qui veulent revenir à l'anglais)
Cours de révision et de perfectionnement.
Complété par 3 cassettes reproduisant le texte des leçons.

■ **UND HEUTE... WIEDER DEUTSCH**

(à présent... revenons à l'allemand)
Cours de révision et de perfectionnement.
Complété par 3 cassettes reproduisant le texte des leçons.

*niveau spécialisation
en langue économique et commerciale*

■ **THE BUSINESS WORLD
A commercial English course**

New edition
Cours d'anglais économique et commercial à l'intention des personnes qui se destinent ou exercent une profession du commerce et des échanges internationaux et de ceux qui préparent un examen d'anglais économique et commercial.
Complété par 4 cassettes reproduisant des passages essentiels des unités.

ES & AFFAIRES

■ **MODERNE DEUTSCHE WIRTSCHAFTSSPRACHE**
Für Handel und Geschäftsleben

(l'allemand moderne dans la vie des affaires).
Cours d'allemand économique et commercial à l'intention des personnes qui se destinent ou exercent une profession du commerce et des échanges commerciaux.
Complété par 4 cassettes reproduisant des passages pris dans chaque leçon.

■ **LE RUSSE ECONOMIQUE ET COMMERCIAL**

Cours de russe économique et commercial à l'intention des personnes qui se destinent ou exercent une profession du commerce et des échanges internationaux.
Complété par 4 cassettes reproduisant les textes des leçons et des lectures.

■ Cassette de préparation à l'examen de la Chambre de Commerce Britannique.
Cassette de 90 mn préparant à l'épreuve de dictée.
4 dictées faites dans les conditions d'examen, accompagnées du texte des enregistrements.

■ Disque de préparation à l'examen de la Chambre de Commerce Franco-Allemande.
Disque 33 t., 30 cm, haute fidélité, microsillon.
Ce disque prépare à toutes les épreuves orales de l'examen : exercices de thèmes avec questions, exercices de versions avec questions, exercices de conversation. Ce disque respecte toutes les conditions de l'examen et est accompagné d'un fascicule d'entraînement.

L'impression de ce livre
a été réalisée sur les presses
de l'Imprimerie CLERC
18200 SAINT-AMAND
pour le compte des Éditions LANGUES ET AFFAIRES
35, rue Collange - 92303 LEVALLOIS-PERRET

Dépôt légal Imprimeur n° 3213
Achevé d'imprimer en Septembre 1985